Der Faktor Zeit im Schiedsverfahren

Schriftenreihe der August Maria Berges Stiftung für Arbitrales Recht

Herausgegeben von Dr. Hubertus W. Labes

Band 24

PL ACADEMIC RESEARCH

Christoph Grenz

Der Faktor Zeit im Schiedsverfahren

PL ACADEMIC RESEARCH

Bibliografische Information der Deutschen Nationalbibliothek
Die Deutsche Nationalbibliothek verzeichnet diese Publikation in der Deutschen Nationalbibliografie; detaillierte bibliografische Daten sind im Internet über http://dnb.d-nb.de abrufbar.

Zugl.: Köln, Univ., Diss., 2012

Gedruckt auf alterungsbeständigem,
säurefreiem Papier.

D 38
ISSN 1435-4748
ISBN 978-3-631-62980-2

PL Academic Research ist ein Imprint der Peter Lang GmbH.

Peter Lang – Frankfurt am Main · Bern · Bruxelles · New York ·
Oxford · Warszawa · Wien

www.peterlang.de

Meinem Großvater, Karl-Ludwig Gast

Vorwort

Die vorliegende Arbeit wurde von der Rechtswissenschaftlichen Fakultät der Universität zu Köln im Sommersemester 2012 als Dissertation angenommen. Gesetzgebung und Literatur wurden bis einschließlich September 2012 berücksichtigt.

Ich möchte meinem Doktorvater, Herrn Professor Dr. Klaus-Peter Berger, für seine Hilfestellungen und Anregungen sowie die rasche Begutachtung danken. Herrn Professor Dr. Hanns Prütting danke ich für die zügige Erstellung des Zweitgutachtens.

Mein besonderer Dank gilt der August Maria Berges Stiftung für Arbitrales Recht für die Aufnahme in die Schriftenreihe sowie insbesondere die Gewährung eines großzügigen Druckkostenzuschusses.

Des Weiteren danke ich Herrn Carsten Kalla für die kritische Durchsicht des Manuskripts. Ich danke meinen Eltern Susanne und Michael Grenz für ihre stete Unterstützung auf meinem Weg sowie meinen Großeltern Renate und Karl-Ludwig Gast, die mich während meiner Ausbildung stets gefördert haben. Schließlich danke ich ganz besonders meiner Frau Angela, die mir immer in jeder Hinsicht geholfen und mir bei der Erstellung dieser Arbeit liebevoll zur Seite gestanden hat.

Bonn, im Februar 2013

Inhaltsverzeichnis

Abkürzungsverzeichnis

AAA	American Arbitration Association
a.a.O.	am angegebenen Ort
Abs.	Absatz
AG	Die Aktiengesellschaft
Am. Rev. Int'l Arb.	The American Review of International Arbitration
AnwBl.	Anwaltsblatt
Arb. Int'l	Arbitration International
Art.	Artikel
ASA	Association Suisse de l'Arbitrage
BauR	Zeitschrift für das gesamte öffentliche und zivile Baurecht
BayObLG	Bayerisches Oberstes Landesgericht
BB	BetriebsBerater
BGB	Bürgerliches Gesetzbuch
BGH	Bundesgerichtshof
BT-Drucks.	Bundestagsdrucksache
Bus. L. Int'l	Business Law International
BVerfG	Bundesverfassungsgericht
bzw.	Beziehungsweise
CAM	Corte de Arbitraje de Madrid
CEDR	Centre for Effective Dispute Resolution
CEPANI	Centre Belge d'Arbitrage et de Médiation
CIETAC	China International Economic and Trade Arbitration Commission
DB	Der Betrieb
DIS	Deutsche Institution für Schiedsgerichtsbarkeit
DIS40	Deutsche Initiative junger Schiedsrechtler der DIS
DRiG	Deutsches Richtergesetz
Einl.	Einleitung
ff.	Fortfolgende
Fn.	Fußnote
FS	Festschrift
GG	Grundgesetz
ggf.	Gegebenenfalls

GRUR	Gewerblicher Rechtsschutz und Urheberrecht
Hdb.	Handbuch
Hrsg.	Herausgeber
IBA	International Bar Association
ICCA	International Council for Commercial Arbitration
ICC	International Chamber of Commerce
ICDR	International Centre for Dispute Resolution
ICSID	International Centre for Settlement of Investment Disputes
IDR	Journal of International Dispute Resolution (Beilage zu BetriebsBerater)
IHR	Internationales Handelsrecht
JCAA	Japan Commercial Arbitration Association
J. Int'l Arb.	Journal of International Arbitration
JKomG	Justizkommunikationsgesetz
Kap.	Kapitel
LCIA	London Court of International Arbitration
lit.	littera (Buchstabe)
LMAA	London Maritime Arbitrators Association
MAC	Material Adverse Change
MDR	Monatsschrift für Deutsches Recht
MüKo-BGB	Münchener Kommentar zum Bürgerlichen Gesetzbuch
MüKo-ZPO	Münchener Kommentar zur Zivilprozessordnung
NJW	Neue Juristische Wochenschrift
NJW-RR	Neue Juristische Wochenschrift, Rechtsprechungs-Report Zivilrecht
No.	Number
Nr.	Nummer
NZBau	Neue Zeitschrift für Baurecht und Vergaberecht
OLG	Oberlandesgericht
OLGR	OLG-Report
PCA	Permanent Court of Arbitration
RIW	Recht der Internationalen Wirtschaft
Rn.	Randnummer
S.	Satz/Seite
SCC	Stockholm Chamber of Commerce
SchiedsVZ	Zeitschrift für Schiedsverfahren
SchO	Schiedsordnung
Übers.	Übersicht
UDRP	Uniform Domain-Name Dispute-Resolution Policy
UN	United Nations (Vereinte Nationen)

UNCITRAL	United Nations Commission on International Trade Law
UNÜ	New Yorker UN-Übereinkommen über die Anerkennung und Vollstreckung ausländischer Schiedssprüche
US	United States (of America)
Vanderbilt JTL	Vanderbilt Journal of Transnational Law
vgl.	vergleiche
Vol.	Volume
WIPO	World Intellectual Property Organization
ZfBR	Zeitschrift für deutsches und internationales Bau- und Vergaberecht
ZPO	Zivilprozessordnung

Literaturverzeichnis

Bagner, Hans: Expedited Arbitration Rules: Stockholm and WIPO, in: Arb. Int'l Vol. 13 No. 2 (1997), S. 193–198.

Baum, Axel H.: Reconciling Anglo-Saxon and Civil Law Procedure: The Path to a Procedural Lex Arbitrationis, in: Recht der internationalen Wirtschaft und Streiterledigung im 21. Jahrhundert, Liber Amicorum Karl-Heinz Böckstiegel, 2001, S. 21–30.

Baumbach, Adolf/Lauterbach, Wolfgang/Albers, Jan/Hartmann, Peter: Zivilprozessordnung, 70. Auflage, München 2012.

Beerbower, John E.: International Arbitration: Can We Realise the Potential, in: Arb. Int'l Vol. 27 No. 1 (2011), S. 75–90.

Berger, Klaus-Peter: Aufgaben und Grenzen der Parteiautonomie in der internationalen Wirtschaftsschiedsgerichtsbarkeit, in: RIW 1994, S. 12–18.

Berger, Klaus-Peter: Das neue Schiedsverfahrensrecht in der Praxis – Analyse und aktuelle Entwicklungen, in: RIW 2001, S. 7–20.

Berger, Klaus-Peter: Die Ergänzenden Regeln für Beschleunigte Verfahren der Deutschen Institution für Schiedsgerichtsbarkeit, in: SchiedsVZ 2008, S. 105–110.

Berger, Klaus-Peter: Die Rechtsstellung des Pre-Arbitral Referees, in: SchiedsVZ 2006, S. 176–182.

Berger, Klaus-Peter: Herausforderungen für die (deutsche) Schiedsgerichtsbarkeit, in: SchiedsVZ 2009, S. 289–299.

Berger, Klaus Peter: Streitentscheidung durch Schiedsgerichte – Ad Hoc oder Institutionell?, in: AnwBl. 2009, S. 771–774.

Berger, Klaus-Peter: The International Arbitrator's Dilemma: Transnational Procedure versus Home Jurisdiction – A German Perspective, in: Arb. Int'l Vol. 25 No. 2 (2009), S. 217–238.

Bernardini, Piero: The Role of the International Arbitrator, in: Arb. Int'l Vol. 20 No. 2 (2004), S. 113–122.

Bietz, Hermann: Baustreitigkeiten vor dem Schiedsgericht, in: NZBau 2003, S. 177–183.

Blackaby, Nigel/Partasides, Constantine/Redfern, Alan/Hunter, Martin: Redfern and Hunter on International Arbitration, 5. Auflage, Oxford 2009. (zitiert: Blackaby/Partasides/Redfern/Hunter, International Arbitration)

Blessing, Marc: Die LCIA Rules – aus der Sicht des Praktikers, in: SchiedsVZ 2003, S. 198–206.

Böckstiegel, Karl-Heinz: Case Management by Arbitrators: Experiences and Suggestions, in: Global Reflections on International Law, Commerce and Dispute Resolution, Liber Amicorum Robert Briner, 2005, S. 115–125.

Böckstiegel, Karl-Heinz: Die Internationalisierung der Schiedsgerichtsbarkeit, in: Grenzüberschreitungen, Festschrift für Peter Schlosser zum 70. Geburtstag, S. 49–58.

Böckstiegel, Karl-Heinz: Optionen und Kriterien der Beweiserhebung in internationalen Schiedsverfahren, in: Böckstiegel (Hrsg.), Beweiserhebung in internationalen Schiedsverfahren, Köln 2001, S. 1–7.

Born, Gary B.: International Commercial Arbitration, Den Haag 2009.

Borris, Christian: Streiterledigung bei (MAC-)Klauseln in Unternehmenskaufverträgen: ein Fall für „Fast-Track"-Schiedsverfahren, in: BB 2008, S. 294–298.

Borris, Christian/Schmidt, Lutz: Vollstreckbarkeit von Schiedssprüchen und materiellrechtliche Einwendungen des Schiedsbeklagten, in: SchiedsVZ 2004, S. 273–279.

Briner, Robert: Reflections on the Duration of Arbitral Proceedings, in: Festschrift für Otto Sandrock zum 70. Geburtstag, Heidelberg 2000, S. 801–806.

Broichmann, Alice: Streiten auf der Überholspur – Fast-Track-Arbitration bei M&A-Streitigkeiten, in: Transaktionen, Vermögen, Pro Bono, Festschrift zum zehnjährigen Bestehen von P+P Pöllath + Partners, 2008, S. 115–134.

Brunner, Christoph: The Swiss Rules of International Arbitration: An Overview for Prospective Users, in: SchiedsVZ 2010, S. 243–251.

Bucher, Eugen: Die Rolle des Schiedsrichters bei der vergleichsweisen Regelung des Streites in: ASA Bulletin 1995, S. 568–589.

Collins, Michael: Do International Arbitral Tribunals have any Obligations to Encourage Settlement of the Disputes Before Them?, in: Arb. Int'l Vol. 19 No. 3 (2003), S. 333–343.

Cook, Trevor/Garcia, Alejandro I.: International Intellectual Property Arbitration, Alphen aan den Rijn 2010.

Craig, Laurence: Common Law Principles on the Taking of Evidence, in: Böckstiegel (Hrsg.), Beweiserhebung in internationalen Schiedsverfahren, Köln 2001, S. 9–29.

Cremades, Bernardo M.: Overcoming the Clash of Legal Cultures: The Role of Interactive Arbitration, in: Arb. Int'l, Vol. 14 (1998), S. 157–172.

Cremades, Bernardo M.: The Oral Presentation of Fact Witnesses in International Commercial Arbitration, in: ICCA Congress Series No. 13 (2006), S. 645–649.

Davis, Benjamin G./Lagacé, Odette/Volkovitsch, Michael: When Doctrines Meet – Fast-Track Arbitration and the ICC Experience, in: J. Int'l Arb. Vol. 10 No. 4 (1993), S. 69–96.

Dendorfer, Renate: Aktives Vergleichsmanagement – Best Practice oder Faux pas schiedsrichterlicher Tätigkeit?, in: SchiedsVZ 2009, S. 276–283.

Derains, Yves: Mesures Dilatoires en Matière d'Arbitrage et Moyens de s'y Opposer, in: Festschrift für Arthur Bülow zum 80. Geburtstag, 1981, S. 217–227.

Derains, Yves/Schwartz, Eric A.: Guide to the ICC Rules of Arbitration, 2. Auflage, Den Haag, 2005.

Ebbing, Frank: Private Zivilgerichte, Möglichkeiten und Grenzen privater schiedsgerichtlicher Zivilrechtsprechung, München 2003.

Ehle, Bernd/Jahnel, Werner: Revision der Swiss Rules – erhöhte Effizienz und Flexibilität, in: SchiedsVZ 2012, 169–177.

Elsing, Siegfried H.: Internationale Schiedsgerichte als Mittler zwischen den prozessualen Rechtskulturen, in: BB 2002, IDR-Beilage S. 19–26.

Elsing, Siegfried H.: Procedural Efficiency in International Arbitration: Choosing the Best of Both Legal Worlds, in: SchiedsVZ 2011, S. 114–123.

Elsing, Siegfried H./Townsend, John M.: Bridging the Common Law-Civil Law Divide in Arbitration, in: Arb. Int'l Vol. 18 No. 1 (2002), S. 59–65.

Fiebinger, Rudolf/Gregorich, Christian: Arbitration on Acid: Fast-Track Arbitration in Austria from a Practical Perspective, in: Austrian Arbitration Yearbook 2008, S. 237–254.

Fortier, L. Yves: The Minimum Requirements of Due Process in Taking Measures Against Dilatory Tactics: Arbitral Discretion in International Commercial Arbitration – „A Few Plain Rules and a Few Strong Instincts", in: ICCA Congress Series No. 9 (1998), S. 396–409.

Freyer, Dana H.: Getting to „fast-track" arbitration: pre-dispute agreements and post-dispute techniques, in: Improving International Arbitration, Liber Amicorum Michel Gaudet, 1998, S. 104–111.

Gaillard, Emmanuel: Fast-track arbitration and beyond: is there emerging a new need for speed in international commercial arbitration?, in: Improving International Arbitration, Liber Amicorum Michel Gaudet, 1998, S. 28–31.

Gaillard, Emmanuel/Savage, John (Hrsg.): Fouchard, Gaillard, Goldman on International Commercial Arbitration, Den Haag 1999. (zitiert: Fouchard/Gaillard/Goldman)

Gélinas, Paul-A.: Arbitration Clauses: Achieving Effectiveness, in: ICCA Congress Series No. 9 (1998), S. 47–66.

Grigera Naón, Horacio A.: Factors to Consider in Choosing an Efficient Arbitrator, in: ICCA Congress Series No. 9 (1998), S. 286–313.

Gusy, Martin F./Illmer, Martin: Die ICDR Guidelines for Arbitrators Concerning Exchanges of Information – zugleich eine deutsch-U.S.-amerikanische Analyse zur Kostenreduzierung in AAA/ICDR Schiedsverfahren, in: SchiedsVZ 2008, S. 284–292.

Hamann, Hartmut/Lennarz, Thomas: Sieben Regeln für eine schnelle, einfache und gute Schiedsklausel, in: BB 2007, S. 1009–1012.

Hantke, Dietmar: Die Bildung des Schiedsgerichts, in: SchiedsVZ 2003, S. 269–273.

Hanotiau, Bernard: International Arbitration in a Global Economy: The Challenges of the Future, in: J. Int'l Arb. Vol. 28 No. 2 (2011), S. 89–103.

Hay, Peter: Law of the United States, 3. Auflage, München 2010.

Henn, Günter: Schiedsverfahrensrecht, Handbuch für die Praxis, 3. Auflage, Heidelberg 2000.

Herrmann, Gerold: The Arbitrator's Responsibilities for the Proper Conduct of Proceedings and the Role of the Courts in Providing Supervision, in: ICCA Congress Series No. 10 (2000), S. 71–79.

Hilgard, Mark C.: Electronic Discovery im Schiedsverfahren, in: SchiedsVZ 2008, S. 122–124.

Hobeck, Paul/Mahnken, Volker/Koebke, Max: Schiedsgerichtsbarkeit im internationalen Anlagenbau – Ein Auslaufmodell?, in: SchiedsVZ 2007, S. 225–237.

Holtzmann, Howard M.: Streamlining Arbitral Proceedings: Some Techniques of the Iran-United States Claims Tribunal, in: Arb. Int'l Vol. 11 No. 1 (1995), S. 39–50.

Horvath, Günther J.: Schiedsgerichtsbarkeit und Mediation – Ein glückliches Paar?, in: SchiedsVZ 2005, S. 292–302.

Huber, Peter: Das Verhältnis von Schiedsgericht und staatlichen Gerichten bei der Entscheidung über die Zuständigkeit, in: SchiedsVZ 2003, S. 73–75.

Hunter, J. Martin: Expert Conferencing and New Methods, in: ICCA Congress Series No. 13 (2006), S. 820–828.

IBA Working Party: Commentary on the new IBA Rules of Evidence, in: Bus. L. Int'l 2000, S. 16–36.

Jarvin, Sigvard: Die Praxis der Beweiserhebung in internationalen Schiedsverfahren – Ein einführender Beitrag zum Thema Disclosure of Documents, in: Böckstiegel (Hrsg.), Beweiserhebung in internationalen Schiedsverfahren, Köln 2001, S. 86–93.

Karrer, Pierre A.: Pros and Cons of Terms of Reference and Specific Procedural Agreements in Arbitration Clauses: Storm in to Calm the Sea, in: ICCA Congress Series No. 7 (1994), S. 73–83.

Karrer, Pierre A.: Verfahren vor Schiedsgerichten und staatlichen Gerichten, in: Festschrift für Otto Sandrock zum 70. Geburtstag, Heidelberg 2000, S. 465–473.

Kaufmann-Kohler, Gabrielle: Globalization of Arbitral Procedure, in: Vanderbilt JTL Vol. 36 (2003), S. 1314–1333.

Kaufmann-Kohler, Gabrielle: Qui contrôle l'arbitrage? Autonomie des parties, pouvoirs des arbitres et principe d'efficacité, in: Autour de l'arbitrage, Liber Amicorum Claude Reymond, 2004, S. 153–165.

Kaufmann-Kohler, Gabrielle/Bärtsch, Philippe: Discovery in international arbitration: How much is too much?, in: SchiedsVZ 2004, S. 13–21.

Kaufmann-Kohler, Gabrielle/Peter, Henry: Formula 1 Racing and Arbitration: The FIA Tailor-Made System for Fast Track Dispute Resolution, in: Arb. Int'l Vol. 17 No. 2 (2001), S. 173–210.

Klein, Bohuslav: The Role of the Arbitrator in Preventing Dilatory Tactics, in: ICCA Congress Series No. 9 (1998), S. 428–430.

Kleine, Lucas: Die Schiedsgerichtsbarkeit aus Sicht ihrer Nutzer, in: SchiedsVZ 2008, S. 145–147.

Koller, Christian: Contemplations on Set-off and Counterclaim in International Commercial Arbitration, in: Austrian Arbitration Yearbook 2008, S. 59–85

Kreindler, Richard/Schäfer, Jan K./Wolff, Reinmar: Schiedsgerichtsbarkeit, Kompendium für die Praxis, Frankfurt am Main 2006.

Lachmann, Jens-Peter: Handbuch für die Schiedsgerichtspraxis, 3. Auflage, Köln 2008.

Lalive, Pierre: Some Threats to International Investment Arbitration, in: ICSID Review – Foreign Investment Law Journal 1986, S. 26–40.

Lane, Patrick M. M.: Dilatory Tactics: Arbitral Discretion, in: ICCA Congress Series No. 9 (1998), S. 424–427.

Lévy, Laurent,/Reed, Lucy: Managing Fact Evidence in International Arbitration, in: ICCA Congress Series No. 13 (2006), S. 633–644.

Lew, Judith M./Mistelis, Loukas A./Kröll, Stefan: Comparative International Commercial Arbitration, Den Haag, London, 2003.

Lionnet, Klaus/Lionnet, Annette: Handbuch der internationalen und nationalen Schiedsgerichtsbarkeit, 3. Auflage, Stuttgart 2005.

Lögering, Martin P.: Die Eignung schiedsgerichtlicher Verfahren zur Lösung baurechtlicher Konflikte, in: ZfBR 2010, S. 14–17.

Lörcher, Gino: Der vom Schiedsgericht bestellte Sachverständige im Verfahren, in: Recht der internationalen Wirtschaft und Streiterledigung im 21. Jahrhundert, Liber Amicorum Karl-Heinz Böckstiegel, 2001, S. 485–496.

Lörcher, Gino: Improving Procedures for Oral and Written Witness Testimony, in: ICCA Congress Series No. 7 (1994), S. 145–153.

Lörcher, Gino/Lörcher, Heike/Lörcher, Torsten: Das Schiedsverfahren – national/international – nach deutschem Recht, 2. Auflage, Heidelberg 2001.

Lörcher, Gino/Lörcher, Torsten: Organisation eines Ad-hoc-Schiedsverfahrens, in: SchiedsVZ 2005, S. 179–189.

Lotz, Burkard: Der Sachverständige im Schiedsverfahren, in: SchiedsVZ 2011, S. 203–209.

Mandelkow, Dietrich: Schiedsgerichtsverfahren in Bausachen, in: BauR 1997, S. 785–793.

Markert, Lars/Wilske, Stephan: Entwicklungen in der internationalen Schiedsgerichtsbarkeit im Jahr 2009 und Ausblick auf 2010, in: SchiedsVZ 2010, S. 62–67.

Markert, Lars/Wilske, Stephan: Entwicklungen in der internationalen Schiedsgerichtsbarkeit im Jahr 2011 und Ausblick auf 2012, in: SchiedsVZ 2012, S. 58–66.

Marriott, Arthur L.: Less is more: Directing Arbitration Procedures, in: Arb. Int'l Vol. 16 No. 3 (2000), S. 353–356.

Marriott, Arthur L.: The Arbitrator's Responsibilities for the Proper Conduct of Proceedings, in: ICCA Congress Series No. 10 (2000), S. 80–83.

Martens, Dirk-Reiner: Die Organisation von Schiedsverfahren im Bereich des Sports aus der Sicht der Schiedsrichter, in: SchiedsVZ 2009, S. 99–102.

McIlwrath Michael/Savage, John: International Arbitration and Mediation: A Practical Guide, Alphen aan den Rijn 2010.

Meier, Anke: Pre-hearing Conferences as a Means of Improving the Effectiveness of Arbitration, in: SchiedsVZ 2009, S. 152–156.

Mirèze, Philippe: Are Specific Fast-Track Arbitration Rules Necessary?, in: Arbitration in Air, Space and Telecommunications Law: Enforcing Regulatory Measures, The PCA/Peace Palace Papers Vol. 3, 2002, S. 253–284.

Morton, Peter: Can a World Exist Where Expedited Arbitration Becomes the Default Procedure?, in: Arb. Int'l Vol. 26 No. 1 (2010), S. 103–113.

Mullerat, Ramón: Ventajas e Inconvenientes del Arbitraje Institucional, in: Liber Amicorum Bernardo Cremades, 2010, S. 867–872.

Müller, Eva: Fast-Track Arbitration – Meeting the Demands of the Next Millennium, in: J. Int'l Arb. Vol. 15 No. 3 (1998), S. 5–17.

Musielak, Hans-Joachim: Kommentar zur Zivilprozessordnung, 9. Auflage, München 2012. (zitiert: Musielak/*Bearbeiter*, ZPO)

Nagel, Heinrich: Gedanken über die Beschleunigung des Schiedsverfahrens, in: Festschrift für Karl Firsching zum 70. Geburtstag, 1985, S. 191–208.

Nerz, Alexander: Vor- und Nachteile eines Schiedsverfahrens nach der Schiedsgerichtsordnung der Internationalen Handelskammer, in: RIW 1990, S. 350–354.

Newman, Lawrence D./Hill, Richard D. (Hrsg.): The Leading Arbitrators' Guide to International Arbitration, 2. Auflage, New York 2008.

Nickles, Peter J.: Fast-Track Arbitration – A Claimant's Perspective, in: Am. Rev. Int'l Arb. Vol. 2 No. 2 (1991), S. 143–147.

Ochmann, Richard: Das schiedsrichterliche Verfahren unter Berücksichtigung der gewerblichen Schutzrechte und seine Vor- und Nachteile gegenüber dem staatlichen Gerichtsverfahren, in: GRUR 1993, S. 255–260.

Palandt, Otto (Hrsg.): Bürgerliches Gesetzbuch mit Nebengesetzen, 71. Auflage, München 2012. (zitiert: Palandt/*Bearbeiter*, BGB).

Park, William W.: The 2002 Freshfields Lecture – Arbitration's Protean Nature: The Value of Rules and the Risks of Discretion, in: Arb. Int'l Vol. 19 No. 1 (2003), S. 279–301.

Paulsson, Jan: The Timely Arbitrator: Reflections on the Böckstiegel Method, in: Arb. Int'l, Vol. 22 No. 1 (2006), S. 19–26.

Peter, Wolfgang: Witness 'Conferencing', in: Arb. Int'l, Vol. 18 No. 1 (2002), S. 47–57.

Peter, Wolfgang: Witness Conferencing Revisited, in: Reports of the International Colloquium of CEPANI 2004, S. 157–171. (zitiert: Peter, CEPANI Reports 2004)

Prütting, Hanns: Discovery im deutschen Zivilprozess?, in: AnwBl. 2008, S. 153–159.

Raeschke-Kessler, Hilmar: Der Vergleich im Schiedsverfahren, in: Festschrift für Ottoarndt Glossner zum 70. Geburtstag, 1994, S. 255–269.

Raeschke-Kessler, Hilmar: Die IBA Rules über die Beweisaufnahme in internationalen Schiedsverfahren, in: Böckstiegel (Hrsg.), Beweiserhebung in internationalen Schiedsverfahren, Köln 2001, S. 41–75.

Raeschke-Kessler, Hilmar: The Arbitrator as Settlement Facilitator, in: Arb. Int'l, Vol. 21 No. 4 (2005), S. 523–536.

Raeschke-Kessler, Hilmar/Berger, Klaus Peter: Recht und Praxis des Schiedsverfahrens, 3. Auflage, Köln 1999.

Rauscher, Thomas/Wax, Peter/Wenzel, Joachim (Hrsg.): Münchener Kommentar zur Zivilprozessordnung, Band 3: §§ 946–1068, EGZPO, GVG, EGGVG, UKlaG, Internationales Zivilprozessrecht, 3. Auflage, München 2008. (zitiert: MüKo-ZPO/*Bearbeiter*)

Rivkin, David W.: Towards a New Paradigm in International Arbitration: The Town Elder Model Revisited, in: Arb. Int'l Vol. 24 No. 3 (2008), S. 375–386.

Rubino-Sammartano, Mauro: The Time Element in Arbitration, in: Festschrift für Otto Sandrock zum 70. Geburtstag, Heidelberg 2000, S. 801–806.

Sachs, Gunnar: Verhaltensstandards für Schiedsrichter, Köln, Berlin, München 2008.

Sachs, Klaus: Fast-Track Arbitration Agreements of MAC Clauses, in: Liber Amicorum Bernardo Cremades, 2010, S. 1051–1060.

Sachs, Klaus: Use of documents and document discovery: „Fishing expeditions" versus transparency and burden of proof, in: SchiedsVZ 2003, S. 193–198.

Säcker, Franz Jürgen: Münchener Kommentar zum Bürgerlichen Gesetzbuch, Band 1: Allgemeiner Teil, §§ 1–240; ProstG, 6. Auflage, München 2012. (zitiert: MüKo-BGB/*Bearbeiter*)

Saville, Mark: The Origin of the New English Arbitration Act 1996: Reconciling Speed with Justice in the Decision-making Process, in: Arb. Int'l Vol. 13 No. 3 (1997), S. 237–252.

Scherer, Matthias: Acceleration of Arbitration Proceedings – The Swiss Way: The Expedited Procedure under the Swiss Rules of International Arbitration, in: SchiedsVZ 2005, S. 229–237.

Schmidt-Diemitz, Rolf: Internationale Schiedsgerichtsbarkeit – eine empirische Untersuchung, in: DB 1999, S. 369–372.

Schlosser, Peter: Verfahrensrechtliche und berufsrechtliche Zulässigkeit der Zeugenvorbereitung, in: SchiedsVZ 2004, S. 225–230.

Schütze, Rolf A.: Die Anerkennung und Vollstreckbarerklärung US-amerikanischer Zivilurteile, die nach einer pre-trial-discovery ergangen sind, in der Bundesrepublik Deutschland, in: Festschrift für Ernst C. Stiefel zum 80. Geburtstag, 1987, S. 697–707.

Schütze, Rolf A.: Die Ermessensgrenzen des Schiedsgerichts bei der Bestimmung der Beweisregeln, in: SchiedsVZ 2006, S. 1–5.

Schütze, Rolf A.: Schiedsgericht und Schiedsverfahren, 5. Auflage, München 2012.

Schütze, Rolf A./Tschernig, Dieter/Wais, Walter: Handbuch des Schiedsverfahrens, 2. Auflage, Berlin 1990.

Schwab, Karl Heinz/Walter, Gerhard: Schiedsgerichtsbarkeit, Kommentar, 7. Auflage, München 2005.

Schwartz, Eric A.: Choosing Between Broad Clauses and Detailed Blueprints, in: ICCA Congress Series No. 9 (1998), S. 105–113.

Semler, Franz-Jörg: Schnelligkeit und Wirtschaftlichkeit in Schiedsverfahren, in: SchiedsVZ 2009, S. 149–152.

Sessler, Anke/Voser, Nathalie: Die Revidierte ICC-Schiedsgerichtsordnung – Schwerpunkte, in: SchiedsVZ 2012, 120–129.

Silverman, Moses: The Fast-Track Arbitration of the International Chamber of Commerce – The User's Point of View, in: J. Int'l Arb. Vol. 10 No. 4 (1993), S. 113–120.

Smit, Hans: Fast-Track Arbitration, in: Am. Rev. Int'l Arb. Vol. 2 No. 2 (1991), S. 138–142.

Smit, Hans: Roles of the Arbitral Tribunal in Civil Law and Common Law Systems with Respect to Presentation of Evidence, in: ICCA Congress Series No. 7 (1994), S. 161–169.
Stein, Friedrich/Jonas, Martin (Hrsg.): Kommentar zur Zivilprozessordnung, Band 9: §§ 916–1068, EGZPO, 22. Auflage, Tübingen 2002.
Stippl, Christoph/Pickl, Gunnar: Limiting Costs in Arbitration, in: Austrian Arbitration Yearbook 2009, S. 213–236.
Stumpf, Herbert: Vor- und Nachteile des Verfahrens vor Schiedsgerichten gegenüber dem Verfahren vor Ordentlichen Gerichten, in: Festschrift für Arthur Bülow zum 80. Geburtstag, 1981, S. 217–227.
Tackaberry, John/Marriott, Arthur (Hrsg.): Bernstein's Handbook of Arbitration and Dispute Resolution Practice, Vol. 2: Appendices, 4. Auflage, London 2003.
Thümmel, Roderich C.: Beweisaufnahme im Internationalen Schiedsverfahren: Fortsetzung des transatlantischen Justizkonflikts?, in: AG 2006, S. 842–848.
Trappe, Johannes: Der Sachverständigenbeweis, in: Böckstiegel (Hrsg.), Beweiserhebung in internationalen Schiedsverfahren, S. 101–103.
Triebel, Volker/Zons, Jörn: Discovery of Documents in internationalen Schiedsverfahren, in: BB 2002, IDR-Beilage S. 26–32.
Tschanz, Pierre Yves: The Chamber of Commerce and Industry of Geneva's Arbitration Rules and their Expedited Procedure, in: J. Int'l Arb. Vol. 10 No. 4 (1993), S. 51–58.
Ulmer, Nicolas: The Cost Conundrum, in: Arb. Int'l Vol. 26 No. 2 (2010), S. 221–250.
van Houtte, Hans: The Document Production Master and the Experts' Facilitator: Two Possible Aides for an Efficient Arbitration, in: Liber Amicorum Bernardo Cremades, 2010, S. 1147–1159.
Voser, Nathalie: Harmonization by Promulgating Rules of Best International Practice in International Arbitration, in: SchiedsVZ 2005, S. 113–118.
Ward, Roger K.: The Flexibility of Evidentiary Rules in International Trade Dispute Arbitration – Problems Posed to American-Trained Lawyers, in: J. Int'l Arb. Vol. 13 No. 3 (1996), S. 5–17.
Weber, Dolf: Für und wider eine Berufungsinstanz im Schiedsverfahren, in: Festschrift für Reinhold Geimer zum 65. Geburtstag, 2002, S. 1445–1464.
Webster, Thomas H.: Party Control in International Arbitration, in: Arb. Int'l, Vol. 19 (2003), S. 119–142.
Weigand, Frank-Bernd: Der nebenberuflich tätige Schiedsrichter – Auswahlkriterien und Erwartungen der Parteien an ihren privaten Richter, in: Grenzüberschreitungen, Festschrift für Peter Schlosser zum 70. Geburtstag, 2005, S. 1081–1102.

Welser, Irene/De Berti, Giovanni: Best Practices in Arbitration: A Selection of Established and Possible Future Best Practices, in: Austrian Arbitration Yearbook 2010, S. 79–101.

Welser, Irene/Klausegger, Christian: The Arbitrator and the Arbitration Procedure – Fast Track Arbitration: Just fast or something different?, in: Austrian Arbitration Yearbook 2009, S. 259–279.

Wirth, Markus: Ihr Zeuge, Herr Rechtsanwalt! Weshalb Civil-Law-Schiedsrichter Common-Law-Verfahrensrecht anwenden, in: SchiedsVZ 2003, S. 9–15.

Zöller, Richard: Zivilprozessordnung, Kommentar, 29. Auflage, Köln 2012. (zitiert: Zöller/*Bearbeiter*, ZPO)

Materialien

Karadelis, Kyriaki: Have your say – revised IBA rules on the taking of evidence, Global Arbitration Review Newsletter v. 18. 1. 2010, abrufbar unter: http://www.globalarbitrationreview.com/news/article/19977/have-say-revised-iba-rules-taking-evidence/ (letzter Zugriff: 18.09.2011)

Magnusson, Annette: Fast Track Arbitration – The SCC Experience, abrufbar unter: http://www.sccinstitute.com/filearchive/2/21273/fast_track_arbitration.pdf (letzter Zugriff: 18.09.2011).

Paulsson, Jan: The WIPO Expedited Arbitration Rules: Fast-Track Arbitration, abrufbar unter: http://www.wipo.int/amc/en/events/conferences/1995/paulsson2.html (letzter Zugriff: 18.09.2011).

van den Berg, Albert Jan: The WIPO Expedited Arbitration Rules: Fast-Track Arbitration, abrufbar unter: http://www.wipo.int/amc/en/events/conferences/1995/denberg2.html. (letzter Zugriff: 18.09.2011). .

Einleitung

A. Gegenstand der Arbeit

I. Ausgangspunkt

Wann immer es um rechtliche Streitigkeiten geht, ist den Parteien unabhängig von der Art der konkreten Streitigkeit natürlicherweise daran gelegen, möglichst zeitnah eine Entscheidung herbeizuführen. Somit widerspricht es diesem Anliegen der Parteien, wenn sie, bevor eine Entscheidung ergeht bzw. sie einen vollstreckbaren Titel in Händen halten, zunächst ein langwieriges Gerichtsverfahren durchlaufen müssen, ohne dass sie im Einzelnen Einfluss auf die Dauer des Verfahrens haben. Zudem sind vielfach die Gründe für die oftmals lange Dauer für die Parteien nicht genau ersichtlich oder nachvollziehbar. Ihrem Wunsch nach einem möglichst schnellen Verfahren entsprechend möchten die Parteien nach Möglichkeit alle Maßnahmen ergreifen, um das Verfahren schnell hinter sich zu bringen. Nicht nur, aber nicht zuletzt auch aus einer solchen Erwägung heraus, das heißt im Interesse einer erstrebten Verringerung der Verfahrensdauer, entscheiden sich Parteien vielfach für ein Schiedsverfahren.[1]

1. Die kurze Verfahrensdauer als vermeintlicher Vorteil des Schiedsverfahrens

Als einer der entscheidenden Vorteile eines Schiedsverfahrens bzw. als ein ausschlaggebender Beweggrund, aus dem sich Parteien für ein Schiedsverfahren entscheiden (sollten), wird in vielen Fällen unter anderem die kurze Verfahrensdauer angeführt.[2] Dies wird vor allem damit begründet, dass es, anders als im

1 Vgl. Rubino-Sammartano, FS Sandrock, S. 801; Hanotiau, J. Int'l Arb. 2011, S. 89 (99).

2 Kreindler/Schäfer/Wolff, Schiedsgerichtsbarkeit, Rn. 11; Lachmann, Hdb. Schiedsgerichtspraxis, Rn. 155; Musielak/*Voit*, ZPO, § 1025 Rn. 2; Schütze, Schiedsgericht und Schiedsverfahren, Rn. 21; Zöller/*Geimer*, ZPO, vor § 1025 Rn. 6. Lew/Mistelis/Kröll, Rn. 1–29, gehen davon aus, dass Schiedsverfahren zwar lang sein können, in der Regel aber doch kürzer sind, als Verfahren vor staatlichen Gerichten.

staatlichen Gerichtsverfahren, grundsätzlich[3] keinen Instanzenzug gibt, welcher typischerweise für eine lange Verfahrensdauer sorgen kann.[4] Diese Punkte werden fast übereinstimmend genannt, wenn es um Vorteile des Schiedsverfahrens geht. Dieser Grundsatz wird im Anschluss aber auch vielfach wieder eingeschränkt. Dabei wird beispielsweise darauf hingewiesen, dass im Gegensatz zum staatlichen Verfahren bereits vor Beginn des eigentlichen Verfahrens die Schiedsrichter benannt werden müssen.[5] Darüber hinaus wird angeführt, dass es nach dem Verfahren noch einer Vollstreckbarerklärung des Schiedsspruchs bedarf.[6] Dies geht soweit, dass teilweise gar nicht die kurze Verfahrensdauer als Vorteil des Schiedsverfahrens, sondern vielmehr eine potentielle Verfahrensverzögerung aufgrund der soeben genannten Umstände gar als ein Nachteil des Schiedsverfahrens qualifiziert wird.[7] Von anderer Stelle wird darauf verwiesen, dass ein Schiedsverfahren, verglichen mit einem staatlichen Verfahren, bezüglich der Dauer „chancenlos" sei.[8] Andererseits wird jedenfalls von einer vergleichbaren Verfahrensdauer ausgegangen.[9]

Wie sich aus Umfragen ergibt, empfinden auch die Parteien selbst die Dauer von Schiedsverfahren in vielen Fällen als zu lang.[10] Eine solche empirische Betrachtung soll im Einzelnen zwar nicht Gegenstand dieser Arbeit sein. Dennoch lässt sich an dieser Stelle festhalten, dass sich eine kurze und damit für die Parteien zufriedenstellende Verfahrensdauer nicht bereits dadurch erreichen lässt, dass die Parteien sich überhaupt für ein Schiedsverfahren entscheiden. Zunächst hängt die Verfahrensdauer hauptsächlich vom Umfang der konkreten Streitigkeit ab. Zudem bietet auch ein Schiedsverfahren Eigenheiten, wie zum Beispiel die genannte Schiedsrichterbestellung oder die Notwendigkeit der Vollstreckbarerklärung, die bereits für sich genommen Zeit in Anspruch nehmen. Eine verall-

---

3 Das heißt abgesehen von der Möglichkeit, die Einrichtung eines Oberschiedsgerichts zu vereinbaren [siehe unten Kap. 3 D.II.].

4 Born, S. 85; Ebbing, Private Zivilgerichte, S. 82; Lögering, ZfBR 2010, S. 14 (15); Lörcher/Lörcher, Schiedsverfahren, Rn. 25; Schwab/Walter, Schiedsgerichtsbarkeit, Kap. 1 Rn. 8; Stumpf, FS Bülow, S. 217 (219). Vgl. speziell bezogen auf Schiedsverfahren verglichen mit Verfahren vor US-amerikanischen Gerichten Beerbower, Arb. Int'l 2011, S. 75.

5 Bietz, NZBau 2003, S. 177; Ebbing, Private Zivilgerichte, S. 82; Lachmann, Hdb. Schiedsgerichtspraxis, Rn. 156.

6 Lögering, ZfBR 2010, S. 14 (15); Schütze, Schiedsgericht und Schiedsverfahren, Rn. 21.

7 Blackaby/Partasides/Redfern/Hunter, International Arbitration, Rn. 1.103.

8 Lachmann, Hdb. Schiedsgerichtspraxis, Rn. 156.

9 Kreindler/Schäfer/Wolff, Schiedsgerichtsbarkeit, Rn. 11; MüKo-ZPO/*Münch*, vor § 1025 Rn. 53, der jedenfalls keinen eindeutigen Zeitvorteil für die Schiedsgerichtsbarkeit sieht.

10 Vgl. Gaillard, Liber Amicorum Gaudet, S. 28; Morton, Arb. Int'l 2010, S. 103; Peter, CEPANI Reports 2004, S. 157; Rivkin, Arb. Int'l 2008, S. 375; Schmidt-Diemitz, DB 1999, S. 369 (371); Kleine, SchiedsVZ 2008, S. 145, unter Berufung auf eine Studie von Price WaterhouseCoopers, abrufbar unter: http://www.pwc.com/arbitrationstudy.

gemeinernde Feststellung dahingehend, welche Verfahrensart im Interesse einer kürzeren Dauer vorzugswürdig ist, kann also nicht getroffen werden. Dennoch gibt es auch Charakteristika eines Schiedsverfahrens, die zwar nicht schon aus sich heraus für eine straffe Verfahrensführung bürgen, die aber durchaus eine Grundlage dafür bieten können, auf ein zügiges Verfahren hinzuwirken.

2. Gestaltungsmöglichkeiten der Parteien

Die wohl prägendste Eigenschaft der Schiedsgerichtsbarkeit besteht darin, dass die Parteien die Möglichkeit haben, weitgehend über den Gang des Verfahrens zu bestimmen, dass also die Parteiautonomie die Grundlage des Verfahrens bildet.[11] In einem solchen Verfahren entscheiden sich die Parteien gegen den ordentlichen Rechtsweg vor den staatlichen Gerichten, welcher damit also ausgeschlossen ist.[12] Das geht auch und gerade aus der Möglichkeit der Erhebung der Schiedseinrede gemäß § 1032 Abs. 1 ZPO hervor. Das bedeutet, dass das Verfahren nicht im Einzelnen (wie durch die Vorschriften der ZPO) vorgegeben, sondern insgesamt gleichsam der staatlichen Kontrolle entzogen ist. Dieser Grundsatz wird allerdings insoweit eingeschränkt, als jedenfalls ein gewisser Kontrollmechanismus durch das notwendige Vollstreckbarerklärungsverfahren bzw. die Möglichkeit einer Anfechtung des Schiedsspruchs gegeben ist.[13] Dieser kann aber naturgemäß erst nach der Durchführung des eigentlichen Schiedsverfahrens eingreifen.

Vor allem anderen gehört zu den Gestaltungsmöglichkeiten der Parteien die Vereinbarung, ihre (künftige oder bestehende) Streitigkeit überhaupt an ein Schiedsgericht zu übergeben.[14] Im Anschluss daran, wenn es also tatsächlich zu einer Streitigkeit gekommen ist, obliegt es den Parteien, die Besetzung des Schiedsgerichts vorzunehmen. Die Besetzung kann mitentscheidenden Einfluss auf den Verfahrensverlauf haben. Diese Möglichkeit haben die Parteien vor einem staatlichen Gericht nicht, so dass hierin ebenfalls eine grundlegende Eigenheit des Schiedsverfahrens zu sehen ist[15], auch wenn diese, wie erwähnt, zu

---

11 Born, S. 82; Lachmann, Hdb. Schiedsgerichtspraxis, Rn. 3; Lionnet/Lionnet, Hdb. Schiedsgerichtsbarkeit, S. 54; Schütze, Schiedsgericht und Schiedsverfahren, Rn. 6.

12 Kreindler/Schäfer/Wolff, Schiedsgerichtsbarkeit, Rn. 6; MüKo-ZPO/*Münch*, vor § 1025 Rn. 3; Zöller/*Geimer*, ZPO, vor § 1025 Rn. 2.

13 Vgl. Lachmann, Hdb. Schiedsgerichtspraxis, Rn. 10.

14 Blackaby/Partasides/Redfern/Hunter, International Arbitration, Rn. 1.38; Webster, Arb. Int'l 2003, S. 119.

15 Blackaby/Partasides/Redfern/Hunter, a.a.O.; Kreindler/Schäfer/Wolff, Schiedsgerichtsbarkeit, Rn. 8; Lachmann, Hdb. Schiedsgerichtspraxis, Rn. 127; Lörcher/Lörcher, Schiedsverfahren, Rn. 85; MüKo-ZPO/*Münch*, vor § 1025 Rn. 3.

einem zeitlichen Nachteil gegenüber dem staatlichen Verfahren führen mag. Vielleicht noch bedeutender für die Parteien und mitbestimmend für die Entscheidung zugunsten eines Schiedsverfahrens ist die Möglichkeit, die Verfahrensregeln für den gesamten Verfahrensablauf weitgehend selbst zu bestimmen.[16] Dies folgt auch aus der Regelung des § 1042 Abs. 3 ZPO, welcher diese Regelungsfreiheit der Parteien einzig vorbehaltlich der zwingenden Vorschriften vorsieht. Hierbei können die Parteien selbst Verfahrensregeln vereinbaren oder sich für bestehende Regelwerke, etwa von verschiedenen Schiedsinstitutionen entscheiden. Den Parteien steht es also frei, das Verfahren im Einzelnen auf die Gegebenheiten und Anforderungen der konkreten Streitigkeit auszurichten und anzupassen.[17] Die Vorschriften des Zehnten Buches der ZPO kommen nur subsidiär zur Geltung.[18] Die Gestaltungsspielräume der Parteien erstrecken sich zunächst auf das gesamte Verfahren, wobei es ihnen freisteht, ob und in welcher Weise sie davon Gebrauch machen möchten.

3. Schnelligkeit im Verhältnis zur Gründlichkeit des Verfahrens

Die Beschleunigung des Verfahrens ist, gerade aus der Sicht der Parteien, ein verständliches und auch erstrebenswertes Anliegen. Zudem ist aber neben der angestrebten Straffung des Verfahrens auch der als nicht minder bedeutend zu qualifizierende und ein Schiedsverfahren sozusagen stets begleitende Wunsch der Parteien zu beachten, einen möglichst „gerechten", das heißt in der Sache richtigen Schiedsspruch zu erhalten.[19] Somit kann man sich bei den bestehenden Diskussionen darüber, dass Schiedsverfahren zu lange dauern und dem Wunsch nach Beschleunigung die Frage stellen, ob die Beschleunigung bereits in sich einen anzustrebenden Wert darstellt.

Ganz allgemein ist anzumerken, dass die Beschleunigung oder die Schnelligkeit auf der einen und die Konsequenz und Sorgfalt der Vorgehensweise auf der anderen Seite in einem der Natur der Sache eigenen Spannungsfeld stehen. Es ist nämlich nicht auszuschließen, dass es sich auf die Gründlichkeit, das heißt auch die „bestmögliche" Würdigung des Falles auswirken kann, wenn man versuchen

16 Lachmann, Hdb. Schiedsgerichtspraxis, Rn. 140; Lionnet/Lionnet, Hdb. Schiedsgerichtsbarkeit, S. 77.

17 Blackaby/Partasides/Redfern/Hunter, International Arbitration, Rn. 1.95; Born, S. 82; Lachmann, Hdb. Schiedsgerichtspraxis, Rn. 140; Lew/Mistelis/Kröll, Rn. 1–16; Lörcher/Lörcher, Schiedsverfahren, Rn. 15; MüKo-ZPO/*Münch*, vor § 1025 Rn. 59; Musielak/*Voit*, ZPO, § 1025 Rn. 2.

18 MüKo-ZPO/*Münch*, vor § 1025 Rn. 60.

19 So auch Lachmann, Hdb. Schiedsgerichtspraxis, Rn. 158; Rubino-Sammartano, FS Sandrock, S. 801 (802).

möchte, das Verfahren insgesamt möglichst zu verkürzen. Dies gilt indes nicht einzig für die Schiedsrichter, die am Ende des Verfahrens den Schiedsspruch zu erlassen haben und zwar innerhalb eines kleineren Zeitrahmens. Auch die übrigen Beteiligten des Verfahrens, also die Parteien und deren Vertreter, müssen sich mit den möglichen Konsequenzen einer straffen Verfahrensführung arrangieren. Hieraus ergibt sich etwa, dass auch sie sich darauf einstellen müssen, ihre eigenen Interessen so gut wie möglich, das bedeutet auch so effizient wie möglich zu verfolgen.

Somit kann man, ohne dass sich die Folgen eines gestrafften Verfahrens als zwingend negativ bezeichnen oder überhaupt verallgemeinern ließen, jedenfalls davon ausgehen, dass ein kürzeres Verfahren den Parteien nicht nur schneller zu Rechtssicherheit verhelfen, sondern das Verfahren auch inhaltlich beeinflussen kann. Umgekehrt muss es aber auch nicht notwendigerweise so sein, dass ein Verfahren, welches länger dauert, gleichzeitig auch gewährleisten kann, dass der Vortrag der Parteien umfassend gewürdigt und auch ansonsten in besonders hohem Maße auf die Belange der Parteien eingegangen wird. Vielmehr kann es unterschiedliche Gründe dafür geben, dass ein Verfahren im Einzelnen besonders langwierig ist. Dies mag auch ganz allgemein auf eine „suboptimale" Verfahrensführung zurückzuführen sein, welche auf verschiedenen Gründen beruhen kann. Die Konkretisierung einer solchen Verfahrensführung ist unter anderem ein Gegenstand dieser Arbeit. Allein aus der längeren Dauer eines Verfahrens kann jedenfalls nicht ohne Weiteres auf eine besondere Qualität der Würdigung des Falles und des Ergebnisses geschlossen werden. Umgekehrt spricht ein relativ kurzes Verfahren auch nicht schlechthin für eine oberflächliche Betrachtung des Falles.

Nach dem Gesagten lässt sich dennoch festhalten, dass neben dem zeitlichen Aspekt, also der Dauer eines Verfahrens, stets auch der inhaltliche Aspekt, also das Ergebnis des Verfahrens, eine Rolle spielt. Dieser ist bei aller Bemühung um eine Beschleunigung des Verfahrens stets als weitere Größe in Rechnung zu stellen. Man muss aber auch berücksichtigen, dass es je nach Ausgangssituation und Lage des Falles seitens der Parteien auch unterschiedliche Erwartungen an das Verfahren geben kann. So kann es im Einzelfall vorwiegend auf eine rasche Beendigung des Verfahrens, im anderen Fall aber auch darum gehen, zu obsiegen, und zwar mit allen nötigen und möglichen Mitteln, also auch mit einem größeren (Zeit-)Aufwand. Auch dieser Aspekt, also die jeweiligen Ansprüche und Erwartungen der Parteien im konkreten Fall, müssen bei der Frage des „Ob" und des „Wie" der Beschleunigung des Schiedsverfahrens im Auge behalten werden.

4. Die Parteien und die Parteivertreter

Aus den einschlägigen gesetzlichen Bestimmungen und den übrigen Regelwerken ergibt sich, dass die Befugnisse hinsichtlich der Verfahrensgestaltung bei „den Parteien“ selbst liegen.[20] Den Parteien steht es allerdings frei, sich im Schiedsverfahren anwaltlich vertreten zu lassen. Dabei ist umgekehrt das Bestehen eines Anwaltszwangs im Schiedsverfahren allerdings zu verneinen.[21] Das Bestehen der Möglichkeit, sich vertreten zu lassen, ergibt sich etwa aus § 1042 Abs. 2 ZPO, wonach Rechtsanwälte als Bevollmächtigte nicht ausgeschlossen werden dürfen. Machen die Parteien von dieser Möglichkeit Gebrauch, sind es nachfolgend auch ihre Vertreter, die sich im Wesentlichen, wenn auch stets geleitet von den Vorstellungen ihrer Mandanten, um die Führung des Verfahrens kümmern bzw. den Parteien jedenfalls dabei zur Seite stehen und nicht unmaßgeblich Einfluss auf den Verlauf nehmen können. Auch was die eigentliche Gestaltung des Verfahrens, also das Treffen von Vereinbarungen über bestimmte Verfahrensregeln betrifft, liegt dann, jedenfalls im Zusammenhang mit rechtlichen Fragestellungen, die Durchführung eher bei den Parteivertretern. Trotzdem bleibt es dabei, dass faktisch in allen Fällen die Interessen der Parteien selbst berührt werden und die getroffenen Vereinbarungen auch (nur) zwischen den Parteien Wirkung entfalten. Im Übrigen geht auch der Wunsch nach einer raschen Durchführung des Verfahrens in der Regel ursprünglich von den Parteien selbst und nicht von deren Vertretern aus. Dennoch ist, wenn im Folgenden auf „die Parteien“ bzw. den „Kläger“ oder den „Beklagten“ eingegangen wird, stets zu beachten, dass hierunter nicht selten (auch) deren Vertreter und von diesen vorgenommene oder vorzunehmende Handlungen zu verstehen sein können.

II. Problemstellung

Im Zusammenhang mit der Dauer von Schiedsverfahren fragt sich zunächst, ob eine Beschleunigung des Verfahrens nicht bereits in der Konzeption des Schiedsverfahrens angelegt, also vor allem im Gesetz verankert ist. Hier lässt sich als Bezugspunkt die im (staatlichen) Zivilprozess geltende Konzentrationsmaxime[22] heranziehen, welche die Beschleunigung des Verfahrens bezweckt und

20 Siehe hinsichtlich der konkreten Durchführung des Verfahrens etwa die Regelung der §§ 1042 Abs. 3, 1044 S. 1, 1046, 1047 ZPO.

21 Lörcher/Lörcher, Schiedsverfahren, Rn. 158

22 Zum Begriff vgl. Baumbach/Lauterbach/Albers/Hartmann, ZPO, Übers. § 253 Rn. 6; Musielak/*Musielak*, ZPO, Einl. Rn. 52; Zöller/*Greger*, ZPO, vor § 128 Rn. 13.

an verschiedenen Stellen im Gesetz Ausdruck gefunden hat.[23] Die Vorschriften über das Schiedsverfahren finden sich in den §§ 1025 ff. im Zehnten Buch der ZPO. Die übrigen Vorschriften und Grundsätze der ZPO sind aber auf das Schiedsverfahren nicht anzuwenden, da dieses eine eigenständige Materie bildet.[24] Folglich beansprucht auch die Konzentrationsmaxime mit ihren gesetzlichen Ausgestaltungen im Schiedsverfahren jedenfalls keine unmittelbare Geltung. Gleichwohl kann man nicht ausschließen, dass deutsche Juristen als Parteivertreter oder Schiedsrichter diese Maxime so sehr verinnerlicht haben, dass sie sich auch im Schiedsverfahren davon leiten lassen.[25] Ein der Konzentrationsmaxime inhaltlich nahekommender Grundsatz im Schiedsverfahren, könnte sich aber mit Blick darauf ergeben, dass das Verfahren wie erwähnt auf der Parteiautonomie beruht. Insofern kommen möglicherweise vertragliche Verpflichtungen zur Förderung des Verfahrens, etwa der Parteien untereinander oder vor allem der Schiedsrichter gegenüber den Parteien in Betracht. Ein unmittelbar aus der gesetzlichen Konzeption (das heißt aus den §§ 1025 ff. ZPO) hervorgehender Verfahrensgrundsatz ist jedoch im Schiedsverfahren nicht ersichtlich.

Folglich könnte die Grundlage einer Beschleunigung des Verfahrens in Abwesenheit einer Vorgabe durch staatliche Organe, hier in Gestalt des Gesetzgebers, bei den Parteien bzw. in deren „Verantwortungsbereich“ zu suchen sein. Hier zeigt sich gewissermaßen die Kehrseite der Tatsache, dass dem Grunde nach keine staatliche Kontrolle des Verfahrens vorgesehen ist. Denn es obliegt auch den Parteien, sich selbst um einen ihren Erwartungen entsprechenden Ablauf und Fortschritt des Verfahrens zu kümmern. Positiv gewendet haben die Parteien – jedenfalls theoretisch – die Möglichkeit, selbst für die Beschleunigung des Verfahrens zu sorgen, indem sie die entsprechenden Voraussetzungen dafür schaffen, ohne sich dabei auf Regelungen des Gesetzgebers oder deren Umsetzung durch die (staatlichen) Gerichte verlassen zu müssen.

Vor diesem Hintergrund stellt sich die Frage, inwiefern die Parteien es tatsächlich selber in der Hand haben, die Dauer ihres Verfahrens zu verringern. Nach dem bisher Gesagten scheinen ihnen hierfür alle Möglichkeiten eröffnet zu sein. Was aber ist der Grund dafür, dass trotz der Möglichkeiten, die den Parteien zur Verfügung stehen, die Verfahren als zu langwierig empfunden werden?

---

23 Dies ist etwa in § 278 Abs. 2 S. 1 ZPO der Fall, wonach der mündlichen Verhandlung stets eine Güteverhandlung vorauszugehen hat. Auch die Regelung des § 139 ZPO kann als Ausdruck der Konzentrationsmaxime verstanden werden, vgl. Baumbach/Lauterbach/Albers/Hartmann, a.a.O; Musielak/*Musielak*, a.a.O.

24 Berger, Arb. Int'l 2009, S. 217 (219); Lachmann, Hdb. Schiedsgerichtspraxis, Rn. 1277; Lionnet/Lionnet, Hdb. Schiedsgerichtsbarkeit, S. 146; Lörcher/Lörcher, Schiedsverfahren, Rn. 14; Kreindler/Schäfer/Wolff, Schiedsgerichtsbarkeit, Rn. 701.

25 Vgl. Berger, Arb. Int'l 2009, S. 217 (222).

Man könnte in diesem Zusammenhang annehmen, dass eine (unangemessen) lange Verfahrensdauer nur dadurch zustande kommt oder kommen kann, dass die Parteien die ihnen zur Verfügung stehenden Mittel nicht gebührend nutzen.[26]

Im Anschluss daran muss man sich aber fragen, wo genau, das heißt bei welchen Gelegenheiten während eines Schiedsverfahrens die Gründe für eine längere Verfahrensdauer zum Tragen kommen. Hier mag es typische Konstellationen geben, die dazu führen, dass sich ein Verfahren in die Länge zieht. Dies kann wiederum auf verschiedenen Gründen beruhen, etwa darauf, dass schlicht eine der Parteien nicht willens ist, ihren Beitrag zum Verfahren zu leisten, da sie kein Interesse an dessen Fortgang hat.[27] Die Dauer des Verfahrens kann sich aber auch abseits einer mutwilligen Verzögerung durch einen der Beteiligten ergeben. In den einzelnen Verfahrensstadien kann es fast durchweg zu Verzögerungen kommen. Dies beginnt bereits mit der Formulierung und Deutung der Schiedsvereinbarung und geht von der erwähnten Besetzung des Schiedsgerichts über die Durchführung des Verfahrens bis hin zum Schiedsspruch und dessen Vollstreckbarerklärung.[28]

In diesem Zusammenhang ist auch zu beachten, dass die Schiedsgerichtsbarkeit nicht (mehr) lediglich von einem nationalen Standpunkt aus betrachtet werden kann. Vielmehr trägt die zunehmende Internationalisierung des Wirtschaftsverkehrs dazu bei, dass auch Schiedsverfahren häufig mit Parteien aus verschiedenen Ländern und daher auch vielfach mit unterschiedlichen rechtlichen Vorstellungen stattfinden.[29] Aus diesem Aufeinandertreffen verschiedener Rechtssysteme, insbesondere des Common Law (der vor allem anglo-amerikanische und englische Rechtskreis) und des Civil Law (der ursprünglich kontinental-europäische Rechtskreis) ergeben sich auch neue Konstellationen in Schiedsverfahren, die sich auch in vielerlei Hinsicht auf deren Ablauf auswirken können[30] und demnach ebenfalls als Faktor für die Dauer des Verfahrens mit einzubeziehen sind. Die möglichen Gründe für eine Verzögerung können also sehr vielfältig sein. Gegenstand dieser Arbeit wird es nunmehr sein, diese Gründe im Einzelnen zu beleuchten und zu erörtern, wie im jeweiligen Fall einer Verzögerung entgegengewirkt oder vorgebeugt werden könnte. In diesem Zusammenhang wird insbesondere darauf eingegangen, was die Parteien selbst sowie die übrigen Beteiligten am Schiedsverfahren, also die Parteivertreter und nicht zuletzt die Schiedsrichter, auch selbst dazu beitragen können. Möglicher-

26 Lionnet/Lionnet, Hdb. Schiedsgerichtsbarkeit, S. 79; Nagel, FS Firsching, S. 191.

27 Rubino-Sammartano, FS Sandrock, S. 801 (802).

28 Nagel, FS Firsching, S. 191.

29 Vgl. Baum, Liber Amicorum Böckstiegel, S. 21 (29); Böckstiegel, FS Schlosser, S. 49 (50); Hanotiau, J. Int'l Arb. 2011, S. 89; Rivkin, Arb. Int'l 2008, S. 375.

30 Vgl. Berger, SchiedsVZ 2009, S. 289 (291); Cremades, Arb. Int'l 1998, S. 157 (158).

weise bedürfen die Parteien aber auch einer Hilfestellung, wie sie etwa durch besondere Regelwerke[31], welche auf beschleunigte Verfahren ausgerichtet sind, bereits von verschiedener Stelle verfügbar ist.

B. Gang der Darstellung

In der folgenden Darstellung wird grundsätzlich von nationalen Schiedsverfahren ausgegangen, das heißt als Ausgangspunkt dienen die Normen des Zehnten Buches der ZPO. Dennoch ist die Arbeit nicht allein auf die Darstellung nationaler Regelungen und Verfahren beschränkt. Ebenso wenig erfolgt bei der Behandlung der jeweiligen Aspekte eine „saubere" Trennung zwischen nationalen und internationalen Sachverhalten. Eine solche Trennung wäre einerseits nicht ohne Weiteres möglich, da es nicht um eine zusammenhängende Darstellung der Gesetzeslage, sondern vielmehr um die Betrachtung der tatsächlichen Gegebenheiten in Schiedsverfahren geht. Zudem wäre eine scharfe Trennung oder gar eine Beschränkung auf nationale Verfahren aufgrund der bereits erwähnten zunehmenden Internationalisierung von Schiedsverfahren auch gar nicht sinnvoll.

Im ersten Teil der Arbeit wird bei einer Betrachtung des Verlaufs eines Schiedsverfahrens, das heißt in chronologischer Folge auf die Frage eingegangen, in welchen Abschnitten des Verfahrens es zu Situationen kommen kann, die zu einer Verzögerung im zeitlichen Ablauf führen. Hierbei reicht die Betrachtung von der Verfahrenseinleitung bis einschließlich zum Verfahren zur Vollstreckbarerklärung des Schiedsspruchs. Eine besondere Stellung nimmt in diesem Zusammenhang das Stadium der Beweisaufnahme ein, da sich hier, gerade im internationalen Kontext, eine Vielzahl möglicher Gestaltungen ergibt, so dass die Verfahrensdauer je nach Vorgehensweise in diesem Abschnitt deutlich variieren kann. Deshalb liegt in diesem Bereich ein Schwerpunkt der Bearbeitung im ersten Teil. Insgesamt wird von Schiedsverfahren unter Beteiligung von lediglich zwei Parteien ausgegangen. Aus der Beteiligung mehrerer Parteien ergibt sich ein zusätzlicher Themenkomplex, dessen Darstellung und dessen Auswirkungen auf den Ablauf und die Dauer des Schiedsverfahren nicht Gegenstand dieser Arbeit sind. Die Betrachtung im ersten Teil beschränkt sich auf die Erörterung der sensiblen Bereiche, welche das Verfahren in die Länge ziehen können, ohne dass hier bereits näher auf mögliche Reaktions- oder Vorsorge-

31 Beispielhaft können an dieser Stelle die Ergänzenden Regeln für beschleunigte Verfahren der DIS genannt werden. Auf dieses und weitere spezielle Regelwerke wird an anderer Stelle ausführlicher eingegangen [siehe unten 2. Teil Kap. 5 A.].

möglichkeiten eingegangen wird. Diese Fragen bleiben der Bearbeitung im zweiten Teil vorbehalten.

Gegenstand des zweiten Teils der Arbeit sind insgesamt Fragen der Beschleunigung und der Optimierung des Ablaufs eines Schiedsverfahrens. Im Rahmen dieser Darstellung werden auch konkrete Maßnahmen mit Bezug auf im ersten Teil geschilderte Konstellationen behandelt. Dabei beschränkt sich der Umfang der Ausführungen auf die Optimierung des zeitlichen Ablaufs. Die Frage der Minimierung der Kosten des Verfahrens wird, wenngleich diese mit der Verfahrensdauer in einem engen Zusammenhang steht, nicht näher erörtert. Die Darstellung im zweiten Teil erfolgt wiederum in zwei Abschnitten. Der erste Abschnitt betrifft allgemein die Möglichkeiten, die den Beteiligten eines Schiedsverfahrens zur Verfügung stehen sowie Maßnahmen und Vorkehrungen, die von diesen getroffen werden können, um Verzögerungen während des Verfahrens zu reduzieren. Demnach geht es darum, dass insgesamt die Verfahrensdauer von Schiedsverfahren reduziert werden soll. Anschließend werden verschiedene Ansätze dargestellt, deren Zweck in der Durchführung eines beschleunigten Schiedsverfahrens besteht, welches bereits von Beginn an auf Schnelligkeit ausgerichtet ist. Hier wird also unterschieden zwischen „gewöhnlichen“ Schiedsverfahren und beschleunigten Schiedsverfahren, in denen es ihrem Gegenstand nach um die Beendigung des Verfahrens innerhalb einer bestimmten Zeit geht.

1. Teil:
Zeitrelevante Probleme im Verlauf eines Schiedsverfahrens

Kapitel 1: Die Einleitung des Schiedsverfahrens

A. Die Entscheidung zwischen institutioneller und Ad-hoc-Schiedsgerichtsbarkeit und ihre Bedeutung für die Dauer des Verfahrens

Bereits ganz zu Anfang bzw. sogar noch vor Beginn des eigentlichen Schiedsverfahrens müssen sich die Parteien mit der Frage auseinandersetzen, ob sie sich für ein Ad-hoc- oder ein institutionelles Schiedsverfahren entscheiden wollen. Diese Entscheidung können sie schon in der Schiedsvereinbarung treffen. Für den Fall, dass ein institutionelles Verfahren gewünscht ist, geschieht dies durch Bezugnahme auf eine Schiedsinstitution und deren Regeln.[32]

I. Ad-hoc-Schiedsgerichtsbarkeit

Das Ad-hoc-Schiedsverfahren zeichnet sich vor allem dadurch aus, dass das Schiedsgericht gerade zur Entscheidung der konkreten Streitigkeit gebildet wird.[33] Den Parteien steht es überdies frei, dem Schiedsgericht die Verfahrensregeln im Einzelnen vorzuschreiben[34], wobei grundlegende Prinzipien, wie etwa der aus § 1042 Abs. 1 ZPO folgende Anspruch der Parteien auf Gleichbehandlung und auf rechtliches Gehör, der Disposition der Parteien entzogen sind.[35] Dabei können die Parteien selbst (für jeden Verfahrensabschnitt) Regelungen entwerfen, die ihren Vorstellungen entsprechen. Aber auch abseits der institutionellen Schiedsordnungen können die Parteien auf bestehende Regelwerke[36] zu-

32 Lachmann, Hdb. Schiedsgerichtspraxis, Rn. 376.

33 Nerz, RIW 1990, S. 350; Lew/Mistelis/Kröll, Rn. 3–9; Schütze/Tschernig/Wais, Hdb. des Schiedsverfahrens, Rn. 26; Schwab/Walter, Schiedsgerichtsbarkeit, Kap. 1 Rn. 10.

34 Blackaby/Partasides/Redfern/Hunter, International Arbitration, Rn. 1.153; Kreindler/Schäfer/Wolff, Schiedsgerichtsbarkeit, Rn. 271; Schütze, Schiedsgericht und Schiedsverfahren, Rn. 27.

35 Lörcher/Lörcher, SchiedsVZ 2005, S. 179 (180); Schütze/Tschernig/Wais, Hdb. des Schiedsverfahrens, Rn. 26.

36 An dieser Stelle sollen solche Regelwerke, die gerade für ein beschleunigtes Verfahren geschaffen wurden, erst einmal außer Betracht bleiben [siehe hierzu unten 2. Teil Kap. 5 A.].

rückgreifen, wie beispielsweise die UNCITRAL-Regeln. Die Vereinbarung der Geltung eines solchen Regelwerks könnte den Parteien die Mühe und auch die Zeit ersparen, eine ganz eigene Regelung zu vereinbaren.[37]

1. Mögliche Vorteile für die Verfahrensdauer

Diese weitgehende Handlungs- und Entscheidungsfreiheit der Parteien könnte bereits als eine gute Voraussetzung für eine zügige Durchführung des Verfahrens begriffen werden. Wenn die Parteien es selbst in der Hand haben, über den Ablauf des Verfahrens zu bestimmen, so können sie ihre Regelung auch so wählen, dass diese auf eine rasche Verfahrensführung ausgerichtet ist. Gerade dann, wenn die konkrete Art der Streitigkeit spezielle Anforderungen stellt, etwa besonders eilbedürftig ist, kann den Parteien ihre Gestaltungsfreiheit zu Gute kommen. Hier könnten bestehende Regelwerke (nicht nur solche von Schiedsinstitutionen), wenn auch nur in Teilen, dem Anliegen der Parteien zuwiderlaufen, etwa wenn diese im Einzelfall lange Fristen oder Förmlichkeiten vorsehen. Um also den eigenen Anforderungen Rechnung zu tragen, können die Parteien in einem Ad-hoc-Verfahren Vorkehrungen[38], die sie für erforderlich halten, selbst treffen, ohne auf die Mitwirkung einer Institution angewiesen zu sein. Eine erforderliche Abstimmung mit einer Institution an vielen Stellen des Verfahrens könnte demgegenüber zu einer Verzögerung führen.

2. Mögliche Nachteile

Dieser mögliche Vorteil, also die Unabhängigkeit von einer Schiedsinstitution, kann unter Umständen zugleich ein nicht zu vernachlässigender Nachteil sein. Denn gleichzeitig verzichten die Parteien in einem Ad-hoc-Verfahren auch auf die Mithilfe einer Institution. Daraus folgt, dass etwaige Schwierigkeiten der Parteien bei der Planung oder Durchführung des Verfahrens nicht durch eine Institution „aufgefangen“ werden können. Eine (zumal auf eine beschleunigte Durchführung ausgerichtete) Gestaltung des Verfahrens allein durch die Parteien setzt also voraus, dass diese auch erfahren und vorausschauend genug sind, um den Gegebenheiten eines Schiedsverfahrens gerecht zu werden. Im Übrigen ist auch erforderlich, dass die Parteien überhaupt willens sind, bezüglich der Ausgestaltung des Verfahrens und auch im Verfahren selbst zu kooperieren, da sich

37 Blackaby/Partasides/Redfern/Hunter, International Arbitration, Rn. 1.153.

38 Vgl. zu den Gestaltungsmöglichkeiten der Parteien und den Punkten, die idealerweise vor dem Verfahren zu regeln sind, unten 2. Teil Kap. 4 B.I.1.

ansonsten ein zufriedenstellendes und effektives Verfahren nicht erreichen lässt.[39] Schließlich ist zu bedenken, dass eine umfassende und detaillierte Ausgestaltung des Verfahrens, das heißt schon allein der „Entwurf" der Regelung, wenn diese tatsächlich von den Parteien selbst vorgenommen werden soll, einige Zeit in Anspruch nimmt.[40]

II. Institutionelle Schiedsgerichtsbarkeit

Demgegenüber entspricht es gerade dem Wesen der institutionellen Schiedsgerichtsbarkeit, dass das Verfahren von einer (von den Parteien zu bezeichnenden) Institution administriert wird.[41] Die Institution übernimmt also Verwaltungsaufgaben wie Zustellungen oder auch die Einziehung von Kostenvorschüssen.[42] Zudem gibt es vielfach vorgegebene Listen von Schiedsrichtern, aus denen die Parteien wählen können.[43] Zudem stellen die Schiedsinstitutionen den Parteien eine Schiedsordnung zur Verfügung bzw. geben diese vor.[44]

1. Mögliche Vorteile

Im institutionellen Verfahren haben die Parteien nicht die Freiheit, aber eben auch nicht die Obliegenheit, das gesamte Verfahren im Einzelnen zu regeln. Vielmehr finden die Parteien, sobald sie sich für eine Institution entscheiden, eine bereits vorhandene Infrastruktur vor. Im Ausgangspunkt könnte man sagen, dass diese ganze vorgefertigte und im Idealfall möglichst lückenlose Struktur für eine straffe Durchführung des Verfahrens dienlich sein kann.[45] Darüber hinaus sind die Institutionen erfahren im Umgang mit Schiedsverfahren und möglichen

39 So auch Blackaby/Partasides/Redfern/Hunter, International Arbitration, Rn. 1.155; Lionnet/Lionnet, Hdb. Schiedsgerichtsbarkeit, S. 200; Raeschke-Kessler/Berger, Recht und Praxis des Schiedsverfahrens, Rn. 62.

40 Vgl. Berger, AnwBl. 2009, S. 771; Hamann/Lennarz, BB 2007, S. 1009; Mullerat, Liber Amicorum Cremades, S. 867 (868).

41 Blackaby/Partasides/Redfern/Hunter, International Arbitration, Rn. 1.158; Kreindler/Schäfer/Wolff, Schiedsgerichtsbarkeit, Rn. 393; Lionnet/Lionnet, Hdb. Schiedsgerichtsbarkeit, S. 196; Schütze, Schiedsgericht und Schiedsverfahren, Rn. 29.

42 Kreindler/Schäfer/Wolff, Schiedsgerichtsbarkeit, Rn. 393; Mullerat, Liber Amicorum Cremades, S. 867 (870).

43 Kreindler/Schäfer/Wolff, Schiedsgerichtsbarkeit, Rn. 386; Schütze, Schiedsgericht und Schiedsverfahren, Rn. 28.

44 Kreindler/Schäfer/Wolff, Schiedsgerichtsbarkeit, Rn. 390.

45 So jedenfalls im Ansatz auch Nerz, RIW 1990, S. 350 (351).

Problemen, die sich im Verlauf eines solchen ergeben können. Die Regelwerke sind zudem in der Praxis erprobt.[46] Somit haben Institutionen die Möglichkeit, auf Verzögerungen zu reagieren, wobei sich dies häufig auch aus der entsprechenden Schiedsordnung ergibt.[47] Ganz allgemein wird den Parteien durch die Mitwirkung der Institution gerade auf der organisatorischen Ebene viel Arbeit abgenommen.

Müssen alle diese Schritte[48] von den Parteien gänzlich selbständig veranlasst werden, so kann dies zu größeren Schwierigkeiten und damit Verzögerungen bereits zu Beginn des Verfahrens führen. Die institutionellen Regelwerke sehen normalerweise auch eine Musterschiedsklausel vor, die es den Parteien erspart, selbst eine Schiedsklausel zu entwerfen und dabei Gefahr zu laufen, dass die Schiedsklausel praktisch nicht umsetzbar ist.[49] Im Übrigen gewährleistet eine solche umfassende Schiedsordnung auch, dass der Ablauf des Verfahrens lückenlos geregelt ist. Somit stehen die Beteiligten nicht im Laufe des Verfahrens vor einem Sachverhalt oder Verfahrensschritt, welcher noch nicht berücksichtigt wurde.[50] In dem Fall müssten sie erst selbst noch eine Regelung finden, was wiederum Zeit in Anspruch nehmen würde. Generell können die Parteien im Falle von Problemen im Laufe des Verfahrens vielfach auch die Hilfe der Institution in Anspruch nehmen.[51]

Zudem kann eine Institution das Schiedsverfahren insbesondere auch dann erleichtern und Verzögerungen wegen Verständigungsschwierigkeiten über den Verfahrensablauf vorbeugen, wenn die Parteien aus unterschiedlichen Rechtssystemen stammen.[52]

---

46 Vgl. Blackaby/Partasides/Redfern/Hunter, International Arbitration, Rn. 1.161; Hamann/Lennarz, BB 2007, S. 1009 (1010); Lew/Mistelis/Kröll, Rn. 3–21; Mullerat, Liber Amicorum Cremades, S. 867 (868).

47 Blackaby/Partasides/Redfern/Hunter, International Arbitration, Rn. 1.162; Mullerat, Liber Amicorum Cremades, S. 867 (870).

48 Beispielsweise die Besetzung des Schiedsgerichts oder die genannten Zustellungsfragen und die Sorge dafür, dass die erforderlichen Kosten(-vorschüsse) gezahlt werden.

49 Vgl. Mullerat, Liber Amicorum Cremades, S. 867 (869).

50 Lachmann, Hdb. Schiedsgerichtspraxis, Rn. 419.

51 Blackaby/Partasides/Redfern/Hunter, International Arbitration, Rn. 1.165; Kreindler/Schäfer/Wolff, Schiedsgerichtsbarkeit, Rn. 282; Lachmann, Hdb. Schiedsgerichtspraxis, Rn. 3053; Lew/Mistelis/Kröll, Rn. 3–22.

52 Raeschke-Kessler/Berger, Recht und Praxis des Schiedsverfahrens, Rn. 74.

2. Mögliche Nachteile

Andererseits kann auch hier dieser Vorteil der gefestigten und erprobten Strukturen den Parteien, die ein rasches Verfahren anstreben, unter Umständen zum Nachteil gereichen. Aus der vorgefertigten Gestaltung des Verfahrensverlaufs folgt eben auch eine eingeschränkte Flexibilität.[53] So nimmt eine Schiedsordnung, wie erwähnt, grundsätzlich keine Rücksicht auf die individuellen Anforderungen der Parteien und der konkreten Streitigkeit. Vielfach besteht aber auch bei vereinbarter Geltung einer Schiedsordnung ein Gestaltungsspielraum der Parteien, der es ihnen ermöglicht, bestimmte Regelungen selbst zu treffen.[54] Die Tatsache, dass in vielen Punkten eine Mitwirkung oder jedenfalls eine Abstimmung mit der Institution[55] erforderlich ist, führt möglicherweise zu einer Verzögerung im zeitlichen Ablauf[56], welche im Ad-hoc-Verfahren so nicht entstehen würde. Im Einzelnen hängt in dieser Hinsicht natürlich vieles von der Ausgestaltung der jeweiligen Verfahrensordnung ab, so dass sich eine allgemeingültige Aussage gar nicht treffen lässt. Jedenfalls müssen die Parteien eines institutionellen Schiedsverfahrens aber hinnehmen oder sich darauf einstellen, dass der administrative Teil des Verfahrens, welcher ihnen das Verfahren auf der anderen Seite erleichtert, auch in zeitlicher Hinsicht einigen Raum einnehmen kann.

III. Schlussfolgerung

Bei der Beurteilung der Frage, ob ein Ad-hoc- oder ein institutionelles Verfahren für die Verfahrensdauer förderlicher oder eher von Nachteil ist, kommt es auf verschiedene Faktoren an, die im jeweiligen Verfahren unterschiedlich sein können. Dies beginnt bereits bei den Parteien selbst. Wenn diese in der Lage sind, eine umfassende Regelung ihres Verfahrens zu entwerfen und, was nicht zu unterschätzen ist, sich auch beide Parteien an diese Regelung halten, so bedürfen sie auch nicht der Unterstützung einer Institution und deren Schiedsordnung, um ein zügiges Verfahren zu erreichen. Wenn es den Parteien jedoch an Erfahrung und Weitsicht fehlt, um sich auf die möglichen Probleme im Laufe eines Verfah-

---

53 Vgl. Mullerat, Liber Amicorum Cremades, S. 867 (871).

54 Kreindler/Schäfer/Wolff, Schiedsgerichtsbarkeit, Rn. 284; Lionnet/Lionnet, Hdb. Schiedsgerichtsbarkeit, S. 198.

55 Blackaby/Partasides/Redfern/Hunter, International Arbitration, Rn. 1.167 sprechen in diesem Zusammenhang von „the machinery of an arbitral institution".

56 So auch Lachmann, Hdb. Schiedsgerichtspraxis, Rn. 3059; Mullerat, Liber Amicorum Cremades, S. 867 (871).

rens einzustellen, kann es empfehlenswert sein, sich auf ein bestehendes Regelwerk zu verständigen. Auch die Zeit, die die Parteien sparen können, wenn sie nicht selbst eine Regelung entwerfen müssen, ist nicht zu vernachlässigen. Eine Schiedsinstitution kann den Parteien bei Schwierigkeiten zur Hand gehen, wobei in diesem Fall eben der damit verbundene administrative Aspekt hinzunehmen ist, auch wenn dieser die Flexibilität einschränkt und auch seinerseits Zeit in Anspruch nehmen kann. Hinsichtlich der Schiedsordnung haben die Parteien zwischen vielen bestehenden die Wahl und können sich für eine entscheiden, die ihren Anforderungen (soweit zu diesem Zeitpunkt ersichtlich) am ehesten entspricht.

B. Zustellung des Vorlageantrags an den Beklagten bzw. Einreichen der Klage bei der Institution

Sofern die Parteien keine abweichende Vereinbarung getroffen haben, beginnt das Schiedsverfahren nach der gesetzlichen Konzeption des § 1044 S. 1 ZPO damit, dass der Schiedskläger dem Beklagten den „Vorlageantrag“[57] zustellt, in welchem auf die Schiedsvereinbarung und den Streitgegenstand hingewiesen wird, § 1044 S. 2 ZPO. Haben die Parteien ein institutionelles Verfahren vereinbart, so bedarf es eines solchen Vorlageantrags oftmals nicht. In diesem Fall beginnt das Verfahren regelmäßig mit der Einreichung der Schiedsklage bei der Institution.[58] Dies erspart dem Kläger die unter Umständen problematische Zustellung an den Beklagten und ermöglicht im Zweifelsfall eine vereinfachte Fristwahrung, gerade dann, wenn es um die Hemmung der Verjährung geht.[59] Im Übrigen kann, insbesondere aus Gründen der Praktikabilität und Zeitersparnis, der Vorlageantrag bereits in einem Dokument mit der Schiedsklage verbunden werden.[60]

57 So MüKo-ZPO/*Münch*, § 1044 Rn. 5, aber zugleich mit dem Hinweis, dass dieser Antrag der Sache nach der Klage entspricht.

58 Kreindler/Schäfer/Wolff, Schiedsgerichtsbarkeit, Rn. 385 mit Verweis auf § 6 DIS-SchO und Art. 4 Abs. 1 ICC-SchO, welcher ein „request for arbitration“ verlangt.

59 Lionnet/Lionnet, Hdb. Schiedsgerichtsbarkeit, S. 201.

60 Lachmann, Hdb. Schiedsgerichtspraxis, Rn. 760; MüKo-ZPO/*Münch*, § 1044 Rn. 4; Raeschke-Kessler/Berger, Recht und Praxis des Schiedsverfahrens, Rn. 573.

I. Der Postweg

Eine Zustellung auf dem Postweg – und dies gilt nicht nur für die Verfahrenseinleitung, sondern im gesamten Schiedsverfahren – bringt möglicherweise Schwierigkeiten mit sich, wenngleich es sich hierbei um die übliche Form der Zustellung handelt.[61] So kann es zu Verzögerungen in der Zustellung oder sogar dazu kommen, dass die Sendung auf dem Postweg verloren geht und ihren Adressaten gar nicht oder jedenfalls nicht rechtzeitig erreicht.[62] Im Übrigen stellt der postalische Versand einen zusätzlichen Aufwand dar, da alle erforderlichen Dokumente erst in Papierform beschafft oder ausgedruckt werden müssen, wobei dies aber im Falle des Vorlageantrags noch nicht ins Gewicht fallen wird. Dass eine Zustellung per Post umständlich sein und Zeit in Anspruch nehmen kann, gilt jedoch auch hier uneingeschränkt. Dies gilt freilich umso mehr, wenn die andere Partei nicht im Inland, sondern im Ausland ansässig ist. Hier nimmt bereits die Zustellung, auch wenn sie ordnungsgemäß verläuft, unter Umständen wesentlich mehr Zeit in Anspruch[63], je nachdem, in welchem Land sich der Wohnsitz des Beklagten bzw. der Sitz des Unternehmens befindet. Schwierigkeiten können sich zudem dann ergeben, wenn sich eine zustellungsfähige Adresse des Beklagten nicht ohne Weiteres ermitteln lässt oder noch Zustellungsbevollmächtigte in dem betreffenden Land hinzugezogen werden müssen. All diese Umstände sind dazu geeignet, das Verfahren über Gebühr zu verzögern.

II. Verfahrenseinleitung auf elektronischem Weg

Diesen Umständen könnte aus dem Weg gegangen werden, wenn der Kläger das verfahrenseinleitende Dokument – sei es ein Vorlageantrag oder eben die Schiedsklage – auf elektronischem Weg, das heißt insbesondere per E-Mail zustellen würde.

1. Vor- und Nachteile

Die Vorteile einer solchen Zustellung per E-Mail liegen vor allem darin, dass hierfür kein nennenswerter Aufwand betrieben werden muss. Vielmehr genügen

---

61 Schütze, Schiedsgericht und Schiedsverfahren, Rn. 175.

62 Vgl. auch Schütze, Schiedsgericht und Schiedsverfahren, Rn. 175.

63 So auch Musielak/*Wolst*, ZPO, § 183 Rn. 3, der die Zustellung im Ausland als die „aufwändigste und umständlichste" beschreibt.

in der Regel wenige Handgriffe (beziehungsweise „Clicks"), um dem Adressaten das Dokument zukommen zu lassen. Hierbei spielt es auch keine Rolle, in welchem Staat der Beklagte ansässig ist, solange dieser einen E-Mail-Account hat. Die Zustellung selbst nimmt im Normalfall auch keine nennenswerte Zeit in Anspruch, da eine E-Mail für den Empfänger normalerweise binnen weniger Minuten abrufbar ist.[64] Von dieser grundsätzlich vereinfachten und schnelleren Form der Zustellung kann jedoch nur dann Gebrauch gemacht werden, wenn der Empfänger die für den E-Mail-Verkehr erforderlichen technischen Einrichtungen zum einen besitzt – wobei hiervon heutzutage wohl im Regelfall ausgegangen werden kann – und darüber hinaus auch nutzt. Das setzt also voraus, dass der Empfänger (auch) im Geschäftsverkehr unter Verwendung oder Angabe seiner E-Mail-Adresse auftritt.[65] Auch bei einer Zustellung per E-Mail ist freilich die Gefahr nicht auszuschließen, dass Fehler bei der Übermittlung, also technische Störungen, auftreten. Ein erneuter Zustellungsversuch nach der Unterrichtung vom fehlgeschlagenen Sendevorgang nimmt aber wiederum ungleich weniger Zeit und Mühe in Anspruch als dies bei postalischem Versand der Fall wäre.

Ein Nachteil der Zustellung per E-Mail liegt allerdings darin, dass sich der Zugang für den Absender schwieriger beweisen lässt als zum Beispiel bei einem Versand per Einschreiben mit Rückschein, ganz zu schweigen von einer förmlichen Zustellung. Als zum Beweis geeignet erscheint bei einer E-Mail eine Empfangs- oder Lesebestätigung[66], sofern das jeweilige E-Mail-Programm eine derartige Funktion bereithält.

2. Zulässigkeit

Angesichts dieser jedenfalls in zeitlicher Hinsicht bestehenden Vorteile einer Übermittlung des Vorlageantrags per E-Mail stellt sich nunmehr die Frage, inwiefern eine solche in einem Schiedsverfahren zulässig ist. Hier könnte man zunächst den Eindruck gewinnen, dass die gesetzliche Grundkonzeption in den Normen der ZPO von einer Zustellung in schriftlicher Form, das heißt auch per Post ausgeht. So regelt etwa § 1028 Abs. 1 ZPO explizit die Frage des Empfangs einer Mitteilung, welche per Einschreiben mit Rückschein oder in ähnlicher

64 Dabei ist – nach deutschem Recht – für den Zeitpunkt des Zugangs auf die tatsächliche Möglichkeit der Kenntnisnahme abzustellen, also darauf, wann üblicherweise mit einem Abrufen der E-Mails im Postfach zu rechnen ist, was je nach Zeit des Eingangs der E-Mail auch am nächsten Tag sein kann. Vgl. hierzu MüKo-BGB/*Einsele*, § 130 Rn. 19; Palandt/*Ellenberger*, BGB, § 130 Rn. 5.

65 MüKo-BGB/*Einsele*, § 130 Rn. 18; Palandt/*Ellenberger*, BGB, § 130 Rn. 7a.

66 MüKo-BGB/*Einsele*, § 130 Rn. 46; Palandt/*Ellenberger*, BGB, § 130 Rn. 21.

Weise postalisch übermittelt wurde.[67] Jedoch schreibt die Norm nicht vor, dass alle maßgeblichen Erklärungen oder Schriftsätze tatsächlich in schriftlicher Form zugestellt werden müssen. Vielmehr betrifft § 1028 Abs. 1 ZPO einzig den Zugang einer schriftlichen Erklärung für den Fall, dass der Aufenthaltsort des Empfängers unbekannt ist, also eine besondere Konstellation. Vereinzelt wird aber vertreten, der Vorlageantrag habe der Schriftform zu entsprechen. Dieses Erfordernis der Schriftlichkeit ergebe sich aus dem Wortlaut, der den „Empfang" voraussetze.[68] Ob allein aus diesem Wort geschlossen werden kann, es müsse sich um eine schriftliche Erklärung handeln, erscheint jedoch fraglich. Aus rein sprachlicher Sicht verbietet es sich auch im Falle einer formlosen Erklärung oder einer E-Mail nicht, von „Empfang" zu sprechen.

Selbst wenn man aber annehmen wollte, die Regelung des § 1044 S. 1 ZPO gehe von einem schriftlichen Vorlageantrag aus, wäre immer noch zu beachten, dass auch diese Norm schon nach ihrem Wortlaut eine abweichende Parteivereinbarung zulässt. Somit steht auch hier der Grundsatz der Parteiautonomie im Vordergrund. Den Parteien ist es dementsprechend auch in diesem Punkt freigestellt, über die Verfahrensmodalitäten zu entscheiden. Haben die Parteien also keine besonderen Formerfordernisse für das Einreichen von Anträgen, also auch des Vorlageantrags, vereinbart, so bedarf dieser auch keiner besonderen Form[69] oder einer postalischen Zustellung. Vielmehr kann der Vorlageantrag auch formlos, das heißt auch mündlich oder telefonisch erfolgen oder eben auch per E-Mail zugestellt werden.[70] Somit ist im Falle einer entsprechenden bzw. mangels einer entgegenstehenden Übereinkunft der Parteien eine zeitsparende Zustellung des Vorlageantrags per E-Mail an den Beklagten als zulässig anzusehen.

C. Die Bestellung der Schiedsrichter

Wie bereits erwähnt, stellt die Schiedsrichterbestellung eine für das Schiedsverfahren (im Unterschied zum staatlichen Verfahren) unabdingbare Voraussetzung dar. Aus dieser Notwendigkeit folgt auch, dass bereits dieser (frühe) Abschnitt im Verfahren in jedem Fall eine gewisse Zeit in Anspruch nimmt. An dieser

67 Vgl. zu einem Verweis auf § 1028 ZPO auch MüKo-ZPO/*Münch*, § 1044 Rn. 12, der aber daraus nicht das Erfordernis der Schriftform schließt, sondern die Schriftform lediglich zu Beweiszwecken mit Blick auf diese Vorschrift empfiehlt.

68 Baumbach/Lauterbach/Albers/Hartmann, ZPO, § 1044 Rn. 2.

69 Kreindler/Schäfer/Wolff, Schiedsgerichtsbarkeit, Rn. 740; Musielak/*Wolst*, ZPO, § 1044 Rn. 8; Schütze, Schiedsgericht und Schiedsverfahren, Rn. 166.

70 MüKo-ZPO/*Münch*, § 1044 Rn. 11; Musielak/*Voit*, ZPO, § 1044 Rn. 2; Stein/Jonas/*Schlosser*, ZPO, § 1044 Rn. 2.

Stelle soll nun die Aufmerksamkeit einigen Faktoren gewidmet werden, die dazu beitragen können, dass sich die Besetzung des Schiedsgerichts problematisch und damit zeitaufwendig gestaltet. Zudem soll erörtert werden, wie sich mögliche Entscheidungen im Rahmen der Bestellung auf das Verfahren auswirken können.

I. Vorgaben für die Qualifikation der zu bestellenden Schiedsrichter

Schon zu Anfang wurde angedeutet, dass die Entscheidung der Parteien für den oder die Schiedsrichter mitentscheidenden Einfluss auf den Fortgang des gesamten Verfahrens haben kann, so dass die Bedeutung dieser Auswahl nicht zu unterschätzen ist.[71] Mit einer ungünstigen Schiedsrichterwahl, das heißt einer solchen, die dem Verfahren nicht gerecht wird, können die Parteien das Verfahren von Beginn an „auf das falsche Gleis setzen“. Dementsprechend ist anzuraten, dass die Parteien diese Entscheidung nicht unbedacht oder vorschnell treffen. Die Parteien können sich, nicht zuletzt, um dieser gebotenen Sorgfalt Rechnung zu tragen, darauf einigen, dass die zu bestellenden Schiedsrichter bestimmte Voraussetzungen erfüllen müssen.[72] Diese Voraussetzungen können bereits in der Schiedsvereinbarung festgehalten werden.[73] Hierbei können berufliche Qualifikationen vorausgesetzt werden, etwa, dass es sich um (Voll-)Juristen handeln muss[74], oder dass (darüber hinaus) besondere Kenntnisse eines spezifischen Rechtsgebiets oder technische Kenntnisse vorhanden sein müssen.[75] Treffen die Parteien eine derartige Vereinbarung, so ist damit grundsätzlich gewährleistet, dass die Schiedsrichter ihren Vorstellungen entsprechen. Gleichzeitig können sich aus solchen Vorgaben aber auch Folgeprobleme ergeben, die sich auf die Verfahrensdauer auswirken und auf die die Parteien gefasst sein müssen.

---

71 Vgl. Aksen, in: Newman/Hill (Hrsg.), Leading Arbitrators’ Guide, S. 31; Blackaby/Partasides/Redfern/Hunter, International Arbitration, Rn. 4.14; Kreindler/Schäfer/Wolff, Schiedsgerichtsbarkeit, Rn. 478; Lew/Mistelis/Kröll, Rn. 10–30; Musielak/*Voit*, ZPO, § 1034 Rn. 1; Rivkin, Arb. Int’l 2008, S. 375 (378); Weigand, FS Schlosser, S. 1081; Zöller/*Geimer*, ZPO, § 1034 Rn. 8.

72 Lachmann, Hdb. Schiedsgerichtspraxis, Rn. 815; Lew/Mistelis/Kröll, Rn. 8–33; Musielak/*Voit*, ZPO, § 1035 Rn. 18; Schütze, Schiedsgericht und Schiedsverfahren, Rn. 43; Zöller/*Geimer*, ZPO, § 1035 Rn. 3. Vgl. darüber hinaus §§ 1035 Abs. 5 S. 1, 1036 Abs. 2 S. 1 ZPO.

73 Lew/Mistelis/Kröll, Rn. 10–43; Lörcher/Lörcher, SchiedsVZ 2005, S. 179 (181); Weigand, FS Schlosser, S. 1081 (1084).

74 Lachmann, Hdb. Schiedsgerichtspraxis, Rn. 815; Schütze, Schiedsgericht und Schiedsverfahren, Rn. 43.

75 Raeschke-Kessler/Berger, Recht und Praxis des Schiedsverfahrens, Rn. 486.

Zunächst einmal verringert eine detaillierte Bestimmung der Anforderungen an die Schiedsrichter auch notwendigerweise den Kreis der letztlich „wählbaren“ Kandidaten.[76] Dies führt dazu, dass die Parteien, wenn es schließlich zu einer Streitigkeit gekommen ist, darauf angewiesen sind, dass eine der (möglicherweise wenigen) verbliebenen Personen im maßgeblichen Zeitraum auch tatsächlich verfügbar ist.[77] Dies gilt umso mehr, wenn die Parteien den oder die zu bestellenden Schiedsrichter bereits im Vorfeld namentlich festlegen.[78] In der Konsequenz kann es dazu kommen, dass der oder die Kandidaten nicht, nicht sofort oder nicht uneingeschränkt Zeit haben, sich des Verfahrens anzunehmen. In diesem Fall sind die Parteien genötigt, sich entweder nach dem Terminplan des Betreffenden zu richten oder sich auf abweichende Eigenschaften der Schiedsrichter zu verständigen, um „Ersatz“ zu finden. Beide Alternativen verzögern die Schiedsrichterbestellung und damit die Aufnahme des Verfahrens. Im Übrigen können, wenn man eine Reihe von detaillierten Voraussetzungen vereinbart, Verzögerungen dadurch entstehen, dass man zunächst entscheiden muss, ob ein Kandidat diese Voraussetzungen tatsächlich (alle) erfüllt.[79]

Ein weiterer Umstand, der zu beachten ist, wenn man (vor Entstehen der Streitigkeit) die Anforderungen an die Schiedsrichter festlegt, ist, dass man bei dieser Übereinkunft noch nicht weiß, welcher Art die künftige Streitigkeit genau sein wird. Es kann also sein, dass man zwar den Anforderungen entsprechende Schiedsrichter finden würde, aber feststellen muss, dass die konkrete Streitigkeit andere als die vereinbarten Qualifikationen erfordert. Beispielsweise kann sich herausstellen, dass für die Streitigkeit hauptsächlich technische und weniger juristische Kenntnisse förderlich wären.[80] In einem solchen Fall kann der Lauf des Verfahrens wiederum in zweierlei Hinsicht beeinträchtigt werden. Entscheiden sich die Parteien dafür, einen (oder mehrere) den ursprünglich festgelegten Anforderungen entsprechende(n) Schiedsrichter zu bestellen, so mögen sich fehlende technische Kenntnisse im Verfahren auswirken, indem vermehrt Sachverständige hinzugezogen werden müssen. Wenn die Parteien den abweichenden Anforderungen Rechnung tragen wollen, indem sie eine neue Vereinbarung treffen und daraufhin dementsprechend andere Kandidaten auswählen, so ver-

76 Kreindler/Schäfer/Wolff, Schiedsgerichtsbarkeit, Rn. 512; Lörcher/Lörcher, SchiedsVZ 2005, S. 179 (181).

77 Vgl. Blackaby/Partasides/Redfern/Hunter, International Arbitration, Rn. 4.49.

78 Henn, Schiedsverfahrensrecht, Rn. 259; Lew/Mistelis/Kröll, Rn. 8–31; Lörcher/Lörcher, Schiedsverfahren, Rn. 53; Musielak/*Voit*, ZPO, § 1035 Rn. 3.

79 Blackaby/Partasides/Redfern/Hunter, International Arbitration, Rn. 4.17.

80 Blackaby/Partasides/Redfern/Hunter, International Arbitration, Rn. 4.16; Kreindler/Schäfer/Wolff, Schiedsgerichtsbarkeit, Rn. 512; Lachmann, Hdb. Schiedsgerichtspraxis, Rn. 820; Lew/Mistelis/Kröll, Rn. 8–33; Lörcher/Lörcher, SchiedsVZ 2005, S. 179 (181).

längert dieser zusätzliche Aufwand ebenfalls das Verfahren. Insofern kann bei ausführlichen Bestimmungen bezüglich der Qualifikation der zu bestellenden Schiedsrichter, jedenfalls dann, wenn dies vor Entstehen der Streitigkeit geschieht, eine gewisse Zurückhaltung empfehlenswert sein.[81] Vorsichtig zu handhaben ist zudem eine Vorgabe, nach welcher der oder die zu bestellende(n) Schiedsrichter die „Befähigung zum Richteramt" haben muss. Dies könnte jedenfalls in Streitigkeiten mit internationalem Bezug dazu führen, dass sich geeignete Kandidaten schwerer finden lassen, da diese Voraussetzung praktisch nur von deutschen Juristen erfüllt werden kann.[82]

II. Einzelschiedsrichter

Auch was die Anzahl der Schiedsrichter angeht, haben die Parteien die Möglichkeit, eine Vereinbarung zu treffen.[83] Sie können sich also auch für einen Einzelschiedsrichter entscheiden. In diesem Zusammenhang ist wiederum die Frage zu stellen, welche Konsequenzen die Bestellung eines Einzelschiedsrichters auf Ablauf und Dauer des Verfahrens haben kann. Allgemein ist festzustellen, dass jedenfalls theoretisch die Bestellung eines einzelnen Schiedsrichters weniger (zeit-)aufwendig ist als die Besetzung eines Dreierschiedsgerichts.[84] Immerhin müssen sich die Parteien nur für einen Kandidaten entscheiden, so dass sich das Verfahren zur Bestellung überschaubar gestalten sollte. Dies setzt freilich wiederum die Einigkeit und Kooperation der Parteien voraus. Für den Fall, dass eine solche Einigkeit nicht zu erzielen ist, weil jede Partei dem Vorschlag der anderen Partei misstraut, was nicht unwahrscheinlich ist[85], sieht die gesetzliche Regelung des § 1035 Abs. 3 S. 1 ZPO auf Antrag einer Partei eine Ersatzbenennung durch das Gericht vor. Eine solche Ersatzbenennung dauert wiederum in der Regel länger als eine einvernehmliche Benennung durch die Parteien gedauert hätte[86], so dass in einem solchen Fall der theoretische Vorteil der Bestellung eines Einzelschiedsrichters relativiert wird. Folglich empfiehlt sich die Vereinbarung der Entscheidung durch einen Einzelschiedsrichter nicht in jedem Fall, also besonders dann nicht, wenn absehbar ist, dass sich die Kommunikation zwischen den Parteien schwierig gestaltet. Denn dann müssen die Schwierigkeiten und die

81 Kreindler/Schäfer/Wolff, Schiedsgerichtsbarkeit, Rn. 512.

82 Lachmann, Hdb. Schiedsgerichtspraxis, Rn. 817; Lörcher/Lörcher, Schiedsverfahren, Rn. 95.

83 Lachmann, Hdb. Schiedsgerichtspraxis, Rn. 777. Vgl. auch § 1034 Abs. 1 S. 1 ZPO.

84 Kreindler/Schäfer/Wolff, Schiedsgerichtsbarkeit, Rn. 411; Mirèze, PCA Peace Palace Papers 2002, S. 253 (263).

85 Lachmann, Hdb. Schiedsgerichtspraxis, Rn. 796.

86 Kreindler/Schäfer/Wolff, Schiedsgerichtsbarkeit, Rn. 412.

damit einhergehende Verzögerung bei der Bestellung des Schiedsrichters mit eingeplant werden.

Auch sobald der Schiedsrichter erst einmal bestellt ist, bietet das Verfahren vor dem Einzelschiedsrichter, jedenfalls auf den ersten Blick, Vorzüge gegenüber einem Verfahren mit mehreren Schiedsrichtern. Zunächst einmal ist die Administration des Verfahrens, das heißt die Planung und Vereinbarung von Terminen mit einem Einzelnen unkomplizierter als wenn (noch) mehr Terminkalender in Einklang gebracht werden müssen.[87] Somit können im Idealfall die jeweiligen Termine zeitnäher anberaumt werden. Demgegenüber wird dem Einzelschiedsrichter aber auch die gesamte Verantwortung für das Verfahren übertragen, mit der dieser in manchen Fällen auch überfordert sein kann. Ein Einzelschiedsrichter bietet sich folglich auch in dieser Hinsicht nicht für jedes Verfahren an. Vielmehr kommt ein Einzelschiedsrichter vornehmlich bei Streitigkeiten in Betracht, die keinen besonderen Aufwand, etwa in der Sachverhaltsermittlung, erfordern und die auch keinen zu hohen Streitwert haben.[88] In derartigen Fällen ist gegen ein Verfahren mit einem Einzelschiedsrichter nichts einzuwenden. Der Einzelschiedsrichter kann ohne terminliche und sonstige Abstimmung und Beratung mit weiteren Schiedsrichtern, welche ihrerseits Zeit kosten kann, zu einer Entscheidung gelangen.[89] Hierbei ist aber im Gegenzug auch zu berücksichtigen, dass die Parteien in höherem Maße von dem Einzelschiedsrichter abhängig bzw. auf diesen angewiesen sind. Eine Beratung mit den anderen Schiedsrichtern kann sich, auch wenn sie Zeit in Anspruch nimmt, positiv auf die Entscheidung auswirken, da diese dann möglicherweise eher den Vorstellungen beider Parteien entspricht[90] und auch in höherem Maße gewährleistet ist, dass nicht ein Aspekt des Falles unberücksichtigt bleibt.[91]

---

87 Blackaby/Partasides/Redfern/Hunter, International Arbitration, Rn. 4.21; Briner, FS Sandrock, S. 137 (138); Lew/Mistelis/Kröll, Rn. 10–11; Mirèze, PCA Peace Palace Papers 2002, S. 253 (263); Rubino-Sammartano, FS Sandrock, S. 801.

88 Hantke, SchiedsVZ 2003, S. 269; Henn, Schiedsverfahrensrecht, Rn. 259; Kreindler/Schäfer/Wolff, Schiedsgerichtsbarkeit, Rn. 409; Lachmann, Hdb. Schiedsgerichtspraxis, Rn. 781.

89 Blackaby/Partasides/Redfern/Hunter, International Arbitration, Rn. 4.21; Born, S. 1868; Briner, FS Sandrock, S. 137 (138); Kreindler/Schäfer/Wolff, Schiedsgerichtsbarkeit, Rn. 411; Mirèze, PCA Peace Palace Papers 2002, S. 253 (263). Lionnet/Lionnet, Hdb. Schiedsgerichtsbarkeit, S. 238, halten vor diesem Hintergrund einen Einzelschiedsrichter für „billiger und schneller“, ein Dreierschiedsgericht aber für „besser“, insbesondere im Hinblick auf internationale Schiedsverfahren [vgl. hierzu sogleich III.1].

90 Vgl. Blackaby/Partasides/Redfern/Hunter, International Arbitration, Rn. 4.26; Lörcher/Lörcher, SchiedsVZ 2005, S. 179 (181); Mirèze, PCA Peace Palace Papers 2002, S. 253 (263).

91 Vgl. Lew/Mistelis/Kröll, Rn. 10–18.

III. Dreierschiedsgericht

1. Allgemeines

Für den Fall, dass die Parteien keine Vereinbarung (zugunsten eines Einzelschiedsrichters) treffen, sieht das Gesetz in § 1034 Abs. 1 S. 2 ZPO als Regelfall ein Dreierschiedsgericht vor. Für die Entscheidung zugunsten eines Dreierschiedsgerichts spricht in Übereinstimmung mit dem zuvor Ausgeführten, dass eine umfangreiche und komplexe Streitigkeit durch drei Schiedsrichter in der Regel einfacher zu bewältigen ist, was sich positiv auf die Verfahrensdauer auswirken kann.[92] Zudem kann sich die Benennung der Schiedsrichter unkomplizierter gestalten, wenn die Parteien sich nicht auf einen Schiedsrichter einigen müssen, sondern jede Partei zunächst einen „eigenen" Schiedsrichter benennen kann.[93] Wenn die Parteien unterschiedlichen Rechtssystemen entstammen, können die Parteischiedsrichter mit demselben Hintergrund zudem dafür sorgen, dass die jeweiligen Vorstellungen auch innerhalb des Schiedsgerichts berücksichtigt werden, so dass es insoweit weniger zu Konflikten kommt, die das Verfahren beeinträchtigen.[94] Nachteilig kann es sich aber wiederum auswirken, wenn die Parteien sich (frühzeitig) für ein Dreierschiedsgericht entschieden haben, sich dann aber herausstellt, dass die Streitigkeit nicht mehr als einen Einzelschiedsrichter erfordert und die gesamte Koordination mit drei Schiedsrichtern eigentlich entbehrlich gewesen wäre. Umgekehrt erscheint der zusätzliche Zeitaufwand, der durch die Konstituierung und Abstimmung eines Dreierschiedsgerichts entsteht, im Interesse einer effizienten Durchführung des Verfahrens dann – aber wohl auch nur dann – gut investiert, wenn die fragliche Streitigkeit eine Entscheidung durch mehrere Schiedsrichter notwendig macht.[95]

Im Folgenden soll nun auf die Frage eingegangen werden, welche Aspekte bei der Auswahl der Kandidaten im Hinblick auf den Verfahrensverlauf eine Rolle spielen können.

---

92 Kreindler/Schäfer/Wolff, Schiedsgerichtsbarkeit, Rn. 413; Lachmann, Hdb. Schiedsgerichtspraxis, Rn. 780.

93 Kreindler/Schäfer/Wolff, Schiedsgerichtsbarkeit, Rn. 414; Lionnet/Lionnet, Hdb. Schiedsgerichtsbarkeit, S. 236.

94 Blackaby/Partasides/Redfern/Hunter, International Arbitration, Rn. 4.26; Kreindler/Schäfer/Wolff, Schiedsgerichtsbarkeit, Rn. 415; Lachmann, Hdb. Schiedsgerichtspraxis, Rn. 779; Lew/Mistelis/Kröll, Rn. 10–18; Lionnet/Lionnet, Hdb. Schiedsgerichtsbarkeit, S. 236.

95 Vgl. Newmark, in: Newman/Hill (Hrsg.), Leading Arbitrators' Guide, S. 81 (92).

2. Benennung der Parteischiedsrichter

Dass bei einem Dreierschiedsgericht jede der Parteien zunächst einen Schiedsrichter benennt, geht aus der gesetzlichen Regelung in § 1035 Abs. 3 S. 2 ZPO hervor und entspricht auch ansonsten der gängigen Verfahrensweise.[96] Hinsichtlich der Eigenschaften des Kandidaten, den eine Partei benennt, gilt zunächst das zuvor Gesagte. Die Parteien tun sich selbst keinen Gefallen, wenn sie einen Kandidaten benennen wollen, der zeitlich nicht oder nur sehr beschränkt verfügbar ist. Dies mag vor allem auf renommierte und erfahrene Schiedsrichter zutreffen, die gerade wegen dieser Eigenschaften auch besonders gefragt sind. Möchte man darauf bestehen, einen solchen als Schiedsrichter zu bestellen, muss man in Kauf nehmen, dass man länger auf einen Termin mit dem Betreffenden warten muss und sich das gesamte Verfahren in die Länge zieht. Zudem kann es sein, dass ein derart gefragter Schiedsrichter auch anderweitig beruflich eingebunden ist und sich nicht vollkommen auf das Verfahren konzentrieren kann. Zudem ist den Parteien üblicherweise auch daran gelegen, dass der von ihnen benannte Schiedsrichter ihre Interessen vertritt bzw. ihnen jedenfalls Gehör verschafft.[97] Folglich stellt das Ansehen des Kandidaten auch nicht den einzigen beachtenswerten Faktor bei der Auswahl dar. Insofern wäre es problematisch, wenn der jeweilige Kandidat einen anderen rechtlichen Hintergrund hätte als die benennende Partei.

Den Parteien kann es auch vorteilhaft erscheinen, anstelle von Juristen bestimmte andere, vor allem in technischen Bereichen kundige Personen, als Schiedsrichter zu benennen. Dies kann idealerweise auch das Hinzuziehen von Sachverständigen (teilweise) entbehrlich machen und das Verfahren so verkürzen.[98] Demgegenüber ist aber zu bedenken, dass solche technisch versierten Schiedsrichter möglicherweise nicht über die erforderlichen Kenntnisse und Erfahrungen verfügen, um ein Schiedsverfahren in geordneter und möglichst zügiger Weise durchzuführen und zu leiten.[99] Vor diesem Hintergrund kann es vorzugswürdig sein, für die Besetzung des Schiedsgerichts auf Juristen zurückzugreifen. Wollen die Parteien hierbei (gerade hinsichtlich der Verfahrensführung erfahrene) staatliche Richter als Schiedsrichter benennen, so ist zu beachten, dass diese zur Übernahme des Amtes einer Nebentätigkeitsgenehmigung

96 Vgl. gerade im Hinblick auf internationale Schiedsverfahren Blackaby/Partasides/Redfern/Hunter, International Arbitration, Rn. 4.30; Webster, Arb. Int'l 2003, S. 119 (123).

97 Kreindler/Schäfer/Wolff, Schiedsgerichtsbarkeit, Rn. 465.

98 Ebbing, Private Zivilgerichte, S. 82; Lögering, ZfBR 2010, S. 14 (15); Kreindler/Schäfer/Wolff, Schiedsgerichtsbarkeit, Rn. 497.

99 Kreindler/Schäfer/Wolff, Schiedsgerichtsbarkeit, Rn. 498, Weigand, FS Schlosser, S. 1081 (1085).

bedürfen.[100] Dieses Erfordernis ergibt sich aus § 40 Abs. 1 DRiG, welcher zudem vorsieht, dass eine Genehmigung nur dann zu erteilen ist, wenn beide Parteien dem Schiedsrichter das Amt übertragen, was die Bestellung eines staatlichen Richters als Parteischiedsrichter erschwert.[101] Auch wenn man davon ausgeht, dass es nicht wirklich einer gemeinsamen Bestellung bedarf, sondern das ausdrückliche Einverständnis der Gegenpartei ausreicht[102], kann bereits dies eine Hürde im Verfahrensverlauf darstellen. Somit ist bei staatlichen Richtern als potentiellen Schiedsrichtern unter Umständen mit einem zusätzlichen administrativen und damit auch zeitlichen Aufwand zu rechnen.[103]

Zu warnen ist aber – mit Blick auf die Bedeutung der Entscheidung – in jedem Fall davor allein aufgrund eines eventuell bestehenden Zeitdrucks die Auswahl des Schiedsrichters unüberlegt oder vorschnell zu treffen, nur um im Verfahren voranzukommen. Die Wahl sollte sehr wohl mit Bedacht getroffen werden, wobei man sich eben einiger Faktoren bezüglich der diversen möglichen Auswahlkriterien bewusst sein muss.[104]

3. Benennung des Obmanns

Im Anschluss an die Benennung der Parteischiedsrichter bestellen für gewöhnlich diese, möglicherweise auch unter Mitwirkung der Parteien[105], den Vorsitzenden.[106] Dabei sind ähnliche Maßstäbe anzusetzen wie bei der Bestellung der Parteischiedsrichter. Auch hier ist also eine Abwägung zu treffen zwischen der gewünschten Person – mit ihrer vielleicht bewährten Verfahrensführung – und einer möglicherweise einfacheren Terminfindung mit anderen Kandidaten. Insbesondere ist zu beachten, dass gerade die Position des Vorsitzenden im Interesse eines möglichst reibungslosen Verfahrensverlaufs zu besetzen ist. Insofern

---

100 Kreindler/Schäfer/Wolff, a.a.O.; Lachmann, Hdb. Schiedsgerichtspraxis, Rn. 832; Lionnet/Lionnet, Hdb. Schiedsgerichtsbarkeit, S. 243; Musielak/*Voit*, ZPO, § 1035 Rn. 17; Schwab/Walter, Schiedsgerichtsbarkeit, Kap. 9 Rn. 2.

101 Vgl. Hantke, SchiedsVZ 2003, S. 269 (270), der sogar davon ausgeht, dass die Parteibenennung eines staatlichen Richters nicht durchführbar ist.

102 So Musielak/*Voit*, ZPO, § 1035 Rn. 17.

103 Die Folgen des Fehlens einer Nebentätigkeitsgenehmigung sind im Einzelnen umstritten, wobei die vertretenen Ansichten von gänzlicher Folgenlosigkeit bis hin zur Aufhebbarkeit des Schiedsspruchs reichen. Vgl. zum Meinungsstand Lachmann, Hdb. Schiedsgerichtspraxis, Rn. 854 ff.

104 Vgl. auch Weigand, FS Schlosser, S. 1081 (1101).

105 Aksen, in: Newman/Hill (Hrsg.), Leading Arbitrators' Guide, S. 31 (38); Lachmann, Hdb. Schiedsgerichtspraxis, Rn. 804.

106 Kreindler/Schäfer/Wolff, Schiedsgerichtsbarkeit, Rn. 466.

erscheinen Fachleute im technischen Bereich aus den oben genannten Gründen für dieses Amt weniger geeignet als Juristen.[107] Was einen (grundsätzlich geeigneten) staatlichen Richter als Vorsitzenden angeht, besteht aber stets die Gefahr, dass dieser, seiner bisherigen Erfahrung folgend, vor allem die ihm bekannte Art der Verfahrensführung, also nach dem Vorbild des staatlichen Gerichtsverfahrens verfolgt.[108] Dies würde dem Schiedsverfahren die ihm sonst eigene Flexibilität nehmen[109], die es gerade ermöglicht, das Verfahren den Gegebenheiten des konkreten Falles anzupassen. Schließlich kann auch bei der Benennung des Obmanns, bei der es sich wieder um die Auswahl einer einzelnen Person durch zwei Beteiligte handelt, das Problem auftreten, dass sich die Parteischiedsrichter – auch oder gerade nach Rücksprache mit den Parteien – nicht auf einen Kandidaten einigen können.[110]

Wenn schließlich ein Obmann benannt worden ist, ist es für den Fortgang des Verfahrens förderlich, wenn die Beteiligten, vor allem die Parteien und deren Vertreter, tatsächlich mit diesem Kandidaten einverstanden sind und ihm nicht misstrauisch gegenüberstehen und ihm so die Verfahrensführung erschweren.[111] Generell kann auch die Tatsache, dass bereits an diesem Punkt eine Einigung zwischen den Parteischiedsrichtern – wenn auch im Zusammenspiel mit den Parteien – nur schwer zu erzielen ist, ein Indikator dafür sein, dass das Verfahren sich auch im weiteren Verlauf schwierig und zäh gestalten wird.[112]

4. Fristen

In der bisherigen Bearbeitung galt die Aufmerksamkeit lediglich der Verfahrensdauer und möglichen Verzögerungen als Faktoren. Dabei war auf das etwaige Bestehen von Fristen als weiterem Faktor noch nicht einzugehen. Die Bestellung der Schiedsrichter bildet die erste Handlung im Schiedsverfahren, für die auch gesetzliche und in anderen Regelwerken normierte Fristen bestehen. Die Bedeu-

107 Vgl. Blackaby/Partasides/Redfern/Hunter, International Arbitration, Rn. 4.54; Lachmann, Hdb. Schiedsgerichtspraxis, Rn. 804; Lionnet/Lionnet, Hdb. Schiedsgerichtsbarkeit, S. 241, auch im Hinblick auf die Vollstreckbarkeit des zu erlassenden Schiedsspruchs; Weigand, FS Schlosser, S. 1081 (1086).

108 Karrer, FS Sandrock, S. 465; Rubino-Sammartano, FS Sandrock, S. 801 (803); Weigand FS Schlosser, S. 1081 (1098).

109 Kreindler/Schäfer/Wolff, Schiedsgerichtsbarkeit, Rn. 496; Lachmann, Hdb. Schiedsgerichtspraxis, Rn. 141.

110 Blackaby/Partasides/Redfern/Hunter, International Arbitration, Rn. 4.36; Lachmann, Hdb. Schiedsgerichtspraxis, Rn. 806.

111 Böckstiegel, Liber Amicorum Briner, S. 115 (117).

112 Vgl. Aksen, in: Newman/Hill (Hrsg.), Leading Arbitrators' Guide, S. 31 (37).

tung von Fristen lässt sich in zweierlei Art und Weise bzw. von zwei Standpunkten aus darstellen. Zunächst einmal sind Fristen, das heißt deren Festsetzung, ein Mittel, um die Zeit bis zur Vornahme einer bestimmten Handlung oder bis zum Abschluss eines Verfahrensabschnitts zu bestimmen. Daher könnten Fristen als Maßnahme zur Begrenzung oder Kontrolle der Verfahrensdauer angesehen werden. Die Festsetzung von (mehr oder weniger langen) Fristen kann aber auch sozusagen die gegenteilige Wirkung haben. Wenn nämlich die Fristen, gerade von einer Partei, die kein Interesse am Fortgang des Verfahrens hat – regelmäßig also vom Beklagten – stets bis zum letzten Tag ausgeschöpft werden, führt dies nicht nur zu einer Höchstdauer für bestimmte Abschnitte, sondern unter Umständen zugleich zu einer Mindestdauer. Dies fällt insbesondere dann ins Gewicht, wenn eine Frist länger bemessen ist als zur Vornahme der betreffenden Handlung eigentlich erforderlich wäre.

Wenn es um die Festsetzung von Fristen geht, ist stets zu beachten, dass es nicht nur um eine Zeitspanne für einen bestimmten Schritt im Verfahren geht. Vielmehr wirken sich die Fristen auf die gesamte Verfahrensdauer aus, so dass auch die Frage relevant ist, was es im Ergebnis bedeutet, wenn alle Fristen tatsächlich bis zum Ende ausgenutzt werden. Das Ausnutzen einer Frist muss nicht unbedingt ein Versuch sein, das Verfahren zu verzögern.[113] Vielmehr kann auch schlicht die Arbeitsbelastung der Parteien bzw. Parteivertreter ein Grund für das Ausschöpfen der Frist sein. Das Ausnutzen von Fristen bzw. jedenfalls der Abschluss der jeweiligen Verfahrenshandlung eher am Ende als am Anfang der Frist entspricht in der Regel – nicht zuletzt aus prozesstaktischen Gründen – der anwaltlichen Arbeitsweise. Dies fällt allerdings im Stadium der Schiedsrichterbenennung noch weniger ins Gewicht als etwa bei den Schriftsätzen[114]. Im Ergebnis führen lange Fristen aber, auch wenn sie zur Kontrolle der Verfahrensdauer gedacht sind, jedenfalls in der Addition dazu, dass das Verfahren insgesamt länger (als erforderlich) dauern kann.

Bei der Schiedsrichterbestellung steht es den Parteien grundsätzlich frei, selbst Fristen zu vereinbaren.[115] An dieser Stelle soll keine Beurteilung dahingehend erfolgen, wie lang bezüglich der Schiedsrichterbestellung eine angemessene Frist bemessen wäre.[116] Dennoch ist bei Fristen, wie bereits angedeutet, das

---

113 Vgl. Lachmann, Hdb. Schiedsgerichtspraxis, Rn. 1249; Morton, Arb. Int'l 2010, S. 103 (111), zugleich mit dem Hinweis, dass eine kürzere Frist dazu führen kann, dass Anwälte dieselbe Arbeit, die sie sonst unter Ausnutzung einer längeren Frist erledigt hätten, auch innerhalb einer kürzeren Zeit schaffen.

114 Siehe hierzu unten Kap. 2 B.

115 Lachmann, Hdb. Schiedsgerichtspraxis, Rn. 870.

116 Beispielsweise sieht § 1035 Abs. 3 S. 2 ZPO eine Frist von einem Monat ab Aufforderung, Art. 6 ICDR Rules eine Frist von 45 Tagen ab „Commencement of the Arbitration“ vor.

Augenmerk auch auf den Fall zu richten, dass diese ausgeschöpft werden. Wenn man eine Frist von einem Monat wie in § 1035 Abs. 3 S. 2 ZPO heranzieht und davon ausgeht, dass diese ausgenutzt wird, so ist das Verfahren bereits einen Monat „älter“, ohne dass mit dem eigentlichen Kern des Verfahrens hätte begonnen werden können. Dies betrifft auch nur den Fall, in dem die Frist zwar ausgenutzt, die Schiedsrichter aber auch noch fristgerecht benannt werden. Noch nicht erfasst ist die Konstellation, dass das Schiedsgericht nach Ablauf der Frist noch immer nicht gebildet ist und demnach die (Ersatz-)Benennung noch darüber hinaus Zeit kostet. Einerseits hat zwar die Auswahl der Schiedsrichter, wie erwähnt, richtungweisende Bedeutung für das weitere Verfahren und kann auch gewisse Schwierigkeiten mit sich bringen. Demnach ist es gerechtfertigt, den Parteien hierfür einige Zeit zuzugestehen. Wenn die Frist allerdings – aus welchen Gründen auch immer – abgelaufen ist und die Ersatzbenennung noch hinzukommt, kann dies zu einer ungewollten Verzögerung führen, welche umso gravierender wird, je länger die Frist von Anfang an bemessen war.

D. Verzögerungsmaßnahmen im Rahmen der Einleitung des Verfahrens

Eine Auswirkung, oder, wenn man so will, auch die Kehrseite der großen Flexibilität und Freiheit der Parteien im Schiedsverfahren und der (weitgehenden) Unabhängigkeit von den staatlichen Gerichten ist es, dass gerade diese Freiheit von den Parteien missbraucht werden kann.[117] Der konsensuale Charakter der Schiedsgerichtsbarkeit führt dazu, dass man auch in höherem Maße auf den guten Willen der anderen Partei angewiesen ist.[118] Wie bereits angedeutet, ist ein nicht von der Hand zu weisender Aspekt bei der Frage nach der Dauer eines Verfahrens der, dass nicht selten eine Partei das Verfahren bewusst behindern und verzögern möchte. Dies stellt einen der wesentlichen Gründe dafür dar, dass Schiedsverfahren länger dauern als gewollt.[119] Bereits im Rahmen der Einleitung des Schiedsverfahrens bieten sich Ansatzpunkte, die schon aus sich heraus zu Verzögerungen im Verfahrensverlauf beitragen können. Diese Verzögerung kann aber auch aufgrund des Verhaltens einer der Parteien begünstigt werden. So hat eine Partei, die sich dem ungehinderten Ablauf des Verfahrens in den Weg stel-

117 So auch Derains, FS Bülow, S. 31.

118 Vgl. Cremades, Arb. Int'l 1998, S. 157 (161); Lane, ICCA Congress Series No. 9 (1998), S. 424 (425); Raeschke-Kessler/Berger, Recht und Praxis des Schiedsverfahrens, Rn. 103; ähnlich Lew/Mistelis/Kröll, Rn. 21–76.

119 Vgl. Rubino-Sammartano, FS Sandrock, S. 801.

len möchte, bereits zu oder auch vor Beginn des eigentlichen Verfahrens diverse Möglichkeiten, für Hindernisse zu sorgen.

I. Verweigern der Benennung eines Schiedsrichters

Eine Partei, die die Besetzung des Schiedsgerichts verhindern oder wenigstens hinauszögern möchte, kann sich schlicht weigern, selbst einen Schiedsrichter zu benennen. Hierbei können in jedem Fall die erwähnten Fristen ausgenutzt werden, mit der Folge, dass nach Ablauf der Frist eine Ersatzbestellung erfolgt. Dies kann entweder, wie nach § 1035 Abs. 3 S. 1 ZPO, durch ein staatliches Gericht, oder durch eine vereinbarte Stelle oder Institution geschehen. Dies führt, abhängig von der jeweiligen Frist, unter Umständen zu einer deutlichen Verzögerung des Verfahrens. Allein die Tatsache, dass eine Partei nicht innerhalb der Frist einen Schiedsrichter benennt, muss nicht auf eine mutwillige Verschleppung hindeuten. Dennoch ist die Besetzung des Schiedsgerichts ein Abschnitt des Schiedsverfahrens, welcher die Mitwirkung der jeweils anderen Partei voraussetzt. Das macht dieses Stadium in der Konsequenz auch anfällig für mutwillige Verzögerungen. Möchte man das Verfahren boykottieren, so findet sich die einfachste Möglichkeit darin, eigene Handlungen schlicht zu unterlassen. In diesem Fall ist die gegnerische Partei, jedenfalls bis zum Ablauf der jeweiligen Frist, gegen diese Verzögerung machtlos. Daher kann sich die Partei, deren Taktik auf eine Obstruktion angelegt ist, das Stadium der Schiedsrichterbenennung insofern zu eigen machen, dass sie untätig bleibt und eine nachfolgende Ersatzbestellung in Kauf nimmt.

II. Ablehnung des von der Gegenpartei benannten Schiedsrichters

Eine weitere Möglichkeit, den Fortgang des Verfahrens hinauszuzögern, besteht darin, den von der jeweils anderen Partei benannten Schiedsrichter abzulehnen[120], indem man dem Schiedsgericht eine entsprechend begründete Erklärung zukommen lässt.[121] Der Grund für die Ablehnung eines Schiedsrichters kann laut § 1036 Abs. 2 ZPO darin bestehen, dass es berechtigte Zweifel an der Unparteilichkeit gibt, oder dass der Kandidat vereinbarte Voraussetzungen nicht erfüllt.

---

120 Vgl. Derains, FS Bülow, S. 31 (36); Gaillard, Liber Amicorum Gaudet, S. 28 (29). Gerade dieses Mittel zur Verzögerung des Verfahrens ist in der Praxis vermehrt zu beobachten, vgl. etwa Markert/Wilske, SchiedsVZ 2012, 58 (59)

121 Dies sieht jedenfalls die dispositive Vorschrift des § 1036 Abs. 2 ZPO vor.

Daraus folgt, dass eine detaillierte Bestimmung der Voraussetzungen nicht nur aus den bereits an früherer Stelle erörterten Gründen[122] zu Verzögerungen führen kann, sondern zudem die Gefahr erhöht, dass die Gegenpartei einen Schiedsrichter mit Verweis auf diese Vereinbarung ablehnt. Ist jedoch keine oder eine relativ weite Vereinbarung getroffen worden, so ist einer Ablehnung aus diesem Grund auch weitgehend der Boden entzogen. In solch einem Fall wird sich die Ablehnung zumeist auf die fehlende Unparteilichkeit der betreffenden Person stützen. Es müssen also Gründe vorgetragen werden, die Zweifel an der Unparteilichkeit des Schiedsrichters rechtfertigen, unabhängig davon, ob es sich hierbei um Tatsachen oder um bloße Behauptungen handelt. Auch für den Fall der Ablehnung ist freilich nicht ausgeschlossen, dass eine Partei tatsächlich nachvollziehbare Gründe für Zweifel an der Unparteilichkeit des von der anderen Partei benannten Schiedsrichters hat.[123] In jedem Fall aber, ob es tatsächlich im Ergebnis begründete Zweifel an der Unparteilichkeit des Schiedsrichters gibt oder nicht, wird das Schiedsgericht vorerst mit dem Problem des vermeintlichen Ablehnungsgrundes konfrontiert und beschäftigt, so dass eine Verzögerung nicht zu vermeiden ist.

Zu beachten ist in diesem Zusammenhang auch die Vorschrift des § 1037 ZPO, die das Verfahren zur Ablehnung eines Schiedsrichters regelt, soweit die Parteien hierüber keine besondere Vereinbarung getroffen haben. Laut § 1037 Abs. 2 S. 1 ZPO hat die ablehnende Partei den Antrag schriftlich und binnen zwei Wochen nach Kenntnis von der Zusammensetzung des Schiedsgerichts zu stellen. Bleibt dieser Antrag erfolglos, so hat die antragstellende Partei gemäß § 1037 Abs. 3 ZPO immer noch die Möglichkeit, das staatliche Gericht anzurufen, um eine Entscheidung über die Ablehnung herbeizuführen. Die Tatsache, dass zusätzlich ein staatliches Gericht mit der Sache befasst wird, kann eine zusätzliche Verzögerung bedeuten. Dies liegt nicht unbedingt daran, dass ein staatliches Gericht als solches besonders viel Zeit benötigen würde, obwohl natürlich auch dieses Verfahren zunächst abgeschlossen werden muss. Insbesondere führt die Einbeziehung des staatlichen Gerichts ganz allgemein dazu, dass weitere Beteiligte in den Verfahrensablauf eingreifen und diesen beeinflussen können. Darüber hinaus hat die Partei, die die Ablehnung begehrt, nach § 1037 Abs. 3 S. 2 ZPO für die Antragstellung bei Gericht einen Monat Zeit ab Kenntnis von der Verweigerung der Ablehnung, vorbehaltlich einer anderweitigen Vereinbarung der Parteien. Demzufolge kann ein konsequent verfolgter Ablehnungsantrag in mehrfacher Hinsicht zu Verzögerungen führen, und zwar unabhängig davon, ob er erfolgreich ist. Denn auch oder gerade ein zunächst nicht erfolgreicher Ablehnungsantrag eröffnet der betreffenden Partei mit dem Weg

122 Siehe oben C.I.
123 Vgl. Lachmann, Hdb. Schiedsgerichtspraxis, Rn. 156 (dort Fn. 4).

zum staatlichen Gericht einen zusätzlichen Weg, (sofern gewünscht) doch noch für die Ablehnung zu sorgen oder zumindest weitere Unruhe und Verzögerung in das Verfahren zu bringen.

Ebenfalls kann der umgekehrte Fall als eine Maßnahme zur Verzögerung des Verfahrens dienen. In diesem Fall benennt eine Partei selbst einen Schiedsrichter, der jedoch gerade nicht den vereinbarten Voraussetzungen entspricht, oder bei dem – mehr oder weniger offenkundig – Umstände vorliegen, die Zweifel an der Unparteilichkeit des Kandidaten nahelegen.[124] Auf diese Weise wird also die gegnerische Partei gleichsam dazu gedrängt, diesen Schiedsrichter abzulehnen, so dass die Verzögerung im Ergebnis die gleiche ist wie im vorgenannten Fall. Auch, oder besonders dann, wenn ein von einer Partei in fragwürdiger Absicht benannter Kandidat nicht abgelehnt wird – etwa weil potentielle Ablehnungsgründe nicht offen zu Tage liegen –, wirkt es sich negativ auf das Verfahren aus, wenn dieser Schiedsrichter im Interesse der benennenden Partei seinerseits das Verfahren durch sein Verhalten behindert.[125]

III. Antrag auf Feststellung der Unzulässigkeit nach § 1032 Abs. 2 ZPO

Gemäß § 1032 Abs. 2 ZPO hat eine Partei die Möglichkeit, bereits vor Bildung des Schiedsgerichts bei Gericht die Feststellung der Unzulässigkeit des Schiedsverfahrens zu beantragen. Hierfür ist gemäß § 1062 Abs. 1 Nr. 2 ZPO das OLG[126] zuständig. Ein solcher Antrag wird vor allem darauf gestützt, dass die in Rede stehende Streitigkeit nicht der Schiedsvereinbarung unterfällt.[127] Auch dieser Antrag kann als Mittel zur mutwilligen Verzögerung des Verfahrens dienen[128], wobei ebenfalls eine wirkliche Überzeugung des Beklagten von der Unzulässigkeit nicht auszuschließen ist. Bei dem Antrag nach § 1032 Abs. 2 ZPO kommt wiederum die Besonderheit hinzu, dass ein staatliches Gericht mit der Frage der Zulässigkeit beschäftigt wird, so dass auch hier, wie im Falle des § 1037 Abs. 3 ZPO, zusätzliche Verzögerungen nicht auszuschließen sind. Der Anlass, einen Feststellungsantrag nach § 1032 Abs. 2 ZPO zu stellen, wird natür-

124 Vgl. Derains, FS Bülow, S. 31 (34); Mandelkow, BauR 1997, S. 785 (787).

125 Ebbing, Private Zivilgerichte, S. 82; Raeschke-Kessler/Berger, Recht und Praxis des Schiedsverfahrens, Rn. 105.

126 Mangels Bezeichnung eines Oberlandesgerichts in der Schiedsvereinbarung ist das Oberlandesgericht zuständig, in dessen Bezirk der Schiedsort fällt.

127 MüKo-ZPO/*Münch*, § 1032 Rn. 25; Musielak/*Voit*, ZPO, § 1032 Rn. 10.

128 Gaillard, Liber Amicorum Gaudet, S. 28 (29).

lich umso mehr gegeben sein, je unklarer und verbesserungswürdiger die Schiedsvereinbarung selbst verfasst ist. Eine unpräzise Schiedsvereinbarung verleitet dazu, berechtigterweise, das heißt wegen tatsächlich bestehender Zweifel an der Zulässigkeit des Schiedsverfahrens, das staatliche Gericht zu Rate zu ziehen. Ein unkooperativer Beklagter, auch wenn er von der Wirksamkeit der Schiedsvereinbarung und damit der Zulässigkeit des Verfahrens überzeugt ist, wird durch eine solche unklare Schiedsvereinbarung auch in höherem Maße zu einem Antrag nach § 1032 Abs. 2 ZPO bewegt.

Nach der Konstituierung des Schiedsgerichts wird die Möglichkeit nach § 1032 Abs. 2 ZPO mit Zuständigkeit des staatlichen Gerichts durch die Rügemöglichkeit nach § 1040 Abs. 2 ZPO ersetzt. Für diese Entscheidung ist nunmehr das Schiedsgericht selbst zuständig.[129] Diese Rüge ist laut § 1040 Abs. 2 S. 1 ZPO spätestens mit der Klagebeantwortung vorzubringen. In diesem Fall kommt der Rüge durch eine Partei jedoch hinsichtlich einer Verzögerung nicht mehr ganz so entscheidende Bedeutung zu, da das Schiedsgericht auch ohne eine solche Rüge seine eigene Zuständigkeit prüfen kann.[130] In jedem Fall aber führt es zu Störungen im Verfahrensablauf, wenn erst einmal, sei es durch das staatliche Gericht oder durch das Schiedsgericht selbst, die Frage der Zulässigkeit und damit der Fortführung des Schiedsverfahrens geklärt werden muss.

IV. Verweigern der Zahlung des Vorschusses

Die Pflicht der Parteien zur Zahlung eines Vorschusses auf das Schiedsrichterhonorar ist allgemein üblich.[131] Der Beklagte hat also die Möglichkeit, seine Mitwirkung am Verfahren dadurch zu versagen, dass er es (nach entsprechender Aufforderung[132]) unterlässt, den Vorschuss zu bezahlen.[133] Solange der Vorschuss nicht bezahlt wurde, steht den Schiedsrichtern – nach deutschem Verständnis – ein Zurückbehaltungsrecht nach § 273 BGB zu, das heißt sie können ihre (weitere) Bearbeitung des Falles bis zur Zahlung aussetzen.[134] Dies verzögert das Verfahren oder überhaupt den Arbeitsbeginn des Schiedsgerichts

129 Vgl. § 1040 Abs. 1 ZPO.

130 Kreindler/Schäfer/Wolff, Schiedsgerichtsbarkeit, Rn. 213.

131 Kreindler/Schäfer/Wolff, Schiedsgerichtsbarkeit, Rn. 595; Lachmann, Hdb. Schiedsgerichtspraxis, Rn. 4246.

132 Vgl. Kreindler/Schäfer/Wolff, Schiedsgerichtsbarkeit, Rn. 596.

133 Derains, FS Bülow, S. 31 (39); Mandelkow, BauR 1997, S. 785 (788).

134 BGH, NJW 1971, S. 888 (889); BGH, NJW 1980, S. 2136; Kreindler/Schäfer/Wolff, Schiedsgerichtsbarkeit, Rn. 599; Lörcher/Lörcher, Schiedsverfahren, Rn. 141; Schwab/Walter, Schiedsgerichtsbarkeit, Kap. 12 Rn. 19.

wiederum nicht unerheblich. Eine solche Verweigerung der Zahlung stellt eine Verzögerungsmaßnahme des Beklagten dar, die recht leicht als solche identifiziert werden kann. Das ist insbesondere dann der Fall, wenn das Ausbleiben der Zahlung offensichtlich nicht durch finanzielle Schwierigkeiten begründet ist, wobei eine solche finanzielle Überforderung freilich denkbar ist. Allerdings ist auch an dieser Stelle festzuhalten, dass die Verzögerung des Verfahrens unabhängig davon eintritt, ob es sich um eine mutwillig zur Verzögerung ergriffene oder im Grunde berechtigte Maßnahme handelt.

Denkbar ist auch die Konstellation, dass es nicht der Beklagte, sondern der Kläger ist, der seinen Teil des Vorschusses nicht zahlt, da er nicht über die erforderlichen Mittel verfügt. Auch das kann unter anderem gerade ein Grund für die Streitigkeit sein. Hier kann dann nicht von einer Weigerung, geschweige denn einer mutwilligen Verzögerung die Rede sein, da die rasche Fortführung des Verfahrens gerade im Interesse des Klägers liegt. Auch hier ist es aber wie in den vorgenannten Fällen so, dass unabhängig vom jeweiligen Grund für die Nichtzahlung jedenfalls eine Verzögerung eintritt. Im Falle der Zahlungsunfähigkeit des Klägers wäre die Verzögerung unter Umständen umso gravierender, da dieser dann darauf angewiesen wäre, dass der Beklagte vom Schiedsgericht auf Zahlung des gesamten Vorschusses in Anspruch genommen wird. Dies kann indes nicht ohne Weiteres verlangt werden.[135] Folglich ist in letzterem Fall die Fortführung des Verfahrens vom „Wohlwollen“ des Beklagten abhängig. Die Fälligkeit des Vorschusses stellt mithin eine Station im Schiedsverfahren dar, die für das Auftreten von Verzögerungen in besonderem Maße sensibel ist, da hier auch noch die finanziellen Verhältnisse beider Parteien als potentielle Ursachen neben mögliche Verzögerungsversuche des Beklagten treten.

E. Abschließende Betrachtung zur Verfahrenseinleitung

Nach der Betrachtung des Stadiums der Einleitung des Schiedsverfahrens wird deutlich, dass es bereits in diesem frühen Zeitraum vielfältige Ansatzpunkte gibt, welche ein Hindernis und damit eine Verzögerung des Verfahrens nach sich ziehen können. Dies gilt bereits, ohne dass eine Partei sich bemüht, willentlich den Verfahrensablauf zu behindern. Vor diesem Hintergrund ist es auch nicht ganz unzutreffend, wenn man sagt, dass das Schiedsverfahren bereits von vorne-

135 BGH, NJW 1971, S. 888 (889); BGH, NJW 1980, S. 2136; Schwab/Walter, Schiedsgerichtsbarkeit, Kap. 12 Rn. 17.

herein mit einem „Handicap" startet.[136] Alleine die bisher behandelte Phase, in der sich wohlgemerkt noch keiner der Beteiligten, das heißt weder die Parteien noch das Schiedsgericht, mit dem eigentlichen Gegenstand der Streitigkeit und dem Vortrag und der Würdigung der relevanten Tatsachen befasst hat, kann bereits einige Zeit in Anspruch nehmen. Dabei ging es bislang lediglich darum, die unbedingt notwendigen Vorkehrungen für das weitere Verfahren zu treffen. Zudem können die zuletzt behandelten Maßnahmen dazu führen, dass die Verfahrenseinleitung noch über das ohnehin gegebene Maß hinaus erschwert wird. Auf den ersten Blick handelt es sich um legitime Mittel, die den Parteien zur Verfügung stehen und die diese wahrnehmen. Dies gilt insbesondere für die Ablehnung eines gegnerischen Schiedsrichters, den man für befangen hält oder das Aufwerfen der Frage, ob das vorliegende Verfahren in der Schiedsvereinbarung überhaupt eine ausreichende Stütze findet.

Wenn der Umstand hinzukommt, dass der Beklagte mutwillig derlei Schritte zur Behinderung des Verfahrens unternehmen möchte, wird dieses Handicap bei der Einleitung des Schiedsverfahrens noch verstärkt. Auch wenn die Verzögerungstaktik im Einzelfall noch so offensichtlich und möglicherweise im Ergebnis auch nicht (gänzlich) erfolgreich ist[137], erzielt der Beklagte dennoch eine zumindest zeitweise Stagnation des Verfahrens. Somit gibt es im Stadium der Verfahrenseinleitung bereits diverse zumindest potentiell zeitrelevante Probleme, die es zunächst zu lösen oder, soweit möglich, zu verhindern gilt, um sich danach den eigentlich inhaltlichen Aspekten des Verfahrens widmen zu können.

---

136 So Lachmann, Hdb. Schiedsgerichtspraxis, Rn. 156, mit dem Hinweis auf die Notwendigkeit der Bestellung der Schiedsrichter.

137 Dies können etwa Fälle sein, in denen der (abgelehnte) gegnerische Schiedsrichter letztlich doch am Verfahren teilnimmt oder das Schiedsgericht – von sich selbst oder vom staatlichen Gericht – doch für zuständig gehalten wird.

Kapitel 2: Der weitere Gang des Verfahrens

A. Vorbemerkung

Nachdem diese Schritte zur Einleitung des Schiedsverfahrens abgeschlossen sind, ist unter Umständen schon einige Zeit vergangen. Erst ab diesem Zeitpunkt kann das Schiedsgericht tatsächlich seine Arbeit aufnehmen. Zunächst ist es allerdings an den Parteien, ihren Standpunkt vorzutragen. In diesem Stadium, in dem es also um das Vorbringen der relevanten Tatsachen und das Beibringen von Beweismitteln und deren Würdigung durch das Schiedsgericht geht, ist eine Vielzahl von Vorgehensweisen denkbar. Hierbei kann es sich in besonderem Maße auswirken, wenn es sich um eine internationale Streitigkeit handelt und zwar gerade dann, wenn die Parteien aus unterschiedlichen Rechtssystemen stammen. Auch in diesem Zusammenhang ist speziell auf besondere Vorstellungen und Gewohnheiten von Parteien aus Ländern aus dem anglo-amerikanischen und englischen Rechtskreis („Common-Law-Länder") Bezug zu nehmen. Dabei geht es ganz besonders um Fragen der Beweiserhebung und -ermittlung.[138] Im Hinblick auf diese mögliche Vielfalt von Gestaltungen in diesem Verfahrensabschnitt kann es zu erheblichen Unterschieden im Ablauf des Verfahrens kommen. Somit ist gerade hier die Frage von Bedeutung, wie sich verschiedene Vorgehensweisen und Gestaltungen im Ergebnis auf die Dauer des jeweiligen Verfahrens auswirken können.

Hinzu kommen diejenigen Aspekte der Verfahrensführung, die grundsätzlich in jedem Schiedsverfahren, das heißt unabhängig davon von Bedeutung sind, welchen rechtlichen Hintergrund die Beteiligten haben. Hinzuweisen ist gerade in Bezug auf dieses Verfahrensstadium auf die umfassende Regelungsbefugnis der Parteien, die bereits aus sich heraus zu großen Abweichungen im Verfahren und dessen zeitlichen Dimensionen führen kann. Wenn und soweit die Parteien keine Vereinbarung über die Ausgestaltung des Verfahrens getroffen haben, und sich auch in den weiteren Bestimmungen der ZPO keine Regelung findet, sieht das Gesetz in § 1042 Abs. 4 ZPO vor, dass das Schiedsgericht die Verfahrens-

138 Vgl. allgemein zu den divergierenden Vorstellungen Blackaby/Partasides/Redfern/Hunter, International Arbitration, Rn. 6.84; Lachmann, Hdb. Schiedsgerichtspraxis, Rn. 1479 ff.; Thümmel, AG 2006, S. 642.

regeln nach freiem Ermessen regelt. Insofern können auch die Schiedsrichter wesentlichen Einfluss auf den Verfahrensablauf nehmen.

B. Austausch von Schriftsätzen

I. Klageschrift

Der erste Schritt im weiteren Verfahren besteht darin, dass der Kläger seine Klageschrift beim Schiedsgericht einreicht, vgl. § 1046 Abs. 1 ZPO. Dies gilt natürlich nur in den Fällen, in denen nicht bereits der Vorlageantrag mit der Klageschrift verbunden wurde, was gerade bei institutionellen Schiedsverfahren vielfach üblich ist.[139] In dieser Klageschrift hat der Kläger gemäß § 1046 Abs. 1 S. 1 ZPO diejenigen Tatsachen vorzutragen, die er zur Begründung seiner Anträge für erforderlich hält. Dieser Schriftsatz mit den darin gestellten Anträgen hat maßgebliche Bedeutung für den weiteren Verlauf des Verfahrens und auch für dessen Dauer. Zunächst einmal hängt einiges von der „Qualität" der Klageschrift ab, welche dem Schiedsgericht die Würdigung und auch dem Beklagten die Erwiderung vereinfachen oder erschweren kann. So bedarf es im Grunde keiner weiteren Erwähnung, dass eine Klageschrift, wenn sie auf ein möglichst reibungsloses und zügiges Verfahren abzielt, möglichst auf das Wesentliche beschränkt sowie präzise und gut verständlich abgefasst sein sollte.[140] Besonders zeitraubend wird es freilich dann, wenn die Klageschrift unter elementaren Mängeln leidet, die das Schiedsgericht dazu veranlassen, den Kläger hierauf hinzuweisen und von diesem eine Nachbesserung zu fordern.[141] Qualitative Gesichtspunkte fallen bei der Klageschrift – und gleichermaßen auch bei allen weiteren Schriftsätzen – nicht nur, aber besonders dann ins Gewicht, wenn eine (selbst nicht rechtskundige) Partei darauf verzichtet, sich anwaltlich vertreten zu lassen.[142]

Zudem ist der Umfang der Klageschrift bedeutsam. Eine sehr umfangreiche Klageschrift, in der unter Umständen gleich mehrere Anträge gestellt werden, die ihrerseits auf eine Fülle von Tatsachen und Argumenten gestützt werden, erfordert von der beklagten Partei einen jedenfalls vergleichbaren Aufwand bei der Klageerwiderung. Zudem muss sich auch das Schiedsgericht mit allen Anträgen und dem dazu Vorgetragenen befassen. Somit hat der Umfang der Klageschrift

139 Siehe oben Kap. 1 B.

140 Lachmann, Hdb. Schiedsgerichtspraxis, Rn. 1467.

141 Vgl. Schwab/Walter, Schiedsgerichtsbarkeit, Kap. 16 Rn. 2.

142 Vgl. Lörcher/Lörcher, SchiedsVZ 2005, S. 179 (188).

Einfluss auf den unmittelbaren Fortgang des Verfahrens, indem auch die für die Erwiderung benötigte Zeit mitbestimmt wird. Überdies wird das „Ausmaß" des gesamten Verfahrens bestimmt, da dem Schiedsgericht diejenigen Punkte vorgegeben werden, die – jedenfalls aus der Sicht des Klägers – im Laufe des Verfahrens zu behandeln sind. Zusätzlich zu den maßgeblichen Tatsachen steht es dem Kläger gemäß § 1046 Abs. 1 S. 2 ZPO frei, alle aus seiner Sicht relevanten Dokumente mit beizubringen, was wiederum den Umfang erweitert, und sonstige Beweismittel zu bezeichnen. Ein in solcher Weise erweiterter Umfang der Klageschrift erfordert zwar kurzfristig mehr Aufwand und Zeit bei der Bearbeitung und Würdigung durch das Schiedsgericht. Längerfristig, das heißt etwa mit Blick auf eine spätere Beweisaufnahme kann das frühzeitige Bezeichnen und Beibringen der Beweismittel aber sogar zu einer Zeitersparnis führen.[143]

II. Klageerwiderung

In der Klageerwiderung hat der Beklagte die Möglichkeit bzw. wenn man § 1046 Abs. 1 S. 1 ZPO wörtlich nimmt, sogar die „Pflicht"[144], zu den vom Kläger vorgebrachten Punkten Stellung zu nehmen. Insofern kann aber nicht davon ausgegangen werden, dass sich der Umfang der Klageerwiderung – und damit der Streitstoff und Umfang des gesamten Verfahrens – allein aus den in der Klageschrift zu findenden Aspekten bestimmt. Vielmehr besteht auch die Möglichkeit, dass der Beklagte seinerseits Tatsachen und Argumente vorbringt, die im Klägervortrag nicht oder jedenfalls nicht in dieser Form enthalten sind. Demnach kann der tatsächliche Stoff, den es „abzuarbeiten" gilt, auch erst bestimmt und dessen Umfang eingeschätzt werden, wenn auch der Vortrag des Beklagten gewürdigt worden ist.[145] Umgekehrt kann sich der anhand der Klageschrift kalkulierte Umfang des Verfahrens verringern, wenn bestimmte Tatsachen vom Beklagten gar nicht bestritten werden.

Der Umfang der Klageschrift ist zumindest mitbestimmend für den Umfang der entsprechenden Klageerwiderung und mithin auch für die Zeit, die der Beklagte benötigt, um diese zu verfassen. Dabei soll hier zunächst einmal davon ausgegangen werden, dass der Beklagte sich nicht über Gebühr mit der Erwiderung Zeit lässt, um sich dem Verfahren in den Weg zu stellen. Der Beklagte

---

143 So auch Schwab/Walter, Schiedsgerichtsbarkeit, Kap. 16 Rn. 2.

144 Freilich steht es der beklagten Partei frei, nicht auf die Klage zu erwidern, so dass hierin keine Pflicht im eigentlichen Sinne gesehen werden kann. Allerdings kann ein Untätigbleiben mit nachteiligen Folgen für die Partei verbunden sein [siehe hierzu unten B.IV.4.].

145 Vgl. MüKo-ZPO/*Münch*, § 1046 Rn. 6.

muss sich also in seinem eigenen Interesse mit dem Vorbringen des Klägers auseinandersetzen und seine Sicht der Dinge darstellen. Zudem muss er sich mit den angefügten oder benannten Beweismitteln des Klägers befassen und hat seinerseits die Möglichkeit, Beweismittel für den von ihm vertretenen Standpunkt zu beschaffen oder zu benennen. Die Zeit, die für die Klageerwiderung zu veranschlagen ist, richtet sich also einerseits nach dem Umfang der Klageschrift und andererseits danach, welchen Aufwand der Beklagte betreiben kann und möchte.

Nicht zuletzt ist aber der Fall zu berücksichtigen, dass der Beklagte die Klageerwiderung bewusst hinauszögert und bestehende Fristen bis zum Ende ausnutzt[146] oder aber gar nicht auf die Klageschrift reagiert.[147]

III. Weitere Runden von Schriftsätzen

In vielen, vielleicht sogar in der Mehrzahl der Schiedsverfahren, bleibt es nicht dabei, dass jede der Partei lediglich einen Schriftsatz einreicht. Vielmehr wird vielfach dem Kläger noch einmal die Möglichkeit gegeben, einen Schriftsatz als Reaktion auf die Klageerwiderung zu verfassen (Replik), wobei auch der Beklagte hierauf in einigen Fällen noch mit einem Schriftsatz, der Duplik, erwidert. Ein derartiges Vorgehen kann besonders dann in Betracht kommen, wenn die ursprünglichen Schriftsätze nicht alle Punkte beinhalten, die die jeweilige Partei tatsächlich vorzubringen beabsichtigt, was auch taktische Gründe haben kann.[148] Die zweite Runde von Schriftsätzen bewirkt, freilich abhängig von den Fristen, die hierfür jeweils noch veranschlagt werden und demzufolge im Zweifel noch abgewartet werden müssen, eine Verlängerung des Verfahrens. Wenn man aber davon ausgeht, dass die ersten Schriftsätze nur einen Teil des Vorbringens der Parteien enthalten, mögen die weiteren Schriftsätze zur Vervollständigung des Vortrags durchaus angebracht sein. Soweit sich aber die weiteren Schriftsätze in einer Paraphrasierung des bereits Vorgetragenen erschöpfen, wird das Verfahren in die Länge gezogen, ohne dass nennenswert zur Aufklärung des Sachverhalts und der Bestimmung der Position der Parteien beigetragen wird.

Im Übrigen hängt es von den Umständen des Verfahrens und auch vom Schiedsgericht ab, ob noch weitere Schriftsatzrunden stattfinden sollen, oder ob (spätestens) nach der zweiten Runde eine mündliche Verhandlung, sofern erfor-

---

146 Hierzu unten IV.2.

147 Hierzu unten IV.4.

148 Vgl. Kreindler/Schäfer/Wolff, Schiedsgerichtsbarkeit, Rn. 822.

derlich[149], anberaumt wird. Wie viele Unstimmigkeiten sich aus den Schriftsätzen tatsächlich ergeben, hängt von der Komplexität der Fragestellungen und auch davon ab, in welchem Umfang etwa der Beklagte den Vortrag des Klägers bestreitet oder auch selbst (umfangreich) Tatsachen vorträgt, welche wiederum vom Kläger bestritten werden. In einem solchen Fall kann es angezeigt sein, den Parteien auch über die ersten beiden Runden hinaus noch einmal die Gelegenheit zum schriftsätzlichen Vortrag zu geben.

IV. Fristen

1. Bestehen von gesetzlichen Fristen

Das Gesetz selbst sieht für die Einreichung der Schriftsätze keine besonderen Fristen vor. Dies ergibt sich auch aus § 1046 Abs. 1 S. 1 ZPO, der auf die Einhaltung einer anderweitig gesetzten Frist Bezug nimmt. Insofern sind die Parteien auch in diesem Punkt frei, eine eigene Regelung zu treffen.

2. Fristsetzung durch das Schiedsgericht

Mangels gesetzlich vorgegebener Fristen und in Abwesenheit einer besonderen Vereinbarung der Parteien kann das Schiedsgericht selbst Fristen für die Einreichung der Schriftsätze bestimmen.[150] Auch diese Möglichkeit ergibt sich aus der gesetzlichen Regelung in § 1046 Abs. 1 S. 1 ZPO. Hinsichtlich der Bemessung der Länge der Fristen ist auf das oben[151] Ausgeführte zu verweisen. Ist eine Frist also sehr lang bemessen, besteht die Gefahr, dass diese (böswillig) ausgenutzt wird, woraus sich eine erhebliche Verzögerung ergeben kann. Andererseits ist beim Setzen einer Frist in diesem Fall auch zu bedenken, dass es unmittelbar um das Recht auf Gewährung rechtlichen Gehörs[152] geht, welches eine ausreichend lange Frist gebietet.[153] In jedem Fall ist bei der Bemessung der Frist also in Rechnung zu stellen, welcher Art die vorliegende Streitigkeit ist und welcher Aufwand demnach für die Anfertigung der Schriftsätze voraussichtlich erforder-

149 Siehe unten C.I.

150 Kreindler/Schäfer/Wolff, Schiedsgerichtsbarkeit, Rn. 771; Lachmann, Hdb. Schiedsgerichtspraxis, Rn. 1475; Schwab/Walter, Schiedsgerichtsbarkeit, Kap. 16 Rn. 37.

151 Kap. 1 C.III.4.a).

152 Zum Verhältnis des rechtlichen Gehörs zum Ziel der Beschleunigung des Schiedsverfahrens, siehe auch unten 2. Teil Kap. 4 C.II.1.a) sowie Kap. 5 C.II.3.b).

153 Kreindler/Schäfer/Wolff, Schiedsgerichtsbarkeit, Rn. 775; Musielak/*Voit*, ZPO, § 1046 Rn. 3.

lich sein wird. Dies gilt natürlich nur insoweit, als sich zu diesem Zeitpunkt schon eine Beurteilung der Streitigkeit und des Aufwandes treffen lässt. Eine kurz bemessene Frist mag der Beschleunigung dienlich sein, ist aber nicht sachgerecht, wenn den Parteien hierdurch das Recht zur Darlegung ihres Standpunktes vereitelt wird.

Bei der Fristbemessung für die Klageerwiderung ist auch der Zeitpunkt mit einzubeziehen, zu dem dem Beklagten die Klageschrift wirklich zugeht. Dies sieht etwa § 9 S. 2 DIS-SchO ausdrücklich vor. Auch die ICC-SchO statuiert in Art. 5 Abs. 1 eine – in diesem Fall nicht vom Schiedsgericht gesetzte – 30-tägige Frist ab dem Zeitpunkt des Empfangs der Klageschrift. Ließe man dies außer Acht, würden Probleme und Verzögerungen bei der Zustellung der Klage[154] dem Beklagten in Gestalt einer faktischen Verkürzung „seiner" Frist zum Nachteil gereichen. In diesem Zusammenhang spielt auch die Frage eine Rolle, ob es sich um ein internationales Verfahren handelt. Hier kommt dem Zeitpunkt des tatsächlichen Zugangs der Klage beim Beklagten unter Umständen große Bedeutung zu.

Was die Veranschlagung der Fristen angeht, ist auch zu berücksichtigen, dass faktisch unterschiedliche Voraussetzungen für das Verfassen der Klageschrift und der Klageerwiderung und somit auch für die dafür erforderliche Zeit bestehen. Der Kläger kann sich – einmal abgesehen von gegebenenfalls laufenden Verjährungsfristen – den Zeitpunkt der Einleitung des Schiedsverfahrens frei aussuchen und demzufolge die Darlegung seines Standpunktes auch entsprechend lange vorbereiten. Folglich kommt der für die Klageschrift gesetzten Frist[155] nicht so große Bedeutung zu, sie kann vielmehr zu einer bloßen (zeitraubenden) Formalität werden, wenn der Kläger ihrer für die Anfertigung der Klageschrift gar nicht mehr bedarf. Der Beklagte aber hat demgegenüber tatsächlich nur die ihm gesetzte Frist, um eine Erwiderung einzureichen und hat demnach im Ergebnis insgesamt weniger Zeit.[156] Um dem Beklagten also ausreichend Gelegenheit zu geben, seinen Standpunkt darzulegen, ist als Reaktion auf dieses gewisse Ungleichgewicht eine entsprechend lange Frist zu setzen und eine längere Verfahrensdauer hinzunehmen. Hierbei kann freilich die Grenze zwischen dem berechtigten Ausnutzen der Frist zur Darlegung des eigenen Standpunktes und einer beabsichtigten Verschleppung des Verfahrens nicht klar gezogen werden.

---

154 Hierzu unten V.

155 Eine solche Frist wird natürlich dann gar nicht erst bestehen, wenn die Verfahrenseinleitung bereits mit der Zustellung der Klageschrift (an die Institution) verbunden wird [siehe oben Kap. 1 B.]

156 Vgl. Webster, Arb. Int'l 2003, S. 119 (130). Im Zusammenhang mit beschleunigten Schiedsverfahren siehe unten 2. Teil Kap. 5 C.II.3.b).

Daher ist es in diesem Punkt schwierig, ein Verhalten des Beklagten zu erkennen, dem entgegengewirkt werden sollte.

3. Fristverlängerung

Eine Fristverlängerung ist in Schiedsverfahren gerade im Hinblick auf den Grundsatz der Parteiautonomie möglich.[157] Ein entsprechender Antrag stellt grundsätzlich ein legitimes und in der Praxis – nicht nur des Schiedsverfahrens – auch durchaus gängiges Mittel für die Parteien dar, insbesondere dann, wenn es wie beim Einreichen der Schriftsätze unmittelbar um die Gewährung rechtlichen Gehörs geht. Sowohl für den Kläger als auch für den Beklagten kann ein Antrag auf Fristverlängerung sinnvoll und auch gut begründet sein. Dies ist etwa denkbar, wenn sich der Sachverhalt und die Rekonstruktion desselben sowie das Benennen und Beschaffen von Beweismitteln besonders schwierig und zeitraubend gestalten. Das kann beispielsweise auf urlaubsbedingte Abwesenheit eines Verfahrensbeteiligten oder auch auf sprachliche Schwierigkeiten zurückzuführen sein, die eine Übersetzung von Dokumenten erforderlich machen. Anträge auf Fristverlängerung führen aber auch notwendigerweise zu (weiteren) Verfahrensverzögerungen.[158] In den geschilderten Konstellationen ist eine Einräumung der Verlängerung allerdings nachvollziehbar und im Interesse der nachsuchenden Partei auch nicht zu beanstanden. Einem Antrag auf Fristverlängerung kann auch dadurch entsprochen werden, dass die andere Partei diesem zustimmt, wobei das Schiedsgericht hieran gebunden ist.[159] Allerdings können sich, wenn man sich derart ohne Beteiligung des Schiedsgerichts auf Abweichungen im Zeitplan verständigt, zusätzliche Verzögerungen daraus ergeben, dass die Schiedsrichter gezwungen sind, ihre eigene Planung zu modifizieren, was sich je nach anderweitiger Beschäftigung der Schiedsrichter schwierig gestaltet.[160]

Demgegenüber stellen Anträge auf Fristverlängerung – nicht nur im Falle der Einreichung der Schriftsätze – auch ein potentielles Mittel zur mutwilligen Verzögerung des Verfahrens dar, wobei dies wiederum hauptsächlich für die beklagte Partei gilt. Dies ist insbesondere dann der Fall, wenn diese Anträge bei jeder sich bietenden Gelegenheit, also wann immer eine Frist zur Vornahme einer bestimmten Handlung besteht, gestellt werden. Gerade eine fortwährende, das

---

157 Vgl. MüKo-ZPO/*Münch*, § 1046 Rn. 12; Schwab/Walter, Schiedsgerichtsbarkeit, Kap. 16 Rn. 37.

158 So auch Blackaby/Partasides/Redfern/Hunter, International Arbitration, Rn. 6.76.

159 Lachmann, Hdb. Schiedsgerichtspraxis, Rn. 1477; Lörcher/Lörcher, Schiedsverfahren, Rn. 234.

160 Lachmann, a.a.O.

heißt regelmäßig oder auch mehrmals nacheinander gewährte Fristverlängerung führt zu einem unter Umständen erheblichen Zeitverlust, zumal in diesem Fall auch keine Planungssicherheit mehr gewährleistet ist.[161]

4. Folgen der Nichteinhaltung von Fristen

Hinsichtlich der Folgen, die sich daraus ergeben, dass eine Frist zur Einreichung eines Schriftsatzes nicht eingehalten wird, ist nach der gesetzlichen Regelung in § 1048 ZPO zunächst zwischen der Versäumung einer Frist durch den Kläger und durch den Beklagten zu unterscheiden. Versäumt der Kläger es, innerhalb der jeweiligen Frist seine Klage einzureichen bzw. zu begründen[162], wird das Verfahren vom Schiedsgericht beendet, vgl. § 1048 Abs. 1 ZPO. Etwas anderes gilt jedoch gemäß § 1048 Abs. 4 S. 1 ZPO dann, wenn der Kläger seine Säumnis nach der Überzeugung des Schiedsgerichts ausreichend entschuldigt hat. Zudem unterliegen die Folgen der Säumnis dem Vorbehalt einer abweichenden Vereinbarung der Parteien, § 1048 Abs. 4 S. 2 ZPO.

Für die Säumnis des Beklagten ist § 1048 Abs. 2 ZPO maßgeblich. Danach setzt das Schiedsgericht, wenn der Beklagte es versäumt, innerhalb der Frist eine Klageerwiderung einzureichen, das Verfahren fort. Dabei wird allerdings das Vorbringen des Klägers explizit nicht als zugestanden angesehen. Insofern unterscheidet sich § 1048 Abs. 2 ZPO von der Regelung des § 331 Abs. 1 S. 1 ZPO zum Versäumnisurteil gegen den Beklagten im staatlichen Verfahren. Ein Zugeständnis des Beklagten kann sich aber aus den Umständen des Einzelfalls ergeben, so dass es im Ermessen des Schiedsgerichts steht, ob über den Vortrag des Klägers noch verhandelt oder Beweis erhoben wird.[163] Daraus ergibt sich, dass es bei Säumnis des Beklagten zu einer vereinfachten und damit auch schnelleren Durchführung des Verfahrens kommen kann, wenn auf eine Verhandlung und Beweisführung verzichtet wird. Dies entspricht auch der Auffassung des Gesetzgebers, der die Option der Fortführung des Verfahrens als geeignet ansieht, eine Verzögerung des Verfahrens zu vermeiden.[164] Dieses Anliegen ist bei den Erwägungen des Schiedsgerichts, ob noch verhandelt werden soll, mit zu berücksichtigen.[165] Wenn nach Ablauf der Einlassungsfrist des Beklagten noch verhandelt

161 Vgl. Karrer, FS Sandrock, S. 465.

162 So MüKo-ZPO/*Münch*, § 1048 Rn. 8.

163 Vgl. die Begründung zum Gesetzentwurf der Bundesregierung, BT-Drucks. 13/5274, S. 50; so auch Lachmann, Hdb. Schiedsgerichtspraxis, Rn. 1658; Schwab/Walter, Schiedsgerichtsbarkeit, Kap. 16 Rn. 53.

164 Vgl. BT-Drucks. 13/5274, S. 50; ebenso MüKo-ZPO/*Münch*, § 1048 Rn. 10.

165 Lachmann, Hdb. Schiedsgerichtspraxis, Rn. 1658.

wird, kann überdies sogar eine zusätzliche Verzögerung entstehen, wenn der Beklagte doch noch ausführlich vorträgt und Beweismittel vorlegt.

Auch im Falle der Säumnis des Beklagten ist darüber hinaus auf eine mögliche Entschuldigung sowie die Möglichkeit einer abweichenden Parteivereinbarung im Sinne des § 1048 Abs. 4 ZPO zu achten. Insbesondere ist also vor der Entscheidung über die Fortführung des Verfahrens, ebenso wie bei Säumnis des Klägers, der säumigen Partei ausreichend Gelegenheit zu geben, zur Säumnis Stellung zu nehmen.[166]

V. Zustellung per Post oder auf elektronischem Weg

Was die Zustellung der Schriftsätze an die übrigen Beteiligten angeht, ist zunächst auf die obigen Ausführungen[167] zu verweisen, denen zufolge eine Zustellung per E-Mail die Zustellung grundsätzlich einfacher gestalten und auch beschleunigen kann. Eine Zustellung der Schriftsätze auf dem üblichen (Post-)Weg kann sich besonders dann nachteilig auswirken, wenn es Probleme mit den Schriftsätzen gibt, das heißt wenn diese unvollständig sind oder sonstige Voraussetzungen nicht erfüllt sind, so dass hierzu Rückfragen oder Hinweise erforderlich sind. In diesem Fall muss zuerst die übliche Postlaufzeit abgewartet werden, bis der Schriftsatz dem Empfänger überhaupt zugeht. Erst dann kann sich das Schiedsgericht mit dem Schriftsatz befassen und mögliche Hinweise[168] geben. Daraufhin würde noch einmal Zeit vergehen, bis der Schriftsatz nachgebessert worden ist, sofern dieser erneut und ebenfalls per Post einzureichen wäre. Dieses unter Umständen mehrfache Abwarten von Postlaufzeiten wäre mit einer Einreichung der Schriftsätze per E-Mail zu vermeiden.

Jedoch ist auch in diesem Zusammenhang die Frage zu stellen, ob eine Zustellung per E-Mail zulässig ist, oder ob es bestimmte Formvorgaben zu beachten gilt. In den Regelungen der ZPO findet sich keine, jedenfalls keine explizite Vorgabe für die Form der Schriftsätze. Dennoch wird vereinzelt im Hinblick auf § 1048 Abs. 1 ZPO, der ein „Einreichen" der Klage erfordert, geschlossen, es müsse eine Verkörperung und damit Schriftform vorliegen.[169] Auch an dieser Stelle wird, wie auch schon im Falle des Vorlageantrags[170] aufgrund eines ver-

166 Lachmann, Hdb. Schiedsgerichtspraxis, Rn. 1667.

167 Siehe oben Kap. 1 B.II.1.

168 Zu der Pflicht bzw. dem Recht des Schiedsgerichts, den Parteien im Laufe des Verfahrens Hinweise zu geben, siehe unten 2. Teil Kap. 4 C.III.2.]

169 So Lachmann, Hdb. Schiedsgerichtspraxis, Rn. 1442.

170 Siehe oben Kap. 1 B.II.2.

meintlichen Hinweises im Wortlaut auf ein gesetzliches Schriftformerfordernis geschlossen. Ebenso wie im obigen Fall beim Begriff „Empfang“ erscheint im Fall des „Einreichens“ die Annahme, dass es sich schon sprachlich um die Vorlage eines Schriftstücks in Papierform handeln muss, nicht zwingend. Bei beiden handelt es sich um gängige Begriffe im Zusammenhang mit dem Austausch von Erklärungen und es spricht zumindest aus sprachlicher Sicht nichts dagegen, hierunter auch Erklärungen per E-Mail zu fassen. Insbesondere ist zu berücksichtigen, dass der E-Mail-Verkehr in der heutigen Zeit eine immer größere Bedeutung erlangt und bereits deswegen das Begriffsverständnis entsprechend angepasst werden muss.

Auch wenn man aber von einer gesetzlich vorgesehenen Schriftform ausgeht, was teilweise auch verneint wird[171] ist an dieser Stelle, ebenfalls entsprechend dem zum Vorlageantrag Gesagten, darauf hinzuweisen, dass dieses Erfordernis disponibel, also einer Parteivereinbarung zugänglich wäre.[172] Wenn die Parteien also die Möglichkeit haben wollen, ihre Schriftsätze per E-Mail einzureichen, können sie eine entsprechende Vereinbarung treffen. Wenn die Parteien Dokumente, vielleicht sogar in großer Zahl hinzufügen wollen und bereits der Schriftsatz von großem Umfang ist, würde ein postalischer Versand einigen Aufwand erfordern. Dies ist allerdings insofern ein wenig zu relativieren, als auch bei einem E-Mail-Versand die Dokumente, etwa in eingescannter Form, hinzugefügt werden müssten. Der zeitliche Vorteil einer Zustellung per E-Mail bliebe aber in jedem Fall bestehen. Da es hier aber ganz besonders auch um die Einhaltung von Fristen geht, ist bei einer Zustellung per E-Mail wiederum die angesprochene[173] nicht von der Hand zu weisende Problematik der Beweisbarkeit zu berücksichtigen und im Zweifel eine Einreichung der Schriftsätze zumindest auch per Post vorzunehmen. Ohnehin dürfte es einer in der Praxis üblichen Vorgehensweise entsprechen, die Schriftsätze nicht entweder per Post oder per E-Mail zu schicken, sondern sie zeitlich vorteilhaft vorab per E-Mail (oder per Fax) und nachfolgend auf dem Postweg zu versenden.

---

171 Vgl. Schwab/Walter, Schiedsgerichtsbarkeit, Kap. 16 Rn. 2, die allerdings dennoch vom Erfordernis einer eigenhändigen Unterschrift ausgehen.

172 So im Ergebnis auch Lachmann, Hdb. Schiedsgerichtspraxis, Rn. 1442.

173 Siehe oben Kap. 1 B.II.1.

C. Mündliche Verhandlung

I. Absehen von einer mündlichen Verhandlung

Eine dem Austausch von Schriftsätzen nachfolgende mündliche Verhandlung kann sich als der entscheidende Schritt im Schiedsverfahren erweisen. Jedoch nimmt eine mündliche Verhandlung unter Umständen auch einige Zeit in Anspruch. Dies gilt insbesondere dann, wenn es nicht bei einem einzelnen Termin bleibt, sondern die Prozedur sich über mehrere Termine hinzieht. Bereits die Vereinbarung dieser Termine kann sich schwierig gestalten.[174] Aus diesem Grund kann man – das heißt auch die Parteien und das Schiedsgericht – sich die Frage stellen, ob eine mündliche Verhandlung nicht im konkreten Fall entbehrlich ist. Dabei ist zunächst fraglich, ob den Parteien nicht ein Anspruch auf die Durchführung einer mündlichen Verhandlung zusteht.

Der im staatlichen Zivilprozess geltende Grundsatz der Mündlichkeit nach § 128 Abs. 1 ZPO beansprucht im Schiedsverfahren jedenfalls keine unmittelbare Geltung.[175] Ein entsprechender Anspruch kann hieraus also nicht abgeleitet werden. Jedoch ist auch an dieser Stelle der Anspruch auf Gewährung rechtlichen Gehörs zu beachten. Dieser gebietet indes nicht unbedingt die Durchführung einer mündlichen Verhandlung, sofern die Parteien ausreichend Gelegenheit zur schriftlichen Äußerung hatten.[176] Ein Anspruch auf eine mündliche Verhandlung ist aber dann anzunehmen, wenn die Parteien eine solche Verhandlung vereinbart haben[177], was sich auch aus der gesetzlichen Regelung des § 1047 Abs. 1 S. 1 ZPO ergibt. Im Übrigen steht den Parteien ein Anspruch auf eine mündliche Verhandlung dann zu, wenn sie die Geltung eines Regelwerks vereinbart haben, welches eine mündliche Verhandlung explizit vorsieht.[178] So sieht etwa Art. 25 Abs. 6 ICC-SchO vor, dass eine mündliche Verhandlung stattzufinden hat, wenn eine der Parteien dies beantragt. Dies stimmt inhaltlich auch mit § 1047 Abs. 1 S. 2 ZPO überein.

Gemäß § 1047 Abs. 1 S. 1 ZPO steht es ansonsten, das heißt in Abwesenheit einer Vereinbarung der Parteien, im Ermessen des Schiedsgerichts, ob eine

---

174 Hierzu unten II.

175 BT-Drucks. 13/5274, S. 49; BGH, NJW 1994, S. 2155; OLG Frankfurt am Main, IHR 2003, S. 93 (94); OLG Naumburg, NJW-RR 2003, S. 71; Henn, Schiedsverfahrensrecht, Rn. 320; Lörcher/Lörcher, Schiedsverfahren, Rn. 242; MüKo-ZPO/*Münch*, § 1047 Rn. 3; Schwab/Walter, Schiedsgerichtsbarkeit, Kap. 16 Rn. 32.

176 Vgl. Kreindler/Schäfer/Wolff, Schiedsgerichtsbarkeit, Rn. 708; Raeschke-Kessler/Berger, Recht und Praxis des Schiedsverfahrens, Rn. 664.

177 BGH, NJW 1994, S. 2155; OLG Naumburg, NJW-RR 2003, S. 71.

178 Raeschke-Kessler/Berger, Recht und Praxis des Schiedsverfahrens, Rn. 663.

mündliche Verhandlung durchgeführt werden soll. Dabei hat das Schiedsgericht bei seiner Entscheidung zu berücksichtigen, ob eine mündliche Verhandlung nach Lage der Dinge sinnvoll ist, so dass der zusätzliche Zeitaufwand gerechtfertigt erscheint.[179] Wenn das Schiedsgericht dies nicht oder nicht ausreichend tut, so bedeutet dies eine zusätzliche Verzögerung – ganz abgesehen vom zusätzlichen Kostenaufwand –, welche den Interessen der Parteien nicht gerecht wird. Dies gilt zunächst dann, wenn die Parteien gerade ein Verfahren ohne mündliche Verhandlung vereinbart haben.[180] Beispielsweise sieht Art. 12 der Schiedsordnung der LMAA explizit die Möglichkeit der Vereinbarung einer „documents only" arbitration, also eines allein schriftlichen Verfahrens ohne mündliche Verhandlung vor.

Allerdings kann sich das Schiedsgericht – so die wohl überwiegende Ansicht – ausnahmsweise über eine derartige Parteivereinbarung hinwegsetzen und gleichwohl eine mündliche Verhandlung durchführen, wenn dies im Interesse der Gewährung rechtlichen Gehörs geboten erscheint.[181] Das beruht auf dem Gedanken, dass der Anspruch auf rechtliches Gehör nicht durch Parteivereinbarung ausgehebelt werden darf.[182] Dem wird mit der Erwägung entgegengetreten, eine derartige Entscheidung des Schiedsgerichts finde im Gesetzeswortlaut keine Stütze. Überdies gebiete eine Gewährung rechtlichen Gehörs nicht ein mündliches Vorbringen der Parteien.[183] Setzt das Schiedsgericht sich über eine Parteiabrede hinweg, so wird durch diese Entscheidung ein den Interessen der Parteien – jedenfalls soweit diese Interessen aus der Vereinbarung des Verzichts auf eine mündliche Verhandlung hervorgehen – nicht entsprechender zusätzlicher Zeitaufwand verursacht. Aus dieser zeitlichen Erwägung heraus sowie mit Blick auf die Bedeutung der Parteiautonomie im Schiedsverfahren ist daher jedenfalls zu verlangen, dass das Schiedsgericht entsprechend hohe Anforderungen an die Entscheidung zugunsten einer entgegen einer Parteivereinbarung anberaumten mündlichen Verhandlung stellt. Es müsste sich also um eine Konstellation handeln, in der die Möglichkeit der Parteien, ihren Standpunkt allein schriftlich vorzubringen, trotz bestehender Vereinbarung das rechtliche Gehör tatsächlich noch verletzt. Dabei sollte es sich auch aufgrund des zutreffend angeführten Gesetzeswortlauts allenfalls um absolute Ausnahmefälle handeln.

Im Übrigen liegt es für das Schiedsgericht dann nahe, auf eine mündliche Verhandlung zu verzichten, wenn schon anhand der Schriftsätze ersichtlich ist, dass die Streitigkeit keine größeren rechtlichen und insbesondere tatsächlichen

---

179 Lachmann, Hdb. Schiedsgerichtspraxis, Rn. 4544; Lew/Mistelis/Kröll, Rn. 21–41.

180 Vgl. Raeschke-Kessler/Berger, Recht und Praxis des Schiedsverfahrens, Rn. 665.

181 BT-Drucks. 13/5274, S. 49; MüKo-ZPO/*Münch*, § 1047 Rn. 7.

182 Vgl. auch Baumbach/Lauterbach/Albers/Hartmann, ZPO, § 1047 Rn. 2.

183 So Lachmann, Hdb. Schiedsgerichtspraxis, Rn. 1589.

Fragestellungen aufwirft. Dann mag der ein- oder mehrmalige Austausch von Schriftsätzen für eine Würdigung durch das Schiedsgericht ausreichend sein. Zu beachten ist in diesem Zusammenhang außerdem, dass sich eine mündliche Verhandlung nicht auf das gesamte Verfahren beziehen muss, sondern auch lediglich einzelne Verfahrensabschnitte betreffen kann.[184] So kann beispielsweise eine mündliche Verhandlung allein zur Klärung der Frage der Zuständigkeit des Schiedsgerichts im konkreten Verfahren stattfinden[185] und das übrige Verfahren auf den schriftlichen Vortrag der Parteien beschränkt bleiben.

Durchaus üblich und vom Zeitaufwand her auch überschaubar ist aber zumindest ein einzelner mündlicher Termin, in dem die Parteien noch einmal Stellung nehmen und insbesondere das Schiedsgericht Gelegenheit erhält, Nachfragen zu den Schriftsätzen und Beweismitteln zu stellen und etwaige Unklarheiten aufzuklären.[186] Außer bei Unklarheiten ist eine mündliche Verhandlung und der damit verbundene (Zeit-)Aufwand ferner dann sinnvoll und auch erforderlich, wenn die Komplexität der Streitigkeit die Schriftsätze nicht als zureichend erscheinen lässt. Dann dienen die Schriftsätze lediglich zur Vorbereitung des weiteren mündlichen Verfahrens. Gerade wenn die Parteien deutlich abweichende Standpunkte formulieren und umfangreiche Beweismittel einreichen und bezeichnen, etwa auch eine Reihe von Zeugen, ist das Schiedsgericht auf eine detaillierte Auseinandersetzung mit dem Parteivorbringen angewiesen. Diese wäre in der Form in einem allein schriftlichen Verfahren nicht gewährleistet. Im Übrigen kann eine mündliche Verhandlung generell eine andere Sichtweise vermitteln als die bloße Lektüre der Schriftsätze der Parteien und kann also auch aus diesem Grund zweckmäßig sein.[187] Dies hängt mit dem persönlichen Eindruck des Schiedsgerichts von den Parteien sowie mit der direkten persönlichen Konfrontation der Parteien untereinander zusammen.

Auch der Umfang der mündlichen Verhandlung, das heißt die Anzahl der Verhandlungstage, soweit diese bereits im Voraus festgelegt werden kann, steht im Ermessen des Schiedsgerichts, welches also den vertretbaren aber auch erforderlichen Zeitaufwand einzuschätzen hat.

---

184 Vgl. BT-Drucks. 13/5274, S. 49; Lörcher/Lörcher, Schiedsverfahren, Rn. 245; Musielak/*Voit*, ZPO, § 1047 Rn. 2.

185 Vgl. Lachmann, Hdb. Schiedsgerichtspraxis, Rn. 4544.

186 Blackaby/Partasides/Redfern/Hunter, International Arbitration, Rn. 6.183.

187 Lachmann, Hdb. Schiedsgerichtspraxis, Rn. 1592; Raeschke-Kessler/Berger, Recht und Praxis des Schiedsverfahrens, Rn. 666.

II. Bestimmung eines Termins zur mündlichen Verhandlung

Hat sich das Schiedsgericht schließlich zur Durchführung einer mündlichen Verhandlung entschlossen, so ist in der Folge ein Termin hierfür zu bestimmen. Dabei muss erst einmal ein unter Umständen nicht unerheblicher Aufwand betrieben werden, was die Organisation angeht, das heißt es müssen ausreichende Räumlichkeiten gefunden und womöglich erforderliche technische Ausrüstung beschafft werden.[188] Bereits hierfür ist eine gewisse Zeit vor der Verhandlung einzuplanen. Zudem muss ein Datum für die mündliche Verhandlung gefunden werden. Wie kompliziert sich diese Terminfindung darstellt, hängt zunächst davon ab, wie viele Beteiligte zu diesem Termin präsent sein sollen. Insbesondere fällt hier die Frage ins Gewicht, ob das Schiedsgericht aus einem Einzelschiedsrichter oder aus drei (oder mehr) Schiedsrichtern besteht. Denn wie bereits angedeutet[189] bereitet es umso größere Schwierigkeiten, je mehr Schiedsrichter ihre Verfügbarkeit aufeinander abstimmen müssen. Dies hängt zudem von ihrer jeweiligen Beschäftigung abseits des konkreten Verfahrens ab. Hinzu kommt, dass außer den Schiedsrichtern auch die übrigen Beteiligten, also die Parteien und ihre Vertreter sowie nicht zuletzt auch mögliche Zeugen zum fraglichen Termin zur Verfügung stehen sollten.[190]

Somit besteht die Gefahr, dass es dauert, bis ein für alle passender Termin gefunden ist, welcher seinerseits auch je nach Lage der Dinge in mehr oder weniger ferner Zukunft liegen kann. Dies ist gerade dann nicht ganz unwahrscheinlich, wenn es nicht um einen einzelnen Termin, sondern um einen Zeitraum bis hin zu mehreren Wochen geht, in dem alle Beteiligten sich verfügbar halten müssen.[191] Speziell in internationalen Verfahren kann überdies auf unter Umständen abweichende Ferienzeiten und Feiertage in den jeweiligen Herkunftsländern sowie am Verfahrensort selbst Rücksicht zu nehmen sein, welche Einfluss auf die Verfügbarkeit der Beteiligten haben können.[192] All diese Umstände können also dazu führen, dass sich ein zeitnaher Termin – auch wenn dieser im Sinne einer raschen Durchführung des Verfahrens wünschenswert und vielleicht auch von allen Beteiligten grundsätzlich gewollt ist – nicht bestimmen lässt.

---

188 Vgl. Blackaby/Partasides/Redfern/Hunter, International Arbitration, Rn. 6.187; Born, S. 1833; Lachmann, Hdb. Schiedsgerichtspraxis, Rn. 4558 ff.; van den Berg, in: Newman/Hill (Hrsg.), Leading Arbitrators' Guide, S. 149 (167).

189 Siehe oben Kap. 1 C.II.

190 Vgl. Born, S. 1832.

191 Vgl. Blackaby/Partasides/Redfern/Hunter, International Arbitration, Rn. 4.160; Hanotiau, in: Newman/Hill (Hrsg.), Leading Arbitrators' Guide, S. 359 (367).

192 Blackaby/Partasides/Redfern/Hunter, International Arbitration, Rn. 4.162; Born, S. 1833.

Darüber hinaus ergibt sich aus § 1047 Abs. 2 ZPO, dass die Parteien sowie deren Vertreter von einem Termin rechtzeitig, das heißt mit genügend Vorlauf in Kenntnis zu setzen sind. Dadurch soll diesen die Möglichkeit gegeben werden, sich gebührend vorzubereiten, um ihre Interessen wahrnehmen zu können.[193] Schon aus diesem Grund hat notwendigerweise einige Zeit zu vergehen, bis eine mündliche Verhandlung tatsächlich stattfinden kann.

III. Beweisaufnahme

Die Beweisaufnahme im Rahmen und bereits vor der mündlichen Verhandlung stellt, wenn man so will, einen der Kernpunkte des gesamten Schiedsverfahrens dar[194], wenn nicht ein allein schriftliches Verfahren durchgeführt wird. Dass es bei der Beweisaufnahme – gerade im Hinblick auf internationale Verfahren – eine Vielzahl von möglichen Gestaltungen gibt, wurde bereits angesprochen.[195] Somit kann auch die Zeit, die für die Beweisaufnahme aufzuwenden ist, im Einzelfall deutlich variieren, wobei es oftmals gerade umfangreiche Beweisaufnahmen sind, die ein Schiedsverfahren in die Länge ziehen.[196] Bei der Beantwortung der Frage nach der Dauer der Beweisaufnahme spielen mehrere Faktoren eine Rolle. Allen voran ist dabei das Ausmaß der Streitigkeit zu nennen sowie die Art und Anzahl an Beweismitteln, die die Parteien demzufolge zur Untermauerung ihres Standpunktes vorbringen wollen und müssen. Die Art der Beweismittel, die vorzulegen sind und überhaupt vorgebracht werden dürfen sowie die Art und Weise der Beschaffung hängen wiederum von den im konkreten Verfahren anwendbaren Verfahrensregeln ab. Demzufolge beeinflussen die Verfahrensregeln hinsichtlich der Beweisführung den zeitlichen Umfang, indem etwa bestimmte Beweismittel oder Vorgehensweisen zugelassen oder auch ausgeschlossen sein können.

193 Vgl. MüKo-ZPO/*Münch*, § 1047 Rn. 12; Musielak/*Voit*, ZPO, § 1047 Rn. 5.

194 Vgl. auch Böckstiegel, in: Böckstiegel (Hrsg.), Beweiserhebung in internationalen Schiedsverfahren, S. 1; Thümmel, AG 2006, S. 842.

195 Siehe oben A.

196 Vgl. Semler, SchiedsVZ 2009, S. 149.

1. Bestimmung der Beweisregeln

a) Fehlen einer gesetzlichen Regelung

Die gesetzliche Regelung im Zehnten Buch der ZPO sieht keine konkreten Regeln für den Ablauf einer mündlichen Verhandlung und insbesondere der Beweisaufnahme vor. Vielmehr räumt das Gesetz in § 1042 Abs. 3 ZPO den Parteien die Möglichkeit ein, das Verfahren selbst zu regeln.

b) Bestimmung durch die Parteien

Den Parteien steht es also frei, eine Vereinbarung über das (Beweis-)Verfahren zu treffen, wobei auch ausdrückliche die Bezugnahme auf eine bestehende Schiedsordnung als Möglichkeit genannt wird. Schon allein eine solche Vereinbarung kann sich schwierig und damit zeitintensiv gestalten, wenn es den Parteien nicht gelingt, sich auf eine bestimmte Verfahrensweise zu einigen. Das Risiko, dass sich eine Einigung nicht oder nur schwerlich erzielen lässt, wird noch erhöht, wenn die Parteien eines internationalen Verfahrens verschiedenen Rechtstraditionen entstammen und daher auch abweichende Vorstellungen von der Art und Weise der Beschaffung und Präsentation von Beweisen haben. Ein hieraus resultierendes mangelndes Verständnis der jeweils anderen Rechtstradition führt unter Umständen auch zu einer geringen Kompromissbereitschaft, weil stets eigene Nachteile und Vorteile für den Gegner befürchtet werden. In der Praxis ist eine Parteivereinbarung über die anzuwendenden Beweisregeln nicht in allen Fällen anzutreffen[197], was auf eine fehlgeschlagene Einigung oder auch schlicht auf fehlendes Bewusstsein der Regelungsbedürftigkeit dieses Punktes zurückzuführen sein mag.

c) Bestimmung durch das Schiedsgericht

Gemäß § 1042 Abs. 4 S. 1 ZPO werden die Verfahrensregeln, sofern die Parteien keine Vereinbarung getroffen haben, vom Schiedsgericht nach freiem Ermessen bestimmt.[198] Insofern ist es an dieser Stelle von Bedeutung, wie das Schiedsgericht besetzt ist. Besonders kommt es darauf an, aus welchem Land der oder die Schiedsrichter stammen und welche Verfahrensweise ihnen aufgrund dieses

---

197 Vgl. Schütze, SchiedsVZ 2006, S. 1 (2): „selten"; Born, S. 1781.

198 In Bezug auf internationale Schiedsverfahren auch Born, a.a.O.

rechtlichen Hintergrundes am ehesten vertraut ist.[199] Denn vielfach werden Schiedsrichter, ob nun ganz bewusst oder auch unbewusst und aus Gewohnheit, die Verfahrensregeln anwenden, die ihrer gewöhnlichen Tätigkeit entsprechen.[200] Vorrangig vor den eigenen Vorstellungen und Gewohnheiten hat das Schiedsgericht jedoch den mutmaßlichen Parteiwillen zu berücksichtigen, so dass es in der Bestimmung der Regeln doch nicht vollkommen frei ist.[201] Dieser mutmaßliche Parteiwille kann sich etwa aus sonstigen Vereinbarungen, wie zum Beispiel hinsichtlich des anwendbaren (Schiedsverfahrens-)Rechts oder des Schiedsortes ergeben.[202] Auch für den Fall, dass sich ein mutmaßlicher Parteiwille nicht feststellen lässt, hat das Schiedsgericht dennoch Beweisregeln anzuwenden, die einen gewissen Bezug zum Schiedsfall haben. Insofern sollte sich das Schiedsgericht also eher von den Umständen des Falles, also beispielsweise dem anwendbaren Verfahrensrecht oder dem Schiedsort leiten lassen als von seinem eigenen Hintergrund.[203] Im Übrigen hat das Schiedsgericht bei seiner Entscheidung stets auch § 1042 Abs. 1 ZPO also den Gleichbehandlungsgrundsatz und die Gewährung rechtlichen Gehörs zu beachten.

2. Die Beweismittel und mögliche Besonderheiten hinsichtlich der Verfahrensdauer

In Bezug auf die Beweismittel gibt es im Schiedsverfahren keine Begrenzung, etwa auf die Beweismittel der ZPO. Demnach gilt im Schiedsverfahren, auch in nationalen Verfahren, das Freibeweisverfahren.[204] Das deckt sich auch mit der Vorherrschaft der Parteiautonomie hinsichtlich der Ausgestaltung des Verfahrens, welche es den Parteien gerade ermöglicht, sich von den Vorschriften der ZPO und den (strengen) Regeln des staatlichen Verfahrens zu lösen. Im Übrigen steht auch die Ermessensausübung, die dem Schiedsgericht durch § 1042 Abs. 4 ZPO für die Verfahrensführung eingeräumt ist, im Einklang mit der Freiheit bezüglich der Beweismittel. Dennoch soll an dieser Stelle auf die jedenfalls dem Grunde nach auch der ZPO entsprechenden Beweismittel eingegangen werden,

---

199 Vgl. auch Born, S. 1786; Raeschke-Kessler/Berger, Recht und Praxis des Schiedsverfahrens, Rn. 642.

200 Berger, Arb. Int'l 2009, S. 217; Born, S. 1840.

201 Schütze, Schiedsgericht und Schiedsverfahren, Rn. 180.

202 Schütze, SchiedsVZ 2006, S. 1 (3).

203 Vgl. Schütze, SchiedsVZ 2006, S. 1 (3), der das Beispiel nennt, dass bei einer deutsch-koreanischen Streitigkeit mit Schiedsort in Paris, die Anwendung von Common-Law-Beweisregeln keinerlei Bezug zum konkreten Verfahren aufweist und daher die Bestimmung der Beweisregeln ermessensfehlerhaft ist.

204 MüKo-ZPO/*Münch*, § 1049 Rn. 44; Musielak/*Voit*, ZPO, § 1042 Rn. 22.

das heißt auf den Beweis durch Dokumente, durch Zeugen sowie durch Sachverständige. Dabei wird auf die Frage eingegangen, wie verschiedene Methoden der Beibringung und Würdigung der Beweismittel jeweils in der benötigten Zeit Niederschlag finden.

a) Urkundsbeweis

aa) Allgemeines

Die Parteien haben, wie ausgeführt[205], die Möglichkeit, die Dokumente, derer sie sich als Beweismittel bedienen wollen, bereits zusammen mit ihren Schriftsätzen einzureichen. Jedoch ist auch nach dem schriftlichen Verfahren die Vorlage von Dokumenten als Beweismittel einerseits freilich immer noch möglich, zudem aber auch immer noch relevant. Gerade aus der Sicht des Klägers kann es sich anbieten, erst nach dem Austausch der Schriftsätze (weitere) Dokumente als Beweismittel in das Verfahren einzuführen und nicht schon alle verfügbaren und aus seiner Sicht relevanten Dokumente mit der Einreichung der Klageschrift zu verbinden. Denn erst nachdem er die Klageerwiderung des Beklagten erhalten hat, ist für den Kläger abzusehen, welche Punkte überhaupt bestritten werden und demzufolge eines Beweises durch vorhandene Dokumente bedürfen. So betrachtet würde es für den Kläger einen möglicherweise unnötigen (Zeit-)Aufwand bedeuten, schon im Vorfeld alle vorhandenen Dokumente zu beschaffen, um diese einzureichen, wobei es vielleicht einer ganzen Menge dieser Dokumente gar nicht bedurft hätte.[206] Ansonsten kommt Dokumenten als Beweismittel bis zu diesem Zeitpunkt keine besondere Bedeutung zu, was unterschiedliche Methoden und deren Auswirkung auf die Dauer des Verfahrens angeht. Unterschiede ergeben sich in der Behandlung von Dokumenten jedoch dann, wenn es darum geht, dass eine Partei von der anderen bzw. das Schiedsgericht von einer oder beiden Parteien die Vorlage von weiteren Dokumenten verlangt.[207]

bb) Discovery als Mittel zur Beschleunigung des Verfahrens?

Gerade in internationalen Verfahren stellt sich an dieser Stelle die Frage, wie mit solchen Herausgabeverlangen umzugehen ist, das heißt inwieweit diese zulässig sind und welche Auswirkungen diese hinsichtlich der Verfahrensdauer haben

205 Siehe oben B.I.

206 Vgl. hierzu auch Blackaby/Partasides/Redfern/Hunter, International Arbitration, Rn. 6.101. Abgesehen davon wird es im Interesse des Klägers sein, dem Gegner nicht unnötig Dokumente zugänglich zu machen, welche für die Streitigkeit gar keine unmittelbare Bedeutung haben.

207 Blackaby/Partasides/Redfern/Hunter, International Arbitration, Rn. 6.103.

können. In vielen Fällen wird der Prozess des Verlangens der Herausgabe von Dokumenten zu Beweiszwecken mit dem US-amerikanischen Ausdruck „Discovery“ bezeichnet. Zur Verdeutlichung der Problematik soll zunächst kurz die Bedeutung der Begrifflichkeit umrissen werden.

(1) Begriff

Grundsätzlich bezeichnet das aus dem US-amerikanischen Rechtskreis[208] stammende Institut der „Discovery“ das Verlangen von Beweismitteln von einer der Parteien durch die andere Partei oder das Schiedsgericht. Begrifflich ist die Discovery dabei nicht lediglich auf Dokumente beschränkt, sondern kann vielmehr beispielsweise auch das Verlangen nach Zeugenaussagen umfassen.[209] Für die in diesem Abschnitt folgende Darstellung soll der Begriff der Discovery allerdings auf die Frage nach der Herausgabe von Dokumenten begrenzt werden. Der Zeitpunkt nach dem Austausch der Schriftsätze bietet sich für ein solches Verlangen deswegen an, weil erst zu diesem Zeitpunkt durch das Schiedsgericht und die Parteien beurteilt werden kann, welche Aspekte für die Entscheidung der Streitigkeit von Bedeutung sein werden.[210] Hinzuweisen ist hier allerdings auch auf die ebenfalls in US-amerikanischen Zivilprozess heimische sogenannte „pre-trial discovery“, welche also dem eigentlichen Verfahren vorgeschaltet ist und die Offenlegung von Beweismitteln beinhaltet, welche es des Parteien ermöglichen sollen, diese bereits für ihre Klage oder Klageerwiderung zu verwenden.[211] Die Besonderheit besteht hierbei gerade darin, dass es sich um Beweismittel handelt, die die jeweilige Partei selbst nicht für sich heranziehen oder überhaupt in den Prozess einführen möchte.[212] Dennoch wird diese Partei dazu aufgefordert, das als entscheidungserheblich eingestufte Beweismaterial offenzulegen.[213] Hiervon können auch solche Beweismittel umfasst sein, welche ihrerseits zwar keine Bedeutung für den Prozess haben oder deren Verwendung im Verfahren gar

---

208 Vgl. allgemein Rule 26 der Federal Rules of Civil Procedure.

209 Vgl. dazu und zu weiteren Anwendungsbereichen der Discovery Blackaby/Partasides/Redfern/Hunter, International Arbitration, Rn. 1.116; Hay, Law of the United States, Rn. 184; Prütting, AnwBl. 2008, S. 153 (155); Schütze, FS Stiefel, S. 697 (699).

210 Vgl. auch Kreindler/Schäfer/Wolff, Schiedsgerichtsbarkeit, Rn. 827. Siehe hierzu unten (3).

211 Böckstiegel, in: Böckstiegel (Hrsg.), Beweiserhebung in internationalen Schiedsverfahren, S. 1 (5); Kaufmann-Kohler/Bärtsch, SchiedsVZ 2004, S. 13 (15); Wirth, SchiedsVZ 2003, S. 9 (11).

212 Blackaby/Partasides/Redfern/Hunter, International Arbitration, Rn. 1.117; Hay, Law of the United States, Rn. 186; Triebel/Zons, BB 2002, IDR-Beilage S. 26.

213 Prütting, AnwBl. 2008, S. 153 (154).

nicht zulässig wäre, welche aber der Auffindung von erheblichem oder zulässigem Material dienlich sein können.[214]

(a) Document Production

Der Begriff „Document Production“ oder auch „Disclosure of Documents“ beschreibt, gewissermaßen als Unterfall der Discovery, die Verpflichtung einer Partei, die verlangten Dokumente offenzulegen und herauszugeben.[215] So kann von Seiten des Schiedsgerichts etwa verlangt werden, dass die Parteien Listen vorlegen, die alle mit dem Verfahren in Zusammenhang stehenden Dokumente enthalten, welche sich im Besitz der Parteien befinden.[216] Die Parteien sind also gehalten, auch diejenigen Dokumente offenzulegen, welche unter Umständen der Darstellung ihres eigenen Standpunktes zum Nachteil gereichen und damit vorteilhaft für die (herausverlangende) Gegenpartei sein können.[217] Die „Document Production“ bzw. das hierauf gerichtete Verlangen beschreibt damit ein äußerst umfassendes Herausgabeverlangen von Dokumenten im Besitz der gegnerischen Partei.[218] Dies gilt umso mehr, als es in der heutigen Zeit nicht mehr nur um Dokumente in Papierform, sondern vermehrt auch um elektronische Dokumente geht, wie etwa Dateien oder E-Mails.[219] Die US-amerikanische Konzeption der Discovery umfasst auch die Herausgabe von elektronisch gespeicherten Informationen[220], wobei dieses erweiterte Verständnis heute – auch in Bezug auf Schiedsverfahren – durchaus verbreitet ist.[221] Allerdings erfährt die Herausgabepflicht der Parteien auch bereits nach dem US-amerikanischen Vorbild Ein-

214 Kaufmann-Kohler, Vanderbilt JTL 2003, S. 1313 (1325); Schütze, FS Stiefel, S. 697 (700).

215 Vgl. Böckstiegel, in: Böckstiegel (Hrsg.), Beweiserhebung in internationalen Schiedsverfahren, S. 1 (5); Jarvin, ebenda, S. 86 (87).

216 Kaufmann-Kohler/Bärtsch, SchiedsVZ 2004, S. 13 (16); Musielak/*Voit*, ZPO, § 1042 Rn. 25; Triebel/Zons, BB 2002, IDR-Beilage S. 26 (27).

217 Brower/Sharpe, in: Newman/Hill (Hrsg.), Leading Arbitrators' Guide, S. 303 (304); Kaufmann-Kohler/Bärtsch, SchiedsVZ 2004, S. 13 (14).

218 Dabei ist zum Beispiel nach dem britischen Verständnis zwischen der „bloßen“ Disclosure of Documents und der begrifflich weitergehenden Discovery zu trennen. Vgl. hierzu Jarvin, in: Böckstiegel (Hrsg.), Beweiserhebung in internationalen Schiedsverfahren, S. 86 (89).

219 Vgl. zu weiteren Gruppen elektronischer Dokumente Hilgard, SchiedsVZ 2008, S. 122 (123).

220 Vgl. Rule 26 (a)(1)(A)(ii) der Federal Rules of Civil Procedure.

221 Vgl. hierzu Hilgard, SchiedsVZ 2008, S. 122 (123); Welser/De Berti, Austrian Arbitration Yearbook 2010, S. 79 (87), mit dem Hinweis auf das 2008 vom Chartered Institute of Arbitrators herausgegebene „Protocol for E-Disclosure in Arbitration“, abrufbar unter: http://www.ciarb.org/information-and-resources/E-Discolusure in Arbitration.pdf. Diesem Report zufolge sollen für elektronische Dokumente in Schiedsverfahren die gleichen Maßstäbe und Vorgehensweisen angewendet werden wie für sonstige Dokumente auch [siehe hierzu unten (2)].

schränkungen, obgleich darauf an dieser Stelle nicht in allen Einzelheiten eingegangen werden kann. Diese Einschränkungen beziehen sich etwa auf Dokumente, die nicht mit dem konkreten Verfahren in Zusammenhang stehen, auf vertrauliche Dokumente oder auf solche Dokumente, bei denen der zur Beschaffung erforderliche Aufwand außer Verhältnis zum potentiellen Nutzen steht.[222] Dokumente, die diesen Ausnahmen unterfallen, werden von einer Herausgabepflicht nicht erfasst.

(b) „Fishing expeditions"

Als sogenannte „fishing expeditions", was etwa dem deutschen Begriff des Ausforschungsbeweises entspricht[223], bezeichnet man ein Verlangen, bei dem nur ganz allgemein die Herausgabe von Dokumenten verlangt wird, ohne dass genauere Angaben zur Bezeichnung oder zum Inhalt der Dokumente oder zur Relevanz für die in Rede stehende Streitigkeit gemacht werden.[224] Es handelt sich also um eine Maßnahme einer Partei, die ihrerseits nicht (in ausreichendem Maße) über Dokumente verfügt, um ihre Position zu untermauern, und demzufolge hofft, bei der Gegenpartei auf relevante und hilfreiche Dokumente zu stoßen, ohne dass sie genau wüsste, was im Einzelnen vorhanden sein könnte. Insofern wird also ein prinzipiell womöglich zulässiges[225] Mittel herangezogenen und einer Partei aufgegeben, selbst für die Beschaffung von Beweismitteln für ihren Gegner zu sorgen.

(2) Akzeptanz in nationalen und internationalen Schiedsverfahren

Bevor auf die Zulässigkeit eines solchen Herausgabeverlangens und die daran zu stellenden Anforderungen eingegangen wird, kann bereits festgehalten werden, dass es heutzutage sehr häufig ist, dass man in einem internationalen Schiedsverfahren ein solches Verlangen antrifft, und dies auch dann, wenn an dem Verfahren keine US-amerikanische Partei beteiligt ist.[226] Die Frage, inwiefern eine Document Production in Schiedsverfahren zulässig ist, ist eine im internatio-

---

222 Vgl. zu den Ausnahmen im Einzelnen Rule 26 (b) der Federal Rules of Civil Procedure; ebenso Kaufmann-Kohler/Bärtsch, SchiedsVZ 2004, S. 13 (15); Prütting, AnwBl. 2008, S. 153 (154).

223 Vgl. Sachs, SchiedsVZ 2003, S. 193.

224 Schwab/Walter, Schiedsgerichtsbarkeit, Kap. 15 Rn. 9.

225 Siehe sogleich (2).

226 Kaufmann-Kohler/Bärtsch, SchiedsVZ 2004, S. 13 (14); Kreindler/Schäfer/Wolff, Schiedsgerichtsbarkeit, Rn. 827; Sachs, SchiedsVZ 2003, S. 193 (197); van den Berg, in: Newman/Hill (Hrsg.), Leading Arbitrators' Guide, S. 149 (160).

nalen Schrifttum lebhaft behandelte Frage, auf die hier nicht in aller Ausführlichkeit eingegangen werden kann. Dennoch soll erörtert werden, wie der Einfluss dieses der Tradition des Common Law entstammenden Instituts auf die Schiedsgerichtsbarkeit einzuschätzen ist, um danach[227] die damit verbundenen Auswirkungen auf den Umfang des Verfahrens beleuchten zu können.

Die Zulässigkeit eines Document-Production-Verfahrens in einem (internationalen) Schiedsverfahren ist, wiederum dem Grundsatz der Parteiautonomie entsprechend, jedenfalls dann zu bejahen, wenn die Parteien ein derartiges Vorgehen vereinbart haben.[228] Haben sich die Parteien für ein institutionelles Schiedsverfahren entschieden, so ergibt sich die Zulässigkeit eines Herausgabeverlangens nicht selten aus dem entsprechenden Regelwerk. Jedoch wird durch solche Regelungen vielfach lediglich überhaupt die Möglichkeit statuiert, Dokumente heraus zu verlangen. Dabei wird aber nicht der Rahmen abgesteckt, in dessen Grenzen dies zu erfolgen hat und geklärt, inwiefern dem US-amerikanischen Vorbild gefolgt wird.[229] Insoweit gilt zunächst auch hier das Prinzip, dass das Schiedsgericht in Abwesenheit einer Parteivereinbarung hinsichtlich dieser Verfahrensfrage eine Ermessensentscheidung zu treffen hat[230], wobei auch die bereits dargestellten [siehe oben 1.c)] Grenzen des Ermessens zu beachten sind. Danach ist wohl in einem Fall, der keinen Bezug zur Common Law-Tradition hat, die Anordnung einer Document Production nach den amerikanischen Gepflogenheiten nicht als zulässig zu qualifizieren, da dieses Verfahren, jedenfalls in diesem Umfang, den Ländern mit Civil Law-Hintergrund im Wesentlichen fremd ist. Allerdings sei in diesem Zusammenhang darauf hingewiesen, dass im deutschen Recht für das staatliche Verfahren in § 142 Abs. 1 S. 1 ZPO eine Norm existiert, die jedenfalls im Grundsatz auch die Möglichkeit des Gerichts vorsieht, von den Parteien die Vorlage von Dokumenten zu verlangen. Ohne dass auf diese Norm weiter eingegangen wird[231], kann festgehalten

227 Siehe unten (3).

228 Böckstiegel, FS Schlosser, S. 49 (55); Jarvin, in: Böckstiegel (Hrsg.), Beweiserhebung in internationalen Schiedsverfahren, S. 86 (90); Thümmel, AG 2006, S. 842 (847).

229 So sieht zum Beispiel § 27.1 DIS-SchO nur allgemein vor, dass das Schiedsgericht die Vorlage von Urkunden anordnen kann; ebenso Art. 25 (5) ICC-SchO, Art. 24 Abs. 3 UNCITRAL Rules oder Art. 21.1 LCIA Rules, die jeweils die Befugnis des Schiedsgerichts vorsehen, von den Parteien die Vorlage von Beweismitteln und auch von Dokumenten zu verlangen. Zu weiteren Beispielen aus verschiedenen Schiedsordnungen vgl. Kaufmann-Kohler/Bärtsch, SchiedsVZ 2004, S. 13 (15); Sachs, SchiedsVZ 2003, S. 193 (195).

230 Blackaby/Partasides/Redfern/Hunter, International Arbitration, Rn. 6.121; Triebel/Zons, BB 2002, IDR-Beilage S. 26 (29).

231 Vgl. zu § 142 ZPO auch mit Bezug zum Discovery-Verfahren Prütting, AnwBl. 2008, S. 153 (156).

werden, dass auch dem deutschen Recht ein Herausgabeverlangen (durch das Gericht) jedenfalls dem Grundgedanken nach nicht unbekannt ist.

Was internationale Schiedsverfahren angeht, so hat sich eine gewisse Tendenz herausgebildet, dass unter bestimmten Voraussetzungen ein Herausgabeverlangen zulässig ist. Solche Gepflogenheiten in der internationalen Schiedsgerichtsbarkeit können gewissermaßen als Leitfaden für die Ausübung des Ermessens des Schiedsgerichts herangezogen werden.[232] Nach dieser Tendenz müssen die Dokumente, die herausgegeben werden sollen, genauer bezeichnet sein und es muss dargetan werden, dass diese Dokumente für die Entscheidung der Streitigkeit von Bedeutung sind.[233] Zudem müssen sich die Dokumente im Besitz der anderen Partei befinden oder jedenfalls für diese verfügbar sein und es darf sich nicht um interne oder vertrauliche Dokumente handeln.[234] Eine Regelung, die unter anderem derartige Voraussetzungen vorsieht und einen Kompromiss zwischen den verschiedenen Rechtstraditionen zu finden versucht, findet sich beispielsweise in Art. 3 der IBA Rules[235], auf die später[236] noch näher einzugehen sein wird.

Somit zeigt sich, dass auch in internationalen Schiedsverfahren eine Herausgabe von Dokumenten durchaus verlangt werden kann, wobei die Art und Weise gegenüber dem amerikanischen Leitbild, welches bei Parteien und Juristen aus Civil Law-Ländern vielfach auf Befremdung stößt[237], deutlich entschärft ist, auch wenn die amerikanische Regelung wie angedeutet[238] bereits ihrerseits gewisse Einschränkungen vorsieht. Durch die restriktive Handhabung, insbesondere durch die Notwendigkeit einer genaueren Spezifikation der Dokumente, wird vor allem die Möglichkeit einer „fishing expedition" begrenzt.

Abgesehen von Fällen, in denen eine Partei von ihrem Gegner eine umfangreiche Herausgabe von Dokumenten verlangt, sind im Übrigen auch anders gelagerte Konstellationen denkbar. So kann es je nach Lage der Dinge vorkommen, dass es lediglich eine der Parteien ist, die über alle relevanten Dokumente verfügt oder Zugang zu diesen hat. Hier wäre das Ermessen des Schiedsgerichts

---

232 Kreindler/Schäfer/Wolff, Schiedsgerichtsbarkeit, Rn. 719.

233 Kaufmann-Kohler/Bärtsch, SchiedsVZ 2004, S. 13 (18).

234 Brower/Sharpe, in: Newman/Hill (Hrsg.), Leading Arbitrators' Guide, S. 303 (321); Kaufmann-Kohler, Vanderbilt JTL Vol. 36 (2003), S. 1313 (1328).

235 IBA Rules on the Taking of Evidence in International Arbitration; der Zusatz „Commercial" ist durch eine Neufassung des Regelwerks weggefallen, vgl. Markert/Wilske, SchiedsVZ 2010, S. 62 (64).

236 Siehe unten 2. Teil Kap. 5 B.II.

237 Vgl. Sachs, SchiedsVZ 2003, S. 193.

238 Siehe oben (1)(a).

ebenfalls begrenzt, da eine Offenlegung im Sinne der Chancengleichheit[239] und um der anderen Partei ausreichend rechtliches Gehör zu gewähren[240] geboten erscheint. Generell obliegt es dem Schiedsgericht, unter Beachtung dieser Rechte der Parteien eine (Ermessens-)Entscheidung dahingehend zu treffen, ob eine Document Production für das konkreten Verfahren und dessen Fortgang förderlich ist.[241]

(3) Mögliche Vor- und Nachteile

Soweit also davon auszugehen ist, dass eineDocument Production grundsätzlich, wenngleich in abgeschwächter Form, auch Eingang in ein Schiedsverfahren finden kann, fragt sich, wie die Konsequenzen für die Durchführung des Verfahrens insgesamt zu bewerten sind. Ein Vorteil, der sich aus einem (umfassenden) Herausgabeverlangen und der Offenlegung der entsprechenden Dokumente ergeben kann, ist der, dass dann idealerweise alle relevanten Dokumente vorhanden sind, die für eine sachgemäße Würdigung der Streitigkeit erforderlich sind. Nach der Offenlegung der Dokumente wissen alle Beteiligten, von welcher Grundlage sie auszugehen haben, um ihren Standpunkt darzulegen bzw. um den Vortrag der Parteien zu würdigen. Insofern kann die Herausgabe der relevanten Dokumente idealerweise einer effektiven und damit möglicherweise zeitsparenden Verfahrensweise dienlich sein. Festzustellen ist aber auch ganz allgemein, dass das Herausgabeverlangen selbst und der darauf folgende Prozess der Beschaffung von Dokumenten bereits für sich selbst Zeit (ganz abgesehen von Arbeit und Kosten) in Anspruch nimmt[242], so dass der Fortgang des Verfahrens hinausgeschoben wird.[243]

Besondere Bedeutung kommt zudem dem Zeitpunkt zu, in dem die Herausgabe verlangt wird.[244] Wenn die Herausgabe der Dokumente zu einem sehr frühen Zeitpunkt im Verfahren, oder sogar vor Beginn des eigentlichen Verfahrens erfolgen soll, ist noch nicht umfassend geklärt, auf welche Punkte genau sich die

239 Böckstiegel, in: Böckstiegel (Hrsg.), Beweiserhebung in internationalen Schiedsverfahren, S. 1 (6); Schütze, FS Stiefel, S. 697 (699).

240 Brower/Sharpe, in: Newman/Hill (Hrsg.), Leading Arbitrators' Guide, S. 303 (305); Kaufmann-Kohler/Bärtsch, SchiedsVZ 2004, S. 13 (17).

241 Brower/Sharpe, in: Newman/Hill (Hrsg.), Leading Arbitrators' Guide, S. 303 (306); Triebel/Zons, BB 2002, IDR-Beilage S. 26 (30).

242 Vgl. Brower/Sharpe, in: Newman/Hill (Hrsg.), Leading Arbitrators' Guide, S. 303 (305); Triebel/Zons, BB 2002, IDR Beilage S. 26 (28).

243 Böckstiegel, in: Böckstiegel (Hrsg.), Beweiserhebung in internationalen Schiedsverfahren, S. 1 (5).

244 Kaufmann-Kohler/Bärtsch, SchiedsVZ 2004, S. 13 (20).

Beweisaufnahme konkret beziehen wird.[245] Somit besteht die Gefahr, dass Dokumente verlangt werden und demzufolge (zeitaufwendig) beschafft und ausgewertet werden müssen, die für den Ausgang des Verfahrens gar nicht von Bedeutung sein werden. Generell begünstigt ein zu früher Zeitpunkt auch „fishing expeditions“, welche eine unerwünschte und vor allem sachlich nicht gerechtfertigte Verzögerung bedeuten. Zwar wird diesen Risiken im Ansatz entgegengewirkt, wenn man eine Eingrenzung der verlangten Dokumente sowie die Darlegung einer Erheblichkeit für den Ausgang des Verfahrens verlangt. Zu einem sehr frühen Zeitpunkt im Verfahren können aber auch derartige Spezifikationen noch nicht gewährleisten, dass tatsächlich nur Dokumente verlangt werden, die sich später als relevant erweisen. Wenn das Verlangen von Dokumenten dagegen erst nach dem (ersten) Austausch von Schriftsätzen erfolgt, ist der Gegenstand der Streitigkeit bereits einzugrenzen, so dass das Schiedsgericht eine angemessene Grundlage für die Entscheidung hinsichtlich einer Document Production hat.[246] Auf diese Weise kann auch der Umfang der herauszugebenden Dokumente verringert werden.[247]

Eine Document Production zu einem noch späteren Zeitpunkt im Verfahren, möglicherweise sogar nach einem mündlichen Verhandlungstermin, ist im Interesse einer effektiven und zeitsparenden Verfahrensführung allerdings problematisch.[248] Hier besteht nämlich die Möglichkeit, dass eine oder beide Parteien ihren Standpunkt ausführlich darzulegen versucht haben und erst zu diesem späten Zeitpunkt Dokumente auf den Tisch gelangen, die auch zu einem früheren Zeitpunkt förderlich gewesen wären.[249] In diesem Fall wäre vorher unnötig Zeit vergangen, in der die Parteien ihren Standpunkt womöglich unzureichend vorgetragen haben. Hinzukommt freilich auch hier die Zeit, die die Document Production selbst in Anspruch nimmt, so dass das Verfahren erst einmal nicht fortgeführt werden kann. Die verlangten Dokumente müssen zuerst überhaupt von der im Besitz befindlichen Partei beschafft, auf ihre Relevanz hin überprüft und den anderen Beteiligten zur Verfügung gestellt werden.[250] Darüber hinaus muss sich auch noch Zeit genommen werden, um die solchermaßen erlangten Dokumente zu sichten und auszuwerten[251] und gegebenenfalls den eigenen Vortrag darauf abzustimmen. Diese letztgenannten Umstände betreffen indes nicht nur die

245 Vgl. Kaufmann-Kohler/Bärtsch, a.a.O.
246 Born, S. 1821; Rivkin, Arb. Int'l 2008, S. 375 (383); Sachs, SchiedsVZ 2003, S. 193 (197).
247 Kreindler/Schäfer/Wolff, Schiedsgerichtsbarkeit, Rn. 827; Rivkin, a.a.O.
248 Vgl. Sachs, SchiedsVZ 2003, S. 193 (197); Wirth, SchiedsVZ 2003, S. 9 (12).
249 Kaufmann-Kohler/Bärtsch, SchiedsVZ 2004, S. 13 (21).
250 Vgl. Hobeck/Mahnken/Koebke, SchiedsVZ 2007, S. 225 (229).
251 Hobeck/Mahnken/Koebke, a.a.O.

Document Production zu diesem späten Zeitpunkt, sondern gelten vielmehr unabhängig davon, wann diese erfolgen soll.

Weiterhin lässt sich ohne Rücksicht auf den jeweiligen Zeitpunkt des Herausgabeverlangens sagen, dass, je weiter der Begriff im konkreten Fall verstanden und das Verlangen vom Schiedsgericht vorgenommen oder gebilligt wird, auch umso mehr Zeit benötigt wird. Dies beruht auch darauf, dass bei einem weiten Verständnis unter Umständen Dokumente erfasst werden, die im konkreten Verfahren gar nicht von Bedeutung sind, wobei dieser Punkt freilich durch die Wahl eines sehr frühen Zeitpunktes begünstigt wird. Die genannten Einschränkungen, die die Pflicht zur Herausgabe von Dokumenten begrenzen sollen, dienen insoweit neben der Beachtung der Interessen der aufgeforderten Partei zugleich der Effizienz des Verfahrens. Die Herausgabepflicht wird auf ein vernünftiges und der Würdigung des Vortrags der Parteien möglichst dienliches Maß beschränkt, auch wenn nicht gewährleistet werden kann, dass es sich bei einem derart begrenzten Herausgabeverlangen nicht auch um eine sehr große Anzahl von Dokumenten handeln kann, die zu beschaffen und zu bewerten sind. Da es sich hier nicht nur um ein viel diskutiertes, sondern auch um ein für die Parteien sehr sensibles Thema handelt, kann es freilich auch dazu kommen, dass eine Streitigkeit allein hinsichtlich der Frage der Zulässigkeit eines Herausgabeverlangens entsteht, welche das Verfahren ins Stocken bringt und daher Zeit kostet[252], unabhängig davon, ob danach die Pflicht zur Vorlage der Dokumente im Ergebnis bejaht oder verneint wird.

(4) Schlussfolgerung

Abschließend kann nicht allgemein beantwortet werden, ob eine Document Production – der Begriff Discovery ist angesichts der teils doch deutlichen Abweichungen vom US-amerikanischen Prozessrecht hier wohl nicht statthaft[253] – sich vorteilhaft auf eine rasche Durchführung des Schiedsverfahrens auswirkt. Vielmehr kommt es auch dann, wenn die Herausgabepflicht auf ein gewisses Maß reduziert wird, immer noch auf die Umstände des konkreten Verfahrens und den Umfang der entsprechenden Dokumente an. Erst daraus ergibt sich die für eine solche Beschaffung von potentiellen Beweismitteln zu veranschlagende Zeit. Wie eingangs erwähnt, führt die Herausgabe von Dokumenten aber auch dazu,

---

252 Vgl. Blackaby/Partasides/Redfern/Hunter, International Arbitration, Rn. 6.110; Brower/Sharpe, Leading Arbitrators' Guide, S. 303 (304); Kreindler/Schäfer/Wolff, Schiedsgerichtsbarkeit, Rn. 829.

253 Born, S. 1820, ist etwa der Ansicht, dass der Begriff Discovery in internationalen Schiedsverfahren irreführend sein kann, da die Dokumentenherausgabe in der Praxis weit weniger „extensive and intrusive" sei als es der Tradition in Common-Law-Verfahren entspricht.

dass der tatsächliche Streitgegenstand erkennbar wird, so dass die Beteiligten wissen, wohin die Reise, das heißt ihre jeweilige Argumentation, zu gehen hat. Zumindest in dieser Hinsicht, soweit also die Dokumentenherausgabe zu einer zielgerichteten Durchführung des Verfahrens befähigt, kann von einem positiven Effekt im Hinblick auf die Verfahrensdauer gesprochen werden. Je nach Umfang der konkret in Rede stehenden Streitigkeit kann aber ein Herausgabeverlangen und der damit verbundene Prozess einen, auch im Hinblick auf den Streitwert, ungerechtfertigten (nicht nur) zeitlichen Aufwand darstellen.

b) Zeugenbeweis

aa) Allgemeines

Auch der Beweis durch Zeugen hat in der Regel eine große Bedeutung für das Schiedsgericht bei der Würdigung der Streitigkeit[254] und der vorgetragenen Tatsachen und kann nicht selten letztlich auch den Ausschlag für die Entscheidung in eine bestimmte Richtung geben.[255] Eine allgemeingültige Aussage über die zeitliche Dimension von Zeugen und deren Vernehmung lässt sich nicht treffen. Vielmehr sind zunächst auch an dieser Stelle die Art und der Umfang der jeweiligen Streitigkeit entscheidend. Es kann sich um einen Fall handeln, bei dem hauptsächlich Dokumente relevant sind und Zeugen nur eine untergeordnete Rolle spielen. Demgegenüber mag aber auch von beiden Seiten eine Vielzahl von Zeugen benannt werden, so dass sich allein die Zeugenvernehmung über mehrere Tage oder sogar Wochen erstrecken kann, jeweils auch abhängig davon, wie kompliziert sich die Terminierung der Verhandlungstage und die Vernehmung selbst gestaltet. Eine solchermaßen ausgedehnte Prozedur zur Vernehmung von Zeugen zieht notwendigerweise auch das Verfahren insgesamt in die Länge.

Darüber hinaus gibt es auch bei der Handhabung des Zeugenbeweises in der internationalen Schiedsgerichtsbarkeit unterschiedliche Gestaltungen und Gebräuche, so dass es sich wiederum um ein viel und auch kontrovers diskutiertes Thema zwischen Beteiligten, vor allem Anwälten, aus Common Law-Ländern und solchen mit Civil Law-Hintergrund handelt.[256] Hauptsächlich geht es bei den Diskussionen um Fragen der Zeugenvernehmung[257], das heißt darum, ob diese im Wesentlichen von den jeweiligen (ggf. auch den gegnerischen) Parteivertretern, oder vom Schiedsgericht durchgeführt wird. Im Zusammenhang mit der

254 Hanotiau, in: Newman/Hill (Hrsg.), Leading Arbitrators' Guide, S. 359 (369).

255 van den Berg, in: Newman/Hill (Hrsg.), Leading Arbitrators' Guide, S. 149 (162).

256 Vgl. van den Berg, in: Newman/Hill (Hrsg.), Leading Arbitrators' Guide, S. 149 (162).

257 Hierzu unten cc).

Verfahrensdauer ist aber zunächst auf die Möglichkeit einzugehen, vorab schriftliche Zeugenaussagen einzureichen.

bb) Einreichen schriftlicher Zeugenaussagen im Vorfeld

In einer schriftlichen Zeugenaussage geben die jeweiligen Zeugen Auskunft zu ihrer Person sowie eine Zusammenfassung ihrer Aussage zu dem jeweiligen Beweisthema[258], wobei in einigen Fällen die Aussagen, vornehmlich in der anglo-amerikanischen Praxis, auch in Form von „affidavits“ abgegeben werden.[259] Diese schriftliche Aussage wird sodann einige Zeit vor der mündlichen Verhandlung dem Schiedsgericht sowie der gegnerischen Partei zur Verfügung gestellt.[260]

(1) Akzeptanz

Das Einreichen von schriftlichen Zeugenaussagen bereits vor der mündlichen Verhandlung ist in der internationalen Schiedsgerichtsbarkeit zunehmend verbreitet.[261] Insofern stellt sich an dieser Stelle auch gar nicht so sehr die Frage, ob das Einreichen selbst im Schiedsverfahren zulässig ist. Die Zulässigkeit ist vielmehr grundsätzlich zu bejahen.[262] Ein Ansatzpunkt für diese Frage könnte vielmehr die Tatsache sein, dass es sich nicht selten bzw. wohl in der Regel um Aussagen handelt, die in Zusammenarbeit oder jedenfalls nicht ganz ohne Mitwirkung der Parteivertreter zustande kommen.[263] Somit ist eher zu erörtern, ob oder in welchem Rahmen eine derartige Einflussnahme auf Zeugen im Zusam-

---

258 Hanotiau, in: Newman/Hill (Hrsg.), Leading Arbitrators' Guide, S. 359 (366); Kreindler/Schäfer/Wolff, Schiedsgerichtsbarkeit, Rn. 834.

259 Blackaby/Partasides/Redfern/Hunter, International Arbitration, Rn. 6.138; Bühler, in: Böckstiegel (Hrsg.), Beweiserhebung in internationalen Schiedsverfahren, S. 94 (97).

260 Elsing, BB 2002, IDR-Beilage S. 19 (24).

261 Blackaby/Partasides/Redfern/Hunter, International Arbitration, Rn. 6.137; Böckstiegel, in: Böckstiegel (Hrsg.), Beweiserhebung in internationalen Schiedsverfahren, S. 1 (6); Elsing/Townsend, Arb. Int'l 2002, S. 59 (63); Kreindler/Schäfer/Wolff, Schiedsgerichtsbarkeit, Rn. 834; Lachmann, Hdb. Schiedsgerichtspraxis, Rn. 1498; Lionnet/Lionnet, Hdb. Schiedsgerichtsbarkeit, 363; Raeschke-Kessler, in: Böckstiegel (Hrsg.), Beweiserhebung in internationalen Schiedsverfahren, S. 41 (65); Welser/De Berti, Austrian Arbitration Yearbook 2010, S. 79 (89).

262 Lachmann, a.a.O.; Lörcher/Lörcher, Schiedsverfahren, Rn. 265; MüKo-ZPO/*Münch*, § 1049 Rn. 61; Musielak/*Voit*, ZPO, § 1042 Rn. 23; Schwab/Walter, Schiedsgerichtsbarkeit, Kap. 15 Rn. 14.

263 Böckstiegel, in: Böckstiegel (Hrsg.), Beweiserhebung in internationalen Schiedsverfahren, S. 1 (6); Kreindler/Schäfer/Wolff, Schiedsgerichtsbarkeit, Rn. 835; Lachmann, Hdb. Schiedsgerichtspraxis, Rn. 1502; Peter, CEPANI Reports 2004, S. 157 (160).

menhang mit den schriftlichen Aussagen zulässig ist. Dabei ist anerkannt, dass ein gewisses Maß der Kontaktaufnahme mit Zeugen nicht zu beanstanden ist.[264] Eine Grenze sollte aber im Hinblick auf schriftliche Zeugenaussagen da zu ziehen sein, wo der Anwalt einer Partei mit einer vorformulierten Aussage auf einen Zeugen zukommt, welche weniger Bezug zum tatsächlichen Wissen des Zeugen als vielmehr zum Standpunkt der jeweiligen Partei hat.[265] Nicht anstößig sollte es dagegen sein, wenn der Parteivertreter selbst eine schriftliche Erklärung formuliert und vom Zeugen unterschreiben lässt, die auch wahrheitsgemäß die Eindrücke des Zeugen wiedergibt.[266] Auch wenn diese Praxis bekannt und wohl auch nur schwerlich vermeidbar ist, besteht immer noch die Möglichkeit, den Beweiswert einer derart entstandenen Aussage auch nach einer möglichen Vernehmung durch den gegnerischen Anwalt entsprechend einzuschätzen.[267]

(2) Auswirkungen auf die Dauer des Verfahrens

Die Einreichung schriftlicher Zeugenaussagen im Vorfeld der mündlichen Verhandlung dient auch dem Zweck, dass sich die andere Partei sowie das Schiedsgericht mit Hilfe der Aussagen einfacher auf die mündliche Verhandlung vorbereiten können.[268] Hierdurch wird auch erkennbar, welche Punkte jeweils besonders hervorgehoben werden und welche Punkte unstreitig sind[269], was einen positiven Einfluss auf die Effizienz der Durchführung der Verhandlung hat. Denn auf diese Weise kann man sich in der Zeugenvernehmung auf die wesentlichen, also relevanten und unklaren Punkte konzentrieren.[270] Somit kann auch eine, gerade in der anglo-amerikanischen Praxis vielfach sehr ausführliche und zeitaufwendige, Zeugenbefragung teilweise entbehrlich oder jedenfalls verkürzt

---

264 Lachmann, Hdb. Schiedsgerichtspraxis, Rn. 1502; so auch Art. 20.6 LCIA Rules oder Art. 4 Abs. 3 IBA Rules, die jeweils ein vorheriges Interviewen von (potentiellen) Zeugen zulassen.

265 Vgl. Blackaby/Partasides/Redfern/Hunter, International Arbitration, Rn. 6.140.

266 Schlosser, SchiedsVZ 2004, S. 225 (229).

267 Vgl. Böckstiegel, FS Schlosser, S. 49 (56); Raeschke-Kessler, in: Böckstiegel (Hrsg.), Beweiserhebung in internationalen Schiedsverfahren, S. 41 (65); ähnlich Lachmann, Hdb. Schiedsgerichtspraxis, Rn. 1518.

268 Baum, Liber Amicorum Böckstiegel, S. 21 (26); Bühler, in: Böckstiegel (Hrsg.), Beweiserhebung in internationalen Schiedsverfahren, S. 94 (96); Lionnet/Lionnet, Hdb. Schiedsgerichtsbarkeit, S. 363; Wirth, SchiedsVZ 2003, S. 9 (14).

269 Hanotiau, in: Newman/Hill (Hrsg.), Leading Arbitrators' Guide, S. 359 (364); Lachmann, Hdb. Schiedsgerichtspraxis, Rn. 1498; Lörcher, ICCA Congress Series No. 7 (1994), S. 145 (148).

270 Böckstiegel, in: Böckstiegel (Hrsg.), Beweiserhebung in internationalen Schiedsverfahren, S. 1; Bühler, ebenda, S. 94 (96); Elsing, BB 2002, IDR-Beilage , S. 19 (24); Lew/Mistelis/Kröll, Rn. 22–63.

werden.[271] Hier kann sich bereits aufgrund der eingereichten schriftlichen Aussage ergeben, dass eine Vernehmung in der mündlichen Verhandlung gar nicht mehr vonnöten sein wird[272], oder die Vernehmung kann sich – auch in Gestalt einer Orientierungshilfe für den Zeugen[273] – an der schriftlichen Aussage orientieren, so dass auch ein thematisches Ausufern vermieden wird. Unter Umständen kann die schriftliche Aussage auch lediglich die Befragung durch den „eigenen" Anwalt entbehrlich machen, da diese sich ohnehin nur auf den bereits eingereichten Inhalt beziehen würde. Hier könnte direkt mit einer Cross-Examination des betreffenden Zeugen durch den Vertreter der gegnerischen Partei begonnen werden[274], sofern eine solche Befragung im jeweiligen Schiedsverfahren statthaft ist.[275] Je nach Konstellation können schriftliche Zeugenaussagen demzufolge einen großen zeitlichen Vorteil im Hinblick auf eine folgende mündliche Verhandlung bedeuten. Insofern könnte hier auch eine Parallele zur Frage der Document Production[276] gezogen werden, welche ebenfalls zur Ermittlung und Würdigung der streitigen Punkte und damit zur Effizienz des Verfahrens beiträgt.[277]

Demgegenüber muss, ebenfalls wie bei einem Verlangen nach der Herausgabe von Dokumenten, auch berücksichtigt werden, dass es schon einen nicht unerheblichen Zeitaufwand bedeuten kann, überhaupt an schriftliche Aussagen der Zeugen zu gelangen.[278] Im Anschluss daran müssen zudem die Gegenpartei sowie das Schiedsgericht, um in den Genuss der besseren Vorbereitung auf die mündliche Verhandlung zu kommen, diese Aussagen durcharbeiten. Der erforderliche Aufwand hängt wiederum maßgeblich von Anzahl und Umfang der Aussagen ab. Jedenfalls lässt sich aber nicht leugnen, dass das vorherige Einreichen schriftlicher Zeugenaussagen ein großes Potential bietet, die mündliche

---

271 Elsing, a.a.O.; Lörcher, ICCA Congress Series No. 7 (1994), S. 145 (148); Lörcher/Lörcher, Schiedsverfahren, Rn. 267; van den Berg, in: Newman/Hill (Hrsg.), Leading Arbitrators' Guide, S. 149 (163).

272 Craig, in: Böckstiegel (Hrsg.), Beweiserhebung in internationalen Schiedsverfahren, S. 9 (25); Elsing/Townsend, Arb. Int'l 2002, S. 59 (63); Hanotiau, in: Newman/Hill (Hrsg.), Leading Arbitrators' Guide, S. 359 (371); Holtzmann, Arb. Int'l 1995, S. 39 (47); Raeschke-Kessler, in: Böckstiegel (Hrsg.), Beweiserhebung in internationalen Schiedsverfahren, S. 41 (66); Smit, ICCA Congress Series No. 7 (1994), S. 161 (166).

273 Lachmann, Hdb. Schiedsgerichtspraxis, Rn. 1498; Raeschke-Kessler, a.a.O.

274 Baum, Liber Amicorum Böckstiegel, S. 21 (26); Böckstiegel, FS Schlosser, S. 49 (56); Lachmann, Hdb. Schiedsgerichtspraxis, Rn. 1498; Wirth, SchiedsVZ 2003, S. 9 (14).

275 Siehe hierzu sogleich cc).

276 Siehe oben a)bb)(3).

277 So hinsichtlich der Funktion auch Lörcher, ICCA Congress Series No. 7 (1994), S. 145 (148).

278 Bühler, in: Böckstiegel (Hrsg.), Beweiserhebung in internationalen Schiedsverfahren, S. 94 (96); Hanotiau, in: Newman/Hill (Hrsg.), Leading Arbitrators' Guide, S. 359 (364); Lachmann, Hdb. Schiedsgerichtspraxis, Rn. 1499; Wirth, SchiedsVZ 2003, S. 9 (14).

Verhandlung und damit das gesamte Verfahren schlanker zu gestalten. Insbesondere dann, wenn eine Vielzahl von Zeugen von den Parteien benannt worden ist, können schriftliche Zeugenaussagen hilfreich sein, um die Notwendigkeit einer (weiteren) Aussage in der mündlichen Verhandlung ausloten zu können. Selbst dann, wenn eine Vernehmung noch erfolgen soll, wird diese aufgrund der schriftlichen Aussage auf ein erforderliches und möglichst effizientes Maß reduziert werden können.

cc) Zeugenvernehmung

(1) Art und Weise der Durchführung

Eine viel diskutierte Frage, wenn es um die Vernehmung von Zeugen in internationalen Schiedsverfahren geht, ist, ob die Vernehmung von den Parteivertretern selbst (so in der Common Law-Tradition) oder aber grundsätzlich vom Schiedsgericht (so nach der Civil Law-Tradition) durchgeführt wird.[279] Nach der Common Law-Tradition gehört zur Zeugenvernehmung auch die Vernehmung der von der Gegenseite benannten Zeugen (Kreuzverhör bzw. im Folgenden: Cross-Examination), wobei gerade diese den Anwälten aus Civil Law-Ländern als Vernehmungsmethode – jedenfalls vor dem Hintergrund ihrer Ausbildung – verglichen mit amerikanischen Anwälten fremd ist.[280] In internationalen Schiedsverfahren ist aber (auch in diesem Punkt) nicht so sehr fraglich, ob überhaupt, sondern vielmehr, in welchem Maße die anglo-amerikanische Rechtstradition Eingang in das Verfahren findet. So ist auch immer häufiger zu beobachten, dass nicht entweder die Anwälte oder das Schiedsgericht die Vernehmung durchführen, sondern etwa zunächst die Anwälte die Zeugen befragen und danach das Schiedsgericht die Gelegenheit zu weiteren Fragen erhält[281], oder umgekehrt.[282] Ansonsten ist das Schiedsgericht aber in der Regel nicht gehindert, jederzeit, das heißt unter Umständen auch während der Befragung durch Parteivertreter, selbst Fragen zu stellen.[283]

Eine Befragung (auch) durch die Parteivertreter setzt sich in internationalen Verfahren demnach immer mehr durch, und zwar auch ohne Beteiligte aus dem

279 Born, S. 1843; van den Berg, in: Newman/Hill (Hrsg.), Leading Arbitrators' Guide, S. 149 (162).

280 Vgl. Elsing/Townsend, Arb. Int'l 2002, S. 59 (62); Lachmann, Hdb. Schiedsgerichtspraxis, Rn. 1505; ebenso Born, S. 1841.

281 van den Berg, in: Newman/Hill (Hrsg.), Leading Arbitrators' Guide, S. 149 (162).

282 Bühler, in: Böckstiegel (Hrsg.), Beweiserhebung in internationalen Schiedsverfahren, S. 94 (98); Elsing, BB 2002, IDR-Beilage S. 19 (24).

283 Born, S. 1845; Hanotiau, in: Newman/Hill (Hrsg.), Leading Arbitrators' Guide, S. 359 (374).

Common Law-Rechtskreis.[284] Einen Teil der Befragung durch die Anwälte stellt dabei auch vermehrt die Cross-Examination dar[285], jedenfalls dann, wenn dies von den Parteien beantragt wird.[286] Dabei wird diese Möglichkeit für Common Law-Anwälte attraktiver sein und von diesen eher genutzt werden also von solchen mit Civil Law-Hintergrund.[287] Eine Vernehmung, die maßgeblich vom Schiedsgericht durchgeführt wird, wie es der kontinental-europäischen und auch deutschen Vorstellung am nächsten käme, dürfte in internationalen Schiedsverfahren demnach ebenso wenig den Regelfall darstellen wie eine Vernehmung allein durch die Parteivertreter.

(2) Bedeutung für die Verfahrensdauer

Eine Vernehmung der Zeugen durch die Parteivertreter, einschließlich einer Cross-Examination[288], kann zunächst deswegen vorteilhaft sein, weil die Parteivertreter eine genauere Vorstellung davon haben, wie sie die Zeugen zu befragen haben und welche Fragen genau zu stellen sind als dies möglicherweise beim Schiedsgericht der Fall ist.[289] Hierdurch kann unter Umständen eine bestmögliche Darstellung des Falles und damit eine effektive Vernehmung des Zeugen erreicht werden, indem die Zeugen optimal „ausgenutzt" werden, da ihre gesamte vorhandene Aussagekraft auch zu Tage gefördert wird. Insofern würde sich die Zeit, die in die Vernehmung(en) investiert wird, auch rentieren. Ein Anwalt, noch dazu, wenn er in dieser Art der Vernehmung besonders geschult ist, wird die Befragung des gegnerischen Zeugen deutlich zielstrebiger und vielleicht aggressiver durchführen als ein Schiedsrichter und so die etwaigen Schwächen der anderen Partei offenlegen. Der Anwalt, und damit auch die Partei, die er vertritt, kommt so in der Vernehmung leichter an das Ziel, nämlich das Herausfiltern der relevanten Punkte, so dass auch aus Parteisicht diese effizientere Art der Befragung durchaus wünschenswert sein kann.

284 Wirth, SchiedsVZ 2003, S. 9 (14).

285 Elsing/Townsend, Arb. Int'l 2002, S. 59 (63); Kreindler/Schäfer/Wolff, Schiedsgerichtsbarkeit, Rn. 850; Voser, SchiedsVZ 2005, S. 113 (117).

286 Blackaby/Partasides/Redfern/Hunter, International Arbitration, Rn. 6.207.

287 Blackaby/Partasides/Redfern/Hunter, International Arbitration, Rn. 6.208; Lachmann, Hdb. Schiedsgerichtspraxis, Rn. 1505.

288 Die Dauer der Cross-Examination selbst hängt insbesondere davon ab, ob sie auf Fragen hinsichtlich der vorhergehenden Befragung beschränkt oder aber auf alle relevanten Aspekte der Streitigkeit bezogen ist. Vgl. hierzu Born, S. 1844, der davon ausgeht, dass die Cross-Examination in der Mehrzahl der Fälle auf die gesamte Streitigkeit bezogen ist.

289 Vgl. van den Berg, Leading Arbitrator's Guide, S. 149 (162); Wirth, SchiedsVZ 2003, S. 9 (14).

Andererseits kann eine solche Vernehmung auch unerwünscht in die Länge gezogen werden, wenn der jeweils befragende Parteivertreter ausschweift und über das dienliche und erforderliche Maß hinaus Fragen stellt[290] oder zu ausführliche Antworten des Zeugen zulässt. Dieses Risiko besteht vor allem dann, wenn das Schiedsgericht sich allzu sehr zurückzieht und die Vernehmung fast gänzlich den Anwälten überlässt.[291] Für den Fall einer Cross-Examination kann es zudem vorkommen, dass die Befragung besonders dann ins Stocken gerät und länger dauert, wenn eine Seite die Befragung „ihres“ Zeugen durch die Gegenseite so nicht hinnehmen möchte und stattdessen für Unterbrechungen sorgt, indem sie die Zulässigkeit der gestellten Fragen anzweifelt. Somit besteht auch hier die Gefahr, dass die Kontrolle über die Verhandlung ein wenig verloren geht.

Hinsichtlich der Frage, ob trotz vorher eingereichter schriftlicher Aussagen überhaupt noch eine Zeugenvernehmung stattfinden sollte, ist zu sagen, dass die Zeit für eine Vernehmung, dann gut investiert sein kann, wenn sie dazu dient, wenigstens einige wenige Fragen zu stellen, auch um die Glaubwürdigkeit und überhaupt die Aussage des Zeugen besser einschätzen zu können. Zu diesem Zweck muss die Vernehmung selbst auch gar nicht lang sein.[292] Insofern ist trotz schriftlicher Zeugenaussage eine etwas längere Dauer im Zweifelsfall hinzunehmen. Im Übrigen muss sich die Befragung des Zeugen nicht lediglich auf den Inhalt der eigenen schriftlichen Aussage beschränken. Vielmehr können zum Beispiel auch die Aussage eines anderen Zeugen und daraus gewonnene Erkenntnisse den Gegenstand der Vernehmung bilden.[293] Somit ist in einigen Fällen, obwohl bereits eine schriftliche Zeugenaussage eingereicht worden ist, eine Vernehmung des Zeugen in einigen Fällen dennoch zweckmäßig, wobei die Befragung wie gezeigt[294] auf die wesentlichen Punkte beschränkt werden und damit in der gebotenen Kürze vonstatten gehen kann.

c) Sachverständige

Sachverständige haben insofern eine andere Funktion als Zeugen, als sie nicht dazu dienen, dem Schiedsgericht ihre Wahrnehmung der tatsächlichen Seite des Sachverhalts zu erläutern, sondern dazu, dem Schiedsgericht durch Erstattung eines Gutachtens ein gewisses Verständnis für technische oder jedenfalls auf ein

---

290 Vgl. Hanotiau, Leading Arbitrators’ Guide, S. 359 (373).

291 Ähnlich auch van den Berg, in: Newman/Hill (Hrsg.), Leading Arbitrators’ Guide, S. 149 (163).

292 So Elsing/Townsend, Arb. Int’l 2002, S. 49 (63); van den Berg, in: Newman/Hill (Hrsg.), Leading Arbitrators’ Guide, S. 149 (163).

293 van den Berg, a.a.O.

294 Siehe oben bb)(2).

bestimmtes Fachgebiet bezogene Kenntnisse näher zu bringen.[295] Im Zusammenhang mit Sachverständigen ist zunächst zu erörtern, ob Sachverständige vom Schiedsgericht bestellt werden, oder ob auch die Parteien in der Lage bzw. berechtigt sind, selbst einen Sachverständigen zu benennen oder ein Sachverständigengutachten beizubringen. Letztere Vorgehensweise ist traditionell erneut vorwiegend dem Common Law-Rechtskreis zuzuordnen.[296] Im Anschluss daran stellt sich wiederum die Frage, wie die eine oder andere Methode sowie die Hinzuziehung von Sachverständigen insgesamt im Hinblick auf die Dauer des Schiedsverfahrens zu beurteilen ist.

aa) Von den Parteien und vom Schiedsgericht benannte Sachverständige

Die gesetzliche Konzeption des § 1049 Abs. 1 S. 1 ZPO geht davon aus, dass bei Fehlen einer Parteivereinbarung das Schiedsgericht zur Klärung bestimmter Fragen einen oder mehrere Sachverständige zur Erstellung eines Gutachtens bestellen kann. In diesem Fall stehen den Parteien gemäß § 1049 Abs. 3 ZPO die Möglichkeiten zur Ablehnung eines Schiedsrichters nach den §§ 1036, 1037 ZPO in entsprechender Anwendung zur Verfügung. Die Parteien haben also die Möglichkeit, die Frage des Beweises durch Sachverständige maßgeblich zu beeinflussen. Sie können also auch vereinbaren, dass kein Gutachten eingeholt werden soll[297], oder aber, was nicht selten vorkommt, sich nach entsprechender Aufforderung durch das Schiedsgericht auf einen Sachverständigen einigen oder zumindest in die Auswahl des Sachverständigen mit einbezogen werden.[298] Die Möglichkeit der Parteien, ihrerseits einen Sachverständigen beizubringen, ergibt sich jedenfalls für die mündliche Verhandlung aus § 1049 Abs. 2 S. 2 ZPO.

In internationalen Schiedsverfahren benennt das Schiedsgericht in der Regel nur dann selbst einen Sachverständigen, wenn es von den Parteien dazu ermächtigt worden ist, das heißt entweder durch die Parteien selbst oder aufgrund der geltenden Schiedsregeln.[299] Zumindest wird den Parteien oftmals die Möglichkeit

---

295 Vgl. Bernini, in: Newman/Hill (Hrsg.), Leading Arbitrators' Guide, S. 265 (288); Blackaby/Partasides/Redfern/Hunter, International Arbitration, Rn. 6.155; Lörcher/Lörcher, Schiedsverfahren, Rn. 271; MüKo-ZPO/*Münch*, § 1049 Rn. 11.

296 Baum, Liber Amicorum Böckstiegel, S. 21 (27); Lachmann, Hdb. Schiedsgerichtspraxis, Rn. 1530; Lotz, SchiedsVZ 2011, S. 203 (205); Freyer, in: Newman/Hill (Hrsg.), Leading Arbitrators' Guide, S. 429 (430).

297 Lachmann, Hdb. Schiedsgerichtspraxis, Rn. 1537; Lörcher/Lörcher, Schiedsverfahren, Rn. 273; Musielak/*Voit*, ZPO, § 1049 Rn. 2;

298 Lachmann, Hdb. Schiedsgerichtspraxis, Rn. 1539; Lörcher/Lörcher, Schiedsverfahren, Rn. 276; Lotz, SchiedsVZ 2011, S. 203 (206).

299 Blackaby/Partasides/Redfern/Hunter, International Arbitration, Rn. 6.156.

eingeräumt, zu dem benannten Sachverständigen Stellung zu nehmen.[300] Im Übrigen ist es in internationalen Schiedsverfahren auch durchaus gängig – und in der angelsächsischen Rechtstradition sogar der Regelfall[301] – dass die Parteien zu Beweiszwecken selbst einen Sachverständigen bzw. ein Gutachten beibringen.[302] Hinsichtlich der Bestellung von Sachverständigen und der Beibringung von Gutachten stellt die internationale Praxis also wiederum eine Annäherung zwischen den verschiedenen Rechtstraditionen dar.[303]

bb) Notwendigkeit und Nutzen des Sachverständigenbeweises

In Bezug auf die Verfahrensdauer kann zunächst wieder allgemein festgehalten werden, dass, je mehr Personen in das Schiedsverfahren eingebunden werden, das Verfahren entsprechend länger wird, zumal sich auch eine Terminfindung schwieriger gestaltet. Im Falle des Sachverständigen entsteht, unabhängig davon, in welcher Form seine Expertise eingeholt werden soll, in jedem Fall eine Verzögerung des Verfahrens, gerade dann, wenn erst einmal auf das Gutachten gewartet werden muss. Ob das Hinzuziehen eines Sachverständigen, durch welche der Beteiligten auch immer, erforderlich und sinnvoll ist, richtet sich maßgeblich nach der Art der Streitigkeit. Geht es hauptsächlich um rein tatsächliche Fragen, die durch Dokumente oder Zeugen geklärt werden können, bedarf es nicht zusätzlich der Hinzuziehung eines Sachverständigen. Gleiches gilt dann, wenn der Schwerpunkt auf einem rechtlichen Problem, etwa der Auslegung einer Norm oder eines Vertrages liegt, da in diesem Fall das Schiedsgericht üblicherweise keiner Expertise von außen mehr bedarf.[304] Wenn es allerdings (auch) um kom-

---

300 Blackaby/Partasides/Redfern/Hunter, International Arbitration, Rn. 6.158; van den Berg, Leading Arbitrators' Guide, S. 149 (165).

301 Elsing, BB 2002, IDR-Beilage S. 19 (25); Hanotiau, in: Newman/Hill (Hrsg.), Leading Arbitrators' Guide, S. 359 (375).

302 Böckstiegel, in: Böckstiegel (Hrsg.), Beweiserhebung in internationalen Schiedsverfahren, S. 1 (6); Elsing, BB 2002, IDR-Beilage S. 19 (25); Freyer, in: Newman/Hill (Hrsg.), Leading Arbitrators' Guide, S. 429 (431); Hanotiau, a.a.O.; Kaufmann-Kohler, Vanderbilt JTL Vol. 36 (2003), S. 1314 (1330); Lörcher/Lörcher, Schiedsverfahren, Rn. 273; Voser, SchiedsVZ 2005, S. 113 (117).

303 So sieht Art. 25 (3), (4) ICC-SchO explizit die Möglichkeit vor, dass die Parteien und das Schiedsgericht (nach Absprache mit den Parteien) Sachverständige benennen können. Eine vergleichbare Regelung findet sich auch in Art. 5, 6 IBA Rules [siehe hierzu unten 2. Teil Kap. 5 B.II.3.d)].

304 Dies gilt jedenfalls insoweit, als es nicht im konkreten Fall um eine Fragestellung geht, die einem Recht unterliegt, welches ansonsten keinen Bezug zum Schiedsverfahren hat. In diesem Fall muss doch ein Sachverständigengutachten von einem Experten bezüglich des jeweiligen Rechts eingeholt werden. Je nachdem, wie „exotisch" die Rechtsfrage oder das Recht selbst ist, kann es einige Zeit kosten, das entsprechende Gutachten beizubringen. Zu beachten ist in

plexe technische Fragestellungen geht – zum Beispiel bei komplexen Fragen im Zusammenhang mit Bauprojekten –, kann ein technisches Verständnis bezüglich der Gegebenheiten unerlässlich sein.[305]

An dieser Stelle kommt es auch darauf an, wie im Einzelfall das Schiedsgericht besetzt ist, ob es also durchweg aus Juristen besteht, oder ob, zumindest als Parteischiedsrichter, fachkundige Kandidaten ausgewählt wurden. In letzterem Fall, könnte das Schiedsgericht gegebenenfalls davon absehen, ein externes Gutachten in Auftrag zu geben[306], zumal allein das Warten auf ein solches Gutachten, je nachdem, wie umfangreich die Fragestellung ist, zu einer erheblichen Verzögerung führen kann.[307] Anzumerken ist zu Fachleuten als Schiedsrichter zunächst, dass sich nicht immer absehen lässt, auf welchem Gebiet die Fachkenntnisse erforderlich sein werden. Demgemäß kann auch trotz prinzipiell fachkundigen Schiedsrichtern das Aufsuchen eines anderweitig ausgebildeten Sachverständigen notwendig werden. Zudem bleibt der Einwand bestehen, dass fachkundige Schiedsrichter zwar im Idealfall weitere Sachverständige entbehrlich machen können. Im Übrigen aber besteht das Risiko, dass sich eine vielleicht mangelnde Erfahrung bei der (Durch-)Führung eines Schiedsverfahrens negativ auf die Dauer des Verfahrens insgesamt auswirkt.

Wird ein Sachverständiger von einer Partei benannt, besteht stets die Gefahr, dass dieser von der anderen Partei nicht akzeptiert wird[308] und eigens hierüber eine Streitigkeit entsteht, die das Verfahren in die Länge zieht. Wenn gleich beide Parteien zu ihrer Sicht der Dinge hinsichtlich derselben Fragestellung ein Sachverständigengutachten vorlegen, wird es nicht selten vorkommen, dass sich diese Gutachten in einigen oder sogar in allen Punkten widersprechen.[309] In diesem Fall wird es dem Schiedsgericht mangels Fachkenntnis oftmals schwerlich möglich sein, selbst zu beurteilen, welches der Gutachten tatsächlich verlässlich ist. Daher müsste ein dritter und unabhängiger Gutachter gefunden werden, der eine Beurteilung treffen kann, was schwierig und zeitraubend sein kann.[310]

---

diesem Zusammenhang, dass das Schiedsgericht seine Beurteilung nicht gänzlich einem Sachverständigen überlassen darf, da in diesem Falle die Gefahr der Aufhebbarkeit des Schiedsspruchs besteht, vgl. etwa Blackaby/Partasides/Redfern/Hunter, International Arbitration, Rn. 6.157; Born, S. 1861; MüKo-ZPO/*Münch*, § 1059 Rn. 37.

305 Vgl. Blackaby/Partasides/Redfern/Hunter, International Arbitration, Rn. 6.152.

306 Vgl. Nagel, FS Firsching, S. 191 (199); Trappe, in: Böckstiegel (Hrsg.), Beweiserhebung in internationalen Schiedsverfahren, S. 101 (102); ebenso bereits oben Kap. 1 C.III.2.

307 Ebbing, Private Zivilgerichte, S. 82; Nagel, a.a.O.

308 Vgl. Lachmann, Hdb. Schiedsgerichtspraxis, Rn. 1539.

309 Baum, Liber Amicorum Böckstiegel, S. 21 (27); Böckstiegel, FS Schlosser, S. 49 (57).

310 Vgl. Böckstiegel, FS Schlosser, S. 49 (57); Hanotiau, in: Newman/Hill (Hrsg.), Leading Arbitrators' Guide, S. 359 (375); Kaufmann-Kohler, Vanderbilt JTL Vol. 36 (2003), S. 1313

Überhaupt kann sich aufgrund eines Gutachtens – unabhängig davon, ob dies vom Schiedsgericht selbst oder von den Parteien in Auftrag gegeben wurde – noch ein zusätzlicher Streitstoff ergeben. Dies ist zum Beispiel dann der Fall, wenn aufgrund eines Gutachtens die Parteien noch die Gelegenheit bekommen sollen, zu dem (gegnerischen oder vom Schiedsgericht in Auftrag gegebenen) Gutachten Stellung zu nehmen[311] oder sogar zu einem vom Schiedsgericht beigebrachten Gutachten selbst ein Gutachten fertigen zu lassen.[312] In vielen Fällen wird der Sachverständige auch nach Erstattung seines Gutachtens noch in der mündlichen Verhandlung angehört, wobei den Parteien jeweils auch die Gelegenheit zu einer Cross-Examination gegeben wird.[313] Demzufolge würde zusätzlich zu der Zeit, die das Gutachten bereits selbst in Anspruch nimmt, was unter Umständen bereits Monate sein können[314], auch der Umfang der mündlichen Verhandlung erweitert. Zu einer unvorhergesehenen Verzögerung kann es überdies dann kommen, wenn sich erst nach einem umfangreichen einschließlich Beweisaufnahme und mündlicher Verhandlung herausstellt, dass zu einer bestimmten Frage doch noch ein Sachverständiger hinzugezogen muss.[315] Wenn das Hinzuziehen eines Sachverständigen wegen ungeklärter technischer Fragestellungen nicht unumgänglich ist, ist dieses insbesondere wegen der nicht fernliegenden Gefahr sich widersprechender Gutachten im Hinblick auf die Dauer des Verfahrens problematisch.

D. Verzögerung und Taktiken im Rahmen dieses Verfahrensabschnitts

Die bisher behandelten Punkte im Verlauf des Verfahrensabschnitts vom Einreichen der Schriftsätze bis zur mündlichen Verhandlung und der Beweisaufnahme betreffen Umstände und Verfahrensgestaltungen, die sich je nach Streitigkeit und Herkunft der Beteiligten in jedem Schiedsverfahren wiederfinden und die Verfahrensdauer beeinflussen können. Auch in diesem Abschnitt kann es allerdings für eine Partei – wiederum vornehmlich für den Beklagten – einiges Potential geben, den geordneten Verfahrensablauf zu behindern und für Verzögerungen zu

(1330). Probleme können sich insbesondere dann ergeben, wenn es um ein Gebiet geht, auf dem bereits die Zahl in Frage kommender Sachverständiger begrenzt ist.

311 Vgl. Blackaby/Partasides/Redfern/Hunter, International Arbitration, Rn. 6.158.

312 Hanotiau, in: Newman/Hill (Hrsg.), Leading Arbitrators' Guide, S. 359 (376).

313 Hanotiau, in: Newman/Hill (Hrsg.), Leading Arbitrators' Guide, S. 359 (375); Blackaby/Partasides/Redfern/Hunter, International Arbitration, Rn. 6.160.

314 Vgl. Lörcher, Liber Amicorum Böckstiegel, S. 485 (490).

315 Vgl. van den Berg, in: Newman/Hill (Hrsg.), Leading Arbitrators' Guide, S. 149 (165).

sorgen. Dass es in der Regel der Beklagte ist, der für eine Verzögerung des Verfahrens sorgen möchte, wird in den meisten, jedoch nicht in allen Fällen zutreffend sein. Je länger das Verfahren nämlich dauert, darf auch die Möglichkeit nicht außer Acht gelassen werden, dass der Kläger merkt, dass seine Aussichten, das Verfahren zu gewinnen, nicht sehr gut sind, so dass auch ihm unter Umständen an einer Verzögerung gelegen sein kann.[316] Im Rahmen der Verfahrenseinleitung sowie des ersten Austauschs von Schriftsätzen ist allerdings tatsächlich davon auszugehen, dass etwaige Verzögerungsversuche im Zweifel vom Beklagten ausgehen, da der Kläger in der Regel noch keinen Anlass hat, an seiner Position zu zweifeln. Ohnehin ändert aber die Herkunft der Verschleppungstaktiken weder etwas an den grundsätzlich zur Verfügung stehenden Möglichkeiten noch an den Auswirkungen auf das Verfahren und dessen Dauer. In diesem Zusammenhang sind als verzögernde „Handlungen" beispielsweise auch das (bewusste) Versäumen der Frist zur Einreichung eines Schriftsatzes sowie das (wiederholte) Beantragen einer Fristverlängerung zu nennen, auf die bereits an früherer Stelle eingegangen worden ist.[317]

I. Säumnis in der mündlichen Verhandlung

Das Nichterscheinen oder Nichtverhandeln einer Partei in der mündlichen Verhandlung stellt, abgesehen von einer Weigerung der Beteiligung von Beginn des Verfahrens an, wohl die schärfste oder jedenfalls konsequenteste Art der Weigerung dar, sich am Fortgang des Verfahrens zu beteiligen. Hier ist das zum Versäumen der Frist zur Einreichung eines Schriftsatzes Gesagte[318] entsprechend heranzuziehen. Denn § 1048 Abs. 3 ZPO nimmt auch Bezug auf das Nichterscheinen in der mündlichen Verhandlung sowie das Versäumen der Vorlage eines Beweismittels. Nach dieser Vorschrift hat das Schiedsgericht auch in diesem Fall die Möglichkeit, das Schiedsverfahren fortzusetzen und eine Entscheidung nach den vorliegenden Erkenntnissen zu treffen. Durch diese Möglichkeit der Fortsetzung des Verfahrens ist eine unmittelbare Verzögerung also zunächst nicht gegeben. Allerdings ist auch hier zu beachten, dass die Annahme einer Säumnis gewissen zu prüfenden Voraussetzungen unterliegt. Abgesehen davon, dass die säumige Partei rechtzeitig von dem Termin in Kenntnis gesetzt worden sein muss[319], muss das Schiedsgericht auch hier gemäß § 1048 Abs. 4 S. 1 ZPO

316 Vgl. auch Klein, ICCA Congress Series No. 9 (1998), S. 428 (429).

317 Siehe oben B.IV.3. und 4.

318 Siehe oben B.IV.4.

319 MüKo-ZPO/*Münch*, § 1048 Rn. 13; Musielak/*Voit*, ZPO, § 1048 Rn. 4.

prüfen, ob die Säumnis der Partei genügend entschuldigt wurde. Das bedeutet, dass das Schiedsgericht sich auch mit eventuell vorgebrachten Erklärungen und Behauptungen der säumigen Partei befassen muss, wobei diese auch der Wahrheit entsprechen und daher einer Fortführung des Verfahrens entgegenstehen können. Jedenfalls aber muss das Schiedsgericht sich mit der Frage der Entschuldigung auseinandersetzen, so dass hierdurch je nach Lage der Dinge und Vortrag der säumigen Partei jedenfalls eine gewisse Verzögerung entstehen kann.

II. Vereiteln der Durchführung der Beweisaufnahme

Im Zusammenhang mit der Beweisaufnahme stehen einer Partei, die an einer zügigen Beendigung des Verfahrens nicht interessiert ist, unterschiedliche Ansatzpunkte zur Verfügung. Eine Möglichkeit besteht darin, dass die Partei, die Beweiserhebung konkret behindert. Dabei kann eine Partei die Herausgabe von Beweismitteln[320], oder etwa den Zutritt zu einem im Rahmen der Beweisaufnahme zu besichtigenden Grundstück verweigern.[321] Freilich handelt es sich dabei um eine ganz offensichtlich beabsichtigte Verschleppung des Verfahrens, die nicht einmal, wie häufig[322], in eine auf den ersten Blick berechtigte Wahrnehmung einer prozessualen Möglichkeit gekleidet wird. Der Effekt eines solchen Verhaltens ist allerdings derselbe, da ohne die Mitwirkung der Partei eine Beschaffung und damit Würdigung der entsprechenden Beweismittel nicht möglich ist. Es entsteht also eine Verzögerung im Verfahren, zumal dem Schiedsgericht selbst keine Druck- oder Zwangsmittel zur Verfügung stehen.[323]

Weitere Möglichkeiten, für Behinderungen im Rahmen der Beweisaufnahme zu sorgen, kommen auch dann in Betracht, wenn die betreffende Partei sich aktiv an dieser beteiligt. Gewissermaßen das Gegenteil davon, die Herausgabe von Dokumenten zu verweigern, besteht darin, von sich aus eine große und nur schwer überschaubare Menge an Dokumenten als (vermeintliche) Beweismittel in das Verfahren einzuführen. Dies hat zuerst zur Folge, dass diese Dokumente, wenn sie den anderen Beteiligten zur Kenntnis gelangen, gelesen oder wenigstens oberflächlich durchgesehen werden müssen, um überhaupt zu der Erkennt-

320 Das gilt nicht für Dokumente, die im Rahmen eines, wenn auch „gemäßigten", Discovery-Verfahrens herausverlangt werden, da hier die Folge des § 1048 Abs. 3 ZPO zum Tragen kommt, vgl. Lachmann, Hdb. Schiedsgerichtspraxis, Rn. 1548.

321 Vgl. auch Mandelkow, BauR 1997, S. 785 (789).

322 Berger, RIW 1994, S. 12 (15).

323 Mandelkow, BauR 1997, S. 785 (789).

nis kommen zu können, dass die Dokumente für das Verfahren nicht oder jedenfalls nicht in diese Umfang von Bedeutung sein werden. Darüber hinaus ist nicht auszuschließen, dass die andere Partei, wenn sie eine solche Anzahl an Dokumenten von ihrem Gegner erhält, glaubt, in entsprechendem Umfang reagieren zu müssen. In diesem Fall würde eine Art „Battle of Documents" entstehen.[324] Eine solchermaßen ausufernde Beibringung von Dokumenten bedeutet schon eine logistische Schwierigkeit im Verfahren, die einigen Aufwand und damit auch Zeit erfordert. Auch der umgekehrte Fall, also ein umfangreiches Herausgabeverlangen aller im Besitz der anderen Partei befindlichen Dokumente, stellt ein potentielles Mittel zur Verzögerung dar.[325] Hier kommt es zur Beurteilung der Erfolgsaussichten eines solchen Verlangens allerdings sehr darauf an, woher die übrigen Verfahrensbeteiligten stammen und ob und in welchem Umfang demzufolge ein umfangreiches Herausgabeverlangen überhaupt statthaft ist.[326]

Diesem Punkt entsprechend kann eine auf Verzögerung bedachte Partei auch unter Zuhilfenahme der anderen Beweismittel verfahren. So kann eine große Zahl von Personen als Zeugen benannt[327] und können schriftliche Aussagen all dieser Personen eingereicht werden, welche von den Beteiligten zu würdigen sind. Sollte das Schiedsgericht dann zu dem Schluss kommen, dass eine Vernehmung einiger oder sogar der meisten dieser Personen nicht erfolgen soll, so gewinnt die Partei dennoch stets die Zeit, die das Schiedsgericht benötigt, um zu einer solchen Entscheidung zu gelangen. Überhaupt stellen derartige Maßnahmen, die auf eine Verschleppung des Verfahrens abzielen, in vielen Fällen eine Art „Gefecht" der Partei mit dem Schiedsgericht dar. Dieses ist regelrecht gezwungen, sich mit den Versuchen der Partei und den vermeintlichen Beweismitteln auseinander zu setzen, was in jedem Fall einen Eingriff in den ordnungsgemäßen und der Streitigkeit eigentlich angemessenen Ablauf des Verfahrens darstellt. Entsprechend kann die Partei auch ein (oder mehrere) Sachverständigengutachten zu bestimmten Fragen vorlegen, oder aber erst im Laufe des Verfahrens, vielleicht auch mehrfach, das Hinzuziehen eines Sachverständigen verlangen.

Die Vernehmung der eigenen Zeugen ist auch eine Gelegenheit, für eine Verlängerung des Verfahrens und speziell der mündlichen Verhandlung zu sorgen. Wenn ein Zeuge sehr ausgedehnt befragt wird, unter Umständen auch wiederholt mit nicht sachdienlichen Fragen, so führt dies – bei ungehindertem Fortgang – dazu, dass der ursprünglich für die Vernehmung veranschlagte Zeitrahmen über-

324 Böckstiegel, in: Böckstiegel (Hrsg.), Beweiserhebung in internationalen Schiedsverfahren, S. 1 (6).

325 Vgl. Derains, FS Bülow, S. 31 (45)

326 Siehe bereits oben C.III.2.a)bb)(2).

327 So auch Derains, FS Bülow, S. 31 (44).

schritten wird.[328] Wie bereits angedeutet[329], kann die reibungslose Durchführung der mündlichen Verhandlung auch dadurch gestört werden, dass während der Cross-Examination eines Zeugen durch die andere Partei immer wieder für Unterbrechungen gesorgt wird, indem gestellte Fragen mit „Objections" zum Beispiel als irrelevant oder als unzulässige Fragen zurückgewiesen werden.[330] Auch dies folgt freilich den Gepflogenheiten des Common Law-Rechtskreises, so dass man sich die Frage stellen könnte, ob und inwieweit solche „Objections" in einem Schiedsverfahren überhaupt zulässig sind.

Auch dann, wenn das Schiedsgericht davon ausgeht, dass solche „Objections" unzulässig sind, hat es keine andere Möglichkeit, als sich mit dem Verhalten der Partei zu beschäftigen, wodurch die Vernehmung und damit das gesamte Verfahren ins Stocken gerät. In vielen Fällen kann es dazu kommen, dass sich nicht nur einzelne solcher Versuche, sondern gleich mehrere Bemühungen zur Behinderung des Verfahrens, und damit auch die folgende Verzögerung, summieren. Bei einer Verzögerung der mündlichen Verhandlung ist insbesondere zu beachten, dass für die gesamte Verhandlung nur eine begrenzte Zeit eingeplant und terminiert werden kann. Wenn also einzelne Verhandlungstage durch eine Partei gestört werden, ist es denkbar – und zwar auch dann, wenn einzelne Tage als „Reserve" veranschlagt wurden –, dass noch einmal neue Termine gefunden werden müssen, deren Bestimmung sich wiederum schwierig gestalten kann.[331]

In all diesen Fällen, also dem umfangreichen und mit (vermeintlichen) Beweismitteln gestützten Vertreten des eigenen Standpunktes sowie der Behinderung des eigentlichen Ablaufes des Verfahrens, muss das Schiedsgericht eine Entscheidung treffen und hierfür eine gewisse Zeit investieren.

III. „Sonderfall": Die Widerklage

Wenn es um Maßnahmen geht, die dazu beitragen, dass sich das Schiedsverfahren über Gebühr in die Länge zieht, so fällt es auf den ersten Blick schwer, die Erhebung einer Widerklage im Kontext der zuvor behandelten Handlungen als einen weiteren Fall von Verschleppungstaktiken zu begreifen. Dies liegt zunächst daran, dass die Erhebung einer Widerklage eine andere Qualität zukommt, zumal sie zum Beispiel in § 1046 Abs. 3 ZPO ganz ausdrücklich Erwähnung gefunden hat und nicht bloß ein anwaltliches „Manöver" wie die (wiederholte)

328 Vgl. Derains, FS Bülow, S. 31 (44).
329 Siehe oben III.2.b)cc)(2).
330 Vgl. van den Berg, in: Newman/Hill (Hrsg.), Leading Arbitrators' Guide, S. 149 (163).
331 Siehe oben C.II.

Unterbrechung einer Zeugenvernehmung durch „Objections" sein muss. Vielmehr ist die Widerklage eine Möglichkeit des Beklagten, seinem Standpunkt Ausdruck zu verleihen, wobei die Widerklage im Grunde auch nicht weniger legitim ist als die Klageerhebung durch die gegnerische Partei. Gleichwohl ist es der Widerklage eigen, dass sie den Gegenstand der Streitigkeit um mindestens einen Aspekt erweitert, der während des Verfahrens behandelt werden muss. Demzufolge führt die Erhebung einer Widerklage zu einer Verlängerung des Verfahrens und passt jedenfalls insoweit in die Reihe der Maßnahmen zur Verzögerung. Der Umfang richtet sich wiederum danach, was der genaue Gegenstand der Widerklage ist und wie komplex sich demnach das Verfahren darstellt.

Eine Widerklage kann indes nach gängiger Auffassung nur dann zulässigerweise erhoben werden, wenn sie ebenfalls von der Schiedsvereinbarung erfasst ist[332], wobei teilweise darüber hinaus ein Zusammenhang mit dem vom Kläger geltend gemachten Anspruch gefordert wird.[333] Sie kommt jedenfalls nur dann in Betracht, wenn das Rechtsverhältnis der Parteien überhaupt ein entsprechendes Potential bietet. Das Erfordernis, dass der mit der Widerklage geltend gemachte Anspruch ebenfalls mit dem Streitgegenstand in Zusammenhang steht, kann zudem Anlass einer zusätzlichen Streitigkeit über die Zuständigkeit des Schiedsgerichts werden, wenn der Kläger diese bestreitet.[334] Ein solcher Streit würde zunächst eine Unterbrechung oder zumindest eine Ablenkung vom eigentlichen Verfahren bedeuten. Zudem kann die Widerklage auch bewusst als Mittel zur Verzögerung des Verfahrens eingesetzt werden.[335] Problematisch ist dies besonders dann, wenn die Widerklage nicht bereits zu Beginn des Verfahrens, sondern erst zu einem späteren Zeitpunkt erhoben wird.[336] Denn dann kann es sein – wie vom Beklagten möglicherweise auch beabsichtigt –, dass die mündliche Verhandlung bereits stattgefunden hat und daher die unerwartete Widerklage einen zusätzlichen Aufwand bedeutet, der aufgrund der späten Erhebung nicht mit der Behandlung des Klageanspruchs verbunden werden kann.

Der Erhebung einer Widerklage als Mittel zur Verfahrensverzögerung kommt überdies dann eine ganz neue Qualität zu, wenn durch die Widerklage auch der

---

332 Blackaby/Partasides/Redfern/Hunter, International Arbitration, Rn. 6.78; Born, S. 1801; Lionnet/Lionnet, Hdb. Schiedsgerichtsbarkeit, S. 344; MüKo-ZPO/*Münch*, § 1049 Rn. 33; Musielak/*Voit*, ZPO, § 1046 Rn. 14; Raeschke-Kessler/Berger, Recht und Praxis des Schiedsverfahrens, Rn. 699; Schütze, Schiedsgericht und Schiedsverfahren, 268.

333 So Schwab/Walter, Schiedsgerichtsbarkeit, Kap. 16 Rn. 31. Vgl. außerdem zur Frage der Zulässigkeit einer Widerklage, insbesondere im Hinblick auf internationale Schiedsverfahren Koller, Austrian Arbitration Yearbook 2008, S. 59 (80 ff.).

334 Blackaby/Partasides/Redfern/Hunter, International Arbitration, Rn. 6.78.

335 Vgl. Raeschke-Kessler/Berger, Recht und Praxis des Schiedsverfahrens, Rn. 700.

336 Blackaby/Partasides/Redfern/Hunter, International Arbitration, Rn. 6.80; Kreindler/Schäfer/Wolff, Schiedsgerichtsbarkeit, Rn. 776.

Streitwert des Verfahrens erhöht wird. In diesem Fall wird nämlich der Kläger unter Umständen dazu gezwungen, einen weiteren Vorschuss zu zahlen[337], was, wie an anderer Stelle erörtert[338], zusätzliche (auch zeitliche) Schwierigkeiten bereiten kann.[339] Auch wenn also die Erhebung der Widerklage nicht ganz in den Kanon der zuvor behandelten Maßnahmen passt, stellt sie dennoch eine Handlung dar, die das Verfahren je nach Gegenstand erheblich erweitern und damit auch verlängern kann.

E. Abschließende Betrachtung

Bezüglich des hier behandelten Verfahrensstadiums, in dem es um die Darstellung der für die Würdigung der Streitigkeit relevanten Tatsachen und die entsprechende Argumentation und Beweisführung geht, lässt sich keine verlässliche oder allgemeine Aussage dazu treffen, wie lange das Verfahren im Einzelnen dauern wird. In diesem Stadium gibt es dafür schlicht zu viele Variablen. Allen voran hängt die Zeit, welche für die Ermittlung der streitigen Tatsachen erforderlich ist, stets davon ab, welches Volumen die Streitigkeit hat. Handelt es sich um einen unkomplizierten und überschaubaren Fall, so wird idealerweise auch der Kern des Verfahrens, also der Austausch der Schriftsätze und die mündliche Verhandlung, sofern eine solche überhaupt notwendig erscheint, nicht sehr viel Zeit beanspruchen. Im schlimmsten Fall kann dies jedoch anders aussehen. In einem umfangreichen Verfahren, womöglich mit Parteien aus verschiedenen Ländern, gestaltet sich bereits die Logistik schwierig. Angesichts der vielfältigen Methoden der Beweiserhebung und Vorgehensweisen in der mündlichen Verhandlung, ist die Spanne, die für die Dauer dieses Abschnitts möglich ist, ebenfalls sehr groß. Gerade dann, wenn sozusagen alle Beweismittel ausgeschöpft werden, das heißt außer Dokumenten auch Zeugen vernommen und Sachverständige hinzugezogen werden müssen, ist mit einem Verfahren von einiger Dauer zu rechnen.

Angesichts der unterschiedlichen Auffassungen und Gewohnheiten bei der Vorgehensweise hinsichtlich der Beweisaufnahme besteht stets auch die Gefahr,

337 Derains, FS Bülow, S. 31 (39); MüKo-ZPO/*Münch*, § 1046 Rn. 34; Schwab/Walter, Schiedsgerichtsbarkeit, Kap. 16 Rn. 31.

338 Siehe oben Kap. 1 D.IV.

339 Im Übrigen kann die Erhebung einer Widerklage dann von Bedeutung sein, wenn an einen bestimmten Streitwert bzw. an die Unterschreitung eines bestimmten Betrags nach den geltenden Regeln Konsequenzen geknüpft sind, wie etwa die Durchführung eines beschleunigten Verfahrens, welches durch eine Erhöhung des Streitwerts verhindert werden könnte [siehe auch unten 2. Teil Kap. 5 C.II.1.]

dass es zu Streitigkeiten über den Verfahrensablauf im Einzelnen kommt, welche den Blick für das Wesentliche, also das eigentliche Verfahren, verstellen. Diesem Aufeinandertreffen der verschiedenen Rechtstraditionen wird indes insoweit ein wenig die Brisanz genommen, als sich in der Praxis der internationalen Schiedsgerichtsbarkeit in vielen Fällen eine Art Mittelweg oder „Best Practice“[340] abzeichnet, welche die bestehenden Gegensätze in Einklang zu bringen versucht.[341] Allerdings kann auch hier das bewusst auf Verzögerung ausgerichtete Verhalten von findigen Parteien und Parteivertretern hinzukommen, welches den Fortgang des Verfahrens untergräbt. Gerade die Beweisaufnahme ist in besonderem Maße sensibel für derartige verzögernde Taktiken.

Zu diesen unbekannten Größen, die in jedem Verfahren unterschiedlich sein können, gesellt sich zudem die Frage, wie das Schiedsgericht besetzt ist und wie die Schiedsrichter mit Fragen der Verfahrensführung im Hinblick auf die unterschiedlichen Rechtssysteme umgehen. Schließlich hängt auch einiges davon ab, wie sich das Schiedsgericht verhält und auf mehr oder weniger offensichtliche Verschleppungstaktiken einer Partei reagiert.[342]

---

340 So etwa Voser, SchiedsVZ 2005, S. 113; Welser/De Berti, Austrian Arbitration Yearbook 2010, S. 79.

341 Ebenso Hanotiau, J. Int'l Arb. 2011, S. 89 (99).

342 Siehe hierzu unten Kap. 4 C.III.4.

Kapitel 3: Die Beendigung des Verfahrens

A. Vorbemerkung

Wenn erst einmal alle streitigen Tatsachen auf den Tisch gelangt und mittels Beweisen geklärt worden sind, ist das Schiedsgericht in die Lage versetzt worden, eine Entscheidung über den vom Kläger geltend gemachten Anspruch zu treffen bzw. jedenfalls die Sachlage zu beurteilen. Daher ist der neuralgische Punkt hinsichtlich der Frage der Dauer des Verfahrens insofern überschritten, als – wenn nicht gerade noch unerwartete Entwicklungen oder Anträge auftauchen – die Ungewissheit, wie umfangreich die Streitigkeit und das zur Ermittlung erforderliche Verfahren sein werden, nicht mehr besteht. Vielmehr kommt es ab diesem Zeitpunkt lediglich noch darauf an, das Verfahren zu Ende zu bringen, das heißt entweder mittels eines Schiedsspruchs oder auch durch einen Vergleich[343]. Somit kommt es in diesem Verfahrensabschnitt hauptsächlich auf das Schiedsgericht und dessen Würdigung und Entscheidungsfindung und weniger auf die Parteien und deren Mitwirkung am Verfahren an. Gleichwohl ist das Schiedsverfahren als Ganzes mit dem Erlass des Schiedsspruchs noch nicht beendet, da das Ziel des Klägers üblicherweise nicht der Schiedsspruch selbst, sondern das Erhalten eines vollstreckbaren Titels ist. Folglich muss der Kläger, sofern der Schiedsspruch zu seinen Gunsten ausgefallen ist, noch nach Abschluss des möglicherweise bereits langwierigen Schiedsverfahrens eine Vollstreckbarerklärung des Schiedsspruchs erreichen.[344] Aufgrund dieses nachgeschalteten Verfahrens würde die isolierte Betrachtung der Dauer des Schiedsverfahrens selbst kein vollständiges Bild davon ergeben, wie viel Zeit es tatsächlich in Anspruch nimmt, bis der Kläger (oder auch der Beklagte) schließlich sein Ziel erreicht.

---

343 Dazu sogleich B.

344 Hierzu unten E.

B. Beendigung durch einen Vergleich

I. Allgemeines

Auf den ersten Blick könnte man davon ausgehen, dass ein Vergleich die am wenigsten umständliche und möglicherweise auch eine zeitsparende Möglichkeit ist, ein Schiedsverfahren zu Ende zu führen, da man sich im besten Fall einiges an Aufwand ersparen kann. Tatsächlich wenig umständlich und zeitsparend ist ein Vergleich allerdings nur dann, wenn sich das Erreichen dieses Vergleichs nicht weiter problematisch darstellt, das heißt selbst auch möglichst schnell vonstatten geht. Jedenfalls hängt das Zustandekommen eines Vergleichs maßgeblich von der Besetzung und dem Hintergrund des Schiedsgerichts[345], aber auch davon ab, inwiefern die Parteien überhaupt ein Interesse an einer gütlichen Einigung haben und bereit sind, sich daran zu beteiligen. Zu den Modalitäten, die den Parteien im Einzelnen für einen Vergleich zur Verfügung stehen, wie etwa die in § 1053 Abs. 1 ZPO genannte Möglichkeit, den Erlass eines Schiedsspruchs mit vereinbartem Wortlaut vereinbaren sowie zu dessen Vollstreckung, soll hier nicht im Einzelnen Stellung genommen werden.[346] Vielmehr soll die Frage erörtert werden, ob es einen Zeitpunkt im Verfahren gibt, zu dem das Anstreben eines Vergleichs im Interesse einer möglichst zügigen Beendigung des Verfahrens vorteilhaft erscheint bzw. welche Anforderungen an diesen Zeitpunkt zu stellen sind.

II. (Idealer) Zeitpunkt für einen Vergleich

1. Zu Beginn des Verfahrens

Bei unvoreingenommener Betrachtung kommt man zu dem Schluss, dass, je früher ein Vergleich geschlossen wird, der Zeitvorteil umso größer ist. Denn in einem solchen Fall kann man sich idealerweise einen großen Teil des Verfahrens, das heißt vor allem eine umfangreiche Darlegung der Standpunkte durch die Parteien sowie nicht zuletzt eine Beweiserhebung sparen. Fraglich ist jedoch, ob ein so früher Vergleichsversuch tatsächlich erfolgversprechend ist. Wenn man

---

345 Zu der Frage, inwiefern sich Schiedsrichter aktiv am Zustandekommen eines Vergleichs beteiligen dürfen bzw. sollten, vgl. unten 2.Teil Kap. 4 C.III.1.c).

346 Vgl. dazu Blackaby/Partasides/Redfern/Hunter, International Arbitration, Rn. 9.33 ff.; Kreindler/Schäfer/Wolff, Schiedsgerichtsbarkeit, Rn. 999 ff.; Lachmann, Hdb. Schiedsgerichtspraxis, Rn. 1802 ff.

nämlich einen Vergleich schließen möchte, so bedarf es hierfür einer ausreichenden Grundlage. Ist einem daran gelegen, in einem sehr frühen Stadium des Verfahrens einen Vergleich herbeizuführen, besteht die Gefahr, dass man keinen Ansatzpunkt findet und die Bemühungen um einen Vergleich scheitern, weil eben noch keine Beweiserhebung stattgefunden hat, die die streitigen Tatsachen identifizieren könnte. Im Übrigen sind die Parteien auch mit dem Schiedsgericht zu einem frühen Zeitpunkt im Verfahren noch nicht recht vertraut, das heißt sie wissen noch nicht, wie sie die Schiedsrichter einzuschätzen haben.[347] Dies gilt insbesondere für den von der Gegenpartei benannten Schiedsrichter und gegebenenfalls auch für den Obmann, sofern sie nicht selbst auch zu dessen Ernennung beigetragen haben. Daher ist es möglich, dass die Parteien einem sehr frühen Vergleichsvorschlag durch das Schiedsgericht noch nicht so offen gegenüber stehen.[348] Es kann also passieren, dass diese frühen Bemühungen um einen Vergleich nur Zeit kosten und danach doch noch ein streitiges Verfahren durchgeführt werden muss.

Im Ergebnis ist das frühzeitige Streben nach einer vergleichsweisen Beilegung der Streitigkeit nur dann (zeitlich) vorteilhaft, wenn es im Ergebnis auch von Erfolg gekrönt ist. Aber auch diese Erfolgsaussichten lassen sich erst besser einschätzen, wenn eine ausreichende Grundlage zur Beurteilung des Sachverhalts gegeben ist. Gleichwohl kann es sich anbieten, zu einem frühen Zeitpunkt im Verfahren, das heißt etwa im Rahmen eines vorbereitenden Termins jedenfalls die grundsätzliche Bereitschaft zu einem Vergleich auszuloten.[349] Nicht angezeigt ist es allerdings, zu diesem Zeitpunkt zu viel Zeit und Mühe auf die Erlangung eines Vergleichs aufzuwenden, wenn sich die Entwicklung des Verfahrens noch gar nicht absehen lässt. Umso mehr würden Vergleichsbemühungen dann nur unnötig Zeit kosten, wenn bereits früh ersichtlich ist, dass eine vergleichsweise Beilegung im konkreten Fall aussichtslos ist.[350]

2. In einem späteren Verfahrensstadium

Demgegenüber könnten nach dem Gesagten die Voraussetzungen für einen Vergleich und somit für entsprechende Bemühungen zu einem späteren Zeitpunkt im

347 Horvath, SchiedsVZ 2005, S. 292 (295).

348 Vgl. Horvath, a.a.O.

349 Vgl. Bucher, ASA Bulletin 1995, S. 568 (574); Horvath, SchiedsVZ 2005, S. 292 (295), mit dem Hinweis auf die Durchführung einer „Pre-hearing Conference“ zu Beginn des Verfahrens [siehe hierzu sowie zu den unterschiedlichen Begrifflichkeiten in diesem Zusammenhang unten 2. Teil Kap. 4 C.III.1.b)aa) bzw. bb)].

350 Vgl. Raeschke-Kessler, FS Glossner, S. 255 (257).

Verfahren besser sein. Denn insbesondere wirkt es sich vergleichsfördernd aus, wenn alle erheblichen Beweismittel und Tatsachen auf dem Tisch sind und von allen Beteiligten beurteilt werden können. In jedem Fall wäre in diesem Sinne der erste Austausch von Schriftsätzen abzuwarten, da sich anhand der Schriftsätze eine erste Einschätzung treffen lässt, auf welche Punkte es ankommen wird.[351] Wenn bereits nach dem Austausch der Schriftsätze ein Vergleich geschlossen wird, so hat dies den Vorteil, dass eine vielleicht umfangreiche Beweisaufnahme nicht mehr durchgeführt werden muss. Im weiteren Verlauf können sich auch die Herausgabe von Dokumenten – sofern diese nicht bereits vor dem Austausch der Schriftsätze erfolgen soll – sowie das Einreichen schriftlicher Zeugenaussagen vor dem Termin zur mündlichen Verhandlung förderlich für einen Vergleich auswirken. Dies ist namentlich dann der Fall, wenn eine der Parteien feststellt, dass sie anhand dieser Tatsachen- und Beweislage keine besondere Aussicht auf Erfolg in dem Verfahren haben wird und deswegen lieber eine Einigung anstrebt. Gleiches gilt auch dann, wenn die Parteien, was auch erst im Laufe des Verfahrens möglich ist, eine Ahnung davon bekommen, welche Punkte das Schiedsgericht für wesentlich hält. Dadurch können die Parteien ihre Chancen und Risiken besser einschätzen und daraufhin eher vergleichsbereit sein.[352]

Die Möglichkeit, tatsächlich eine Einigung zu erzielen, könnte also zu einem späteren Zeitpunkt größer sein, so dass man Vergleichsbemühungen mit guten Gründen auch erst ab diesem Zeitpunkt für sinnvoll halten könnte. Darüber hinaus mögen die Parteien im Zuge eines immer länger andauernden Verfahrens das Interesse an einer langwierigen Fortführung verlieren und deswegen Offenheit für einen Vergleich zeigen.[353] Indes erscheint es – zumindest wenn man eine bestmögliche Zeitersparnis anstrebt – ebenfalls nicht sinnvoll, einen Vergleich zu spät, also erst nach Abschluss der Beweisaufnahme und Beendigung der mündlichen Verhandlung in Angriff zu nehmen. Denn zu diesem Zeitpunkt ist die Sache wahrscheinlich ohnehin entscheidungsreif[354], so dass auch ohne Weiteres ein Schiedsspruch ergehen könnte. Insofern wäre die Zeitersparnis kaum erwähnenswert.[355]

Je weiter das Verfahren fortgeschritten ist, kann es auch sein, dass es schon diverse Unstimmigkeiten, z.B. auch über Fragen der Durchführung des Verfah-

---

351 Kreindler/Schäfer/Wolff, Schiedsgerichtsbarkeit, Rn. 297; Raeschke-Kessler, Arb. Int'l 2005, S. 523 (528).

352 Dendorfer, SchiedsVZ 2009, S. 276 (279); Horvath, SchiedsVZ 2005, S. 292 (295); Newmark, in: Newman/Hill (Hrsg.), Leading Arbitrators' Guide, S. 81 (86).

353 Vgl. Bucher, ASA Bulletin, 1995, S. 568 (576), der in diesem Zusammenhang von „Prozessmüdigkeit" spricht.

354 Vielleicht vorbehaltlich der Einreichung von Post-hearing Briefs [siehe hierzu unten C.I.]

355 Vgl. auch Bucher, ASA Bulletin 1995, S. 568 (575).

rens, gegeben hat, und das Verhältnis zwischen den Parteien nicht mehr besonders gut und eine gedeihliche Kommunikation zwischen den Parteien nur schwerlich zu erzielen ist.[356] In einer derart festgefahrenen Situation ist auch das Erreichen eines Vergleichs nicht sehr wahrscheinlich. Im Übrigen ist auch in einem späteren Verfahrensstadium zu beachten, dass für Vergleichsverhandlungen die Verfolgung des „eigentlichen" Schiedsverfahrens außen vor bleibt, also unterbrochen werden muss.[357] Somit würden Vergleichsbemühungen, die am Ende doch scheitern, auch hier schlicht auf eine Verzögerung des Schiedsverfahrens hinauslaufen.

Im Ergebnis kann also die Frage nach dem bestmöglichen Zeitpunkt zum Abschluss eines Vergleichs nicht verbindlich geklärt werden, da es stets auf die Umstände des Einzelfalls ankommt. So ist nicht auszuschließen, dass die Parteien bereits von Beginn an bereit sind, sich auf einen Vergleich einzulassen. In diesem Fall ist es (nicht nur) aus Zeitgründen geboten, den Vergleich auch alsbald herbeizuführen. Wenn man aber davon ausgeht, dass in der Regel für einen Vergleich ein Überblick über die tatsächlichen Gegebenheiten und die Darstellung der sich gegenüberstehenden Standpunkte erforderlich ist, so kann es ratsam sein, jedenfalls erst die Schriftsätze der Parteien abzuwarten. Sobald abzusehen ist, worauf der Streit hinausläuft, das heißt welche Punkte wesentlich sind und wie dies aus der jeweiligen Sicht zu beurteilen ist, kann man sich vermehrt Gedanken über eine Vergleichsgrundlage machen. Für die Begrenzung der Dauer des Verfahrens ist es am vorteilhaftesten, wenn es gelingt, einen Vergleich zu erzielen, ohne dass eine umständliche und zeitraubende Beweisaufnahme durchgeführt werden muss. Das Risiko, dass Vergleichsbemühungen am Ende ergebnislos verlaufen und somit Zeit verloren geht, besteht im Grunde zu jedem Zeitpunkt des Verfahrens, so dass dieser Aspekt bei der Bestimmung des idealen Zeitpunkts nur eine untergeordnete Rolle spielen kann.

C. Der Erlass des Schiedsspruchs

Wenn der Versuch, einen Vergleich zu erreichen, fehlgeschlagen ist, oder ein solcher mangels Interesses der Parteien gar nicht erst in Betracht gekommen ist, obliegt zu diesem Zeitpunkt dem Schiedsgericht die abschließende Würdigung des Vorbringens der Parteien und der Erlass des Schiedsspruchs.

356 So auch Dendorfer, SchiedsVZ 2009, S. 276 (279).

357 Bucher, ASA Bulletin 1995, S. 568 (578).

I. Post-hearing Briefs

In vielen Fällen ist es üblich, dass die Parteien im Anschluss an die Beweisaufnahme jeweils noch einen Schriftsatz (Post-hearing Briefs) einreichen, in dem sie die Punkte und Erkenntnisse zusammenfassen, die sich (aus ihrer Sicht) infolge der Beweisaufnahme und der mündlichen Verhandlung ergeben haben.[358] Diese Gepflogenheit, die erneut vornehmlich dem anglo-amerikanischen Rechtssystem zuzuordnen ist findet sich insbesondere in internationalen Schiedsverfahren.[359] In diesem Fall folgt also auf die mündliche Verhandlung noch ein weiterer, wenn auch vergleichsweise kurzer Verfahrensabschnitt, in dem die Parteien auf die Entscheidung des Schiedsgerichts einwirken können und der somit abzuwarten ist, ehe das Schiedsgericht schließlich einen Schiedsspruch erlässt. Hierbei besteht gegenüber den einleitenden Schriftsätzen die Besonderheit, dass die Schriftsätze vielfach nicht nacheinander, sondern gleichzeitig eingereicht werden, so dass nur ein einziger Fristablauf abzuwarten ist.[360] In Einzelfällen kann das Schiedsgericht auch einer Partei, die während der mündlichen Verhandlung nicht ausreichend Gelegenheit hatte, das aus ihrer Sicht Erforderliche vorzutragen oder auf den Vortrag der Gegenpartei zu reagieren, anstelle einer Erweiterung oder neuen Terminierung einer mündlichen Verhandlung die Gelegenheit geben, sich doch noch einmal schriftlich zu äußern.[361]

Speziell dieser letzte Fall führt zu einer Verlängerung des Verfahrens, zumal die Zeit, die eigentlich für die mündliche Verhandlung und damit den Tatsachenvortrag veranschlagt war, bereits abgelaufen ist. Gleichwohl mag diese Alternative in zeitlicher Hinsicht günstiger sein, gerade wenn eine neuerliche Festlegung eines Verhandlungstermins in näherer Zukunft nicht realisierbar wäre. Dann ist die Zulassung einer schriftlichen Einlassung unter Umständen, das heißt wenn auch die Frist hierfür entsprechend begrenzt gewählt ist, die zeitsparendere Variante. Ein weiterer „Anwendungsfall" der Einreichung von Post-hearing Briefs liegt dann vor, wenn das Schiedsgericht im Laufe der abschließenden Verhandlung selbst noch Punkte oder Fragen aufgebracht hat und den

358 Baker, in: Newman/Hill (Hrsg.), Leading Arbitrators' Guide, S. 381 (389); Blackaby/Partasides/Redfern/Hunter, International Arbitration, Rn. 6.243; Born, S. 1863; Hanotiau, in: Newman/Hill (Hrsg.), Leading Arbitrators' Guide, S. 359 (378); Rivkin, Arb. Int'l 2008, S. 375 (384).

359 Blackaby/Partasides/Redfern/Hunter, International Arbitration, Rn. 6.245; Lachmann, Hdb. Schiedsgerichtspraxis, Rn. 2212.

360 Born, S. 1863; Hanotiau, in: Newman/Hill (Hrsg.), Leading Arbitrators' Guide, S. 359 (378); Lachmann, Hdb. Schiedsgerichtspraxis, Rn. 2212.

361 Blackaby/Partasides/Redfern/Hunter, International Arbitration, Rn. 6.244.

Parteien noch die Gelegenheit zu einer (wohl überlegten) Stellungnahme gegeben werden soll.[362]

Auch wenn allgemein festgestellt werden kann, dass Post-hearing Briefs eine zusätzliche Verlängerung des Verfahrens bedeuten, so stellen sie dennoch eine möglicherweise nützliche Maßnahme dar. Im Übrigen werden ohnehin nicht selten der Gegenstand und der Umfang der Schriftsätze durch das Schiedsgericht bestimmt oder begrenzt.[363] In den beiden zuletzt genannten Konstellationen bestehen noch offene Fragen, zu denen die Parteien sich noch äußern wollen oder sollen, so dass das Bild, welches das Schiedsgericht für das Verfassen eines Schiedsspruch bestenfalls haben sollte, noch nicht ganz vollständig ist. Aber auch dann, wenn der Inhalt der Post-hearing Briefs sich auf einen Zusammenfassung der gewonnenen Erkenntnisse beschränkt, können diese Schriftsätze dem Schiedsgericht die Gesamtwürdigung des Falles erleichtern, insbesondere wenn es eine Vielzahl von Dokumenten und Zeugen und eine ausgedehnte mündliche Verhandlung gegeben hat. Eine komprimierte Darstellung des Streitstandes könnte dann den Prozess der Entscheidungsfindung sogar noch beschleunigen.

Obwohl also weitere schriftliche Einlassungen in Gestalt von Post-hearing Briefs das Verfahren und damit die Zeit bis zum Erlass des Schiedsspruchs formal verlängern, mag dieser Zeitaufwand in einigen Fällen doch zu rechtfertigen sein. Dies gilt jedenfalls insoweit, als nicht damit zu rechnen ist, dass versucht wird, mit den Post-hearing Briefs noch neue Tatsachen und Beweise in das Verfahren einzuführen. Geschieht dies doch, so ist es am Schiedsgericht, über eine Fortführung des Verfahrens (in Verbindung mit der Rechtfertigung einer noch einmal längeren Dauer) zu entscheiden.[364] Im Interesse einer den Anforderungen des konkreten Verfahrens entsprechenden, das heißt auch schnellen Entscheidung, sollte das Einreichen von Post-hearing Briefs nicht pauschal als fester Bestandteil angesehen werden. Vielmehr sollten deren Notwendigkeit und der Nutzen im Verhältnis zum verursachten Aufwand in jedem Fall neu beurteilt werden.

---

362 Blackaby/Partasides/Redfern/Hunter, International Arbitration, Rn. 6.246.

363 Baker, in: Newman/Hill (Hrsg.), Leading Arbitrators' Guide, S. 381 (389); Hanotiau, ebenda, S. 359 (378).

364 Blackaby/Partasides/Redfern/Hunter, International Arbitration, Rn. 6.247; Lachmann, Hdb. Schiedsgerichtspraxis, Rn. 2214.

II. „Frist“ für den Erlass des Schiedsspruchs

Wenn es schließlich tatsächlich um den Erlass des Schiedsspruchs geht, fragt sich zunächst, ob das Schiedsgericht hierfür eine bestimmte Frist zu beachten hat. Aus der gesetzlichen Regelung in der ZPO geht eine solche jedenfalls nicht hervor. Eine Frist könnte sich allenfalls dann ergeben, wenn die Parteien diese bzw. einen Zeitplan für das Verfahren vereinbart haben, in dem auch der Erlass des Schiedsspruchs an eine bestimmte Zeit gebunden ist. Anders ist dies etwa unter Geltung der ICC-SchO, welche in Art. 30 Abs. 1[365] bestimmt, dass der Schiedsspruch innerhalb von sechs Monaten ab Unterzeichnung des Schiedsauftrags erlassen werden muss. Ansonsten ist das Bestehen einer Frist im eigentlichen Sinne, jedenfalls nach der deutschen Konzeption, im Falle des Schiedsspruchs zu verneinen. Dies steht, wie im Falle der ICC-SchO zu sehen ist, unter dem Vorbehalt, dass die anwendbare Schiedsordnung einen bestimmten Zeitrahmen vorsieht. Die Zeit, die für das Verfassen des Schiedsspruchs, das heißt insbesondere für die gemäß § 1054 Abs. 2 ZPO in der Regel nötige Begründung erforderlich ist, richtet sich ansonsten maßgeblich nach den Umständen des jeweiligen Falles. Dabei spielen in erster Linie wiederum die Art und der Umfang der konkreten Streitigkeit eine Rolle. Wenn sich keine größeren Schwierigkeiten in tatsächlicher oder rechtlicher Hinsicht ergeben haben, sollte auch der Erlass des Schiedsspruchs nicht weiter aufwendig sein und demzufolge auch weniger Zeit in Anspruch nehmen. Andererseits kann, ohne dass dies zwingend wäre, bei einem langwierigen Verfahren auch mit einer dementsprechend langen „Wartezeit“ bis zum Erlass des Schiedsspruchs zu rechnen sein.

Außerdem hängt viel davon ab, wie die Situation des Schiedsgerichts ist. Wenn das Schiedsgericht ausreichend Zeit und Gelegenheit hat, sich mit genau diesem Verfahren und dem Schiedsspruch zu beschäftigen, sind die Voraussetzungen für einen Erlass innerhalb eines überschaubaren Zeitraumes gut. Anders kann dies aber bei einem Schiedsgericht aussehen, welches zum Beispiel aus Schiedsrichtern besteht, die als solche sehr gefragt und vielleicht an mehreren Verfahren beteiligt sind. Gleiches gilt für Schiedsrichter, die in ihrer anderweitigen beruflichen Tätigkeit, sei es als Richter, als Rechtsanwalt oder außerhalb der juristischen Berufe, viel beschäftigt sind. Aus solchen Gründen mag es einige Zeit dauern, bis sich ausreichend Gelegenheit findet, um sich dem Schiedsspruch widmen zu können. Es mag auch vorkommen, dass die Dauer an dieser Stelle im Einzelfall angesichts eines womöglich überschaubaren Umfangs des Verfahrens nicht ganz angemessen erscheint.

---

365 Siehe hierzu unten 2. Teil Kap. 5 A.V.2.

III. Der Erlass des Schiedsspruchs durch einen Einzelschiedsrichter oder ein Dreierschiedsgericht

Wenn es ganz allgemein um die Situation des Schiedsgerichts geht, um den Zeitrahmen für den Erlass des Schiedsspruchs besser beurteilen zu können, kommt gerade an dieser Stelle der konkreten Besetzung des Schiedsgerichts erhebliche Bedeutung zu. Ein Einzelschiedsrichter, der sich alleine um den Schiedsspruch kümmern kann und nicht (möglicherweise abweichende) Ansichten seiner Kollegen zu berücksichtigen hat, kann im besten Fall auch schneller einen Schiedsspruch erlassen.[366] Indes ist auch bei einem Einzelschiedsrichter damit zu rechnen, dass dieser anderweitige Verpflichtungen hat, die es ihm nicht erlauben, sich die gesamte Zeit um den Schiedsspruch in einem konkreten Verfahren zu kümmern. Ansonsten ist der Einzelschiedsrichter bei der Abfassung des Schiedsspruchs keinem Kollegen Rechenschaft schuldig und kann den Schiedsspruch nach seiner Überzeugung und so schnell, wie es ihm möglich ist, erlassen.

Anders sieht das möglicherweise im Falle eines Dreierschiedsgerichts aus, in dem also eine Beratung und Abstimmung zwischen den Schiedsrichtern, insbesondere auch zwischen den jeweiligen Parteischiedsrichtern und dem Vorsitzenden erforderlich ist. Dabei ist, vorbehaltlich einer Vereinbarung der Parteien, für die Beratung keine besondere Form vorgesehen.[367] Für die abschließende Abstimmung sieht § 1052 Abs. 1 ZPO, wiederum unter dem Vorbehalt einer abweichenden Vereinbarung, das Erfordernis einer Stimmenmehrheit vor. Wie kompliziert sich die Beratungen gestalten, wird maßgeblich auch dadurch beeinflusst, wie sich inzwischen, das heißt gegen Ende des Verfahrens, das Verhältnis und die Arbeitsatmosphäre zwischen den Schiedsrichtern darstellt.[368] Ist das Verhältnis womöglich (immer noch) dadurch geprägt, dass eben zwei der Schiedsrichter jeweils von einer Partei benannt wurden, so dass eine gewisse Distanz zwischen den Schiedsrichtern besteht, werden sich auch die Beratungen zum Erlass des Schiedsspruchs eher zäh gestalten. In einem informellen und kollegial geprägten Verhältnis werden dagegen auch die Beratungen unkomplizierter und schneller über die Bühne gehen, so dass man im besten Fall mehr oder weniger einvernehmlich und schnell zu einer Entscheidung gelangen kann.

Schließlich sei aber auch hier, wie bereits eingangs[369], noch einmal darauf hingewiesen, dass das Schiedsgericht bei der Entscheidungsfindung nicht ledig-

---

366 Siehe oben Kap. 1 C.II.

367 Kreindler/Schäfer/Wolff, Schiedsgerichtsbarkeit, Rn. 984; Lachmann, Hdb. Schiedsgerichtspraxis, Rn. 1680; Musielak/*Voit*, ZPO, § 1052 Rn. 1.

368 Böckstiegel, Liber Amicorum Briner, S. 115 (126); Born, S. 1868.

369 Siehe oben Einl. A.I.3.

lich auf eine zügige Bearbeitung, sondern vor allen Dingen auch auf eine sachlich begründete Entscheidung zu achten hat. Die Sorgfalt des Schiedsgerichts bei seiner Entscheidung ist nicht zuletzt auch deswegen unerlässlich, weil im Extremfall die Aufhebbarkeit des Schiedsspruchs droht.[370] Insofern ist es, auch im Interesse der Parteien, hinzunehmen, wenn das Schiedsgericht für den Schiedsspruch eine gewisse Zeit braucht, soweit dies angesichts der Komplexität des Sachverhalts auch sachlich gerechtfertigt ist. In diesem Sinne kann eine Beratung von drei Schiedsrichtern unter Umständen auch zu sachdienlichen Erwägungen und Beiträgen führen, die trotz einer zeitlichen Verzögerung den Interessen der Parteien entsprechen.

In der Folge ist der unterschriebene Schiedsspruch gemäß § 1054 Abs. 4 ZPO jeder Partei zu übermitteln, was somit gleichsam das letzte Hindernis bis zum Erhalt des Schiedsspruchs darstellt. Hierbei ist davon auszugehen, dass der Wortlaut „übermitteln" ausweislich der Ansicht des Gesetzgebers gerade auch eine (wiederum zeitsparende) elektronische Übertragung ermöglicht.[371]

D. Das Fehlen einer zweiten Instanz

I. Allgemeines

Grundsätzlich bedeutet der Schiedsspruch gleichzeitig das Ende des Schiedsverfahrens, da es nach der zugrunde liegenden Konzeption keine zweite Instanz gibt. Auch hierin liegt eine Besonderheit im Vergleich zum staatlichen Verfahren. Dies stellt in zeitlicher Hinsicht insofern einen Vorteil dar, als es für die obsiegende Partei nicht erforderlich ist, auf Initiative der unterlegenen Partei ein weiteres Verfahren zu durchlaufen, um schließlich einen letztverbindlichen Schiedsspruch zu erhalten. Auf der anderen Seite wird dieser zeitliche Vorteil gewissermaßen dadurch wieder relativiert, dass der Schiedsspruch noch einer Vollstreckbarerklärung bedarf.[372]

370 Nach überwiegender Auffassung kann eine fehlende oder grob fehlerhafte Begründung einen Aufhebungsgrund im Sinne des § 1059 Abs. 2 Nr. 1 lit. d ZPO darstellen, vgl. BT-Drucks. 13/5274, S. 60; Kreindler/Schäfer/Wolff, Schiedsgerichtsbarkeit, Rn. 1097.

371 Vgl. BT-Drucks. 15/4067, S. 36, zum Entwurf des JKomG; MüKo-ZPO/*Münch*, § 1054 Rn. 38.

372 Siehe unten E.

II. Die Möglichkeit der Vereinbarung eines „Oberschiedsgerichts“

Auch im Zusammenhang mit der Überprüfung des Schiedsspruchs gilt jedoch der Grundsatz der Parteiautonomie, welcher es den Parteien erlaubt, eine zweite Instanz in Gestalt eines Oberschiedsgerichts zu vereinbaren.[373] Im Übrigen sehen auch verschiedene institutionelle Schiedsordnungen bereits von sich aus eine zweite Instanz vor.[374] Haben die Parteien eine solche Vereinbarung getroffen, so endet das Verfahren gerade noch nicht mit dem Schiedsspruch des in dem Fall unteren Schiedsgerichts.[375] Die unterlegene Partei hat vielmehr die Möglichkeit, innerhalb der vereinbarten oder in der Schiedsordnung vorgesehenen Frist das Oberschiedsgericht anzurufen. Wie das Verfahren vor dem Oberschiedsgericht abläuft, hängt in erster Linie davon ab, ob es sich um eine Berufungs- oder (lediglich) eine Revisionsinstanz handelt, wobei die genaue Ausgestaltung wiederum von den Parteien vereinbart werden kann.[376]

Vereinbaren die Parteien eine Berufungsinstanz, also eine weitere Tatsacheninstanz, so ist im Zweifel noch einmal mit einem längeren Verfahren zu rechnen, je nachdem, welcher Aufwand in zweiter Instanz noch betrieben werden soll oder muss. Ein „bloßes“ Revisionsverfahren würde demgegenüber wegen der eingeschränkten Überprüfung des ersten Schiedsspruchs einen geringeren Zeitaufwand mit sich bringen, bis schließlich ein endgültiger Schiedsspruch ergeht.[377] Ein darüber hinaus gehender Zeitaufwand oder -verlust entsteht freilich dann, wenn von der Rechtsmittelinstanz an das erstinstanzliche Schiedsgericht zurückverwiesen wird und dieses gehalten ist, noch einmal einen (entsprechend „anzupassenden“) Schiedsspruch zu erlassen. Wenn das Oberschiedsgericht den in erster Instanz ergangenen Schiedsspruch im Ergebnis bestätigt, so bedeutet dies für die Parteien einen reinen Zeitverlust, ohne dass im Gegenzug ein tatsächlicher Vorteil entstünde. Demgegenüber kann die zweite Instanz dann unter Umständen sogar einen zeitlichen Vorteil bedeuten, wenn durch sie ein gravierender Mangel behoben wird, der zur Aufhebung des Schiedsspruchs geführt und damit nach dem vielleicht auch umfangreichen Aufhebungsverfahren noch ein

---

373 Kreindler/Schäfer/Wolff, Schiedsgerichtsbarkeit, Rn. 888; Lachmann, Hdb. Schiedsgerichtspraxis, Rn. 2400; Schütze, Schiedsgericht und Schiedsverfahren, Rn. 237; Schwab/Walter, Schiedsgerichtsbarkeit, Kap. 22 Rn. 1.

374 Blackaby/Partasides/Redfern/Hunter, International Arbitration, Rn. 10.05; Schütze, a.a.O.; Schwab/Walter, a.a.O.

375 Musielak/*Voit*, ZPO, § 1056 Rn. 2.

376 Kreindler/Schäfer/Wolff, Schiedsgerichtsbarkeit, Rn. 888; Schwab/Walter, Schiedsgerichtsbarkeit, Kap. 22 Rn. 5; Zöller/*Geimer*, ZPO, § 1042 Rn. 46.

377 Vgl. Kreindler/Schäfer/Wolff, Schiedsgerichtsbarkeit, Rn. 888.

weiteres Schiedsverfahren erforderlich gemacht hätte.[378] Bei isolierter Betrachtung des Schiedsverfahrens, das heißt ungeachtet eines vielleicht darauffolgenden Aufhebungsverfahrens, bleibt es jedoch dabei, dass ein Verfahren in zweiter Instanz einen (je nach Ergebnis möglicherweise unnötigen) zusätzlichen Zeitaufwand bedeutet.

E. (Anerkennung und) Vollstreckbarerklärung des Schiedsspruchs

I. Notwendigkeit des Anerkennungs- und Vollstreckbarerklärungsverfahrens

Die Tatsache, dass es nach Erlass des Schiedsspruchs noch eines Verfahrens zur Vollstreckbarerklärung des Schiedsspruchs bedarf, stellt ein maßgebliches Charakteristikum der Schiedsgerichtsbarkeit verglichen mit einem staatlichen Gerichtsverfahren dar, dessen grundsätzlich negative Auswirkungen auf die Dauer des Verfahrens im Ganzen bereits eingangs angedeutet wurden.[379] Die Besonderheit dieses nach § 1060 ZPO für die Zwangsvollstreckung erforderlichen Verfahrens (für ausländische Schiedssprüche gilt § 1061 ZPO[380]) besteht darin, dass es sich hierbei gemäß § 1062 Abs. 1 Nr. 4 ZPO um ein Verfahren vor dem (staatlichen) Oberlandesgericht handelt. Das bedeutet also im Ausgangspunkt, dass die dem Schiedsverfahren eigene Flexibilität den Parteien in diesem Verfahren gerade nicht zugutekommt. Demnach sind die Parteien, das heißt speziell die obsiegende Partei, die die Vollstreckung des Schiedsspruchs anstrebt, auf die Abläufe vor einem staatlichen Gericht angewiesen[381], so dass diese auch über die Dauer des Verfahrens „bestimmen". Es sei noch darauf hingewiesen, dass dieses Verfahren und der damit einhergehende zusätzliche Zeitaufwand selbstverständlich nur dann tatsächlich erforderlich ist, wenn eine Zwangsvollstreckung notwendig ist und der Schiedsspruch von der unterlegenen Partei nicht bereits freiwillig

---

378 Vgl. Weber, FS Geimer, S. 1445 (1462).

379 Siehe oben Einl. A.I.1.

380 Bei ausländischen Schiedssprüchen ist zusätzlich die Anerkennung des Schiedsspruchs erforderlich. Nach § 1061 Abs. 1 S. 1 ZPO, ist in diesem Zusammenhang in erster Linie das UN-Übereinkommen über die Anerkennung und Vollstreckung ausländischer Schiedssprüche (UNÜ) maßgeblich.

381 Auch wenn das Oberlandesgericht im Beschlussverfahren entscheidet, vgl. Kreindler/Schäfer/Wolff, Schiedsgerichtsbarkeit, Rn. 1068.

befolgt wird.[382] Solche Fälle sind demnach von den folgenden Ausführungen nicht erfasst.

II. Das Verfahren zur Vollstreckbarerklärung

1. Einleitung des Verfahrens

Die Einleitung des Verfahrens zur Vollstreckbarerklärung erfolgt durch einen entsprechenden Antrag beim zuständigen Oberlandesgericht.[383] Dieser Antrag ist nicht an die Einhaltung einer Frist gebunden.[384] Umgekehrt steht es, was für den zeitlichen Ablauf viel eher von Bedeutung ist, der antragstellenden Partei frei, das Verfahren so früh wie möglich in Angriff zu nehmen. Somit ist diese Partei zumindest noch bei der Einleitung des Verfahrens, zumal eine Mitwirkung der gegnerischen Partei nicht (mehr) erforderlich ist, nicht von anderen Umständen abhängig und kann das ihr Mögliche tun, um zu einer zeitnahen Beendigung des gesamten Verfahrens beizutragen. Demgegenüber hat die unterlegene Partei nach § 1059 Abs. 1 ZPO die Möglichkeit, die Aufhebung des Schiedsspruchs zu beantragen, wenn sie Aufhebungsgründe im Sinne des Abs. 2 Nr. 1 und 2 geltend macht. Hierfür steht der Partei nach Abs. 3 S. 1 eine Frist von 3 Monaten ab Zustellung des Schiedsspruchs zur Verfügung. Hätte die unterlegene Partei mit diesem Antrag Erfolg, so würde das Schiedsverfahren nach § 1059 Abs. 4 ZPO fortgesetzt oder nach Abs. 5 wäre im Zweifel zumindest das Aufleben der Schiedsvereinbarung die Konsequenz. Aus der Sicht der unterlegenen Partei stellt die Anfechtung des ergangenen Schiedsspruchs eine naheliegende Möglichkeit dar, das Verfahren weiter zu verzögern und die Schaffung eines vollstreckbaren Titels aufzuschieben. Im Folgenden soll das Augenmerk allerdings weniger auf dem Aufhebungsverfahren, sondern vielmehr auf dem Verfahren zur Vollstreckbarerklärung des Schiedsspruchs aus der Perspektive der obsiegenden Partei liegen.

---

382 Vgl. Kreindler/Schäfer/Wolff, Schiedsgerichtsbarkeit, Rn. 1063, wonach die freiwillige Befolgung des Schiedsspruchs durch die unterlegene Partei den Regelfall darstellt; ebenso Lörcher/Lörcher, Schiedsverfahren, Rn. 358; Musielak/*Voit*, ZPO, § 1060 Rn. 2.

383 Zuständig ist gemäß § 1062 Abs. 1 ZPO mangels anderweitiger Bestimmung in der Schiedsvereinbarung wiederum dasjenige OLG, in dessen Bezirk der Schiedsort fällt.

384 MüKo-ZPO/*Münch*, § 1060 Rn. 7; Musielak/*Voit*, ZPO, § 1060 Rn. 6; Schwab/Walter, Schiedsgerichtsbarkeit, Kap. 27 Rn. 2.

2. Umfang der gerichtlichen Überprüfung

Nach der Einleitung des Verfahrens kommt es für die weitere Dauer neben den Abläufen beim staatlichen Gericht auch auf den Prüfungsumfang des Gerichts an. Allgemein ergibt sich aus § 1060 Abs. 2 S. 1 ZPO der Grundsatz, dass eine Vollstreckbarerklärung dann erfolgt, wenn keine Aufhebungsgründe im Sinne des § 1059 Abs. 2 ZPO vorliegen. Auf die einzelnen Aufhebungsgründe wird in der Folge nicht näher eingegangen. Vielmehr soll skizziert werden, inwiefern im Verfahren zur Vollstreckbarerklärung Einwendungen der unterlegenen Partei gegen den Schiedsspruch zu berücksichtigen sind. Damit einher geht die Frage, in welchem Maße dieses Verfahrensstadium insgesamt einer (bewussten) Verzögerung, insbesondere durch den Antragsgegner, zugänglich ist.

Eine umfangreiche Überprüfung hinsichtlich der materiellrechtlichen „Richtigkeit“ des Schiedsspruchs (révision au fond) findet im Rahmen des Verfahrens zur Vollstreckbarerklärung nicht statt[385], es sei denn solche Einwände spiegeln sich in einem der Aufhebungsgründe des § 1059 Abs. 2 ZPO wider.[386] Nur in diesem Rahmen steht also der unterlegenen Partei die Möglichkeit zur Verfügung, Einwendungen gegen den Schiedsspruch – sei es berechtigterweise oder allein zu Verzögerungszwecken – geltend zu machen. Überdies hat diese Partei bei ihrer Rüge die bereits angesprochene Dreimonatsfrist nach § 1059 Abs. 3 ZPO zu beachten. Nach Ablauf dieser Frist sind, wie sich auch aus § 1060 Abs. 2 S. 3 ZPO ergibt, vom Oberlandesgericht lediglich noch die von Amts wegen zu prüfenden Aufhebungsgründe nach § 1059 Abs. 2 Nr. 2 ZPO zu berücksichtigen und der Antragsgegner ist mit seiner Rüge ausgeschlossen.[387]

Fraglich ist darüber hinaus, ob bereits im Verfahren zur Vollstreckbarerklärung materielle Einwendungen gegen den im Schiedsspruch zuerkannten Anspruch geltend gemacht werden können. In der Diskussion geht es lediglich um solche Einwendungen, die erst nach dem Zeitpunkt entstanden sind, in dem sie noch im Schiedsverfahren selbst hätten vorgebracht werden können.[388] Die Möglichkeit der Geltendmachung im Verfahren zur Vollstreckbarerklärung wird teilweise bejaht[389], zum Teil aber auch mit dem Verweis auf die Möglichkeit der

---

385 BT-Drucks. 13/5274, S. 59; Kreindler/Schäfer/Wolff, Schiedsgerichtsbarkeit, Rn. 1076; Lörcher/Lörcher, Schiedsverfahren, Rn. 372; Schütze, Schiedsgericht und Schiedsverfahren, Rn. 284; Zöller/*Geimer*, ZPO, § 1059 Rn. 74.

386 Kreindler/Schäfer/Wolff, Schiedsgerichtsbarkeit, Rn. 1076.

387 Lörcher/Lörcher, Schiedsverfahren, Rn. 370; Musielak/*Voit*, ZPO, § 1060 Rn. 1.

388 Lachmann, Hdb. Schiedsgerichtspraxis, Rn. 2434.

389 BGH, SchiedsVZ 2010, S. 330; OLG Dresden, SchiedsVZ 2005, S. 210 (213); OLG Düsseldorf, SchiedsVZ 2005, S. 214 (216); OLG Hamm, NJW-RR 2001, S. 1362; Lachmann, Hdb. Schiedsgerichtspraxis, Rn. 2449; Lörcher/Lörcher, Schiedsverfahren, Rn. 373; Kreindler/

Vollstreckungsabwehrklage nach § 767 ZPO abgelehnt.[390] Diese Frage ist im Einzelnen nicht Gegenstand dieser Arbeit. Dennoch ist festzuhalten, dass, wenn man materielle Einwendungen bereits im Verfahren zur Vollstreckbarerklärung zulassen möchte, dies wiederum eine potentielle Erweiterung des Umfangs dieses Verfahrens und damit eine zusätzliche zeitliche Verzögerung darstellt.[391]

Wenn der Antragsgegner (innerhalb der Frist) einen oder mehrere Aufhebungsgründe im Sinne des § 1059 Abs. 2 ZPO substantiiert[392] geltend macht, hat das Gericht gemäß § 1063 Abs. 2 ZPO die Durchführung einer mündlichen Verhandlung anzuordnen. Die Möglichkeit, auf diese mündliche Verhandlung zu verzichten, besteht allenfalls dann, wenn beide Parteien damit einverstanden sind.[393] Der Ablauf einer solchen Verhandlung hängt zunächst von der Anzahl der Gründe, auf die der Antragsgegner die Aufhebbarkeit des Schiedsspruch stützt, aber ebenso davon ab, wie substantiiert sein Vortrag und damit der gebotene Prüfungsaufwand ist. Jedenfalls verlängert sich auch dann, wenn die vom Antragsgegner begehrte Aufhebung im Ergebnis nicht erfolgt, allein schon durch das Verfahren die Zeit, bis die im Schiedsverfahren obsiegende Partei schließlich zu einem vollstreckbaren Schiedsspruch kommt.

Schäfer/Wolff, Schiedsgerichtsbarkeit, Rn. 1114; Schütze, Schiedsgericht und Schiedsverfahren, Rn. 284.

390 BayObLG, NJW-RR 2001, S. 1363 (1364); OLG München, OLGR 2006, S. 906; OLG Stuttgart, MDR 2001, S. 595; Borris/Schmitz, SchiedsVZ 2004, S. 273 (276).

391 So auch BayObLG, NJW-RR 2001, S. 1363 (1364); Borris/Schmitz, SchiedsVZ 2004, S. 273 (277), mit dem Hinweis, dass in vielen Fällen die Geltendmachung materieller Einwendungen im Verfahren zur Vollstreckbarerklärung auch nur der Verzögerung des Verfahrens dienen soll. Ähnlich mit Bezug auf Einwendungen im Vollstreckbarerklärungsverfahren auch Berger, RIW 2001, S. 7 (19).

392 Lachmann, Hdb. Schiedsgerichtspraxis, Rn. 2481.

393 Schwab/Walter, Schiedsgerichtsbarkeit, Kap. 27 Rn. 18.

2. Teil:
Ansätze zur Beschleunigung von Schiedsverfahren

Kapitel 4: Beschleunigung durch die Verfahrensbeteiligten

A. Ausgangspunkt

Im Anschluss an die Behandlung der unterschiedlichen Schritte und möglichen Fallgestaltungen im Laufe eines Schiedsverfahrens ist nunmehr konkret zu erörtern, ob und gegebenenfalls wie vom Standpunkt der Beteiligten am Verfahren eine Beschleunigung desselben erreicht werden kann. Speziell geht es darum, wie den geschilderten besonders problematischen Konstellationen entgegengewirkt oder im besten Fall sogar vorgebeugt werden könnte. In diesem Zusammenhang ist eine Trennung zwischen den Parteien auf der einen und den Schiedsrichtern auf der anderen Seite erforderlich und auch sinnvoll, da die Möglichkeiten, auf das Verfahren einzuwirken, bereits aufgrund der „Rollenverteilung", welche sich aus der Konzeption der Schiedsgerichtsbarkeit ergibt, sehr verschieden sind.

B. Möglichkeiten der Parteien

Zuerst ist, schon wegen der herausragenden Bedeutung der Parteiautonomie im Schiedsverfahren, die bereits an verschiedenen Stellen in die bisherigen Betrachtung eingeflossen ist, darauf einzugehen, welche Handlungs- und Gestaltungsmöglichkeiten den Parteien selbst zur Verfügung stehen, um die Dauer „ihres" Verfahrens bestmöglich zu verringern. Speziell an diesem Punkt sei vorausgeschickt, dass es wie erwähnt[394] nicht lediglich auf die Parteien selbst, sondern gerade dann, wenn es um taktische Fragen der Verfahrensführung und -optimierung geht, auch auf deren Vertreter, in der Regel also Rechtsanwälte ankommt, die den Parteien in dieser Hinsicht hilfreich zur Seite stehen können. Abgesehen also von der Auswahl der Vertreter, wird es vielfach gerade auf eine Mitwirkung dieser Vertreter ankommen. Dennoch mag es freilich Fälle gegeben, in denen sich auch die Parteien selbst – auch ihren Anwälten gegenüber – weniger kooperativ oder nachgiebig zeigen, so dass insofern auch einiges tatsächlich

394 Siehe oben Einl. A.I.4.

von den Parteien selbst abhängt. In dieser Hinsicht sind auch die Rechtsanwälte gewissermaßen auf ihre Mandanten angewiesen.

Im Ausgangspunkt ist von der (Ideal-)Konstellation auszugehen, dass tatsächlich beide Parteien ein Interesse daran haben, dass das Verfahren möglichst schnell durchgeführt und beendet wird. Denn in denjenigen Fällen, in denen die Parteiautonomie zum Tragen kommt, ist regelmäßig eine Vereinbarung, also eine zumindest in einem Punkt übereinstimmende Sichtweise der Parteien erforderlich. Ganz zu Anfang, das heißt bevor das Schiedsverfahren überhaupt begonnen hat oder konzipiert ist, sind einzig die Parteien als (künftige) Verfahrensbeteiligte bereits vorhanden. Daher sind es im Grundsatz auch die Parteien, denen die Schaffung einer möglichst günstigen Ausgangsposition obliegt.

I. Gestaltung/Planung des Verfahrens

In erster Linie haben die Parteien, was schon verschiedentlich festgestellt wurde, die Möglichkeit, maßgeblichen Einfluss auf den Ablauf ihres Verfahrens zu nehmen, das heißt auf die anwendbaren Schiedsregeln und auch auf den Ablauf des Verfahrens im Einzelnen.

1. Verfahrensgestaltung in der Schiedsvereinbarung

Die erste Einflussmöglichkeit besteht darin, dass die Parteien überhaupt eine Schiedsvereinbarung treffen und damit gewissermaßen den Grundstein für das gesamte Verfahren legen.[395] Hierbei können bereits vielfältige und detaillierte Bestimmungen für das Verfahren niedergelegt und damit der Ablauf in weiten Teilen vorgezeichnet werden.

a) Das Verfassen der Schiedsvereinbarung

Um eine möglichst gelungene Ausgangsposition für das Schiedsverfahren zu schaffen, ist es zu allererst erforderlich, dass die Schiedsvereinbarung selbst möglichst klar und unmissverständlich gefasst ist.[396] Hierzu gehört es freilich auch, dass die Parteien beim Abschluss der Schiedsvereinbarung die jeweils

---

395 Vgl. auch Gélinas, ICCA Congress Series No. 9 (1998), S. 47.

396 Vgl. Freyer, Liber Amicorum Gaudet, S. 104 (109), speziell bezogen auf ein Fast-Track-Schiedsverfahren [siehe hierzu unten Kap. 5 A.]; Hamann/Lennarz, BB 2007, S. 1009; Lachmann, Hdb. Schiedsgerichtspraxis, Rn. 418; Lörcher/Lörcher, Schiedsverfahren, Rn. 59; Nagel, FS Firsching, S. 191 (192).

vorgeschriebene Form – im Falle des § 1031 ZPO also die Schriftform – beachten.[397] Auf diese Weise wird das Risiko, dass später Auslegungsschwierigkeiten und Streitigkeiten über den Inhalt und die Reichweite der Schiedsvereinbarung auftreten, welche in vielen Fällen einen Teil des Schiedsverfahrens bilden[398], jedenfalls begrenzt.[399] Gleiches gilt für alle weiteren Regelungen, die in der Schiedsvereinbarung vorgenommen werden. Wenn die Vereinbarung eindeutig formuliert und der jeweilige Komplex auch lückenlos geregelt ist, entstehen dann, wenn es auf eben diesen Punkt ankommt, auch keine Unklarheiten.

Solche Probleme können aber nur dann vermieden werden, wenn die Parteien sich tatsächlich die entsprechende Mühe bei der Abfassung der Schiedsvereinbarung geben. Vielfach wird diese lediglich, wenn sie in Gestalt einer Schiedsklausel in einem Vertrag getroffen wird, als ein vielleicht notwendiger aber dennoch vernachlässigbarer Teil des Vertragsverhältnisses betrachtet, dem nicht mehr allzu viel Aufmerksamkeit und Sorgfalt gewidmet wird.[400] Angesichts der Bedeutung und Tragweite der Schiedsvereinbarung ist es je nach Kenntnissen der Parteien auch von Vorteil, sich bereits in diesem Stadium rechtskundig vertreten oder wenigstens beraten zu lassen.[401] In diesem Zusammenhang ist auch die Mitwirkung beider Parteien erforderlich. Denn zumindest dann, wenn die Schiedsvereinbarung vor Entstehen der Streitigkeit geschlossen wird, lässt sich noch nicht absehen, welche der Parteien später ein Interesse daran haben könnte, das Verfahren nach Möglichkeit zu boykottieren. Insofern ist es zu Beginn auch im Sinne beider Parteien, eine präzise und in der Praxis umsetzbare Schiedsvereinbarung zu treffen. In diesem Zusammenhang können die Parteien auch auf die von der IBA herausgegebenen Guidelines for Drafting International Arbitration Clauses[402] zurückgreifen. Deren Gegenstand ist es ausweislich der Einleitung, die Parteien darin zu unterstützen, ihre konkreten Vorstellungen im Interesse eines effizienten Verfahrens in der Schiedsvereinbarung zum Ausdruck zu bringen.

---

397 Lörcher/Lörcher, SchiedsVZ 2005, S. 179 (180); Nagel, FS Firsching, S. 191 (192).

398 Gélinas, ICCA Congress Series No. 9 (1998), S. 47.

399 Vgl. Gélinas, ICCA Congress Series No. 9 (1998), S. 47 (49); Ochmann, GRUR 1993, S. 255 (260).

400 Gélinas, ICCA Congress Series No. 9 (1998), S. 47 (50); Hamann/Lennarz, BB 2007, S. 1009; Webster, Arb. Int'l 2003, S. 119 (120): „necessary evil“; Welser/Klausegger, Austrian Arbitration Yearbook 2009, S. 259 (275). Vielfach wird in diesem Zusammenhang, da die Schiedsvereinbarung im Rahmen der Vertragsverhandlungen nicht selten als einer der letzten Punkte zu einem entsprechend späten Zeitpunkt behandelt wird, von „midnight clauses“ gesprochen, vgl. dazu etwa Blackaby/Partasides/Redfern/Hunter, International Arbitration, Rn. 2.04.

401 Gélinas, ICCA Congress Series No. 9 (1998), S. 47 (53).

402 Abrufbar unter: http://www.ibanet.org/Publications/publications_IBA_guides_and_free_materials.aspx#drafting.

Ein besonderer Anlass, die Wirksamkeit der Schiedsvereinbarung und damit die Zuständigkeit des Schiedsgerichts in Zweifel zu ziehen und auf diese Weise das Verfahren zu verzögern[403], wird durch eine unmissverständliche Schiedsvereinbarung nicht gegeben. Die Schiedsgerichtsbarkeit zeichnet sich gerade dadurch aus, dass die Parteien für alle Bereiche des Verfahrens, auf die es ihnen besonders ankommt, Regelungen treffen können. Diese Punkte können auch bereits in der Schiedsvereinbarung verankert sein. In erster Linie gehören dazu – neben einer unmissverständlichen Bezeichnung der Parteien der Schiedsvereinbarung[404] – grundlegende Elemente wie der Ort des Verfahrens und die Verfahrenssprache, welche gerade in internationalen Verfahren von besonderer Bedeutung für den Ablauf des Verfahrens sein können[405], sowie gegebenenfalls die Schiedsinstitution oder die anzuwendenden Schiedsregeln. Im Falle der Bezugnahme auf eine Institution oder eine Schiedsordnung ist auf eine ganz präzise und unzweideutige Bezeichnung zu achten, um zu vermeiden, dass mehrere – oder auch keine – Möglichkeiten zur Auslegung dieser Bestimmung bestehen.[406] Um spätere Unklarheiten in diesem Punkt zu vermeiden, ist den Parteien zu raten, für die Bezugnahme auf ein institutionelles Regelwerk auf die in diesem regelmäßig vorhandene Musterschiedsklausel zurückzugreifen.

Gerade die Festlegung der Verfahrenssprache hat große Bedeutung für die Durchführung des Verfahrens, da so Verständigungsschwierigkeiten sowie aufwendige Übersetzungen vermieden werden können.[407] Daher ist selbstverständlich eine Sprache zu wählen, die für beide Parteien unproblematisch ist. Auch die Bestimmung des Verfahrensortes wirkt sich unter Umständen nicht unerheblich auf das Verfahren aus, etwa hinsichtlich des anwendbaren Verfahrensrechts oder der Vollstreckbarkeit bzw. Aufhebung des Schiedsspruchs.[408] Insbesondere ist auch hier ein Ort zu wählen, der für keine der Parteien größere rechtliche oder auch logistische Schwierigkeiten mit sich bringt, auch wenn der Schiedsort nicht zwingend gleichzeitig auch der Tagungsort sein muss.[409] Abgesehen von diesen fundamentalen Regelungsgegenständen stellt sich die Frage, inwiefern es tatsächlich empfehlenswert ist, auch den weiteren Verfahrensverlauf durch die

403 Siehe oben 1. Teil Kap. 1 D.III.

404 Vgl. Freyer, Liber Amicorum Gaudet, S. 104 (109).

405 Born, S. 1806; Lachmann, Hdb. Schiedsgerichtspraxis, Rn. 393.

406 Lachmann, Hdb. Schiedsgerichtspraxis, Rn. 418.

407 Vgl. Lachmann, Hdb. Schiedsgerichtspraxis, Rn. 394; Nagel, FS Firsching, S. 191 (199); Schütze, Schiedsgericht und Schiedsverfahren, Rn. 134.

408 Gélinas, ICCA Congress Series No. 9 (1998), S. 47 (57); Hamann/Lennarz, BB 2007, S. 1009 (1010); Kreindler/Schäfer/Wolff, Schiedsgerichtsbarkeit, Rn. 233; Lachmann, Hdb. Schiedsgerichtspraxis, Rn. 395; Lew/Mistelis/Kröll, Rn. 8–24; Webster, Arb. Int'l 2003, S. 124.

409 Kreindler/Schäfer/Wolff, Schiedsgerichtsbarkeit, Rn. 231; Lachmann, Hdb. Schiedsgerichtspraxis, Rn. 398; Lew/Mistelis/Kröll, Rn. 8–27.

Schiedsvereinbarung detailliert vorzuzeichnen, was freilich insbesondere dann von Bedeutung ist, wenn nicht gerade ein institutionelles Schiedsverfahren vereinbart wird.

b) Vorteile einer umfassenden Regelung

Vorteilhaft wirkt sich eine möglichst umfassende und einwandfrei gefasste Regelung in der Schiedsvereinbarung insoweit aus, als den Parteien im Streitfall ein in weiten Teilen bereits ausgestaltetes Verfahren zur Verfügung steht.[410] Somit profitieren die Parteien von dem Aufwand, den sie schon zu einem früheren Zeitpunkt betrieben haben und müssen dies nach Entstehen der Streitigkeit nicht mehr tun, verlieren insofern also keine weitere Zeit. Denn gerade die Situation, dass man erst im Verfahren an einen Punkt gelangt, der bislang noch nicht durch eine Regelung abgedeckt ist und noch eine Vereinbarung erforderlich macht, bringt das Verfahren ins Stocken. Dies gilt insbesondere für die Fragen der genaueren Ausgestaltung der Beweisaufnahme und der mündlichen Verhandlung – wiederum speziell in internationalen Schiedsverfahren[411] –, zumal sich eine spätere Einigung gerade über solche Punkte kompliziert und zeitraubend darstellen kann.

Insbesondere ist auch das Verhältnis der Parteien untereinander vor Entstehen der Streitigkeit im Regelfall wohl entspannter als im Verlauf des Verfahrens.[412] Es besteht noch kein so großer Zeitdruck, wie er je nach entstehendem Streit vorhanden sein kann und die Parteien verstehen sich in der Regel auch noch besser. In diesem Stadium handelt es sich vorwiegend noch um (Vertrags-)Partner und noch nicht so sehr um (Verfahrens-)Gegner. Dass die in der Schiedsvereinbarung zu treffende Regelung einmal tatsächlich zum Tragen kommt, ist zu diesem Zeitpunkt im Grunde nur theoretisch. Da noch nicht ersichtlich ist, wer im Verfahren Kläger oder Beklagter sein wird, kann ein Streit bei der Vereinbarung bestimmter Punkte eher vermieden werden. Später kann die Kommunikation und demzufolge auch eine Einigung zwischen den Parteien unter der Verfahrenssituation leiden[413], so dass jede Partei vor allem auf den eigenen Vorteil bedacht ist. Aus diesen Erwägungen heraus täten die Parteien gut daran, zu einem möglichst frühen Zeitpunkt, das heißt bereits in der Schiedsvereinbarung, eine möglichst umfassende und lückenlose Regelung vorzunehmen, um zu einer reibungslosen Durchführung des Verfahrens beizutragen. Zudem ist auch in

410 Vgl. Lörcher/Lörcher, SchiedsVZ 2005, S. 179.
411 Hamann/Lennarz, BB 2007, S. 1009 (1011).
412 Vgl. Webster, Arb. Int'l 2003, S. 119 (120).
413 Vgl. Beerbower, Arb. Int'l 2011, S. 75 (85); Lörcher/Lörcher, Schiedsverfahren, Rn. 28.

diesem Punkt nicht auszuschließen, dass jeder noch nicht geregelte Punkt von einer auf Verzögerung bedachten Partei ausgenutzt wird.

c) Mögliche Nachteile

Eine zu ausführliche Ausgestaltung des Schiedsverfahrens bereits in der Schiedsvereinbarung muss für die folgende Durchführung des Verfahrens aber nicht nur vorteilhaft sein. Vielmehr können sich gerade aus der umfassenden Regelung Nachteile für den zeitlichen Ablauf ergeben. Denn es besteht die Gefahr, dass in der Schiedsvereinbarung bereits bestimmte Punkte früh entschieden und damit vorweggenommen werden, deren Auswirkungen zu diesem Zeitpunkt noch gar nicht abgesehen werden können. Denn nicht selten können nach Abschluss der Schiedsvereinbarung Jahre vergehen, bis tatsächlich eine Streitigkeit entsteht.[414] Wenn also die Parteien beispielsweise schon detaillierte Regelungen in der Schiedsvereinbarung getroffen haben, was die Qualifikation der Schiedsrichter angeht, kann sich im Streitfall herausstellen, dass diese Vorgaben schwer umzusetzen sind; umso mehr gilt dies, wenn Schiedsrichter sogar namentlich bezeichnet werden.[415]

Gleichwohl ist hier eine Unterscheidung zu treffen. Die Schiedsvereinbarung ist möglichst speziell an den Gegebenheiten und Anforderungen des konkreten Vertragsverhältnisses auszurichten[416] und sollte demnach schon maßgeschneiderte Bestimmungen enthalten. Aus derselben Überlegung heraus sollten aber auch nicht zu detaillierte Regelungen aufgenommen werden, die keinen Raum für die Berücksichtigung der Umstände der noch nicht entstandenen Streitigkeit lassen.[417] Das gilt für die Person, aber auch für die Anzahl der Schiedsrichter, da sich auch das „Ausmaß" des kommenden Verfahrens nicht genau vorherbestimmen lässt. Vor diesem Hintergrund kann es empfehlenswert sein, die Frage nach der Anzahl der Schiedsrichter in der Schiedsvereinbarung dahinstehen zu lassen

---

414 Lörcher/Lörcher, Schiedsverfahren, Rn. 53.

415 Siehe oben 1. Teil Kap. 1 C.I. Aus den genannten Erwägungen heraus empfehlen die IBA Guidelines for Drafting International Arbitration Clauses in Ziffer 74 zu „Option 5: Qualifications required of arbitrators", im Regelfall nicht bereits in der Schiedsvereinbarung detailliert zu bestimmen, welche Qualifikationen ein Schiedsrichter haben muss, zumal sich auch die Art der Streitigkeit und damit das konkrete Anforderungsprofil zu diesem Zeitpunkt noch nicht absehen lassen.

416 Vgl. Blackaby/Partasides/Redfern/Hunter, International Arbitration, Rn. 6.276; Gélinas, ICCA Congress Series No. 9 (1998), S. 47 (48).

417 Vgl. Karrer, ICCA Congress Series No. 7 (1994), S. 73; Schwartz, ICCA Congress Series No. 9 (1998), S. 105 (107).

und sich erst später zu entscheiden, was ebenfalls möglich ist.[418] Abgesehen davon besteht aber auch die Möglichkeit, eine zuvor bereits vereinbarte Schiedsrichterzahl nachträglich noch aufzustocken oder auch zu reduzieren.[419] Gerade die Einigung auf eine Reduktion von einem Dreierschiedsgericht auf einen Einzelschiedsrichter kann sich nach Beginn des Verfahrens schwierig gestalten[420], da die Parteien verstärkt strategische Überlegungen anstellen und gerade der Beklagte regelmäßig kein großes Interesse an einer Besetzung des Schiedsgerichts haben wird, die zu einer Zeitersparnis führen kann.[421] Um nicht in die Verlegenheit zu kommen, eine solche Änderung vornehmen zu müssen, empfiehlt es sich, die Zahl erst dann verbindlich festzulegen, wenn der Umfang sowie der eigentliche Gegenstand der Streitigkeit absehbar sind.[422]

Auch bezüglich weiterer näherer Bestimmungen in der Schiedsvereinbarung, etwa für die genaue Durchführung des Verfahrens, kann eine gewisse Zurückhaltung geboten sein. Je mehr in der Schiedsvereinbarung durch die Parteien selbst vorweggenommen wird, desto mehr sind den Schiedsrichtern, die später das Verfahren leiten, die Hände gebunden.[423] Diesen wird durch eine Parteivereinbarung also eine bestimmte Vorgehensweise auferlegt. So müssen sich die Schiedsrichter an diese Regeln halten und können nicht selbst, jedenfalls nicht entgegen der Vereinbarung der Parteien[424], die Zügel in die Hand nehmen und das Verfahren nach ihren Vorstellungen und auf der Basis ihrer Erfahrungen führen. Insbesondere wird auch ihnen so die Möglichkeit genommen, eine auf die Gegebenheiten und Anforderungen des konkreten Falles zugeschnittene Durchführung und Leitung zu entwickeln und gegebenenfalls auf eintretende Umstände zu reagieren. Möglicherweise verfolgen die Parteien durch eine umfassende Vorabbestimmung der Verfahrensregeln den Zweck, dass das Verfahren genau nach ihren Vorstellungen abläuft. Jedoch ist hinsichtlich eines zügigen Verfahrens eher fraglich, ob dieses eher durch die (vor Beginn des eigentlichen Verfahrens niedergelegten) Vorstellungen der Parteien, oder vielmehr durch die Vorstellungen erfahrener und versierter Schiedsrichter gewährleistet werden kann.

---

418 Vgl. Baumbach/Lauterbach/Albers/Hartmann, ZPO, § 1034 Rn. 3; Musielak/*Voit*, ZPO, § 1034 Rn. 2; Newmark, in: Newman/Hill (Hrsg.), Leading Arbitrators' Guide, S. 81 (93); Zöller/*Geimer*, ZPO, § 1034 Rn. 1.

419 Lachmann, Hdb. Schiedsgerichtspraxis, Rn. 785.

420 Vgl. Lachmann, Hdb. Schiedsgerichtspraxis, Rn. 786.

421 Newmark, in: Newman/Hill (Hrsg.), Leading Arbitrators' Guide, S. 81 (92).

422 Blackaby/Partasides/Redfern/Hunter, International Arbitration, Rn. 6.276; Gélinas, ICCA Congress Series No. 9 (1998), S. 47 (58); Hantke, SchiedsVZ 2003, S. 269; Lörcher/Lörcher, Schiedsverfahren, Rn. 53; Newmark, a.a.O.

423 Blackaby/Partasides/Redfern/Hunter, International Arbitration, Rn. 6.276.

424 Blackaby/Partasides/Redfern/Hunter, International Arbitration, Rn. 2.55.

Insgesamt kann die Empfehlung ausgesprochen werden, in der Schiedsvereinbarung alles tatsächlich Notwendige zu bestimmen, damit überhaupt ein Schiedsverfahren begonnen werden kann. Hierzu gehören also Verfahrenssprache und Schiedsort und gegebenenfalls die anzuwendende Schiedsordnung. In jedem Fall haben die Parteien bei ihrer Regelung eine Abwägung zu treffen zwischen der Vorhersehbarkeit des Verfahrens auf der einen und der Flexibilität auf der anderen Seite.[425] Daher sollte in der Regel nicht viel mehr als der Grundstein gelegt werden, um sich für ein möglicherweise wesentlich später beginnendes Verfahren, gerade für die Bestimmung des Ablaufs des Verfahrens im Einzelnen, noch die notwendige Flexibilität und Reaktionsmöglichkeiten zu erhalten.[426]

2. Gestaltungsmöglichkeiten zu Beginn des Verfahrens

Wenn tatsächlich eine Streitigkeit zwischen den Parteien entstanden ist und somit das Schiedsverfahren eingeleitet werden soll, stellt sich die Frage, welche Möglichkeiten den Parteien nunmehr zur Schaffung guter Voraussetzungen für eine zügige Durchführung des Verfahrens zur Verfügung stehen. Dies ist freilich auch abhängig davon, wie viel bereits aufgrund der Schiedsvereinbarung geklärt und vorbestimmt worden ist.

a) Auswahl der Parteivertreter

Wenn es sich nicht gerade um besonders rechtskundige Parteien handelt oder solche mit einer im besten Fall auch in puncto Schiedsverfahren versierten Rechtsabteilung, ist es an den Parteien, vor Einleitung des Schiedsverfahrens einen oder mehrere Rechtsanwälte mit der Wahrnehmung ihrer Interessen zu beauftragen. Dies gilt wenigstens dann, wenn eine Partei nicht ohnehin aufgrund einer vorhergehenden oder ständigen Beratung anwaltlich vertreten ist.[427] Auch wenn ein Anwaltszwang wie gesagt nicht besteht[428], ist es dringend anzuraten, sich anwaltlicher Hilfe zu bedienen, da Anwälte gegenüber juristisch unerfahrenen Parteien besser zur Durchführung des Verfahrens geeignet sind.[429]

---

425 So auch Karrer, ICCA Congress Series No. 7 (1994), S. 73; Schwartz, ICCA Congress Series No. 9 (1998), S. 105.

426 Vgl. Karrer, ICCA Congress Series No. 7 (1994), S. 73.

427 Im Übrigen ist es freilich auch empfehlenswert, sich bereits bei der Erarbeitung der Schiedsvereinbarung anwaltlicher Hilfe zu bedienen, vgl. auch Gélinas, ICCA Congress Series No. 9 (1998), S. 47 (48).

428 Siehe oben Einl. A.I.4.

429 Lörcher/Lörcher, SchiedsVZ 2005, S. 179 (188).

Eher als den Parteien selbst wird es Anwälten gelingen, das Vorbringen bereits in den Schriftsätzen auf das Wesentliche zu beschränken und damit den Umfang des Vortrags zu begrenzen und hierdurch auch die jeweils gesetzten Fristen einzuhalten.[430] Hinzukommen auch die Fähigkeiten, die im Rahmen der Beweisaufnahme und der mündlichen Verhandlung gefragt sind, das heißt also das „Herausfiltern" und Würdigen der maßgeblichen Dokumente sowie die Gestaltung des Vortrags durch Zeugen – in den zulässigen Grenzen – etwa durch schriftliche Zeugenaussagen. Nicht zuletzt können auch im Rahmen der Zeugenvernehmung und einer möglichen Cross-Examination, ganz abgesehen von einem Plädoyer gegenüber dem Schiedsgericht, Fähigkeiten gefragt sein, die eine anwaltliche Erfahrung in Schiedsverfahren erfordern. Verzichtet eine Partei auf diese Hilfestellung, ist eine effiziente Durchführung des Verfahrens mangels der geschilderten Fertigkeiten unmöglich. Schließlich müssen die Rechtsanwälte auch in gewisser Weise die Position eines Vermittlers zwischen ihren Mandanten und dem Schiedsgericht einnehmen. Die Parteien mögen in vielen Fällen Forderungen an ihre Anwälte stellen, die mehr von der Verfolgung ihres eigenen Standpunktes als von Überlegungen zugunsten einer ökonomischen Verfahrensführung geleitet sind. Hier ist es die Aufgabe der Anwälte, die Parteien ein wenig zu bremsen und zu versuchen, deren Interessen angemessen zu berücksichtigen, aber auch richtig zu gewichten, um das Verfahren nicht zu sehr zu „belasten".

Somit sollte sich die genaue Auswahl der Parteivertreter auch an den vorgenannten Punkten orientieren. Da es sich aus der Sicht der Parteien um eine wesentliche Weichenstellung im Verfahren handelt, zumal es unmittelbar um die Wahrnehmung der eigenen Interessen geht – zu denen (jedenfalls bei einer der Parteien) auch eine zügige Beendigung des Verfahrens gehört – sollte die Auswahl der Vertreter wohl überlegt erfolgen. Es geht nicht lediglich darum, überhaupt einen Rechtsanwalt zu beauftragen, sondern gerade einen solchen, der speziell in Schiedsverfahren Kenntnisse und Erfahrungen vorzuweisen hat. Hinzukommen sollten besonders in internationalen Verfahren auch Erfahrungen mit den einschlägigen Beweismethoden.[431] Insofern ist es je nach Umfang des Verfahrens empfehlenswert, eine international tätige Sozietät zu beauftragen, welche unter Umständen sogar über eine (auch) auf Schiedsverfahren spezialisierte Abteilung verfügt. Bei einer solchen Sozietät ist es wahrscheinlich, dass sie über die notwendige Erfahrung aber auch Flexibilität verfügt, um mit unterschiedlichen Verfahrensgestaltungen und -entwicklungen umgehen zu können.

Denn auch die Parteivertreter müssen sich, auch wenn sie grundsätzlich auf Schiedsverfahren spezialisiert sind, gerade in internationalen Verfahren auf eine

430 Siehe bereits oben 1. Teil Kap. 2 B.I.

431 Vgl. Webster, Arb. Int'l 2003, S. 119 (126).

möglicherweise andere Arbeitsweise einstellen. Dies gilt nicht zuletzt auch für Anwälte aus dem anglo-amerikanischen Rechtskreis, die sich damit anfreunden müssen, dass die Methoden, die sie in ihrer Heimat gelernt haben, in internationalen Schiedsverfahren nur eingeschränkt zum Tragen kommen.[432] Somit würde eine konsequente Verfolgung anglo-amerikanischer Gewohnheiten nicht nur für einige Befremdung beim Schiedsgericht, sondern auch dafür sorgen, dass eine effiziente Verfolgung der Interessen des Mandanten nicht gelingt, zumal solche Methoden schlimmstenfalls auch auf Widerspruch der anderen Partei stoßen können. Umgekehrt gilt das Gleiche freilich auch für Anwälte, die gerade nicht aus dem Common Law-Rechtskreis stammen. Diese müssen sich vermehrt mit den anglo-amerikanischen Methoden, soweit diese Eingang in internationale Schiedsverfahren finden, vertraut machen.

Über diese Punkte sollten sich die Parteien möglichst im Klaren sein und die Wahl ihrer Vertreter auch danach ausrichten, ob diese in einem internationalen Verfahren über die notwendigen Fertigkeiten und Erfahrungen verfügen. Andererseits oder vielmehr zusätzlich ist aber auch das Augenmerk darauf zu richten, dass der entsprechende Anwalt oder die beauftragte Sozietät auch über ausreichend Zeit verfügt, um sich mit dem konkreten Fall zu beschäftigen. Einer Partei ist nicht gedient, wenn sie zwar die beste und angesehenste Kanzlei für ihren Fall beauftragt, eine effiziente Durchführung des Verfahrens aber daran scheitert, dass eine konzentrierte Wahrnehmung ihrer Interessen wegen der Auslastung der Anwälte nicht möglich ist. Gleichwohl ist einzuräumen, dass die Verfügbarkeit der Anwälte aus Sicht der Partei praktisch nicht zu beurteilen ist. Insofern ist eine Partei darauf angewiesen, dass die jeweilige Sozietät ein Mandat nicht annimmt, wenn dies zu einer zu großen Belastung führt. Andererseits ist ohnehin in der Regel wohl davon auszugehen, dass große Sozietäten, die mit Schiedsverfahren befasst sind, mehr als nur ein Verfahren bearbeiten. Dass auch mehrere Verfahren betreut werden können, ist bei einer größeren Sozietät, in der die Arbeit auf mehrere Schultern verteilt werden kann, wohl am ehesten gewährleistet. Freilich sind auch wirtschaftliche Überlegungen, das heißt insbesondere die Kosten der anwaltlichen Vertretung im Verhältnis zum Umfang der Streitigkeit bei der Auswahl der Parteivertreter nicht außer Acht zu lassen.

b) Festlegung der Regeln oder eines Zeitplans

Den Parteien steht es frei, die Verfahrensregeln im Einzelnen zu bestimmen und hierdurch auch dem Schiedsgericht genauere Vorgaben zu machen. Einerseits gilt hier, wie auch im Fall einer Regelung in der Schiedsvereinbarung, dass hier-

432 Vgl. Ward, J. Int'l Arb. 1996, S. 5 (15).

durch dem Schiedsgericht weitgehende Gestaltungsmöglichkeiten genommen werden.[433] Andererseits können die Parteien so sicherstellen, dass ihnen nicht von Seiten des Schiedsgerichts für sie fremde Methoden „auferlegt" werden. Das kann etwa auf umfangreiche Document-Production-Verfahren zutreffen, zumal diese auch eine längere Verfahrensdauer zur Folge haben können.[434] Eine Bestimmung der Verfahrensregeln durch die Parteien sollte allerdings nur dann erfolgen, wenn diese entsprechend kundige Vertreter an ihrer Seite haben, die auch eine Beurteilung über die (fehlende) Zweckmäßigkeit einzelner Maßnahmen und Schritte im Verfahren treffen können. Anderenfalls wäre es im Sinne einer möglichst an den konkreten Umständen des Falles orientierten und damit effizienten Verfahrensführung eher zu empfehlen, die Bestimmung der Verfahrensregeln den Schiedsrichtern, möglicherweise vorbehaltlich einer Absprache mit den Parteien, zu überlassen.[435]

Einen genaueren Zeitplan für den Ablauf des Verfahrens aufzustellen, könnte den Parteien schwer fallen, zumal sie noch nicht wissen, wie sich das Verfahren entwickeln, auf welche Punkte es im Einzelnen ankommen wird und wie die Vorstellungen der Schiedsrichter aussehen. Aus diesem Grund kann ein verbindlicher Zeitplan von den Parteien alleine schwerlich erstellt werden. Dies gilt umso mehr für den Fall, dass die Parteien bereits in der Schiedsvereinbarung einen Zeitplan, oder eher einen zeitlichen Rahmen festlegen möchten, in dem das Verfahren beendet werden soll oder muss. Insbesondere bei verbindlicher Festlegung eines Zeitrahmens ohne die Möglichkeit einer Verlängerung gehen die Parteien das Risiko ein, dass eine Streitigkeit entsteht, welche in dieser Zeit schlechterdings nicht beendet werden kann.[436] Gerade in diesem Fall wird deutlich, dass die Vereinbarung eines (verbindlichen) Zeitrahmens ohne Berücksichtigung des konkreten Falles und insbesondere ohne Einbeziehung der Schiedsrichter, denen auf diese Weise auch ein gewisser Druck auferlegt wird, in vielen Fällen problematisch sein kann. Im Übrigen kann es auch sein, dass den Parteien, die optimistisch einen ambitionierten zeitlichen Rahmen vorgeben, gar nicht klar ist, welche Schritte im Einzelnen zu einem Schiedsverfahren gehören und wie viel Zeit hierfür jeweils realistischer Weise veranschlagt werden müsste.[437]

---

433 Siehe bereits oben 1.c).

434 Dieses Risiko besteht allerdings, wie bereits an anderer Stelle erörtert, nur insoweit, als die Bestimmung solcher Methoden einen Bezug zum konkreten Verfahren hat, anderenfalls das Ermessen des Schiedsgerichts in diesem Punkt eingeschränkt wäre [siehe oben 1. Teil Kap. 2 C.III.1.c)].

435 Im Ergebnis ähnlich Smit, ICCA Congress Series No. 7 (1994), S. 161 (165).

436 Vgl. dazu Davis/Lagacé/Volkovitsch, J. Int'l Arb. 1993, S. 69 (70).

437 Davis/Lagacé/Volkovitsch, J. Int'l Arb. 1993, S. 69 (78).

Gleichwohl steht es den Parteien frei, selbst Fristen für einzelne Verfahrenshandlungen zu vereinbaren und auf diese Weise zu versuchen, die Gesamtdauer des Verfahrens in Grenzen zu halten. Dies gilt vor allem für solche Handlungen, die von den Parteien selbst vorzunehmen sind, wie etwa die Bestellung der Parteischiedsrichter oder das Einreichen der Schriftsätze. Im Interesse der Erhaltung der Flexibilität des Verfahrens sollte aber auch hier nicht zu viel vorweggenommen und ein genauerer Zeitplan für das gesamte Verfahren besser zumindest mit dem Schiedsgericht zusammen erarbeitet oder wiederum gänzlich dem Schiedsgericht und dessen Einschätzung überlassen werden.

c) Bestellung der Schiedsrichter

Dass die Bestellung der Schiedsrichter eine Entscheidung der Parteien darstellt, die von herausragender Bedeutung für den Verlauf des gesamten Schiedsverfahrens ist, wurde bereits festgestellt.[438] Daher sollte die Auswahl der Schiedsrichter durch die Parteien auch möglichst sorgfältig und unter Berücksichtigung der Anforderungen erfolgen, die sich aus der konkreten Streitigkeit ergeben. Im Übrigen stellt die Bestellung der Schiedsrichter, jedenfalls der Parteischiedsrichter bei einem Dreierschiedsgericht, schon deswegen einen maßgeblichen Verfahrensschritt dar, weil die Parteien in diesem Punkt faktisch zum letzten Mal die Gelegenheit haben, völlig autonom, das heißt auch ohne erforderliche Mitwirkung der anderen Partei eine bedeutende Entscheidung für das Verfahren zu treffen.[439] Nach dieser Entscheidung, das heißt auch nach vollständiger Besetzung des Schiedsgerichts, geht ein maßgeblicher Teil der Kontrolle über das Verfahren auf das Schiedsgericht über.[440]

Was die Person sowie die fachliche Qualifikation der zu bestellenden Schiedsrichter angeht, kann zunächst auf die früheren Ausführungen verwiesen werden.[441] Das heißt, dass die Parteien, wie schon bei der Auswahl ihrer Vertreter darauf achten sollten, dass der betreffende Kandidat in der Durchführung von Schiedsverfahren, am besten auch in Verbindung mit dem auf diesen konkreten Fall anwendbaren (Verfahrens-)Recht[442], einigermaßen erfahren ist.[443] Hier können unter Umständen auch die Vertreter bei der Auswahl hilfreich sein, wenn diese aus ihrer bisherigen Tätigkeit bereits einige potentielle Schiedsrichter ken-

---

438 Siehe oben 1. Teil Kap. 1 C.I.

439 Vgl. auch Webster, Arb. Int'l 2003, S. 119 (127). Dies steht freilich unter dem Vorbehalt einer späteren Ablehnung des ausgewählten Schiedsrichters durch die andere Partei.

440 Siehe unten II. sowie C.I.

441 Siehe oben 1. Teil Kap. 1 C.III.2. und 3.

442 Webster, Arb. Int'l 2003, S. 119 (129).

443 Kreindler/Schäfer/Wolff, Schiedsgerichtsbarkeit, Rn. 502.

nen. Allerdings sollten auch Anwälte, die bereits Erfahrungen mit einigen bestimmten Kandidaten gemacht haben, darauf achten, dass der jeweilige Kandidat auch zur gegebenen Zeit in ausreichendem Maße zur Verfügung steht. Insofern sollten sie sich also nicht nur von ihren Erfahrungswerten leiten lassen.[444] Zwar gibt es zweifelsohne weithin renommierte Schiedsrichter, welche auch für ihre Prozessführung bekannt und deswegen begehrt sind. Allerdings kann es auch gerade aus diesem Grund sein, dass diese Kandidaten eine Vielzahl von Schiedsverfahren zur gleichen Zeit zu betreuen haben und deswegen eine zeitnahe Erledigung nicht unbedingt zu erwarten ist.[445] Andererseits kann es in Fällen von umfangreichen Verfahren mit Streitwerten im höheren Millionen- oder gar Milliardenbereich auch sein, dass die Parteien ihre Streitigkeit einem der renommiertesten Schiedsrichter anvertrauen wollen, weil sie sich bei diesem schlicht am besten aufgehoben fühlen. Dann möchten sie vielleicht nicht auf einen unerfahreneren Schiedsrichter zurückgreifen, nur weil dieser keinen derart vollen Terminkalender hat. In solchen Fällen müssen die Parteien in Kauf nehmen, dass ihr Kandidat nicht uneingeschränkt verfügbar ist und das Verfahren etwas länger dauern kann, wobei sie diesem Kandidaten auf der anderen Seite mehr Vertrauen entgegenbringen. Jedenfalls haben die Parteien es selbst in der Hand, einen Schiedsrichter zu benennen, welcher ihren Anforderungen am ehesten entspricht.

Um eine souveräne und möglichst zügige Verfahrensführung zu erreichen, sollte in einem Dreierschiedsgericht zumindest ein Jurist – idealerweise der Obmann – sitzen, der zudem in der Stellung als Schiedsrichter erfahren ist und das Verfahren vorantreiben kann.[446] Unter diesen Voraussetzungen ist es nicht unbedingt notwendig, auch im Übrigen auf Juristen als Schiedsrichter zurückzugreifen. Hier könnten Fachleute auf dem Gebiet eingesetzt werden, auf dem sich die Streitigkeit abspielt.[447] So würden Sachverständige jedenfalls teilweise entbehrlich oder könnten zumindest ein wenig überwacht werden, wobei trotzdem durch den Vorsitzenden eine gute Voraussetzung für ein effizientes Verfahren geschaffen wäre.

Ein wichtiges Kriterium bei der Schiedsrichterauswahl ist, wie erwähnt, die Verfügbarkeit des Kandidaten für das Verfahren. Diese ist allerdings aus der Sicht der Parteien nicht ganz einfach zu beurteilen. Aus diesem Grund kann es

---

444 So auch Morton, Arb. Int'l 2010, S. 103 (105).

445 Vgl. Ulmer, Arb. Int'l 2010, S. 221 (238), der in diesem Punkt die Verantwortlichkeit nicht allein bei den benennenden Parteien, sondern insbesondere bei eben diesen Kandidaten sieht, die mehr Verfahren übernehmen als sie tatsächlich in absehbarer Zeit bewältigen können. Ähnlich Elsing, SchiedsVZ 2011, S. 114 (116); Hanotiau, J. Int'l Arb. 2011, S. 89 (100).

446 Blackaby/Partasides/Redfern/Hunter, International Arbitration, Rn. 4.54; Lew/Mistelis/Kröll, Rn. 10–39.

447 Vgl. Blackaby/Partasides/Redfern/Hunter, International Arbitration, Rn. 4.55.

zweckmäßig sein, den potentiellen Kandidaten im Vorfeld zu „interviewen“, wobei es gerade nicht um Fragen des Standpunktes zur konkreten Streitigkeit, sondern lediglich darum gehen sollte, inwiefern der Kandidat für die Position geeignet ist.[448] Um sicherzustellen, dass der Schiedsrichter auch verfügbar und bereit ist, den Anforderungen zu genügen, empfiehlt es sich, dem Kandidaten bereits in einem solchen Gespräch eine konkrete Aussage bezüglich seiner Verfügbarkeit abzuverlangen.[449] Um eben diesem Punkt Nachdruck zu verleihen, hat beispielsweise die ICC ein „Statement of Acceptance, Availability and Independence“[450] eingeführt. In diesem Formular sollen Schiedsrichter, die für ein ICC-Verfahren in Frage kommen, genaue Angaben über ihre Verfügbarkeit machen.[451]

In eine ähnliche Richtung geht Art. 23 (a) der WIPO Arbitration Rules. Dieser verlangt von einem Schiedsrichter, der eine Bestellung annimmt, dass dieser im Vorfeld dafür gesorgt hat, dass ihm ausreichend Zeit zur Verfügung steht, um das Verfahren zügig durchführen und beenden zu können. Demnach ist im Interesse einer reibungslosen Durchführung des Verfahrens auch von einer Obliegenheit der Kandidaten, denen ein Schiedsrichteramt angetragen wird, dahingehend auszugehen, ein solches Amt bei zu großer Belastung abzulehnen.[452] Eine derartige Beurteilung eines potentiellen Schiedsrichters setzt voraus, dass dieser auch eine realistische Einschätzung treffen kann, wie viel Zeit das Verfahren ungefähr in Anspruch nehmen wird. Hierfür ist wiederum eine ausreichende Information seitens der anfragenden Partei erforderlich.[453]

Um zu gewährleisten, dass auch die Schiedsrichter sich zumindest darum bemühen, das Verfahren innerhalb einer bestimmten Zeit zu Ende zu führen, ist es aus Sicht der Parteien im Ausgangspunkt ebenfalls denkbar, den Schiedsrichter-

---

448 Grigera Naón, ICCA Congress Series No. 9 (1998), S. 286 (308); Lachmann, Hdb. Schiedsgerichtspraxis, Rn. 824; Lew/Mistelis/Kröll, Rn. 10–31.

449 Vgl. Beerbower, Arb. Int’l 2011, S. 75 (81), der darauf hinweist, dass die Erlangung einer solchen verbindlichen Aussage zwar selbst zu einer Verzögerung von einigen Tagen führen mag, diese Verzögerung im Hinblick auf die möglichen Konsequenzen aber nicht ins Gewicht fallen sollte; Blackaby/Partasides/Redfern/Hunter, International Arbitration, Rn. 4.69; Ulmer, Arb. Int’l 2010, S. 221 (239).

450 Die überarbeitete Fassung dieses Formulars ist abrufbar unter: http://www.iccwbo.org/uploadedFiles/Court/Arbitration/news/2010/january_SAAI.pdf.

451 Markert/Wilske, SchiedsVZ 2010, S. 62 (63); Ulmer, Arb. Int’l 2010, S. 221 (239). Siehe auch Art. 11(2) ICC-SchO.

452 So auch Böckstiegel, Liber Amicorum Briner, S. 115 (117):“Dare to say no to Appointments“.

453 Vgl. Blackaby/Partasides/Redfern/Hunter, International Arbitration, Rn. 5.37; Weigand, FS Schlosser, S. 1081 (1096).

vertrag von vorneherein zu befristen.[454] Gleichwohl birgt eine solche Maßnahme auch ein gewisses Risiko. Der Verlauf eines Verfahrens ist im Vorfeld nur schwerlich einzuschätzen, so dass es je nach Entwicklung dazu kommen kann, dass das Verfahren, auch ohne Zutun der Schiedsrichter, länger dauert als erwartet und dann vor Beendigung des Verfahrens der Schiedsrichtervertrag ausläuft. Zudem nimmt auch eine solche Konstruktion dem Amt der Schiedsrichter die wünschenswerte Flexibilität, wenn ein Zwang besteht, das Verfahren, unabhängig von den konkreten Anforderungen, in der vorgegebenen Zeit zu beenden.[455] Gleichwohl spricht nichts dagegen, sondern ist den Parteien vielmehr explizit anzuraten, das Schiedsgericht von Anfang an darauf hinzuweisen, dass im konkreten Fall eine besondere Eilbedürftigkeit oder zumindest der Wunsch nach einem möglichst schnellen Verfahren besteht. Auf diese Weise wird dem Schiedsgericht, ohne dass man diesem konkrete Handlungsvorgaben machen würde, direkt die Maßgabe mit auf den Weg gegeben, sich um ein rasches Verfahren zu bemühen. Um diese Forderung zu konkretisieren, sollte man sich auch nicht auf den pauschalen Hinweis beschränken, es solle möglichst schnell gehen, sondern auch ausführen, woraus genau sich das Erfordernis einer möglichst zeitnahen Beendigung des Verfahrens ergibt.

Ein noch weitergehender Einfluss auf den zu bestellenden Schiedsrichter und dessen Verfahrensführung kann auch dann genommen werden, wenn die Initiative zur Wahl des Schiedsrichters nicht (nur) von den Parteien, sondern zu einem nicht unerheblichen Teil auch von einer Institution ausgeht. In diesem Fall würden sich die Schiedsrichter auch in gewissem Maße der Institution verpflichtet fühlen, so dass diese vielleicht auch mehr Einfluss auf die (möglichst effiziente) Verfahrensführung des Schiedsrichters hätte.[456] Diese Möglichkeit besteht freilich nur dann, wenn die Parteien sich für ein institutionelles Schiedsverfahren entschieden haben. Damit würde unter dem Gesichtspunkt der Mit- und Einwirkung der Parteien auf das Verfahren jedenfalls auch ein Teil der Einflussmöglichkeiten auf die Institution übertragen.[457] Soweit aber von einer Besetzung des Schiedsgerichts durch die Parteien selbst auszugehen ist, kann das Verfahren durch eine weise Auswahl der Schiedsrichter unter Umständen besser und nach-

454 Baumbach/Lauterbach/Albers/Hartmann, ZPO, § 1035 Rn. 4; Lachmann, Hdb. Schiedsgerichtspraxis, Rn. 411; Sachs, Verhaltensstandards für Schiedsrichter, S. 235, mit einem Hinweis auf Gebräuche im englischen und französischen Prozessrecht; Zöller/*Geimer*, ZPO, § 1035 Rn. 10.

455 Lachmann, Hdb. Schiedsgerichtspraxis, Rn. 411; Sachs, a.a.O.

456 Newmark, in: Newman/Hill (Hrsg.), Leading Arbitrators' Guide, S. 81 (91).

457 Newmark, a.a.O., spricht sich explizit dafür aus, dass die Parteien im Zusammenhang mit der Schiedsrichterbenennung einen Teil ihrer Kontrolle im Interesse der Verfahrenseffizienz zugunsten der Institution abgeben.

haltiger positiv beeinflusst werden, als durch umfangreiche und detaillierte Bestimmungen bereits in der Schiedsvereinbarung.[458]

3. Die UNCITRAL Notes on Organizing Arbitral Proceedings

Die UNCITRAL Notes on Organizing Arbitral Proceedings[459] (im Folgenden: UNCITRAL Notes) stellen eine Liste von Aspekten zusammen, die man bei der Konzeption eines Schiedsverfahrens beachten sollte. Ausweislich der Einleitung (Ziffer 2), sollen die Notes weder einen verbindlichen Charakter haben, noch sollen sie als eigenständige Schiedsordnung verstanden werden. Angesichts des Inhalts der UNCITRAL Notes richten diese sich auch nicht, jedenfalls nicht ausschließlich, an die Parteien eines Schiedsverfahrens, da in vielen Punkten auch Anregungen zu finden sind, welche sich eher auf das Schiedsgericht beziehen. Dennoch können die UNCITRAL Notes auch als eine Art Leitfaden oder Checkliste[460] für die Parteien sowie für deren Anwälte dahingehend verstanden werden, welche Punkte sie in der Schiedsvereinbarung oder insgesamt bei ihrer Gestaltung des Schiedsverfahrens mit einbeziehen sollten.[461] Dies mag insbesondere dann hilfreich und in diesem Fall auch empfehlenswert sein, wenn die Parteien und auch deren Vertreter noch nicht sehr erfahren in Sachen Organisation eines Schiedsverfahrens sind.[462]

Auch hierin finden sich bereits besprochene Punkte wie die Verfahrenssprache (Ziffer 17) und der Schiedsort (Ziffer 21) sowie beispielweise Regelungen über Kosten und Vorschüsse (Ziffer 28) und über Fragen der Vertraulichkeit (Ziffer 31). Um noch einen bisher mehrfach behandelten Punkt aufzugreifen[463], ist noch darauf hinzuweisen, dass die UNCITRAL Notes in Ziffer 36 auch eine Empfehlung enthalten, eine Regelung bezüglich Zustellungsfragen zu treffen, insbesondere auch hinsichtlich einer Zustellung per E-Mail. Die übrigen Bestimmungen betreffen im Wesentlichen Fragen der Durchführung des Verfahrens im Einzelnen, wie die Prozedur für das Einreichen von Schriftsätzen und die Einzelheiten der Beweisaufnahme und der mündlichen Verhandlung. Wie bereits

---

458 So auch Blackaby/Partasides/Redfern/Hunter, International Arbitration, Rn. 6.276.

459 Abrufbar unter: http://www.uncitral.org/pdf/english/texts/arbitration/arb-notes/arb-notes-e.pdf.

460 So Blessing, SchiedsVZ 2003, 198 (200); Kreindler/Schäfer/Wolff, Schiedsgerichtsbarkeit, Rn. 808; Schwab/Walter, Schiedsgerichtsbarkeit, Kap. 6 Rn. 1; van den Berg, in: Newman/ Hill (Hrsg.), Leading Arbitrators' Guide, S. 149 (157); Welser/De Berti, Austrian Arbitration Yearbook 2010, S. 79 (84).

461 Blackaby/Partasides/Redfern/Hunter, International Arbitration, Rn. 6.38.

462 Blackaby/Partasides/Redfern/Hunter, International Arbitration, Rn. 1.245.

463 Siehe bereits oben 1. Teil Kap. 1 B.II., Kap. 2 B.V.

gesagt, ist für eigenständige Regelungen in diesem Bereich durch die Parteien selbst ohne Einbeziehung des Schiedsgerichts eine gewisse Zurückhaltung zu empfehlen, um auch den Schiedsrichtern eine flexible Handhabung des Verfahrens zu ermöglichen.[464]

Aus Sicht der Parteien, die vor der Aufgabe stehen, Regelungen grundlegender Art insbesondere für ein internationales Schiedsverfahren zu entwerfen, stellen die UNCITRAL Notes in jedem Fall eine willkommene Hilfestellung dar.

II. Möglichkeiten während des Verfahrens

1. Allgemeines

Wenn das Schiedsgericht besetzt worden ist und das Schiedsverfahren erst einmal begonnen hat, ist fraglich, inwiefern die Parteien überhaupt noch die Möglichkeit haben, maßgeblich Einfluss auf das Verfahren zu nehmen. Dies gilt natürlich abgesehen davon, dass sie jeweils ihr eigenes Verhalten so ausrichten können, dass sie nach Möglichkeit zu einer gedeihlichen Verfahrensführung beitragen und sich dem Verfahren nicht in den Weg stellen. Insgesamt ist, nicht nur in diesem Verfahrensstadium, die Einsicht der Parteien erforderlich, dass es ganz maßgeblich auch auf ihren eigenen Beitrag ankommt und zwar nicht nur für die weichenstellende Gestaltung des Verfahrens in der soeben behandelten Weise. Auch im Verfahren selbst muss den Parteien klar sein, dass sie selbst dazu beitragen können und müssen, dass ein vielleicht gut konzipiertes Verfahren auch so abläuft, dass tatsächlich eine zeitliche Ersparnis dabei herauskommt. Die Frage, die sich aber konkret in diesem Abschnitt stellt, ist, wie die Parteien jetzt tatsächlich noch aktiv lenkend in den Ablauf des Verfahrens eingreifen können, wie weit also die Parteiautonomie in diesem Verfahrensstadium reicht. Das hängt zunächst auch davon ab, für welches Regelwerk die Parteien sich entschieden haben und welches Maß an Einflussnahme durch die Parteien dieses erlaubt.[465] Jedenfalls haben die Parteien mit der Bestellung der Schiedsrichter diesen auch – freilich abhängig von der Ausgestaltung des Verfahrens durch eine parteiautonome Regelung – einen Teil des vormals (allein) ihnen zustehenden Einflusses übertragen.[466]

Auch zu diesem Zeitpunkt, das heißt nach Besetzung des Schiedsgerichts, können die Parteien, soweit die anwendbaren Verfahrensregeln ihnen dies gestat-

464 Siehe oben 2.b).

465 Webster, Arb. Int'l 2003, S. 119.

466 Vgl. Webster, Arb. Int'l 2003, S. 119 (133), der hier von einem „transfer of control" spricht.

ten, noch selbständig Vereinbarungen über den Verfahrensverlauf treffen. Diese bilden ohne Absprache mit dem (bereits bestehenden) Schiedsgericht in der Praxis eher die Ausnahme[467] und sind für das weitere Verfahren wie erwähnt nicht unbedingt förderlich. Abgesehen davon besteht auch und gerade aus Sicht der Parteien, wenn eine möglichst frühzeitige Beendigung des Verfahrens gewünscht ist, die Möglichkeit, sich um einen Vergleich zu bemühen. Auch hierbei kann das Schiedsgericht mit einbezogen werden, was aber nicht zwingend ist.[468] Das heißt die Parteien können auch aus eigener Initiative heraus einen Vergleich anstreben und schließen. In beiden Fällen, das heißt also mit oder ohne Zutun des Schiedsgerichts, wird das Schiedsverfahren durch das Schiedsgericht (vorzeitig) beendet, was sich schon aus den §§ 1053 Abs. 1 S. 1, 1056 Abs. 2 Nr. 2 ZPO ergibt.

Welche Reaktionsmöglichkeiten aber haben die Parteien – davon ausgehend, dass ein Vergleich nicht aussichtsreich oder gewünscht ist – ab diesem Zeitpunkt des Verfahrens, wenn das Verfahren tatsächlich eine Entwicklung nimmt, die ihrem Interesse an einer zügigen Durchführung nicht entspricht? Diese Frage soll nachfolgend anhand einiger Beispiele erörtert werden, wobei sich auch die Folgefrage stellt, inwiefern diese Maßnahmen als geeignete Mittel zur Gewährleistung einer zügigeren Durchführung des Verfahrens qualifiziert werden können.

2. Konkrete Maßnahmen

a) Einbeziehung des staatlichen Gerichts

Eine prinzipiell denkbare Maßnahme für eine Partei, die eine rasche Verfahrensführung gefährdet sieht, könnte zunächst der Gang zum staatlichen Gericht, das heißt zum nach § 1062 ZPO zuständigen Oberlandesgericht sein. Zu denken ist hierbei insbesondere an das Verfahren zur Ersatzbenennung eines Schiedsrichters nach § 1035 Abs. 3 S. 3 ZPO, wenn die gegnerische Partei sich weigert oder es schlicht versäumt, ihrerseits rechtzeitig einen Schiedsrichter zu benennen. Da ein solcher Antrag jedoch notwendigerweise der Besetzung des Schiedsgerichts vorausgehen muss, passt dieser systematisch nicht in den hier behandelten Verfahrensabschnitt. Denn in diesem Abschnitt geht es gerade darum, was die Parteien auch nach Bildung des Schiedsgerichts noch tun können. Ein Antrag an das staatliche Gericht kommt in diesem Fall höchstens in dem (Einzel-)Fall des

467 Vgl. Briner, FS Sandrock, S. 137 (141); Fortier, ICCA Congress Series No. 9 (1998), S. 396 (407); Kreindler/Schäfer/Wolff, Schiedsgerichtsbarkeit, Rn. 801.

468 Lachmann, Hdb. Schiedsgerichtspraxis, Rn. 1800; Raeschke-Kessler/Berger, Recht und Praxis des Schiedsverfahrens, Rn. 803; Schwab/Walter, Schiedsgerichtsbarkeit, Kap. 23 Rn. 1.

§ 1038 Abs. 1 S. 2 ZPO in Betracht.[469] Ansonsten zeigt sich in diesem Verfahrensabschnitt, dass Eingriffe in das Schiedsverfahren selbst, das heißt in dessen Ablauf, seitens des staatlichen Gerichts nicht vorgesehen sind. Vielmehr bleibt die Möglichkeit der Einbeziehung des staatlichen Gerichts und damit dessen Mitwirkung im Wesentlichen auf das Stadium der Verfahrenseinleitung sowie auf eine (begrenzte) Überprüfung des Schiedsspruchs im Hinblick auf etwaige Aufhebungsgründe, also im Nachhinein, beschränkt.[470] Im Laufe des Schiedsverfahrens steht den Parteien demzufolge aber keine Möglichkeit zur Verfügung, das staatliche Gericht zu Rate zu ziehen, um für eine Beschleunigung des Verfahrens im eigentlichen Sinne zu sorgen.

b) „Abwahl" von Schiedsrichtern

Die „Abwahl" eines Schiedsrichters stellt eine denkbare, wenn auch sehr resolute Reaktionsmöglichkeit der Parteien auf eine unerwünschte Entwicklung des Verfahrens dar. Hierunter zu verstehen ist wohlgemerkt eine Beendigung des Schiedsrichtervertrags und nicht schon von vorneherein eine Ablehnung eines Schiedsrichters wegen Zweifeln an dessen Unabhängigkeit oder Unparteilichkeit im Sinne der §§ 1036, 1037 ZPO. Grundsätzlich ist anzunehmen, dass die Parteien den Schiedsrichtervertrag jederzeit und ohne Einhaltung einer Frist kündigen können.[471] Das Kündigungsrecht steht allerdings nur beiden Parteien gemeinschaftlich zu, da sie auch beide Vertragsparteien des Schiedsrichtervertrags sind.[472] Einen gesondert im Gesetz geregelten Fall stellt die Vereinbarung der Beendigung des Schiedsrichteramtes wegen Untätigkeit oder Unmöglichkeit der Aufgabenerfüllung nach § 1038 Abs. 1 S. 1 ZPO dar.

In beiden Fällen ist, sofern eine Beendigung des Schiedsrichtervertrags angestrebt wird, jedenfalls in diesem Punkt eine Übereinstimmung der Parteien erforderlich. An dieser Stelle steht eine Kündigung aus dem Grund in Rede, dass der Schiedsrichter das Verfahren nicht so zügig führt, wie es sein sollte.[473] Wenn man aber davon ausgeht, dass es in vielen Fällen lediglich eine der Parteien ist, die an einem schnellen Verfahren interessiert ist, wird in diesem Punkt eine Ei-

---

469 Hierzu sogleich b).

470 Vgl. im Hinblick auf Möglichkeiten der Einflussnahme des staatlichen Gerichts auch unten D.

471 Kreindler/Schäfer/Wolff, Schiedsgerichtsbarkeit, Rn. 607; Lachmann, Hdb. Schiedsgerichtspraxis, Rn. 4368; Schwab/Walter, Schiedsgerichtsbarkeit, Kap. 13 Rn. 8, jeweils mit dem Hinweis auf § 627 Abs. 1 BGB.

472 Kreindler/Schäfer/Wolff, Schiedsgerichtsbarkeit, Rn. 608; Lachmann, a.a.O.; MüKo-ZPO/*Münch*, vor § 1034 Rn. 48; Schwab/Walter, a.a.O.

473 Zu der Frage, inwiefern die Schiedsrichter verpflichtet sind, das Verfahren zügig durchzuführen, siehe unten C.II.

nigung in Bezug auf eine Kündigung nur schwer zu erzielen sein. Eine Ausnahme bildet hier lediglich § 1038 Abs. 1 S. 2 ZPO wonach eine Partei bei fehlender Einigung eine gerichtliche Entscheidung über die Beendigung des Amtes erwirken kann. Sind aber beide Parteien mit dem schleppenden Fortgang des Verfahrens unzufrieden, da beide eine schnelle Entscheidung haben wollen und führen dies auch beide auf das Verhalten eines Schiedsrichters zurück, ist eine einvernehmliche Beendigung durchaus denkbar.

Damit ist allerdings noch nicht gesagt, dass es sich bei der Kündigung auch tatsächlich um ein taugliches und daher empfehlenswertes Mittel handelt, um das Verfahren im Ergebnis zu beschleunigen. Vielmehr müssen die Parteien in diesem Fall eine Abwägung zwischen den Folgen einer weiteren Tätigkeit des missliebigen Schiedsrichters und den Folgen treffen, die eine Kündigung mit sich bringen würde. Im Falle der Beendigung des Schiedsrichteramtes müssen die Parteien sich auch über eine anderweitige Besetzung der Position Gedanken machen, so dass ein erneutes Bestellungsverfahren erforderlich und ein neuer Kandidat zu suchen ist. Das entspricht auch der Regelung in § 1039 Abs. 1 ZPO. Dies kann sich, wie schon die erstmalige Schiedsrichterbestellung, je nach Anforderungsprofil schwierig und damit zeitraubend gestalten. Zudem muss der neue Schiedsrichter sich auch erst einmal einen Überblick über den Fall verschaffen können.[474]

Im Übrigen kann es auch erforderlich sein, in Anwesenheit des neuen Schiedsrichters die mündliche Verhandlung, sofern diese schon stattgefunden hat, zumindest teilweise zu wiederholen, falls das Fehlverhalten des gekündigten Schiedsrichters bis zu einer Verweigerung des rechtlichen Gehörs gereicht hat.[475] Nur in Ausnahmefällen kommt eine Fortführung und Beendigung des Verfahrens ohne den ausgefallenen Schiedsrichter in Betracht.[476] Somit richten sich die Konsequenzen der Entscheidung für eine der Alternativen, also Kündigung des Schiedsrichtervertrags oder Fortsetzung mit dem vorhandenen Schiedsrichter, maßgeblich nach den konkreten Umständen. Bei einem entsprechend gravierenden Fehlverhalten eines Schiedsrichters kann eine Kündigung mit anschließender Neubesetzung der Position (und dem hierfür erforderlichen Aufwand) für eine straffe Fortsetzung des Verfahrens eine naheliegende Option sein. Von einem Mittel zur Verfahrensbeschleunigung im eigentlichen Sinne sollte hier dennoch

474 Blackaby/Partasides/Redfern/Hunter, International Arbitration, Rn. 4.142.

475 Vgl. auch Raeschke-Kessler/Berger, Recht und Praxis des Schiedsverfahrens, Rn. 558.

476 Vgl. hierzu Blackaby/Partasides/Redfern/Hunter, International Arbitration, Rn. 4.143, die von Fällen ausgehen, in denen eine Fortführung des Verfahrens durch die verbliebenen Schiedsrichter entweder in den anwendbaren Regeln vorgesehen oder von den Parteien vereinbart worden ist. Siehe auch Raeschke-Kessler/Berger, a.a.O.

nicht gesprochen werden, da die Kündigung des Schiedsrichtervertrags vielmehr eine Notlösung darstellt.

c) Kündigung der Schiedsvereinbarung

Unter bestimmten Voraussetzungen kommt auch eine Kündigung der Schiedsvereinbarung in Betracht. Hierfür bedarf es eines wichtigen Grundes.[477] Ein solcher wichtiger Grund kann etwa dann vorliegen, wenn die andere Partei sich beharrlich weigert, das Schiedsverfahren zu fördern.[478] Das Vorliegen dieser Voraussetzungen wurde beispielsweise für den Fall anerkannt, in dem sich eine Partei hartnäckig geweigert hat, den auf sie entfallenden Teil des Vorschusses an das Schiedsgericht zu zahlen.[479] Speziell in diesem Fall hätte die Gegenpartei neben der Kündigung der Schiedsvereinbarung auch noch die Möglichkeit, den Anteil der anderen Partei selbst zu bezahlen.[480] Soweit die Partei ein besonderes Interesse an einer raschen Durchführung, das heißt auch überhaupt an einer Fortsetzung des Verfahrens hat, wäre die Zahlung des gesamten Vorschusses hierfür die tauglichere Maßnahme als die Kündigung der Schiedsvereinbarung. Gleichwohl muss die betreffende Partei in dieser Konstellation abwägen, wie hoch der zu zahlende Betrag, ihr Interesse an einer raschen Beendigung des Verfahrens sowie gegebenenfalls auch ihre Chancen sind, das Verfahren zu gewinnen.[481]

Demgegenüber stellt eine Kündigung der Schiedsvereinbarung, mehr noch als die Kündigung des Schiedsrichtervertrages, eine sehr konsequente und auch endgültige Reaktion auf eine Verzögerung des Verfahrens dar. Sie ist ferner als Mittel zur Beschleunigung des Verfahrens nicht geeignet, da die Kündigung der Schiedsvereinbarung auch das Ende des Schiedsverfahrens und gerade keine (beschleunigte) Fortsetzung zur Folge hat. Somit ist an eine Kündigung der Schiedsvereinbarung als ultima ratio nur dann zu denken, wenn nicht nur eine bloße Verzögerung des Verfahrens zu befürchten ist, sondern vielmehr eine Fortsetzung des Verfahrens insgesamt nicht mehr aussichtsreich erscheint und die kündigende Partei an einer Durchführung auch nicht mehr interessiert ist. In

---

477 Lachmann, Hdb. Schiedsgerichtspraxis, Rn. 619; Musielak/*Voit*, ZPO, § 1029 Rn. 12; Schwab/Walter, Schiedsgerichtsbarkeit, Kap. 8 Rn. 11; Zöller/*Geimer*, ZPO, § 1029 Rn. 97.

478 Lachmann, Hdb. Schiedsgerichtspraxis, Rn. 620; Kreindler/Schäfer/Wolff, Schiedsgerichtsbarkeit, Rn. 227; Raeschke-Kessler/Berger, Recht und Praxis des Schiedsverfahrens, Rn. 392; Schwab/Walter, Schiedsgerichtsbarkeit, Kap. 8 Rn. 11.

479 BGH, NJW 1985, S. 1903 (1904).

480 Kreindler/Schäfer/Wolff, Schiedsgerichtsbarkeit, Rn. 601; Raeschke-Kessler/Berger, Recht und Praxis des Schiedsverfahrens, Rn. 395.

481 Vgl. auch Kreindler/Schäfer/Wolff, a.a.O.

diesem Fall stünde der Partei dann in der Konsequenz wiederum der Rechtsweg zu den staatlichen Gerichten zur Verfolgung ihres Begehrens zur Verfügung.[482]

Nach dem Gesagten zeigt sich, dass die Parteien nach Besetzung des Schiedsgerichts sehr wenige Möglichkeiten haben, um das Schiedsverfahren voranzutreiben, wenn sie den Eindruck haben, dass es nicht in die richtige Richtung läuft. Insofern sind sie auf das Wohlwollen, das heißt die Mitwirkung der anderen Partei sowie des Schiedsgerichts angewiesen. Eine weitere Gestaltung des Verfahrens kommt nur über eine Vereinbarung hinsichtlich des Verfahrensverlaufs, idealerweise zusammen mit dem Schiedsgericht in Betracht.

C. Möglichkeiten des Schiedsgerichts

I. Ausgangspunkt

Die Schiedsrichter nehmen eine Schlüsselstellung im Schiedsverfahren ein. Denn bei aller gegebenen Gestaltungsfreiheit der Parteien, die die Schiedsrichter überhaupt erst bestellen und sie damit in ihre Position versetzen, liegt das Verfahren doch ab einem gewissen Punkt nicht unerheblich in der Hand der Schiedsrichter. Im Übrigen sind sie es auch, die schließlich den Schiedsspruch erlassen. Wie soeben festgestellt, sind die Einflussmöglichkeiten der Parteien nach der Besetzung des Schiedsgerichts eingeschränkt. Demgegenüber verfügen die Schiedsrichter ab diesem Zeitpunkt über das Maß an Einfluss, welches ihnen von den Parteien (und auch von den jeweils anwendbaren Verfahrensregeln) übertragen worden ist.[483] Demzufolge findet im Laufe des Verfahrens eine fortschreitende Übertragung der Befugnisse von den Parteien auf das Schiedsgericht statt, welches also nach und nach gleichsam das Ruder übernimmt.[484]

Obwohl die Schiedsrichter ihre Befugnisse hauptsächlich von den Parteien erhalten, zumal jedenfalls zu Beginn auch nur diese einen Eindruck vom Inhalt der Streitigkeit haben, können die Schiedsrichter auch von sich aus und von Beginn an gute Voraussetzungen für das Verfahren schaffen. Denn wie bereits erörtert[485], sollten die Schiedsrichter von vorneherein darauf achten, dass sie ein Amt als Schiedsrichter nur dann annehmen, wenn, soweit vorhersehbar, gewährleistet

---

482 Lachmann, Hdb. Schiedsgerichtspraxis, Rn. 631; Raeschke-Kessler/Berger, Recht und Praxis des Schiedsverfahrens, Rn. 394; Zöller/*Geimer*, ZPO, § 1029 Rn. 105.

483 Blackaby/Partasides/Redfern/Hunter, International Arbitration, Rn. 5.06.

484 Blackaby/Partasides/Redfern/Hunter, International Arbitration, Rn. 5.07; Webster, Arb. Int'l 2003, S. 119 (133).

485 Siehe oben B.I.2.c).

ist, dass sie dem Verfahren die gebührende Zeit und Aufmerksamkeit widmen können. In diesem Punkt sind wiederum die Parteien auf die Schiedsrichter angewiesen. Je mehr die Schiedsrichter im weiteren Verlauf einen Eindruck vom konkreten Inhalt und der Reichweite des Falles bekommen, desto mehr können sie auch selbst beurteilen, worauf es ankommt und somit das Verfahren selbst beeinflussen und lenken, um für ein möglichst angemessenes und effizientes Verfahren sorgen.

II. Pflicht zur Verfahrensbeschleunigung

Bevor nun im Einzelnen darauf eingegangen wird, wie die Schiedsrichter konkret dafür sorgen können, dass ein Verfahren im gebotenen Maße zügig vonstatten geht, ist zuvor noch ein Schritt auf einer früheren Stufe zu machen. Es wäre eine maßgebliche Feststellung, wenn man sagen könnte und müsste, dass es nicht nur eine Möglichkeit (oder auch vielfältige Möglichkeiten) des Schiedsgerichts gibt, zur Verfahrensbeschleunigung beizutragen, sondern vielmehr sogar eine Pflicht hierzu.[486] Dies würde zwar grundsätzlich nichts an den bestehenden Möglichkeiten[487] ändern, würde die Rolle des Schiedsgerichts aber trotzdem in einem anderen Licht erscheinen lassen. Denn eine explizite Pflicht zur Förderung und Beschleunigung des Verfahrens, unabhängig davon, woher diese genau stammen mag, würde einer Forderung nach einer Verkürzung der Verfahrensdauer besonderen Nachdruck verleihen. Als Grundlage für eine solche Förderungs- oder Beschleunigungspflicht kommen einerseits die gesetzlichen Vorschriften oder die anwendbaren Verfahrensregeln sowie andererseits der Schiedsrichtervertrag in Betracht, den die Schiedsrichter mit den Parteien abschließen.

1. Gesetzlich auferlegte Pflichten

Ob die Schiedsrichter bereits eine aus dem Gesetz folgende Pflicht haben, für ein möglichst zügiges Verfahren zu sorgen, kann nicht isoliert betrachtet werden. Vielmehr spielen in diesem Zusammenhang auch weitere gesetzliche Pflichten der Schiedsrichter eine Rolle, welche ihrerseits mit einer beschleunigten Verfahrensführung in ein Verhältnis gesetzt werden müssen. Folglich ist zu untersuchen, welche Auswirkungen die weiteren gesetzlichen Pflichten der Schiedsrich-

486 Insofern treffend Rubino-Sammartano, FS Sandrock, S. 801 (803): „Quickness as a duty and not as a luxury“.

487 Siehe unten III.

ter auf eine Pflicht und auch auf die Möglichkeit haben, ein zügiges Schiedsverfahren anzustreben.

a) Grundsatz der Gewährung rechtlichen Gehörs

Der Anspruch auf Gewährung rechtlichen Gehörs stellt einen der elementaren Grundsätze des Schiedsverfahrensrechts dar – mit Blick auf Art. 103 Abs. 1 GG freilich nicht auf das Schiedsverfahrensrecht beschränkt. Dieser ergibt sich in der Regelung der ZPO aus § 1042 Abs. 1 S. 2 und gehört zu den zwingenden gesetzlichen Vorschriften, die, wie auch aus § 1042 Abs. 3 ZPO hervorgeht, nicht durch eine Vereinbarung der Parteien abbedungen werden können.[488] Ferner zeigt sich der zwingende Charakter und die überragende Bedeutung dieses Rechts der Parteien auch darin, dass ein Verstoß gegen dieses Recht einen möglichen Grund für die Aufhebung des Schiedsspruchs im Sinne des § 1059 Abs. 2 Nr. 1 lit. b, lit. d, Nr. 2 lit. b ZPO darstellt.[489] Demzufolge gehört die Gewährung rechtlichen Gehörs auch zu den Hauptpflichten, die die Schiedsrichter zu beachten haben. Somit ist der Anspruch der Parteien auf Gewährung rechtlichen Gehörs auch bei aller Bemühung um eine Beschleunigung des Schiedsverfahrens nicht aus den Augen zu verlieren. Vielmehr ist diesem als zwingender gesetzlicher Bestimmung im Verhältnis zu einer möglichst zügigen Durchführung des Verfahrens stets der Vorrang einzuräumen. Daraus ergibt sich für das konkrete Verhalten der Schiedsrichter, dass ihre Maßnahmen, die auf die Erreichung eines raschen Verfahrens gerichtet sind, nicht dazu führen dürfen, dass den Parteien, oder auch nur einer der Parteien, das rechtliche Gehör entzogen wird.

Aus diesem Grund kann es beispielsweise, wie bereits zuvor angedeutet wurde[490], zugunsten der Gewährung rechtlichen Gehörs geboten sein, eine mündliche Verhandlung durchzuführen – wobei dies keinesfalls zwingend ist[491] –, auch wenn dies einige Zeit in Anspruch nehmen und demnach das Verfahren im Ergebnis unter Umständen deutlich verlängern kann. Wird eine mündliche Verhandlung durchgeführt, so muss diese auch so lang bemessen sein, dass beide Parteien in Anbetracht des konkreten Falles ausreichend Gelegenheit zur Darstel-

488 Vgl. im Zusammenhang mit internationalen Schiedsverfahren Blackaby/Partasides/Redfern/Hunter, International Arbitration, Rn. 10.47.

489 Kreindler/Schäfer/Wolff, Schiedsgerichtsbarkeit, Rn. 711; Musielak/*Voit*, ZPO, § 1042 Rn. 6; Schwab/Walter, Schiedsgerichtsbarkeit, Kap. 15 Rn. 1.

490 Siehe oben 1. Teil Kap. 2 C.I.

491 Vgl. Kreindler/Schäfer/Wolff, Schiedsgerichtsbarkeit, Rn. 708; Lachmann, Hdb. Schiedsgerichtspraxis, Rn. 1326; Musielak/*Voit*, ZPO, § 1042 Rn. 5; Schwab/Walter, Schiedsgerichtsbarkeit, Kap. 15 Rn. 2.

lung ihres Standpunktes bekommen.[492] Auch wenn es um die Zulassung eines (weiteren) Vorbringens der Parteien geht, hat das Schiedsgericht stets zu prüfen, inwiefern dies im Interesse des rechtlichen Gehörs geboten erscheint. Insofern muss das Schiedsgericht im Einzelfall jeweils eine Abwägung treffen, welche allerdings im Zweifel auch auf Kosten der Verfahrensdauer und zugunsten des rechtlichen Gehörs ausfallen sollte. Dennoch obliegt es dem Schiedsgericht auch, zu erkennen, wann es sich schlicht um Verzögerungsversuche einer Partei handelt[493] und der Anspruch auf rechtliches Gehör gar nicht berührt ist.[494] Im Übrigen erfordert die Gewährung rechtlichen Gehörs auch, dass sich das Schiedsgericht mit dem von den Parteien Vorgebrachten in gebührendem Maße auseinandersetzt und sich demnach auch die erforderliche Zeit nimmt, bevor es zu einer Entscheidung gelangt.[495]

Folglich könnte man den Anspruch auf Gewährung rechtlichen Gehörs als eine Art naturgegebenen Gegenspieler oder Gegengewicht zur Beschleunigung eines Schiedsverfahrens betrachten. Gleichwohl gilt der Anspruch auf Gewährung rechtlichen Gehörs auch nicht unbegrenzt. Vielmehr erfährt er Einschränkungen, vor allem in Gestalt von Präklusionsvorschriften, die es also einer Partei auferlegen, ihr Vorbringen zu einem möglichst frühen Zeitpunkt im Verfahren geltend zu machen, da sie später damit nicht mehr gehört wird. Eine solche Beschränkung kommt wiederum der Verfahrenseffizienz zugute[496], da man sich in einem späteren Stadium darauf verlassen kann, sich nicht mehr mit Fragen beschäftigen zu müssen, die bereits viel früher im Zusammenhang (und somit schneller) hätten behandelt werden können. Auch die Regelung des § 1048 ZPO in Bezug auf die Säumnis stellt in gewisser Weise eine Einschränkung der Gewährung rechtlichen Gehörs zugunsten einer Fortsetzung des Verfahrens dar. Insofern stellen der Anspruch auf Gewährung rechtlichen Gehörs auf der einen sowie die Beschleunigung des Schiedsverfahrens auf der anderen Seite tatsächlich sich gegenüberstehende Interessen dar, die vom Schiedsgericht abzuwägen sind. Dass aufgrund des zwingenden Charakters des rechtlichen Gehörs diesem in der Regel der Vorzug gebührt, wird allerdings bereits durch den Gesetzgeber – vor allem mittels der Präklusionsvorschriften – zugunsten der Verfahrensbeschleunigung ein wenig aufgefangen.

---

492 Lachmann, Hdb. Schiedsgerichtspraxis, Rn. 1328.

493 Siehe hierzu unten III.4.

494 Vgl. Lachmann, Hdb. Schiedsgerichtspraxis, Rn. 1331.

495 Vgl. Kreindler/Schäfer/Wolff, Schiedsgerichtsbarkeit, Rn. 708; Lachmann, Hdb. Schiedsgerichtspraxis, Rn. 1352; Musielak/*Voit*, ZPO, § 1042 Rn. 5.

496 Vgl. BT-Drucks. 13/5274, S. 46; Kreindler/Schäfer/Wolff, Schiedsgerichtsbarkeit, Rn. 709; MüKo-ZPO/*Münch*, § 1042 Rn. 31.

b) Gleichbehandlungsgrundsatz

Ein weiterer Grundsatz, den das Schiedsgericht zwingend zu beachten hat und der für die Parteien gemäß § 1042 Abs. 3 ZPO ebenfalls nicht disponibel ist, ist der Grundsatz, dass beide Parteien gleich zu behandeln sind. Dieser ergibt sich aus § 1042 Abs. 1 S. 1 ZPO. Ein Verstoß gegen diesen Grundsatz kann ebenfalls gemäß § 1059 Abs. 2 Nr. 1 lit. b, lit. d, Nr. 2 lit. b ZPO die Aufhebbarkeit des Schiedsspruchs zur Folge haben.[497] Dieser Grundsatz ist vor allem dann von Bedeutung, wenn es um die Bemessung von Fristen oder sonstige Zeitvorgaben an die Parteien geht.[498] Hier hat das Schiedsgericht also dafür zu sorgen, dass, wenn eine Partei eine bestimmte Frist oder ein Zeitkontingent zur Verfügung gehabt hat, die entsprechende Möglichkeit auch der anderen Partei gegeben wird.

Insofern könnte man auch bezüglich des Gleichbehandlungsgrundsatzes auf den ersten Blick davon ausgehen, dass dieser gewissermaßen dem Bemühen um ein möglichst zügiges Verfahren entgegensteht, da auch er eine hinsichtlich beider Seiten gebührende Durchführung des Verfahrens verlangt. Andererseits kann es aus der Sicht des Schiedsgerichts auch geboten sein, auf ein (verzögerndes) Verhalten der anderen Partei zu reagieren. Denn der Gleichbehandlungsgrundsatz entfaltet auch eine negative oder Sperrwirkung dahingehend, dass einer Partei nicht gewährt werden darf, was der anderen Partei verweigert wurde.[499] Somit kann es aufgrund des Gleichbehandlungsgrundsatzes geboten sein, dass etwa im Rahmen der Beweisaufnahme beiden Parteien die gleiche Zeit eingeräumt und einem besonders umfangreichen (zusätzlichen) Beweisvortrag einer Partei ein Riegel vorgeschoben wird.[500] In diesem Fall würde sich die Beachtung des Gleichbehandlungsgrundsatzes zugleich auch zugunsten der Beschleunigung des Verfahrens auswirken.

In jedem Fall kann man, sowohl im Hinblick auf den Gleichbehandlungsgrundsatz als auch auf den Anspruch auf Gewährung rechtlichen Gehörs, festhalten, dass die Schiedsrichter hier stets eine Balance zwischen einem schnellen Verfahren und der Beachtung der zwingenden Grundsätze, also einem fairen

---

497 Lachmann, Hdb. Schiedsgerichtspraxis, Rn. 1290; Musielak/*Voit*, ZPO, § 1042 Rn. 2; Schwab/Walter, Schiedsgerichtsbarkeit, Kap. 15 Rn. 1.

498 Vgl. Kreindler/Schäfer/Wolff, Schiedsgerichtsbarkeit, Rn. 706; MüKo-ZPO/*Münch*, § 1042 Rn. 22; Musielak/*Voit*, ZPO, § 1042 Rn. 2.

499 Vgl. MüKo-ZPO/*Münch*, § 1042 Rn. 19.

500 Vgl. Böckstiegel, in: Böckstiegel (Hrsg.), Beweiserhebung in internationalen Schiedsverfahren, S. 1 (5).

Verfahren, finden müssen.[501] Die Grundlage, welche es dem Schiedsgericht ermöglichen sollte und auch kann, eine solche Abwägung vornehmen zu können, bildet das dem Schiedsgericht bei der Durchführung des Verfahrens zustehende Ermessen.[502] Dieses ist allerdings durch die zwingenden Verfahrensgrundsätze bereits begrenzt.

c) Exemplarische Regelungen

Schließlich ist nunmehr die Frage zu stellen, ob es auch Regelungen gibt, die dem Schiedsgericht explizit die Pflicht auferlegen, für eine zügige Durchführung des Verfahrens zu sorgen. Für die deutsche gesetzliche Regelung könnte sich eine solche Pflicht aus § 1042 Abs. 4 ZPO ergeben, wonach das Schiedsgericht die Regeln zur Durchführung des Verfahrens nach freiem Ermessen bestimmt. Hieraus könnte man die Verpflichtung herleiten, das Verfahren auch in sachgemäßer Weise zügig voranzubringen.[503] Diese Annahme würde allerdings voraussetzen, dass es eine grundlegende Pflicht des Schiedsrichters gibt, für ein zügiges Verfahren zu sorgen, so dass diese Pflicht auch stets im Rahmen eines dem Schiedsgericht eingeräumten Ermessens zu berücksichtigen wäre. Eine explizite Normierung einer solchen Pflicht des Schiedsgerichts findet sich jedoch an keiner Stelle in der Regelung der ZPO. Insofern erscheint es auch voreilig, diese Pflicht in das freie Ermessen des Schiedsgerichts hineinzulesen. Dass das Gesetz aber davon ausgeht, dass es eine Verpflichtung der Schiedsrichter gibt, das Verfahren voranzutreiben, ergibt sich zumindest mittelbar aus der Möglichkeit der Abberufung eines Schiedsrichters nach § 1038 Abs. 1 ZPO, wenn dieser seinen Aufgaben nicht innerhalb einer angemessenen Frist nachkommt. Hierin kann jedenfalls eine zurückhaltende Normierung einer Verfahrensförderungspflicht des Schiedsgerichts gesehen werden.

Auf eine explizit normierte Pflicht stößt man, wenn man über eine rein nationale Betrachtung hinausgeht und Art. 33 (1)(b) des English Arbitration Act von 1996 als Beispiel heranzieht. Nach dieser Vorschrift soll das Schiedsgericht (frei übersetzt) seine Verfahrensführung orientiert an den Umständen der konkreten Streitigkeit auf die Vermeidung von Verzögerungen ausrichten, um eine faire Streiterledigung zu gewährleisten. Bei dieser Regelung zeigt sich, dass diese aus verschiedenen Elementen zusammengesetzt, also nicht allein auf eine Beschleunigung des Schiedsverfahrens durch das Schiedsgericht ausgerichtet ist. Das

---

501 Vgl. Bernardini, Arb. Int'l 2004, S. 113 (121); Blackaby/Partasides/Redfern/Hunter, International Arbitration, Rn. 6.276; Fortier, ICCA Congress Series No. 9 (1998), S. 396; Newmark, in: Newman/Hill (Hrsg.), Leading Arbitrators' Guide, S. 81 (96).

502 Fortier, ICCA Congress Series No. 9 (1998), S. 396 (397).

503 So MüKo-ZPO/*Münch*, § 1042 Rn. 103

bedeutet, dass die zügige Durchführung des Verfahrens nicht das einzige Ziel der Regelung und zudem auch kein Selbstzweck sein soll.

Vielmehr wird zunächst betont, dass das Schiedsgericht die Umstände des konkreten Falles zu berücksichtigen hat, also nicht um jeden Preis eine schnelle Beendigung des Verfahrens herbeiführen soll. Ganz abgesehen davon ist auch nicht explizit von einer Beschleunigung, sondern lediglich von einer Vermeidung unnötiger Verzögerungen die Rede. Wie gesagt soll diese Verfahrensführung in der gebotenen Kürze, wie man die Wendung vielleicht zusammenfassen kann, auch kein Selbstzweck sein. Die Vermeidung von unnötigen Verzögerungen und Aufwand soll darüber hinaus dazu dienen, eine faire Konfliktlösung zu erreichen.[504] Dieser Artikel im English Arbitration Act statuiert zusammengefasst somit die Verpflichtung des Schiedsgerichts, sich, in dem Maße, welches nach den konkreten Umständen erforderlich und angemessen erscheint, um die Erreichung eines möglichst reibungslosen Verfahrens zu bemühen, indem Verzögerungen entgegengewirkt wird. Dass es sich hierbei tatsächlich um eine gesetzliche Pflicht der Schiedsrichter handelt, wird daraus deutlich, dass ein Verstoß hiergegen zu einer Entlassung des Schiedsrichters durch das staatliche Gericht (Art. 24 (2)) oder zu einer Aufhebung des Schiedsspruchs (Art. 68) führen kann.[505]

Auch in einigen institutionellen Schiedsordnungen finden sich Bestimmungen, die eine Beschleunigung des Verfahrens durch das Schiedsgericht vorsehen. Beispielsweise hat das Schiedsgericht nach § 33.1 DIS-SchO das Verfahren zügig zu führen und in angemessener Zeit einen Schiedsspruch zu erlassen. Diese Vorschrift enthält also mit zügiger Verfahrensführung und angemessener Zeit zum Erlass eines Schiedsspruchs zwei Begrifflichkeiten, die in erster Linie eine Beschleunigung des Verfahrens betreffen. Eine Beschränkung auf eine zügige Durchführung des Verfahrens im Rahmen der Umstände des konkreten Falles geht aus dieser Regelung, jedenfalls isoliert betrachtet, nicht hervor. Insofern wird dem Schiedsgericht durch § 33.1 DIS-SchO tatsächlich eine Pflicht auferlegt, die – im Unterschied zur englischen Regelung – einzig auf ein rasches Verfahren ausgerichtet ist. Eine ähnliche Bestimmung findet sich auch in der ICC-SchO. Nach Art. 25 Abs. 1 hat das Schiedsgericht in möglichst kurzer Zeit den Sachverhalt mit allen angemessenen Mitteln festzustellen. Zudem sieht, wie schon einmal erwähnt[506], Art. 30 Abs. 1 ICC-SchO für den Erlass des Schiedsspruchs eine Frist von sechs Monaten vor.[507] Zudem sehen die neuen ICC-Regeln

---

504 Im Original heißt es: „[…] to provide a fair means for the resolution […]“.

505 Vgl. hierzu Blackaby/Partasides/Redfern/Hunter, International Arbitration, Rn. 5.65.

506 Siehe oben 1. Teil Kap. 3 C.II.

507 Dies wird allerdings dadurch wieder eingeschränkt, dass der Gerichtshof nach Art. 30 Abs. 2 SchO diese Frist auch verlängern kann [siehe hierzu unten Kap. 5 A.V.2.].

in der Fassung vom 01.01.2012[508] in Art. 22 Abs. 1 eine Verpflichtung des Schiedsgerichts sowie der Parteien vor, das Verfahren zügig und kosteneffizient zu führen.[509] Hierbei soll aber auch der Streitwert und die Komplexität des Falles im Auge behalten werden. Insofern besteht auch im Falle des Art. 22 Abs. 1 ICC-SchO die Pflicht zur effizienten Verfahrensführung nicht uneingeschränkt. Dies gilt umso mehr, als in Art. 22 Abs. 4 ICC-SchO die Pflicht des Schiedsgerichts zur Gewährleistung eines fairen Verfahrens und des ausreichenden rechtlichen Gehörs für beide Parteien statuiert ist. Danach ist die Pflicht des Schiedsgerichts zur Gewährleistung eines effizienten Verfahrens stets im Zusammenhang und unter dem Vorbehalt eines fairen Verfahrens zu lesen.

Die Regelung in Art. 14.1(ii) der LCIA Rules ist vom Umfang und auch vom Wortlaut her an die Regelung des English Arbitration Act angelehnt. Auch hierin wird die Pflicht des Schiedsgerichts statuiert, bei seiner an den konkreten Umständen orientierten Verfahrensführung unnötige Verzögerungen zu vermeiden um eine faire Entscheidung zu erreichen. Im Übrigen haben gemäß Art. 14.2 LCIA Rules auch die Parteien alles für eine reibungslose Durchführung des Verfahrens zu tun. Auch im Falle der LCIA Rules steht also, wie in Art. 22 ICC-SchO, die Pflicht der Schiedsrichter zur effizienten Verfahrensführung systematisch direkt neben der Verankerung des Anspruchs auf rechtliches Gehör und des Gleichbehandlungsgrundsatzes in Art. 14.1(i). Jedenfalls aus dieser Stellung heraus stellt sie also eine gleichwertige Pflicht der Schiedsrichter dar.

Auch aus diesen exemplarisch dargestellten Vorschriften wird deutlich, dass vielfach eine Pflicht der Schiedsrichter, zur Beschleunigung des Verfahrens beizutragen, statuiert wird, auch wenn die jeweilige Ausgestaltung unterschiedlich ist. Diese reicht von einer „reinen" Pflicht zur zügigen Durchführung bis zu einer einzelfallorientierten und damit flexibleren Pflicht der Schiedsrichter. Dabei ist freilich auch in der Regelung der DIS-SchO, welche keine weiteren Einschränkungen vorsieht, stets der Anspruch auf rechtliches Gehör sowie der Gleichbehandlungsgrundsatz zu beachten.[510] Jedenfalls stellt aber in den behandelten Fällen das Hinwirken auf ein möglichst zügiges Verfahren, je nachdem, ob eine dieser Verfahrensordnungen im konkreten Fall anwendbar ist, tatsächlich

508 Abrufbar unter: http://www.iccwbo.org/products-and-services/arbitration-and-adr/arbitration/icc-rules-of-arbitration/. Vgl. allgemein zu den Neuerungen der ICC-SchO Sessler/Voser, SchiedsVZ 2012, 120.

509 Ein weiteres Beispiel für eine solche Verpflichtung des Schiedsgerichts und der Parteien bildet Art. 15 (7) der neuen Schweizer Regeln in der Fassung vom 01.06.2012. Vgl. dazu Ehle/Jahnel, SchiedsVZ 2012, 169 und zu beschleunigten Verfahren nach den Schweizer Regeln unten Kap.5 A.IV.

510 Das geht auch aus § 26.1 DIS-SchO hervor.

eine explizite Verpflichtung und gerade nicht nur eine bestehende Möglichkeit des Schiedsgerichts dar.

2. (Vertragliche) Pflichten gegenüber den Parteien

Über solche aus dem Gesetz bzw. aus einem anwendbaren Regelwerk hervorgehenden Pflichten hinaus, könnte sich eine Pflicht des Schiedsgerichts zur Verfahrensbeschleunigung auch unmittelbar aus dem Verhältnis zu den Parteien, konkret also aus dem Schiedsrichtervertrag ergeben. Es versteht sich von selbst, dass eine derartige Pflicht dann in jedem Fall besteht, wenn sie explizit im Vertrag festgehalten worden ist. Aber auch ohne eine ausdrückliche Regelung wird im Allgemeinen davon ausgegangen, dass das Schiedsgericht die Verpflichtung trifft, sich bestmöglich am Schiedsverfahren zu beteiligen und für eine alsbaldige Erledigung zu sorgen, was im Ergebnis eine Pflicht darstellt, das Verfahren zu beschleunigen.[511] Dies wird bereits aus der Erwartung der Parteien gefolgert, welche sich gerade für ein Schiedsverfahren entscheiden und dabei auch bewusst eine Schiedsrichterwahl für ihr Verfahren treffen.[512]

Demgegenüber besteht aber auch die Pflicht der Schiedsrichter, lediglich die ihnen zustehenden Befugnisse auszuüben, das heißt vor allem diejenigen, die ihnen von den Parteien übertragen worden sind. Wenn also der Schiedsrichtervertrag Einschränkungen vorsieht oder die Parteien sonstige Vereinbarungen getroffen haben, muss sich das Schiedsgericht auch hieran halten. Somit ist neben der Verfahrensförderungspflicht auch die Pflicht, sich an die Vorgaben der Parteien zu halten, zusammengefasst also die Parteiautonomie zu berücksichtigen. Folglich wird die eine Pflicht gegenüber den Parteien durch die andere Pflicht, die ebenfalls gegenüber den Parteien besteht – auch wenn der Vorrang der Parteivereinbarung vor dem schiedsrichterlichen Ermessen sich ebenfalls aus dem Gesetz ergibt – wieder eingeschränkt. Demnach stellt auch die Parteiautonomie – sowie ein sich hieraus möglicherweise verzögerndes Verhalten einer Partei – einen Gegenspieler zur Pflicht des Schiedsgerichts zu einer effizienten Verfahrensführung dar, so dass auch hier ein gewisser Konflikt besteht.[513] Hieraus folgt, dass das Schiedsgericht seiner Pflicht zur Förderung des Verfahrens gerade nur in dem Rahmen nachkommen kann, aber auch muss, der von den

511 Vgl. BGH, NJW 1986, S. 3077; ebenso Fouchard, ICCA Congress Series No. 9 (1998), S. 396 (403); Lachmann, Hdb. Schiedsgerichtspraxis, Rn. 4280; MüKo-ZPO/*Münch*, vor § 1034 Rn. 18; Musielak/*Voit*, ZPO, § 1035 Rn. 23;

512 Lachmann, a.a.O.

513 Vgl. Briner, FS Sandrock, S. 137 (142); Fortier, ICCA Congress Series No. 9 (1998), S. 396 (402); ähnlich Kaufmann-Kohler, Liber Amicorum Reymond, S. 153 (162).

Parteien vorgegeben worden ist. In einem weiteren Schritt folgt daraus auch, dass das Schiedsgericht dann, wenn beide Parteien übereinstimmend ein längeres Verfahren wünschen, sich auch an diese Vorgabe halten und sich mit weiteren Beschleunigungsbemühungen zurückhalten sollte.[514]

Nach diesen Ausführungen besteht also eine Pflicht des Schiedsgerichts, das Verfahren zügig durchzuführen und zu fördern. Diese Pflicht kann sich einerseits aus dem anzuwendenden Recht oder einer (institutionellen) Schiedsordnung ergeben, ist andererseits aber auch im Verhältnis des Schiedsgerichts zu den Parteien verankert, soweit diese dem Schiedsgericht keine anderweitigen Vorgaben gemacht haben.

III. Möglichkeiten zur Verfahrensbeschleunigung

Die Feststellung, dass eine solche Pflicht der Schiedsrichter besteht, ändert wie erwähnt grundsätzlich nichts daran, welche Möglichkeiten ihnen konkret zur Verfügung stehen, um das Verfahren tatsächlich beschleunigen oder jedenfalls auf ein aus zeitlicher Sicht vertretbares Maß beschränken zu können. Man kann gleichwohl festhalten, dass das Schiedsgericht diese Pflicht im Blick behalten muss, auch wenn sie durch Verfahrensgrundsätze wie den Anspruch auf rechtliches Gehör, Gleichbehandlung der Parteien sowie die Parteiautonomie eingeschränkt wird. Wenn also nachfolgend konkret auf die Tätigkeit des Schiedsgerichts eingegangen wird, sind stets die zugrunde liegende Verpflichtung zur Förderung des Verfahrens sowie die weiteren das Verhalten des Schiedsgerichts leitenden Prinzipien mit zu berücksichtigen.

1. Ordnung/Steuerung des Verfahrens

Zunächst ist bei der Konzeption und der Durchführung des Verfahrens seitens des Schiedsgerichts die Einsicht erforderlich, dass es nicht darum geht, den staatlichen Prozess zu kopieren. Vielmehr gilt es, den Eigenheiten des Schiedsverfahrens und damit auch dem Verlangen der Parteien – und der schiedsrichterlichen Pflicht – nach einer möglichst schnellen Entscheidung Rechnung zu tragen.[515] In einem Schiedsverfahren stehen dem Schiedsgericht ganz andere Möglichkeiten

514 Vgl. Gaillard, Liber Amicorum Gaudet, S. 28 (29); Newmark, in: Newman/Hill (Hrsg.), Leading Arbitrators' Guide, S. 81 (85).

515 Vgl. Marriott, Arb. Int'l 2000, S. 353; Peter, Arb. Int'l 2002, S. 47 (48); Rubino-Sammartano, FS Sandrock, S. 801 (803).

zur Verfügung, auf das Verfahren einzuwirken und dieses zu gestalten, als dies im staatlichen Prozess mit der bis ins Detail ausgestalteten Prozessordnung der Fall ist. Wenn und soweit also diesbezüglich noch keine Vorgaben durch die Parteien gemacht wurden, obliegt es im Wesentlichen dem Schiedsgericht, sich, abgesehen von der inhaltlichen Würdigung der Streitigkeit, um den eigentlichen Ablauf des Verfahrens zu kümmern. Die Befugnis, Entscheidungen über den allgemeinen Verfahrensablauf sowie über die besonderen Regeln des Verfahrens im Rahmen des dem Schiedsgericht in aller Regel zustehenden Ermessens zu treffen, bietet grundsätzlich eine Möglichkeit, mittels einer an den Voraussetzungen des konkreten Falles orientierten Verfahrensweise ein effizientes Verfahren zu erreichen.[516] Ganz zu Beginn der schiedsrichterlichen Tätigkeit geht es darum, den weiteren Verlauf des Schiedsverfahrens in Angriff zu nehmen und zu organisieren.

a) Festsetzung eines Zeitplans

Zu aller erst muss sich das Schiedsgericht also nicht nur Gedanken darüber machen, welche Schritte in der Folge zu unternehmen sind, sondern auch darüber, in welchem zeitlichen Rahmen sich diese ungefähr bewegen sollen. Hier sollte sich das Schiedsgericht möglichst frühzeitig ein Bild vom Gegenstand des Verfahrens verschaffen. Somit wird es wiederum in die Lage versetzt, einen umfassenden Rahmenzeitplan für das gesamte Verfahren aufzustellen. Hierin ist also die Zeit zu bestimmen, die das Schiedsgericht bis zum Erlass des Schiedsspruchs etwa einplant. Zudem ist zu klären, wann die einzelnen Verfahrensschritte erfolgen sollen und wie viel Zeit hierfür jeweils zu veranschlagen ist. Wenn das Schiedsgericht sich von Anfang an Gedanken über einen Zeitplan macht, hat das den Vorteil, dass das Augenmerk bei der weiteren Durchführung des Verfahrens jedenfalls auch auf die Einhaltung des Zeitplans gerichtet wird.[517] Es ist zwar nicht auszuschließen, dass das Verfahren eine Wendung nimmt, die zu einem so frühen Zeitpunkt noch nicht absehbar war und am Ende der Zeitplan doch nicht eingehalten werden kann. Dennoch bewirkt schon die Existenz eines konkreten Plans eine Fokussierung auf die Dauer des Verfahrens, welche im besten Fall zumindest eine Bemühung um ein zügiges Vorankommen zur Folge hat.

---

516 Vgl. Craig, in: Böckstiegel (Hrsg.), Beweiserhebung in internationalen Schiedsverfahren, S. 9 (24).

517 Vgl. Briner, FS Sandrock, S. 137 (140).

b) (Ständiger) Kontakt mit den Parteien

Fraglich ist, bezogen auf das Verfahren insgesamt, wie sehr das Schiedsgericht, tatsächlich die alleinige Kontrolle über das Verfahren übernehmen sollte. Diese würde darin bestehen, einseitig Vorgaben zu machen und die weiteren Schritte vorzuzeichnen. Das Schiedsgericht kann grundsätzlich, das heißt im Rahmen seiner Möglichkeiten aufgrund der konkreten Konstellation, den Parteien zu Beginn des Verfahrens einen Zeitplan sowie die einzelnen Verfahrensschritte und -regeln vorgeben. Allerdings ist zweifelhaft, ob solche verbindlichen und einseitigen Vorgaben für eine reibungslose Verfahrensführung förderlich sind. Die Alternative besteht darin, von Beginn an, das heißt auch schon bei der Entwicklung eines Zeitplans, den Dialog mit den Parteien zu suchen, diese also bei der Konzeption des Verfahrens einzubeziehen. Je mehr auch die Parteien in dieser Phase einbezogen werden, desto transparenter werden auch die Vorgehensweise des Schiedsgerichts und dessen Vorstellungen. Wenn bereits der Zeitplan mit den Parteien besprochen wird und auch die Ansicht der Parteien bei der Festlegung berücksichtigt wird, kann dies zu einer realistischen Beurteilung des zu veranschlagenden Zeitraums führen. Im Idealfall führt dies im Ergebnis zu einem tatsächlich fokussierten und zügigen Verfahren.[518] Diese Vorgehensweise ist, wie erwähnt[519], auch der Aufstellung eines Zeitplans allein durch die Parteien vorzuziehen, zumal auch hier die Parteien Gelegenheit bekommen, sich einzubringen. Gerade das ist auch gewünscht. Denn der Vorteil des frühzeitigen Austauschs besteht gerade darin, dass nicht nur das Schiedsgericht, sondern auch die Parteien die Gelegenheit erhalten, ihre Einschätzungen mit einfließen zu lassen, um eine bestmögliche Übereinstimmung herzustellen.[520]

Überhaupt tun die Schiedsrichter gut daran, von Anfang an für eine offene Kommunikation mit den Parteien und deren Vertretern zu sorgen.[521] Hierdurch wird für die weitere Durchführung des Verfahrens eine gute Arbeitsatmosphäre geschaffen.[522] Dagegen könnten einseitige und rigide Vorgaben eher zu einer gewissen Skepsis der Parteien gegenüber dem Schiedsgericht führen, die dem Verfahren hinderlich wäre. Der offene Dialog, um stets Einigkeit und Klarheit mit den Parteien herzustellen, im Gegensatz dazu, den Parteien eine bestimmte

518 Vgl. auch Newmark, in: Newman/Hill (Hrsg.), Leading Arbitrators' Guide, S. 81 (83); Rubino-Sammartano, FS Sandrock, S. 801 (806).

519 Siehe oben B.I.2.b).

520 Vgl. Paulsson, Arb. Int'l 2006, S. 19 (20).

521 Vgl. Bernardini, Arb. Int'l 2004, S. 113 (116).

522 Böckstiegel, Liber Amicorum Briner, S. 115 (118); Kreindler/Schäfer/Wolff, Schiedsgerichtsbarkeit, Rn. 800.

Vorgehensweise zu diktieren, wird auch als „Interactive Arbitration“[523] oder „Arbitrator Pro-Activity“[524] bezeichnet.[525] Wenn auf diese Weise von Beginn an eine gute Atmosphäre zwischen dem Schiedsgericht und den Parteien und damit auch eine gewisse Vertrauensbasis hergestellt wird, besteht auch die Möglichkeit, dass das Schiedsgericht für den weiteren Verfahrensverlauf eher in die Position versetzt wird, den Parteien genauere Vorgaben zu machen.[526] Freilich hat das Schiedsgericht stets auf die konkreten Umstände sowie darauf zu achten, ob ein steter Austausch mit den Parteien danach aussichtsreich und angebracht erscheint, oder sogar den Vorstellungen der Parteien zuwider läuft.[527] Die forsche und offene Herangehensweise sollte demnach nicht um jeden Preis verfolgt werden.

Gleichwohl wird neben der Kontaktaufnahme und einem gegenseitigen Kennenlernen hierdurch nicht zuletzt frühzeitig ein Kontakt zwischen den Parteien untereinander hergestellt. Zudem dient eine frühzeitige Beschäftigung mit dem Fall und dem Ablauf des Verfahrens auch einem ersten Zusammentreffen und einer Zusammenarbeit mit den anderen Schiedsrichtern, vor allem den (anderen) Parteischiedsrichtern, so dass auch in diesem Verhältnis auf eine konstruktive Atmosphäre hingewirkt werden kann.[528] Die Zusammenarbeit des Schiedsgerichts mit den Parteien bereits ab einem frühen Zeitpunkt im Verfahren stellt im Übrigen auch eines der Hauptanliegen des von der ICC herausgegebenen Reports „Techniques for Controlling Time and Costs in Arbitration“[529] dar.[530]

aa) Preliminary Hearings

Die Kontaktaufnahme des Schiedsgerichts mit den Parteien sollte möglichst früh, das heißt also so bald wie möglich nach der Besetzung des Schiedsgerichts erfolgen.[531] Im Interesse einer offenen und transparenten Kommunikation ist ein

523 Vgl. Bernardini, Arb. Int’l 2004, S. 113 (117); Cremades, Arb. Int’l 1998, S. 157.

524 So Newmark, in: Newman/Hill (Hrsg.), Leading Arbitrators’ Guide, S. 81 (82).

525 Darüber hinaus ist dieser Begrifflichkeit auch eigen, dass das Schiedsgericht sich insgesamt um das Verfahren bemüht und sich nicht lediglich als einen neutralen Punkt in einem Verfahren begreift, welches im Wesentlichen von den Parteien gestaltet und bestimmt wird.

526 Bernardini, Arb. Int’l 2004, S. 113 (117).

527 Vgl. Bernardini, Arb. Int’l 2004, S. 113 (117); Cremades, Arb. Int’l 1998, S. 157 (161); Lachmann, Hdb. Schiedsgerichtspraxis, Rn. 4489.

528 Vgl. Böckstiegel, Liber Amicorum Briner, S. 115 (117).

529 Abrufbar unter: http://www.iccwbo.org/uploadedFiles/TimeCost_E.pdf. Vgl. hierzu auch unten Kap. 5 B.III.

530 Vgl. auch Newmark, in: Newman/Hill (Hrsg.), Leading Arbitrators’ Guide, S. 81 (82).

531 Böckstiegel, Liber Amicorum Briner, S. 115 (118); van den Berg, in: Newman/Hill (Hrsg.), Leading Arbitrators’ Guide, S. 149 (155).

persönliches Treffen einem Kontakt etwa in Gestalt einer Telefon- oder Videokonferenz[532] vorzuziehen.[533] Ein solches Treffen zu einem frühen Zeitpunkt, ein „Preliminary Hearing“[534], oder auch „Preparatory“[535], „Pre-trial“[536] oder „Administrative“[537] Conference, dient, wie der Name schon nahelegt, zur Vorbereitung des Verfahrens und zur Klärung von Vorfragen.[538] Dabei erläutert das Schiedsgericht den Parteien in der Regel die von ihm vorgesehene Verfahrensweise.[539] So schaffen die Schiedsrichter neben einer gedeihlichen Kommunikation auch von Beginn an Klarheit und Einigkeit über wesentliche Verfahrensfragen[540], so dass spätere Fragen hierzu oder sogar Streitigkeiten über die Verfahrensweise bestmöglich vermieden werden können.[541]

Insbesondere ist ein solches Treffen dann sinnvoll und empfehlenswert, wenn die Parteien einen unterschiedlichen rechtlichen Hintergrund haben und daher auch unterschiedliche Vorstellungen hinsichtlich der Durchführung eines Schiedsverfahrens mitbringen.[542] Gerade bei solchen divergierenden Auffassungen ist es wichtig, möglichst früh zu einer gemeinsamen Vorstellung zu gelan-

532 Die Kontaktaufnahme per Telefon- oder Videokonferenz erfordert freilich weniger Aufwand als das persönliche Treffen und stellt in der Praxis (mittlerweile) auch eine gängige Alternative dar, vgl. Born, S. 1808.

533 So auch Blackaby/Partasides/Redfern/Hunter, International Arbitration, Rn. 6.27; ähnlich Kreindler/Schäfer/Wolff, Schiedsgerichtsbarkeit, Rn. 800.

534 Blackaby/Partasides/Redfern/Hunter, International Arbitration, 6.28 sprechen in diesem Zusammenhang von „Preliminary Meeting“, um den kommunikativen und informellen Charakter eines solchen Termins hervorzuheben.

535 So Bernardini, Arb. Int’l 2004, S. 113 (119); van den Berg, in: Newman/Hill (Hrsg.), Leading Arbitrators’ Guide, S. 149 (155).

536 Vgl. Lachmann, Hdb. Schiedsgerichtspraxis, Rn. 4487.

537 Holtzmann, Arb. Int’l 1995, S. 39 (47). Eine „Administrative Conference“ ist auch in Art. R-9 AAA Commercial Arbitration Rules and Mediation Procedures (im Folgenden: AAA Rules) vorgesehen. Allerdings wird hierunter eine Konferenz zwischen den Parteien und der Institution verstanden, bei der es unter anderem auch erst um die Besetzung des Schiedsgerichts gehen kann, so dass diese Konferenz zu einem früheren Zeitpunkt stattfindet und gerade nicht die Kommunikation zwischen Schiedsgericht und Parteien betrifft.

538 Auch Art. 24 (1) ICC-SchO in Verbindung mit Anhang IV in der Fassung vom 01.01.2012 sieht explizit die Durchführung einer „Case-Management-Conference“ vor.

539 Bernardini, Arb. Int’l 2004, S. 113 (120); Kreindler/Schäfer/Wolff, Schiedsgerichtsbarkeit, Rn. 798; Meier, SchiedsVZ 2009, S. 152 (153).

540 Vgl. Born, S. 1807; van den Berg, in: Newman/Hill (Hrsg.), Leading Arbitrators’ Guide, S. 149 (156); Welser/De Berti, Austrian Arbitration Yearbook 2010, S. 79 (81).

541 Lionnet/Lionnet, Hdb. Schiedsgerichtsbarkeit, S. 297, gehen davon aus, dass ein solches Zusammentreffen für die Parteien auch eine Kontrolle der Ermessensausübung des Schiedsgerichts ermöglicht.

542 Böckstiegel, FS Schlosser, S. 49 (58); Brower/Sharpe, in: Newman/Hill (Hrsg.), Leading Arbitrators’ Guide, S. 303 (308); Holtzmann, Arb. Int’l 1995, S. 39 (48).

gen.[543] In diesem Fall ist es auch angebracht, gesondert auf die Fragen der Methoden zur Beweiserbringung einzugehen, so dass auch Streitigkeiten in diesem Punkt, die das Verfahren blockieren könnten, möglichst der Boden entzogen wird.[544] Im Übrigen kommt durch eine vorherige Absprache bezüglich der Beweisregeln gar nicht erst der Verdacht einer Partei gegenüber dem Schiedsgericht auf, dass ihr das rechtliche Gehör in irgendeiner Weise verweigert wird.[545] Wenn man auf ein allseitiges Einverständnis hinarbeitet, wird insgesamt der Gefahr, dass es zu Unstimmigkeiten im und über den Verfahrensverlauf kommt oder sogar der Schiedsspruch später angefochten wird, entgegengewirkt.[546]

Darüber hinaus ist ein vorbereitendes Treffen nicht nur für die verfahrensrechtlichen Fragen von Bedeutung, sondern auch für administrative Zwecke. Soweit es auch um den zeitlichen Ablauf des Verfahrens geht, könnte bereits zu diesem Zeitpunkt die grundsätzliche Verfügbarkeit der Beteiligten in einem bestimmten Zeitraum geklärt und eingegrenzt werden. Auf diese Weise könnten weitere Termine für Besprechungen oder auch die mündliche Verhandlung möglichst einverständlich gefunden werden. So wäre es auch weniger wahrscheinlich, dass kurzfristig vor einem anberaumten Termin einer der Beteiligten feststellt und mitteilt, dass er den Termin nicht wahrnehmen kann, so dass eine neue Terminierung erforderlich wäre.[547] Um schließlich zu gewährleisten, dass der Zweck dieses Treffens, also eine frühzeitige Klarstellung prozessualer Fragestellungen, nachhaltige Wirkung er- und behält, kann es für das Schiedsgericht empfehlenswert sein, die Ergebnisse der Besprechung schriftlich festzuhalten.[548] Dieses kann in Gestalt einer Prozessverfügung („Procedural Order (No. 1)") an die Parteien geschickt und hierzu gegebenenfalls noch die Zustimmung der Parteien eingeholt werden.[549]

Zum Teil wird darauf hingewiesen, dass die Durchführung eines solchen vorbereitenden Termins nicht in allen Fällen im Sinne einer effizienten Verfahrensführung sein muss.[550] Zur Begründung wird angeführt, dass ein Zusammen-

543 Vgl. Blackaby/Partasides/Redfern/Hunter, International Arbitration, Rn. 6.27.

544 Vgl. Brower/Sharpe, in: Newman/Hill (Hrsg.), Leading Arbitrators' Guide, S. 303 (309); Craig, in: Böckstiegel (Hrsg.), Beweiserhebung in internationalen Schiedsverfahren, S. 9 (27); Cremades, Arb. Int'l 1998, S. 157 (165).

545 Briner, FS Sandrock, S. 137 (143).

546 Vgl. Bernardini, Arb. Int'l 2004, S. 113 (120).

547 Vgl. Nagel, FS Firsching, S. 191 (198).

548 Born, S. 1809.

549 Vgl. dazu Born, a.a.O.; Meier, SchiedsVZ 2009, S. 152 (155); van den Berg, in: Newman/Hill (Hrsg.), Leading Arbitrators' Guide, S. 149 (158); Welser/De Berti, Austrian Arbitration Yearbook 2010, S. 79 (82).

550 So, jedenfalls im Sinne einer Diskussionsgrundlage, Welser/De Berti, Austrian Arbitration Yearbook 2010, S. 79 (80).

treffen, dessen Zweck allein in der Behandlung organisatorischer Fragen besteht, keinen Zeitgewinn, sondern sogar eine Zeitverschwendung darstelle.[551] In diesem Zusammenhang ist eine differenzierte Betrachtung vorzunehmen. In einem eilbedürftigen, insbesondere also einem Fast-Track-Verfahren[552], bedarf es tatsächlich einer Abwägung, ob ein einzig organisatorisches Treffen dem knappen Zeitplan gerecht wird. Anderenfalls könnte man sich auch darauf konzentrieren, die Ressourcen, also die wenige zur Verfügung stehende Zeit, dafür zu nutzen, das Verfahren inhaltlich voranzutreiben.[553] Wenn es also im konkreten Fall (logistisch) aufwendig ist, alle Beteiligten tatsächlich an einen Tisch zu bringen, kann man von einem solchen Treffen absehen und, wie zu Beginn dieses Abschnitts erwähnt, stattdessen auf eine Telefonkonferenz zurückgreifen. Unter Umständen kann also eine Konferenz – im Sinne eines persönlichen Zusammentreffens – zur Vorbereitung des Verfahrens aufgrund der wenigen Zeit oder auch wegen der Unkompliziertheit der Streitigkeit als ein ungerechtfertigter Aufwand erscheinen.

Dennoch ist es aus Sicht des Schiedsgerichts sinnvoll, zu Beginn des Verfahrens die Vorgehensweise mit den Parteien wenigstens kurz, und sei es „notfalls" auch nur in einer Telefon- oder Videokonferenz, zu besprechen. Dies gilt auch und gerade dann, wenn es um die Einhaltung eines bestimmten Zeitplans geht, da so alle Beteiligten idealerweise eine Übereinkunft dahingehend treffen können, wie das Verfahren (in der Kürze der Zeit) am besten bewältigt werden kann. Je umfangreicher das Verfahren ist, desto eher empfiehlt es sich wiederum, auch mehr Aufwand zu Beginn des Verfahrens zu betreiben, um für einen möglichst ungehinderten organisatorischen Ablauf zu sorgen. In diesem Fall fällt auch der Aufwand und die für eine solche Konferenz vergehende Zeit, verglichen mit dem durch die Organisation für den weiteren Verlauf im besten Fall erzielten Zeitgewinn, nicht mehr nennenswert ins Gewicht. Demnach wäre auch – schon wegen der oben erörterten Vorteile – ein persönliches Treffen nicht unangemessen, sondern vielmehr tatsächlich empfehlenswert.

bb) Pre-hearing Conferences

Von einem solchen allgemeinen vorbereitenden Treffen, unabhängig davon, ob man hier von „Preliminary Hearing" oder „Meeting" oder schlicht von einer „Preparatory Conference" spricht, ist eine sogenannte „Pre-hearing Conference" zu unterscheiden. Diese geht, wie wiederum aus der Bezeichnung hervorgeht, einer (bereits terminierten) mündlichen Verhandlung voraus. Indes ist eine exak-

---

551 Welser/De Berti, a.a.O.

552 Siehe hierzu unten Kap. 5 A.

553 So auch Welser/De Berti, Austrian Arbitration Yearbook 2010, S. 79 (80).

te Abgrenzung zwischen diesen beiden Arten von vorbereitenden Zusammenkünften nicht ganz einfach, zumal die Terminologie auch nicht ganz trennscharf verwendet wird.[554] Daher soll an dieser Stelle noch einmal klargestellt werden, dass für die folgenden Bemerkungen davon auszugehen ist, dass unter „Pre-hearing Conference" die Situation verstanden wird, welche nach dem ersten Austausch von Schriftsätzen aber noch vor der (ersten) mündlichen Verhandlung erfolgt. Diese Zusammenkunft ist also gerade dadurch gekennzeichnet, dass bereits ein gewisses Verständnis der jeweiligen Standpunkte besteht. Hier geht es nicht um die Konzeption des Verfahrens als Ganzes, sondern lediglich um Fragen, die sich konkret auf den Ablauf und Umfang der bevorstehenden mündlichen Verhandlung beziehen.[555]

Der Vorteil einer „Pre-hearing Conference" besteht darin, dass solche vornehmlich administrativen Fragen nicht noch am ersten Verhandlungstag behandelt werden müssen und dadurch einige Zeit verloren gehen und die Zeitplanung durcheinander geraten kann.[556] Allerdings ist es auch nicht ratsam, diese Konferenz zu nah an der mündlichen Verhandlung stattfinden zu lassen, da dann der Gestaltungs- und Handlungsspielraum wegen der Kürze der Zeit eingeschränkt sein kann.[557] Was die Art und Weise der Konferenz angeht, so dürfte in diesem Fall, jedenfalls angesichts eines möglicherweise großen Reiseaufwands für mindestens einen der Beteiligten, eine zeit- und kostensparende Telefon- oder Videokonferenz ausreichend sein. Der notwendige Aufwand wird hier maßgeblich auch vom Umfang der Streitigkeit und damit der bevorstehenden Verhandlung beeinflusst. Geht es um ein relativ kleines und wenig kompliziertes Verfahren, wird sich die vorherige Absprache auch relativ kurz halten lassen. Dies rechtfertigt sich vor allem durch den Zweck, der in Abgrenzung zum ersten Aufeinandertreffen bei einem „Preliminary Hearing" nicht (auch) in einem Kennenlernen und der Schaffung einer möglichst konstruktiven Atmosphäre besteht. Vielmehr erschöpft sich der Zweck „allein" in der Behandlung grundlegender Fragen zur Vorgehensweise in der mündlichen Verhandlung.

Konkret kann in einem solchen Termin beispielsweise auf die Anzahl der Zeugen und die Art und Weise der Vernehmung, auf möglicherweise benannte Sachverständige und insgesamt auf die zu behandelnden Fragen und die Reihen-

---

554 Meier, SchiedsVZ 2009, S. 152 (153) spricht etwa, obwohl sie grundsätzlich schon eine begriffliche Unterscheidung zwischen Preliminary Hearings und Pre-hearing Conferences vornimmt, in Bezug auf letztere von einem ersten offiziellen Kontakt zwischen den Beteiligten, was eher für das hier dargestellte Verständnis eines Preliminary Hearings spricht.

555 Dieser Unterscheidung folgen auch Blackaby/Partasides/Redfern/Hunter, International Arbitration, Rn. 6.27.

556 Vgl. van den Berg, in: Newman/Hill (Hrsg.), Leading Arbitrators' Guide, S. 149 (167).

557 Vgl. Blackaby/Partasides/Redfern/Hunter, International Arbitration, Rn. 6.193.

folge des Vortrags eingegangen werden. Wie bereits zuvor angedeutet[558], kann in einem solchen, der mündlichen Verhandlung vorausgehenden Termin auch, jedenfalls vorsichtig, die Vergleichsbereitschaft der Parteien hinterfragt werden.[559] Dennoch muss und sollte das Schiedsgericht hier nicht versuchen, mit aller Macht einen Vergleich herbeizuführen.[560]

Schließlich ist auch darauf hinzuweisen, dass das Institut einer „Pre-hearing Conference", jedenfalls einer vorbereitenden Besprechung mit den Parteien im Laufe eines Schiedsverfahrens, auch in einigen Schiedsordnungen explizit vorgesehen ist. Als Beispiel kann hier zunächst Art. 47 der WIPO Arbitration Rules herangezogen werden. Danach kann das Schiedsgericht nach Erhalt der Klageerwiderung eine „Preparatory Conference" zur Klärung der weiteren Verfahrensweise anordnen. Ebenso sieht Art. 16.2 der ICDR Arbitration Rules die Möglichkeit einer „Preparatory Conference" vor, um das weitere Vorgehen zu vereinbaren und das folgende Verfahren so zu beschleunigen. Schließlich sei noch Rule 21 (1) der ICSID Arbitration Rules genannt, welche es dem Ermessen des vorsitzenden Schiedsrichters unterstellt, eine „Pre-hearing Conference" mit den Parteien abzuhalten. Dabei sollen auch unstreitige Tatsachen herausgestellt werden, um das Verfahren zu beschleunigen. Auch angesichts dieser beispielhaft genannten Regelungen zeigt sich, dass aufgrund der uneinheitlichen Terminologie nur schwer eine klare Grenze zwischen dem hier vertretenen Verständnis einer „Pre-hearing Conference" und der in den manchen Regelwerken so genannten „Preparatory Conference" gezogen werden kann. Obwohl aber die Grenzen zwischen diesen beiden Instituten insoweit fließend sind, besteht in beiden Fällen der Grundgedanke darin, dass man sich zu einem möglichst frühen Zeitpunkt zusammensetzt, um Fragen des Ablaufs des Verfahrens oder auch der mündlichen Verhandlung zu klären. Auf diese Weise wird ein Beitrag zu einem reibungslosen Verfahrensverlauf geleistet.

c) Hinwirken auf einen Vergleich

Da ein Vergleich zwischen den Parteien eine vorzeitige Beendigung des Verfahrens und damit eine unter Umständen signifikante Zeitersparnis bedeutet, stellen Vergleichsbemühungen aus der Sicht des Schiedsrichters eine attraktive Möglichkeit zur Verfahrensbeschleunigung dar. Inwiefern das Schiedsgericht die Pflicht, oder überhaupt das Recht besitzt, aktiv auf einen Vergleich hinzuwirken, ist eine gerade für internationale Schiedsverfahren viel diskutierte Frage. Diese

---

558 Siehe oben 1. Teil Kap. 3 B.II.1.

559 Vgl. Meier, SchiedsVZ 2009, S. 152 (154).

560 Siehe hierzu sogleich c).

Diskussion kann hier nicht in allen Einzelheiten dargestellt werden, so dass nur die grundlegenden widerstreitenden Standpunkte skizziert werden sollen. Die aktive Verfolgung einer gütlichen Einigung gehört eher zu den Gepflogenheiten des Civil Law-Rechtskreises, welcher gerade durch eine sehr aktive Rolle des (Schieds-)Richters gekennzeichnet ist. Für das deutsche (staatliche) Verfahrensrecht ergibt sich dies schon aus § 278 Abs. 1 ZPO, wonach das Gericht in jeder Phase des Verfahrens auf eine gütliche Beilegung des Rechtsstreits bedacht sein soll. Für das Schiedsverfahren findet sich eine entsprechende Regelung etwa in § 32.1 DIS-SchO. Demgegenüber kommt dem (Schieds-)Richter nach der Common Law-Tradition eine weniger aktive Rolle zu und die Initiative im Verfahren liegt hauptsächlich bei den Parteien, das heißt in der Regel bei deren Anwälten. Demzufolge ist es nach diesem Verständnis unüblich, wenn der Schiedsrichter selbst die Initiative übernimmt und Vergleichsverhandlungen anstößt oder sogar selbst einen Vergleichsvorschlag unterbreitet.[561] Dies kann sogar im Hinblick auf die Unparteilichkeit des Schiedsrichters als problematisch empfunden werden.[562] Somit ist in einem internationalen Schiedsverfahren eine gewisse Zurückhaltung des Schiedsgerichts bei seinen Bestrebungen um einen Vergleich geboten, um nicht mit möglicherweise entgegenstehenden Vorstellungen der Parteien in Konflikt zu geraten.

In jedem Fall sollte das Schiedsgericht, auch wenn es keine tatsächlich aktive Position einnehmen möchte, in jeder Phase des Verfahrens zumindest ein offenes Ohr für ein mögliches Vergleichspotential haben und potentielle Konstellationen für einen Vergleich überprüfen, um sich gegenüber einer (vorzeitigen) gütlichen Beendigung des Verfahrens offen zu zeigen.[563] Dies kann bereits aus der Verpflichtung des Schiedsgerichts gefolgert werden, auf eine zeitige Beendigung des Verfahrens hinzuwirken.[564] Zu dieser Aufgabe des Schiedsgerichts gehört es auch, anhand der Umstände des konkreten Falles zu beurteilen, ob ein Vergleich bereits in einer frühen Phase des Verfahrens möglich erscheint.[565] Wie schon

561 Dendorfer, SchiedsVZ 2009, S. 276 (278); Lachmann, Hdb. Schiedsgerichtspraxis, Rn. 4601.

562 Vgl. Collins, Arb. Int'l 2003, S. 333 (337); Elsing, SchiedsVZ 2011, S. 114 (118); Kreindler/Schäfer/Wolff, Schiedsgerichtsbarkeit, Rn. 867; Newmark, in: Newman/Hill (Hrsg.), Leading Arbitrators' Guide, S. 81 (88).

563 Vgl. Lachmann, Hdb. Schiedsgerichtspraxis, Rn. 4605; ähnlich Raeschke-Kessler, FS Glossner, S. 255 (257).

564 Gegen eine tatsächliche Pflicht des Schiedsgerichts, einen Vergleich herbeizuführen, wird allerdings eingewendet, dass die Parteien sich gerade für ein Schiedsverfahren, also eine bindende Streitentscheidung durch ein Schiedsgericht und eben nicht für eine Form der einvernehmlichen Streitbeilegung entschieden haben, vgl. Collins, Arb. Int'l 2003, S. 333 (343); Dendorfer, SchiedsVZ 2009, S. 276 (280); Lachmann, Hdb. Schiedsgerichtspraxis, Rn. 4603.

565 Vgl. Horvath, SchiedsVZ 2005, S. 292 (295).

angedeutet[566] kann sich beispielsweise eine „Pre-hearing Conference" zum Ausloten des Vergleichspotentials anbieten, da hier die jeweiligen Standpunkte jedenfalls in Grundzügen bereits bekannt sind.[567] Diese Möglichkeit im Rahmen einer „Pre-hearing Conference" ist beispielsweise in Rule 21 (2) ICSID Arbitration Rules explizit vorgesehen.

Insgesamt kann das Schiedsgericht, wie bereits erörtert[568], die Parteien dazu bewegen, selbst über ihre Aussichten und damit ihre Vergleichsbereitschaft nachzudenken, indem es ihnen zumindest grob mitteilt, welche Punkte es für wesentlich hält.[569] Eine aktivere Position kann jedenfalls (nur) dann unproblematisch übernommen werden, wenn beide Parteien hiermit einverstanden sind oder Vergleichsgespräche sogar explizit wünschen.[570] Diesem Ansatz folgt beispielsweise auch Abschnitt 4 (d) der IBA Guidelines on Conflict of Interest in International Arbitration[571]. Danach kann das Schiedsgericht den Parteien beim Erreichen eines Vergleichs hilfreich zur Seite stehen, benötigt hierfür aber eine ausdrückliche Erklärung der Parteien, aus der hervorgeht, dass derlei Bemühungen sich nicht negativ auf seine weitere Tätigkeit als Schiedsrichter auswirken. Auch Art. 21 Abs. 3 ICC-SchO legt dem Schiedsrichter eine schlichtende Funktion nur dann nahe, wenn die Parteien ihm diese Befugnis durch Vereinbarung übertragen haben. Ebenfalls als eher unproblematisch wird es angesehen, wenn das Schiedsgericht, sobald es den Eindruck gewinnt, dass ein Vergleich aussichtsreich erscheint, den Parteien Vergleichsgespräche nahelegt, ohne sich aber selbst daran zu beteiligen.[572] Jedenfalls kämen auf diese Weise Zweifel an der Unparteilichkeit des Schiedsgerichts nicht auf, da das Schiedsgericht selbst keinen Vorschlag unterbreitet. Diese Möglichkeit zum Anstoß von Vergleichsgesprächen ist beispielsweise in Art. 65(a) WIPO Arbitration Rules vorgesehen.

Es zeigt sich also, dass das Schiedsgericht jedenfalls dann, wenn es die gebotene Zurückhaltung an den Tag legt, durchaus die Augen offen halten kann, um

566 Siehe oben b).

567 So auch Horvath, a.a.O.

568 Siehe oben 1. Teil Kap. 3 B.II.2.

569 Vgl. Collins, Arb. Int'l 2003, S. 333 (334); Dendorfer, SchiedsVZ 2009, S. 276 (279); Elsing, SchiedsVZ 2011, S. 114 (118); Horvath, SchiedsVZ 2005, S. 292 (295); Marriott, ICCA Congress Series No. 10 (2000), S. 80 (81); Raeschke-Kessler, Arb. Int'l 2005, S. 523 (531); Rivkin, Arb. Int'l 2008, S. 375 (381).

570 Vgl. Collins, Arb. Int'l 2003, S. 333 (335); Dendorfer, SchiedsVZ 2009, S. 276 (281); Kreindler/Schäfer/Wolff, Schiedsgerichtsbarkeit, Rn. 867; Raeschke-Kessler/Berger, Recht und Praxis des Schiedsverfahrens, Rn. 824.

571 Abrufbar unter: http://www.ibanet.org/Publications/publications_IBA_ guides_and_free_materials.aspx.

572 Vgl. Collins, Arb. Int'l 2003, S. 333 (335); Dendorfer, SchiedsVZ 2009, S. 276 (281); Horvath, SchiedsVZ 2005, S. 292 (296).

die Möglichkeit einer vergleichsweisen Beilegung der Streitigkeit zu prüfen. Wie intensiv es sich letztlich darum bemüht oder bemühen sollte, einen Vergleich herbeizuführen, hängt maßgeblich von den Umständen des Einzelfalls. Hierbei geht es insbesondere um die inhaltliche Entwicklung der Streitigkeit sowie die Offenheit der Parteien gegenüber einem Vergleich. Auch wenn die Zeitersparnis einer der naheliegenden Beweggründe dafür ist, über einen Vergleich nachzudenken und einen solchen zu fördern, sollte das Schiedsgericht dennoch nicht den Eindruck erwecken, dass es ihm allein um eine Verkürzung des Verfahrens und damit seiner Tätigkeit geht.[573] Die Pflicht, das Verfahren zu fördern und für eine möglichst zügige Beendigung des Verfahrens ist vielmehr eng mit den Interessen der Parteien verknüpft, so dass bei einer vorzeitigen vergleichsweisen Beendigung des Verfahrens und den Bemühungen darum auch die wohlverstandenen Interessen der Parteien im Vordergrund stehen sollten.

2. Hinweise im Sinne des § 139 ZPO

Zur Beschleunigung des Schiedsverfahrens und zur Überbrückung möglicher Phasen der Stagnation im Verfahren könnte es auch beitragen, wenn das Schiedsgericht den Parteien zu gegebener Zeit Hinweise gibt.[574] Diese könnten beispielsweise darauf gerichtet sein, zu welchen Punkten ein Vortrag der Parteien noch sachdienlich wäre. Inwiefern dies zum Tragen kommt, hängt auch davon ab, ob das Schiedsgericht solche Hinweise geben muss oder aber überhaupt darf. Diese Fragestellung weist einige Parallelen zu der Frage der aktiven Bemühung um einen Vergleich auf, geht es doch auch hier um die Ausgestaltung und Reichweite der (aktiven) schiedsrichterlichen Tätigkeit. Für den deutschen Zivilprozess folgt die Hinweispflicht des Gerichts aus § 139 Abs. 1 S. 2 ZPO, wonach das Gericht dahin zu wirken hat, dass die Parteien die erheblichen Tatsachen vortragen und gegebenenfalls einen unzureichenden Vortrag ergänzen. Folglich stellt sich die Frage, inwiefern auch das Schiedsgericht diese Art von Hinweisen geben muss, insbesondere ob die Regelung des § 139 ZPO im Schiedsverfahren Geltung beansprucht.

a) Hinweispflicht des Schiedsgerichts

Diskutiert wird eine Hinweispflicht des Schiedsgerichts etwa im Zusammenhang mit dem Anspruch der Parteien auf Gewährung rechtlichen Gehörs. Dabei könn-

573 Dendorfer, SchiedsVZ 2009, S. 276 (281); Lachmann, Hdb. Schiedsgerichtspraxis, Rn. 4603.
574 Vgl. im Ausgangspunkt Martens, SchiedsVZ 2009, S. 99 (101).

te also die Pflicht des Schiedsgerichts, rechtliches Gehör zu gewähren[575] auch eine Hinweis- oder Aufklärungspflicht beinhalten. Eine Hinweispflicht wird aber allgemein – das heißt nicht auf die Schiedsgerichtsbarkeit beschränkt – nicht als Bestandteil der Gewährung rechtlichen Gehörs angesehen.[576] Wenn schon eine allgemeine Hinweispflicht zur Gewährung rechtlichen Gehörs verneint wird, muss dies auch für das Schiedsverfahren gelten.[577] Eine entsprechende Hinweispflicht ist allerdings dann anzunehmen, wenn die Parteien eine solche, oder allgemein ein Verfahren nach den im staatlichen Zivilprozess geltenden Vorschriften, das heißt einschließlich des § 139 ZPO, vereinbart haben.[578] Wenn die Parteien also Hinweise seitens des Gerichts wünschen, hat das Schiedsgericht diesem Anliegen auch zu entsprechen. Anderenfalls ist aber eine Pflicht des Schiedsgerichts in dieser Hinsicht, jedenfalls im Zusammenhang mit der Gewährung rechtlichen Gehörs, zu verneinen. Gleichwohl scheinen in Teilen des Schrifttums keine Bedenken dagegen zu bestehen, den § 139 ZPO selbst grundsätzlich im Schiedsverfahren anzuwenden, da vielfach von einer Verletzung oder Nichtbeachtung des § 139 ZPO gesprochen wird.[579] Dies ist jedenfalls insoweit zweifelhaft, als, wie bereits festgestellt wurde[580], eine Anwendung der übrigen Vorschriften der ZPO auf das Schiedsverfahren grundsätzlich nicht in Betracht kommt. Somit bedürfte es zumindest eines gewissen Begründungsaufwands, um dem Schiedsgericht die Pflichten aus § 139 ZPO, also auch die Hinweispflicht, aufzuerlegen. Immerhin haben die Parteien kraft ihrer Schiedsvereinbarung das staatliche Verfahren und damit die Vorschriften der ZPO außerhalb des Zehnten Buches bewusst abgewählt. Wenn man also davon ausgeht, dass eine Hinweispflicht im Hinblick auf die Gewährung rechtlichen Gehörs nicht geboten ist, besteht auch kein Grund dafür, die für den staatlichen Zivilprozess geltende Vorschrift des § 139 ZPO im Schiedsverfahren zur Anwendung zu bringen.

---

575 Siehe oben II.1.a).

576 BVerfG, NJW 1980, S. 1093; BGH, NJW 1983, S. 867; Lachmann, Hdb. Schiedsgerichtspraxis, Rn. 1300; MüKo-ZPO/*Münch*, § 1042 Rn. 39; Zöller/*Geimer*, ZPO, § 1042 Rn. 13.

577 BGH, NJW 1990, S. 3210 (3211); BGH, NJW 1983, S. 867; BGH, NJW 1959, S. 2213 (2214); Lachmann, a.a.O.; im Ergebnis ebenso Musielak/*Voit*, ZPO, § 1042 Rn. 13; Raeschke-Kessler/Berger, Recht und Praxis des Schiedsverfahrens, Rn. 654; Schwab/Walter, Schiedsgerichtsbarkeit, Kap. 15 Rn. 3.

578 BGH, NJW 1983, S. 867 (868); Kreindler/Schäfer/Wolff, Schiedsgerichtsbarkeit, Rn. 865; Lachmann, Hdb. Schiedsgerichtspraxis, Rn. 1302; MüKo-ZPO/*Münch*, § 1042 Rn. 39; Musielak/*Voit*, ZPO, § 1042 Rn. 13; Raeschke-Kessler/Berger, Recht und Praxis des Schiedsverfahrens, Rn. 659.

579 So etwa Schwab/Walter, Schiedsgerichtsbarkeit, Kap. 15 Rn. 3; Zöller/*Geimer*, ZPO, § 1042 Rn. 13.

580 Siehe oben Einl. A.II.

b) „Hinweisrecht" des Schiedsgerichts

Eine andere Frage ist aber, ob das Schiedsgericht dennoch – losgelöst von der unmittelbaren Geltung des § 139 ZPO – ein Recht besitzt, solche Hinweise zu geben, um das Verfahren voranzubringen oder jedenfalls zu verhindern, dass das Verfahren sich in eine falsche Richtung entwickelt. Insbesondere im Hinblick auf internationale Schiedsverfahren ist, da wie erwähnt gerade im Common Law-Rechtskreis eine eher zurückhaltende Rolle des Schiedsrichters üblich ist, eine Hinweispflicht des Schiedsgerichts und damit auch ein korrespondierendes Recht problematisch.[581] Insofern ist seitens eines Schiedsgerichts, wenn Parteien aus einem Rechtssystem stammen, dem derartige Hinweis fremd sind, eine gewisse Zurückhaltung angebracht. Gleichwohl bestehen, auch in internationalen Verfahren, dann keine Bedenken gegen Hinweise des Schiedsgerichts, wenn der Vortrag der Parteien nicht den Punkten entspricht, auf die es dem Schiedsgericht ankommt.[582] Diese lenkende Einwirkung seitens des Schiedsgerichts entspricht auch dem Interesse der Parteien an einer zügigen Durchführung und Beendigung des Verfahrens. Geht es dabei zudem um den Vortrag beider Parteien, setzt sich das Schiedsgericht auch nicht dem Verdacht der Parteilichkeit oder Voreingenommenheit aus, welcher der Akzeptanz von Hinweisen des Schiedsgerichts entgegenstehen könnte.

In einem solchen Fall sind Hinweise des Schiedsgerichts jedenfalls im nationalen Kontext – wohl schon wegen der Gewohnheit der Beachtung des § 139 ZPO im staatlichen Verfahren – durchaus verbreitet.[583] Zum Teil wird ein Recht des Schiedsrichters zum Hinweis auf vollständige und sachdienliche Parteivorträge auch direkt aus § 139 ZPO abgeleitet, ohne die Anwendbarkeit zu problematisieren[584], was wie erwähnt nicht unproblematisch ist. Die in internationalen Schiedsverfahren, insbesondere unter Mitwirkung von Beteiligten aus Common Law-Staaten, anzutreffende Skepsis gegenüber Hinweisen des Schiedsgerichts wird beispielsweise in Art. 5.2 LCIA Rules reflektiert. Dieser sieht vor, dass kein Schiedsrichter eine Partei in Bezug auf den Inhalt oder den Ausgang der Streitigkeit beraten darf. Hierin zeigt sich, dass dem Schiedsrichter nach der Konzeption der LCIA Rules eine im Verhältnis zu den Parteien sehr zurückhaltende Rolle zukommen soll. Dem Schiedsgericht Hinweise in Bezug auf einen sachdienlichen Vortrag zu gestatten, fiele angesichts dieser Regelung jedenfalls

581 Vgl. Lachmann, Hdb. Schiedsgerichtspraxis, Rn. 1300; Martens, SchiedsVZ 2009, S. 99 (101).

582 Vgl. Lachmann, Hdb. Schiedsgerichtspraxis, Rn. 1302; Raeschke-Kessler/Berger, Recht und Praxis des Schiedsverfahrens, Rn. 657.

583 Vgl. Raeschke-Kessler/Berger, Recht und Praxis des Schiedsverfahrens, Rn. 657.

584 So Raeschke-Kessler, FS Glossner, S. 255 (261).

schwerer als nach dem deutschen Verständnis der richterlichen Tätigkeit. Demgegenüber wird das Schiedsgericht gemäß Art. 2 Abs. 3 IBA Rules[585] explizit aufgefordert, den Parteien, sobald es dies für angebracht hält, zu verstehen zu geben, welche Punkte des Falles es für bedeutend hält. Danach ist das Schiedsgericht also zumindest in gewissem Maße ermächtigt und auch aufgerufen, den Parteien Hinweise zu geben. Aus dieser Bestimmung in den IBA Rules ergibt sich also, dass Hinweise des Schiedsgerichts bezogen auf den Vortrag der Parteien auch der internationalen Schiedsgerichtsbarkeit nicht ganz fremd sind.

Gleichwohl muss das Schiedsgericht nach dem Gesagten dann, wenn es erwägt, den Parteien Hinweise bezüglich eines sachdienlichen Vortrags oder der Ergänzung des Vortrags zu geben, die Umstände des konkreten Falles berücksichtigen. Liegt eine entsprechende Vereinbarung der Parteien vor, so ergibt sich mit der daraus resultierenden Hinweispflicht notwendigerweise auch die Ermächtigung, Hinweise zu geben. Ansonsten sind, neben den anwendbaren Verfahrensregeln, besonders die Herkunft der Parteien und die hieraus zu folgernden Erwartungen in die Erwägungen des Schiedsgerichts einzubeziehen. Auch angesichts des Art. 3 Abs. 2 IBA Rules dürfte dem Schiedsgericht ein vorhergehender Hinweis (an beide Parteien) auf die aus seiner Sicht wichtigen Aspekte des Falles gestattet sein. Wenn es allerdings um die Ergänzung des Vortrags womöglich auch nur einer Partei geht, sollte das Schiedsgericht unter Beachtung der genannten Umstände mit weiteren Hinweisen vorsichtiger sein.

3. Maßnahmen im Zusammenhang mit der Beweisaufnahme

Bereits an früherer Stelle wurde gesagt, dass die Beweisaufnahme in Verbindung mit der mündlichen Verhandlung den Kern des Schiedsverfahrens und nicht zuletzt auch eine Art neuralgischen Punkt darstellt, da in dieser Phase in besonderem Maße Zeit verloren gehen kann.[586] Demnach kann die Überwachung und Begrenzung der Dauer dieses Abschnitts durch das Schiedsgericht auch als eine Aufgabe von besonderer Bedeutung angesehen werden. Nachdem das Schiedsgericht also möglichst eine gute und konstruktive Atmosphäre und Ausgangsposition geschaffen hat, stellt der Prozess der Beweisaufnahme und -würdigung wenn man so will die zweite Phase im Verfahren dar, in der hinsichtlich der Dauer viel vom Schiedsgericht abhängt.

585 Siehe hierzu auch unten Kap. 5 B.II.3.a).

586 Siehe oben 1. Teil Kap. 2 C.

a) Bestimmung der Beweisregeln

Wie bereits an verschiedener Stelle in die Bearbeitung eingeflossen ist, genießt das Schiedsgericht in Abwesenheit einer anderweitigen Vereinbarung durch die Parteien ein weites Ermessen bei der Ausgestaltung der Beweisregeln.[587] Demnach besteht auch grundsätzlich die Möglichkeit, das Beweisverfahren im Hinblick auf die Umstände und Anforderungen des konkreten Verfahrens maßzuschneidern, um eine möglichst große Effizienz zu erreichen. Das Schiedsgericht ist also nicht gehalten, das Verfahren nach einem bestehenden Muster ablaufen zu lassen, unabhängig davon, ob dieses zum Fall passt.[588] In diesem Zusammenhang wird allerdings eingewandt, dass gerade diese Freiheit und das Ermessen des Schiedsgerichts nur dann tatsächlich von Vorteil sind, wenn die Schiedsrichter hiermit auch umzugehen wissen. Deswegen wird vorgeschlagen, zumindest die Freiheit des Schiedsgerichts – nicht dagegen die der Parteien – dahingehend einzuschränken, dass gerade für das Beweisverfahren genauere Regeln festgeschrieben werden, um eine gewisse Vorhersehbarkeit des Verfahrens zu erreichen.[589] *Park* weist auch darauf hin, dass sich gerade im Bereich der Beweisaufnahme vielfach eine Art Konsens oder übliche Vorgehensweise durchgesetzt hat[590], so dass im Grunde nichts dagegen spreche, diese in (verbindlichen) Regeln festzuschreiben.[591]

Genau an dieser Stelle wird aber ein Kritikpunkt an einem verbindlichen Regelwerk deutlich. Denn wenn man davon ausgeht, dass es vielfach bereits internationale Standards oder Kompromisse gibt, ist eine Fixierung solcher Standards in einer verbindlichen Art und Weise gerade nicht erforderlich. Vielmehr kann das Schiedsgericht, wenn es dies für erforderlich hält, auf diese Standards zurückgreifen. Das Schiedsgericht muss dies aber nicht tun, wenn es nach den konkreten Umständen nicht angebracht erscheint. Eine Zusammenstellung solcher internationalen Usancen, ohne dass diese verbindlichen Charakter hätte, findet sich beispielsweise in den IBA Rules[592]. Auch die IBA Rules spiegeln einen gewissen internationalen Standard wider[593], begrenzen aber nicht die Ermessensausübung des Schiedsgerichts. Das ist genau der Unterschied zwischen

---

587 Siehe oben 1. Teil Kap. 2 C.III.1.c).

588 So im Ausgangspunkt auch Park, Arb. Int'l 2003, S. 279 (281).

589 Park, a.a.O.

590 Siehe auch oben 1. Teil Kap. 2 C.III.2. und E.

591 Park, Arb. Int'l 2003, S. 279 (292).

592 Vgl. hierzu unten Kap. 5 B.II.

593 Voser, SchiedsVZ 2005, S. 113 (116), ist der Ansicht dass auch durch solche internationalen Standards, ohne dass diese in verbindlichen Regeln festgehalten werden, ein höherer Grad an Vorhersehbarkeit erreicht wird.

einer flexiblen Gestaltungsmöglichkeit und einer festen Schablone, die ungeachtet der konkreten Umstände anzuwenden ist.

Im Übrigen haben die Parteien ihrerseits große Freiheiten bei der Zusammenstellung des Schiedsgerichts, so dass sie das Verfahren auch in dieser Hinsicht maßgeblich beeinflussen können. Zudem wird hier im Interesse der Erreichung eines möglichst effizienten Verfahrens davon ausgegangen bzw. gerade empfohlen, dass die Parteien sich auf Schiedsrichter festlegen, oder dies zumindest versuchen, die das Verfahren bestmöglich steuern können und demnach mit ihrer Freiheit umzugehen wissen. Durch eine Festlegung von Regeln diejenigen anzuleiten, die ihr Ermessen nicht in gebührender Weise auszuüben verstehen, würde zugleich bedeuten, denjenigen, die dies sehr wohl verstehen, diese Möglichkeit und damit die Flexibilität der Verfahrensgestaltung zu nehmen. Demnach ist auch die Bestimmung der Beweisregeln als eine maßgebliche Möglichkeit des Schiedsgerichts, eine an den konkreten Umständen orientiert effiziente Verfahrensführung zu etablieren, beizubehalten und nicht durch starre Regeln zu beschränken. Abschließend ist festzuhalten, dass in diesem Zusammenhang zurecht darauf hingewiesen wird, dass detailliert ausgestaltete und verbindliche Regeln auch das Risiko mit sich bringen, dass es zu Auslegungsschwierigkeiten und demzufolge auch zu (zeitraubenden) Auseinandersetzungen aufgrund der Regeln kommt.[594] Diesem Risiko kann man ebenfalls entgehen, wenn man die Durchführung im Einzelnen zu einem größeren Teil dem Ermessen des Schiedsgerichts vorbehält.

b) Begrenzung des Streitstoffs und der vorzutragenden Tatsachen

Das Schiedsgericht sollte sich vor Augen halten, dass die Beweisaufnahme[595], auch wenn die Parteien und Parteivertreter hierbei eine wesentliche Rolle spielen, dazu dienen soll, dem Schiedsgericht zur Findung einer Entscheidung des Falles zu verhelfen.[596] Demzufolge ist es – zumindest sollte es so sein – auch das Schiedsgericht, welches bestimmt, hinsichtlich welcher Tatsachen überhaupt Beweis erhoben werden soll.[597] Insofern ist auch in dieser Hinsicht eine aktive

---

594 So Lévy/Reed, ICCA Congress Series No. 13 (2006), S. 633 (640); ähnlich Cremades, ebenda, S. 645 (647).

595 Dies gilt auch bereits für den schriftsätzlichen Vortrag der Parteien. Daher sollte das Schiedsgericht auch, vorbehaltlich einer Parteivereinbarung, anhand der gewonnenen Erkenntnisse einschätzen, ob noch weitere Schriftsatzrunden (einschließlich der demzufolge abzuwartenden Fristen) erforderlich sind.

596 Vgl. Bernardini, Arb. Int'l 2004, S. 113 (121); Paulsson, Arb. Int'l 2006, S. 19 (20).

597 Marriott, Arb. Int'l 2000, S. 353 (354); Paulsson, a.a.O.; Raeschke-Kessler, in: Newman/Hill (Hrsg.), Leading Arbitrators' Guide, S. 415 (423).

Beteiligung des Schiedsgerichts bei der Ausgestaltung des Verfahrens erforderlich.[598] Wenn es sich um eine sehr umfangreiche Streitigkeit handelt, bei der abzusehen ist, dass die Beschaffung der notwendigen Materialien und Dokumente bereits einige Zeit in Anspruch nehmen wird, kann das Schiedsgericht auch anordnen, dass bereits früh, zunächst einmal zum Zwecke der Erlangung einer ersten Einschätzung, ein Teil der Beweismittel vorgelegt wird.[599] Dazu gehört es zunächst auch, dass das Schiedsgericht sich in der Lage befindet, die relevanten Tatsachen oder Themengebiete einigermaßen beurteilen zu können.[600] Diese Voraussetzung ist jedenfalls dann erfüllt, wenn sich das Schiedsgericht, etwa durch die Schriftsätze oder spätestens durch eingereichte Dokumente und schriftliche Zeugenaussagen, ein relativ umfassendes Bild von den relevanten und streitigen Tatsachen machen konnte. In der Folge obliegt es also dem Schiedsgericht, den Parteien vorzugeben, zu welchen Fragen noch vorgetragen werden soll.[601] Zudem kann das Schiedsgericht, um Überraschungen in Gestalt von spätem und möglicherweise umfangreichem Vorbringen aus dem Weg zu gehen, auch einen Zeitpunkt festsetzen, ab dem weitere Beweismittel nicht mehr akzeptiert werden.[602]

Auch an dieser Stelle kann wieder eine Unterscheidung zwischen den verschiedenen Beweismitteln getroffen werden.

aa) Begrenzung der Vorlage von Dokumenten

Was die Vorlage von Dokumenten als Beweismittel und deren Beschaffung angeht, sollte das Schiedsgericht darauf achten, dass etwaige Herausgabeverlangen nicht uferlos sind, sondern sich auf relevante Punkte beziehen. Eben diese Punkte sind auch vom Schiedsgericht zu definieren. Anderes mag aber dann gelten, wenn es einer Partei gelingt, das Schiedsgericht davon zu überzeugen, dass und wofür die von ihr verlangten Dokumente von Bedeutung sind. Einem derartigen Vorbringen der Parteien sollte allerdings nicht in allen Fällen gefolgt werden. Überhaupt besteht in vielen Fällen das Problem, dass die Schiedsrichter, weil sie es den Parteien recht machen wollen oder sich ihnen verpflichtet fühlen,

598 Vgl. Beerbower, Arb. Int'l 2011, S. 75 (83); Bernardini, Arb. Int'l 2004, S. 113 (121).

599 Vgl. Holtzmann, Arb. Int'l 1995, S. 39 (40), unter Hinweis auf eine entsprechende Vorgehensweise beim Iran-United States Claims Tribunal.

600 Vgl. Blackaby/Partasides/Redfern/Hunter, International Arbitration, Rn. 6.49.

601 Briner, FS Sandrock, S. 137 (143).

602 Born, S. 1826; Derains, FS Bülow, S. 31 (45); Hanotiau, in: Newman/Hill (Hrsg.), Leading Arbitrators' Guide, S. 359 (374).

einfach alle Beweismittel zulassen, die die Parteien vorbringen wollen.[603] Dies ist aber eine falsch verstandene Verpflichtung, insbesondere insofern, als dieses Verhalten auf Kosten der Verfahrensdauer geht. Demnach sollte es schon das Schiedsgericht[604] sein, welches die Linie vorgibt, es sei denn, ein Verlangen wird tatsächlich überzeugend vorgetragen.

Ein Stichwort, welches man nicht selten im Zusammenhang mit der Frage findet, welche Dokumente als Beweismittel im Einzelfall tatsächlich zuzulassen sind, ist der sogenannte „Redfern Schedule“. Gegenstand dieser Methode ist es, die herausverlangende Partei dazu zu veranlassen, dezidierter vorzutragen, aus welchem Grund und zu welchem Zweck genau die verlangten Beweismittel von Relevanz sind.[605] Durch eine Diskussion oder zumindest einen schriftlichen Austausch zwischen den Parteien hierüber können auch die jeweiligen Positionen klarer herausgestellt und das Schiedsgericht in die Lage versetzt werden, in Bezug auf die verlangten Dokumente eine Entscheidung darüber treffen zu können, ob diese von Bedeutung und daher herauszugeben sind.[606] Zu diesem Zweck wird, dem Namen der – in der Praxis durchaus verbreiteten[607] – Methode entsprechend, tatsächlich ein „Schedule“, also eine Auflistung mit vier Spalten aufgestellt, auf der die verlangende Partei vermerken muss, um welche Dokumente es genau geht und warum diese erforderlich sind. Auch die andere Partei erhält die Gelegenheit, zu vermerken, bis zu welchem Grad sie zur Herausgabe bereit ist und was gegen eine Herausgabe darüber hinaus spricht. In der letzten Spalte erhält schließlich das Schiedsgericht die Gelegenheit, seine jeweilige Entscheidung einzutragen.[608]

Die Aufstellung bietet dem Schiedsgericht eine fundierte Grundlage für die Entscheidung über das Herausgabeverlangen und somit zur möglichen Begren-

---

603 Bernardini, Arb. Int'l 2004, S. 113 (121); Blackaby/Partasides/Redfern/Hunter, International Arbitration, Rn. 6.50; Craig, in: Böckstiegel (Hrsg.), Beweiserhebung in internationalen Schiedsverfahren, S. 9 (24); Rivkin, Arb. Int'l 2008, S. 375 (379).

604 In diesem Zusammenhang wird vorgeschlagen, dem Schiedsgericht bei der Frage der Zulässigkeit von Herausgabeverlangen, wenn diese sehr umfangreich sind und vielfältige Einwände dagegen erhoben werden, im Interesse einer Zeitersparnis Hilfe in Gestalt eines „Document Production Master“ zukommen zu lassen, der die Fragen für das Schiedsgericht behandelt oder diesem dabei zumindest assistiert, vgl. van Houtte, Liber Amicorum Cremades, S. 1147 (1148). In diesem Fall würde dem „Document Production Master“ die Rolle eines vom Schiedsgericht benannten Sachverständigen zukommen.

605 Blackaby/Partasides/Redfern/Hunter, International Arbitration, Rn. 6.113.

606 Vgl. Blackaby/Partasides/Redfern/Hunter, International Arbitration, Rn. 6.114; van den Berg, in: Newman/Hill (Hrsg.), Leading Arbitrators' Guide, S. 149 (160).

607 Vgl. Gusy/Illmer, SchiedsVZ 2008, S. 284 (288).

608 Vgl. zum Inhalt auch Blackaby/Partasides/Redfern/Hunter, International Arbitration, Rn. 6.115; Gusy/Illmer, SchiedsVZ 2008, S. 284 (288); van den Berg, in: Newman/Hill (Hrsg.), Leading Arbitrators' Guide, S. 149 (160).

zung der vorzulegenden Dokumente. Diese fokussierte Methode der Auseinandersetzung mit einem Dokumentenverlangen kann dafür sorgen, dass nicht unnötigerweise Dokumente zusammengesucht werden müssen. Zudem wird durch die Möglichkeit des konzentrierten vorherigen Austauschs auch die Notwendigkeit oder Gefahr späterer und langwieriger Auseinandersetzungen verringert, so dass durch den „Redfern Schedule" einige Zeit gespart werden kann.[609] In diesem Zusammenhang sei noch einmal auf den ICC Report „Techniques for Controlling Time and Costs in Arbitration" verwiesen, welcher in Ziffer 55 ebenfalls eine explizite Empfehlung zur Verwendung des „Redfern Schedule" enthält, um im Hinblick auf Herausgabeverlangen Zeit zu sparen.

bb) Begrenzung der Anzahl von Zeugen

Auch was den Beweis durch Zeugen angeht, kann das Schiedsgericht den (Beweis-)Vortrag der Parteien begrenzen. Auf einer ersten Stufe könnten bereits Begrenzungen dahingehend vorgesehen werden, von welchen Zeugen das Schiedsgericht schriftliche Aussagen erhalten möchte. Zu bedenken ist aber, dass das Schiedsgericht die Aussagekraft einer schriftlichen Aussage im Vorhinein nur abschätzen, aber nicht tatsächlich beurteilen kann. Um aber den Umfang der schriftlichen Zeugenaussagen zu begrenzen, spricht nichts dagegen, wenn das Schiedsgericht im Vorfeld jedenfalls die Punkte herausstellt, auf die sich die schriftlichen Aussagen beziehen und auch beschränken sollen.[610] Darüber hinaus ergibt sich der Wert einer Zeugenaussage für das Verfahren und die Würdigung durch das Schiedsgericht erst durch diese vor der mündlichen Verhandlung eingereichte schriftliche Zeugenaussage, deren Vorteile für die Konzeption der mündlichen Verhandlung bereits an früherer Stelle herausgestellt wurden.[611]

Insofern ist es aus Sicht des Schiedsgerichts sinnvoll, die Reglementierung des Vortrags darauf zu beschränken, welche Zeugen tatsächlich noch in der mündlichen Verhandlung vernommen werden sollen und diese Auswahl auch erst anhand der schriftlichen Zeugenaussagen zu treffen, soweit solche vorliegen.[612] Zudem kann das Schiedsgericht auch allgemein eine Auswahl darüber treffen, wie viele Zeugen noch gehört werden sollen. Dabei gebietet es schon der Grundsatz der Gleichbehandlung der Parteien, eine solche Auswahl zu treffen, wenn eine Partei signifikant mehr Zeugen benennt und aussagen lassen möchte als die andere Partei.[613] Eine Auswahl hinsichtlich der Zahl der zuzulassenden

609 Vgl. Blackaby/Partasides/Redfern/Hunter, International Arbitration, Rn. 6.116.

610 Vgl. Lörcher, ICCA Congress Series No. 7 (1994), S. 145 (149).

611 Siehe oben 1. Teil Kap. 2 C.III.2.b)bb)(2).

612 Vgl. Briner, FS Sandrock, S. 137 (143).

613 Vgl. van den Berg, in: Newman/Hill (Hrsg.), Leading Arbitrators' Guide, S. 149 (164).

Zeugen kann auch dergestalt getroffen werden, dass das Schiedsgericht sich einen Überblick darüber verschafft, welcher Zeuge zu welchem Punkt aussagen soll und somit nicht mehrere Zeugen zu derselben Sachfrage aussagen lässt.[614] In diesem Fall könnte es, abgesehen von einer Auswahl zwischen den Zeugen, auch zu einer Zeitersparnis führen, die Zeugen, die zu demselben Punkt aussagen sollen, zusammen zu vernehmen.[615]

cc) Begrenzung der Tätigkeit des Sachverständigen

Zu einer Begrenzung der darzulegenden Tatsachen gehört es auch, den Auftrag an einen Sachverständigen, unabhängig davon, ob es um einen von einer Partei oder vom Schiedsgericht benannten Sachverständigen geht, von vorneherein so beschränkt und präzise wie möglich zu fassen, damit dieser für sein Gutachten nicht noch mehr Zeit benötigt als es ohnehin schon der Fall ist.[616] Umgekehrt ist der Auftrag aber auch ausführlich genug zu fassen, damit zu einem späteren Zeitpunkt nicht noch ein zusätzliches Gutachten zu den fehlenden Punkten in Auftrag gegeben werden muss.[617] In all diesen Punkten ist es vornehmlich das Schiedsgericht, das für eine Begrenzung des Umfangs der vorgetragenen Tatsachen sorgen muss, da dies von den Parteien, deren Ziel es in erster Linie ist, ihren eigenen Standpunkt so klar wie möglich zu machen, nicht unbedingt erwartet werden kann.[618]

c) „Witness Conferencing“

Wie bereits im vorigen Abschnitt angedeutet, hat das Schiedsgericht auch die Möglichkeit, anzuordnen[619], dass die Zeugen nicht, wie es an sich üblich ist[620], einzeln und nacheinander, sondern zu mehreren Zeugen zur gleichen Zeit ver-

614 van den Berg, a.a.O.

615 Lörcher, ICCA Congress Series No. 7 (1994), S. 145 (152). Zu diesem sogenannten „Witness Conferencing“ siehe sogleich c).

616 Vgl. Marriott, Arb. Int’l 2000, S. 353 (354).

617 Vgl. Lörcher, Liber Amicorum Böckstiegel, S. 485 (492).

618 Vgl. auch Paulsson, Arb. Int’l 2006, S. 19 (20).

619 Natürlich ist auch eine entsprechende Vereinbarung zwischen den Parteien oder idealerweise eine Absprache zwischen allen Beteiligten, etwa im Rahmen einer „Pre-hearing Conference“ möglich.

620 Bühler, in: Böckstiegel (Hrsg.), Beweiserhebung in internationalen Schiedsverfahren, S. 94 (96); Hanotiau, in: Newman/Hill (Hrsg.), Leading Arbitrators’ Guide, S. 359 (374) mit dem Hinweis darauf, dass abgesehen von einer gemeinsamen Befragung schon die bloße Anwesenheit anderer Zeugen während der Vernehmung wegen des Risikos einer Beeinflussung unüblich ist. Ebenso Born, S. 1845; Peter, CEPANI Reports 2004, S. 157 (160).

nommen werden. Bei dieser Methode spricht man von „Witness Conferencing".[621] Das Anliegen des „Witness Conferencing" besteht im Wesentlichen darin, dass durch die gemeinsame Befragung Unstimmigkeiten umgehend erkannt und beseitigt werden können und somit eine effizientere Vernehmung der Zeugen möglich ist.[622] Denn für den Fall, dass eine Aussage eines Zeugen nicht den Tatsachen entspricht, kann ein anderer Zeuge (der Gegenseite) unmittelbar entgegnen, so dass nicht durch eine einzelne Befragung, die auch vom „eigenen" Anwalt in die entsprechende Richtung gelenkt wird, zunächst ein einseitiger Eindruck erweckt wird. Dieser könnte erst durch eine spätere (zeitraubende) Befragung eines anderen Zeugen korrigiert werden.[623] Somit werden alle Aussagen eines Zeugen durch die Anwesenheit und Reaktionsmöglichkeit der anderen Zeugen unmittelbar auf die Probe gestellt. Zudem wird vermieden, dass mehrere Zeugen in mehreren Befragungen immer wieder die gleichen Fragen beantworten. Jede Frage wird an die Gesamtheit der Zeugen gestellt und braucht damit auch nur einmal beantwortet zu werden.[624] Insgesamt werden also die sonst vielleicht sehr umfangreichen Zeugenvernehmungen in einer einzigen Vernehmung zusammengefasst und auf das Wesentliche konzentriert. Als ein weiterer positiver Effekt des „Witness Conferencing" wird auch angeführt, dass hierdurch das Vergleichspotential erheblich erhöht werde, da beiden Parteien durch die unmittelbare Konfrontation der Zeugen die Stärken und Schwächen ihrer Position besonders bewusst werden.[625]

Eine derartige Befragung der Zeugen in der Gruppe bedarf aber neben einer genauen Planung und Strukturierung[626] auch einer gewissen „Überwachung" durch das Schiedsgericht, damit ein geordneter und dem Verfahren dienlicher und effizienter Ablauf gewährleistet ist.[627] Eine Befragung mehrerer oder sogar

---

621 Vgl. allgemein zum Begriff des „Witness Conferencing" Peter, Arb. Int'l 2002, S. 47 (48), wonach unter diesen Begriff alle Zeugen sowie gleichzeitig auch alle Sachverständigen fallen. Die gemeinsame Befragung von Sachverständigen wird hier allerdings in einem gesonderten Punkt behandelt [siehe sogleich d)].

622 Peter, Arb. Int'l 2002, S. 47 (49); Blackaby/Partasides/Redfern/Hunter, International Arbitration, Rn. 6.218; Born, S. 1849; Thümmel, AG 2006, S. 842 (846); Wirth, SchiedsVZ 2003, S. 9 (15).

623 Peter, Arb. Int'l 2002, S. 47 (52).

624 Ebenso Peter, CEPANI Reports 2004, S. 157 (165).

625 So Hanotiau, in: Newman/Hill (Hrsg.), Leading Arbitrators' Guide, S. 359 (377); Peter, Arb. Int'l 2002, S. 47 (56).

626 Peter, Arb. Int'l 2002, S. 47 (51); Hanotiau, J. Int'l Arb. 2011, S. 89 (101).

627 Born, S. 1849; Hanotiau, in: Newman/Hill (Hrsg.), Leading Arbitrators' Guide, S. 359 (377); Kreindler/Schäfer/Wolff, Schiedsgerichtsbarkeit, Rn. 851; Peter, CEPANI Reports 2004, S. 157 (170); Raeschke-Kessler, in: Newman/Hill (Hrsg.), Leading Arbitrators' Guide, S. 415 (422); Thümmel, AG 2006, S. 842 (846).

aller Zeugen zur gleichen Zeit führt nur dann zum Ziel, wenn tatsächlich die gewünschte Interaktion zwischen den Zeugen stattfinden kann und sich auch die Parteivertreter mit ihren Vernehmungstechniken ein wenig mehr im Hintergrund halten.[628] Eine „geordnete", das heißt den Anforderungen entsprechende Befragung kann unter Umständen überhaupt besser gewährleistet werden, wenn das Schiedsgericht die Befragung selbst durchführt, als wenn eine Vernehmung und Cross-Examination durch die Parteivertreter erfolgt.[629] Wenn die Befragung durch das Schiedsgericht selbst durchgeführt wird, besteht allerdings wiederum das „Problem", dass das Schiedsgericht seine Fragen nicht so fokussiert und darauf ausrichtet, dass zielsicher auf mögliche Schwachpunkte in der Aussage des Zeugen und damit auch in der Position der jeweiligen Partei zugesteuert wird.[630] Dies wird aber zumindest ein wenig wieder dadurch aufgefangen, dass auch Zeugen der anderen Partei zugegen sind, die gegebenenfalls auf solche Schwachpunkte hinweisen können.

Fraglich ist wiederum, wie offensiv und mutig solche Zeugen tatsächlich darin sind, Unstimmigkeiten offen anzusprechen. Hier käme es doch auf eine gewisse (An-)Leitung durch das Schiedsgericht an, die die Zeugen auch in dieser Hinsicht ermutigt. Je nachdem, wie die Art und Weise der Führung durch das Schiedsgericht im Einzelnen aussieht, kann es von Vorteil sein, den Anwälten zumindest teilweise die Gelegenheit zu geben, gezielte Fragen (auch an „gegnerische" Zeugen) zu stellen, wenn sie einen oder mehrere Punkte ganz besonders beleuchtet haben wollen. Denn das Schiedsgericht wird schon wegen seiner objektiven Stellung seine Rolle im Zweifel weniger darin sehen, Schwachstellen aufzudecken, als vielmehr darin, beiden Parteien und damit auch allen Zeugen ausreichend Gelegenheit zu geben, zu den (aus Sicht des Schiedsgerichts) wichtigen Punkten Stellung zu nehmen. In jedem Fall sind für eine angemessene Durchführung von Seiten des Schiedsgerichts, zumal dann, wenn man diesem die maßgeblich leitende Funktion zuerkennt, eine hohe Aufmerksamkeit sowie eine umfassende Vorkenntnis der Fallkonstellation erforderlich. Ansonsten kann das „Witness Conferencing" nicht gewinnbringend eingesetzt werden.[631] Denn nur dann, wenn das Schiedsgericht bereits vorher einen Eindruck davon hat, was die wesentlichen Streitpunkte und die Positionen der Parteien hierzu sind, ist es ihm auch möglich, ein „Witness Conferencing" den Gegebenheiten entsprechend zu organisieren.

---

628 Peter, Arb. Int'l 2002, S. 47 (50); ähnlich Hanotiau, in: Newman/Hill (Hrsg.), Leading Arbitrators' Guide, S. 359 (377); Raeschke-Kessler, ebenda, S. 415 (419).

629 Thümmel, AG 2006, S. 842 (846); Wirth, SchiedsVZ 2003, S. 9 (15).

630 Siehe oben 1. Teil Kap. 2 C.III.2.b)cc)(2).

631 Ebenso Blessing, SchiedsVZ 2003, S. 198 (200); Peter, CEPANI Reports 2004, S. 157 (167).

Acht zu geben ist auch darauf, dass es nicht dazu kommt, dass einer oder mehrere Zeugen von den anderen beeinflusst oder so „überlagert“ werden, dass dieser Zeuge nicht ausreichend zu Wort kommt. In einem solchen Fall könnte das Schiedsgericht mit dem Grundsatz der Gleichbehandlung der Parteien und der Gewährung rechtlichen Gehörs in Konflikt geraten.[632] In dieser Hinsicht muss also tatsächlich das Schiedsgericht die Kontrolle behalten und im Zweifel eine etwas längere Dauer der Befragung in Kauf nehmen, um jeder Partei einen ausreichenden Vortrag zu gestatten. Auch in diesem Fall muss das Schiedsgericht also eine Abwägung zwischen der Schnelligkeit des Verfahrens und der Beachtung der Grundsätze eines fairen Verfahrens vornehmen.[633] Wenn diese Vernehmungsmethode aber zielorientiert und geordnet eingesetzt wird, kann eine erhebliche Zeitersparnis erzielt werden, indem die relevanten Aspekte relativ schnell zum Vorschein gelangen und dabei unnötige Wiederholungen oder Ausschweifungen wesentlich verringert werden.[634]

d) „Expert Conferencing“

Angelehnt an die Methode des „Witness Conferencing“ – und begrifflich auch nicht immer davon getrennt – ist das „Expert Conferencing“. In diesem Fall werden also mehrere Sachverständige (von den Parteien oder auch vom Schiedsgericht benannt) gemeinsam angehört.[635] Auch so wird also eine Interaktion zwischen den Sachverständigen angestrebt, die es erlaubt, die verschiedenen vorgetragenen Punkte besser beurteilen zu können.[636] Für die Durchführung eines „Expert Conferencing“ sollte sich das Schiedsgericht aber wiederum einer Vereinbarung oder jedenfalls der Zustimmung beider Parteien versichern.[637] Dies gilt jedenfalls dann, wenn die Möglichkeit der Durchführung des „Expert Conferencing“ nicht bereits in den anwendbaren Regeln vorgesehen ist[638] und keine abweichende Vereinbarung der Parteien vorliegt.

---

632 Vgl. Blackaby/Partasides/Redfern/Hunter, International Arbitration, Rn. 6.219.

633 Blackaby/Partasides/Redfern/Hunter International Arbitration, Rn. 6.219; Raeschke-Kessler, in: Newman/Hill (Hrsg.), Leading Arbitrators' Guide, S. 415.

634 Born, S. 1850, geht demgegenüber davon aus, dass eine Zeitersparnis durch ein „Witness Conferencing“ regelmäßig nicht zu erzielen ist, da es zum Zwecke der Klärung der Tatsachen nicht selten zusätzlich zur üblichen Zeugenbefragung und nicht stattdessen angewendet wird.

635 Freyer, in: Newman/Hill (Hrsg.), Leading Arbitrators' Guide, S. 429 (439), allerdings unter dem Punkt „Witness Conferencing“.

636 Freyer, a.a.O.; Rivkin, Arb. Int'l 2008, S. 375 (383).

637 Blackaby/Partasides/Redfern/Hunter, International Arbitration, Rn. 6.227.

638 Auch die Regelung der ZPO erlaubt beispielsweise ein „Expert Conferencing“, ohne dieses aber direkt so zu bezeichnen. Die Möglichkeit besteht jedenfalls insoweit, als nach § 1049 Abs. 2 S. 2 ZPO auch Sachverständige in der mündlichen Verhandlung zur Aussage eines an-

Eine solche Anhörung der Sachverständigen kann auch bereits vor der eigentlichen mündlichen Verhandlung stattfinden[639], so dass man die Punkte herausfiltern kann, die auch unter den Sachverständigen noch unterschiedlich beurteilt werden und daher zum Gegenstand der mündlichen Verhandlung gemacht werden müssen.[640] Auch und gerade in dem bereits angesprochenen Fall, dass sich zwei parteibenannte Sachverständige in ihren Gutachten widersprechen[641], kann ein „Expert Conferencing“ zur Entschärfung des Problems beitragen.[642] Denn so kann unter Umständen verhindert werden, dass zu derselben Frage noch ein drittes Gutachten eingeholt werden muss, was wiederum lange dauern kann.[643]

Gerade dann, wenn die Entscheidung zugunsten einer Aussage nicht einfach ist, bietet sich ein solcher gemeinsamer Termin an, in dem die Fragen nur einmal und an alle gestellt werden können. In der gemeinsamen Anhörung der sich widersprechenden Sachverständigen kann sich herausstellen, wie es zu den Widersprüchen gekommen ist. Es kann beispielsweise auch schlicht so sein, dass jeweils von unterschiedlichen tatsächlichen Voraussetzungen ausgegangen wurde, in der fachlichen Frage aber im Wesentlichen Einigkeit herrscht. Ein Gespräch zwischen den Sachverständigen kann generell auch Irrtümer eines Kollegen „aufdecken“, so dass es sich erübrigt, noch einen weiteren Sachverständigen hinzuzuziehen oder die betreffende Frage noch ausführlich in der mündlichen Verhandlung zu behandeln. So könnte es sich ergeben, dass zwei Sachverständige, deren Gutachten und Auffassungen auf den ersten Blick diametral entgegengesetzt erscheinen, durch das „Expert Conferencing“ jedenfalls zum Teil auf einen Nenner zu bringen sind. Auf diese Weise kann sich das Schiedsgericht auch ein dezidiertes Bild von den technischen Fragen des Falles machen, ohne

---

deren Sachverständigen bzw. zu den „streitigen Fragen“ Stellung nehmen können, vgl. auch Lotz, SchiedsVZ 2011, S. 203 (209).

639 Dabei muss es sich nicht unbedingt um eine Anhörung unter Beteiligung des Schiedsgerichts handeln. Vielmehr kann auch nur ein Austausch zwischen den Sachverständigen stattfinden, die dann einen Bericht bezüglich ihrer Übereinstimmungen und (immer noch) divergierenden Ansichten vorlegen. Bei einem solchen Zusammentreffen zweier parteibenannter Sachverständiger spricht man auch von „hot tubbing“, vgl. van Houtte, Liber Amicorum Cremades, S. 1147 (1155); Ulmer, Arb. Int'l 2010, S. 221 (243).

640 Blackaby/Partasides/Redfern/Hunter, International Arbitration, Rn. 6.224; Freyer, in: Newman/Hill (Hrsg.), Leading Arbitrators' Guide, S. 429 (439): „pre-hearing expert conference“; Rivkin, Arb. Int'l 2008, S. 375 (383); Ulmer, Arb. Int'l 2010, S. 221 (243).

641 Siehe oben 1. Teil Kap. 2 C.III.2.c)bb).

642 Vgl. Blackaby/Partasides/Redfern/Hunter, International Arbitration, Rn. 6.220; Lotz, SchiedsVZ 2011, S. 203 (205).

643 Vgl. Peter, Arb. Int'l 2002, S. 47 (55).

dass ein Vortrag durch die Partei, die den Sachverständigen benannt hat, zu sehr im Vordergrund steht.[644]

Eine „Cross-Examination“ durch die Anwälte der jeweiligen Gegenpartei ist in diesem Zusammenhang mangels technischer Kenntnisse zur Klärung der Frage wohl weniger geeignet als eine direkte Konfrontation mit einem gleichermaßen vorgebildeten Kollegen.[645] Wie auch im Falle des „Witness Conferencing“ bekommt das Schiedsgericht durch die gemeinsame Anhörung und den Austausch zwischen den Sachverständigen in kürzerer Zeit einen möglichst vollständigen Eindruck. Somit trägt auch das „Expert Conferencing“ zu einer effizienten Würdigung des Falles bei.[646] Dennoch ist, wie auch schon im Falle des „Witness Conferencing“[647], eine ausreichende Organisation seitens des Schiedsgerichts erforderlich, um ein Ausufern zu vermeiden. Das Schiedsgericht sollte also darauf hinwirken, dass die Klärung (nur) der streitigen Fragen erreicht werden kann.[648]

Gewissermaßen eine Verbindung zwischen „Witness“ und „Expert Conferencing“ kann angewendet werden, indem bei der (gemeinsamen) Zeugenvernehmung noch mindestens ein Sachverständiger anwesend ist und umgekehrt Zeugen bei der Sachverständigenbefragung. Dies entspricht im Wesentlichen auch der ursprünglichen Konzeption dessen, was als „Witness Conferencing“ bezeichnet wurde.[649] Auf diese Weise wird noch eine zusätzlich Form des Austauschs ermöglicht. Dies kann etwa dann hilfreich sein, wenn ein Sachverständiger durch die Aussage oder Intervention eines Zeugen darauf hingewiesen wird, dass er von einer nicht ganz korrekten Tatsachengrundlage ausgegangen ist.[650]

644 Freyer, in: Newman/Hill (Hrsg.), Leading Arbitrators’ Guide, S. 429 (440).

645 So auch Blackaby/Partasides/Redfern/Hunter, International Arbitration, Rn. 6.226.

646 Ulmer, Arb. Int’l 2010, S. 221 (243), weist demgegenüber darauf hin, dass diese Methode nur dann funktionieren kann, wenn die Sachverständigen einen ähnlichen (kulturellen) Hintergrund haben, damit überhaupt ein Austausch stattfinden kann. Anderenfalls handle es sich um vertane Zeit.

647 Siehe oben c).

648 Vgl. auch Hunter, ICCA Congress Series No. 13 (2006), S. 820 (822), der in diesem Zusammenhang besonders auf die unterschiedlichen Anliegen des Schiedsgerichts auf der einen Seite, welches ein technisches Verständnis vermittelt bekommen möchte und andererseits der Anwälte hinweist, welche vornehmlich einen Vorteil für ihren Mandanten erreichen möchten. Gerade hieraus ergibt sich für *Hunter* die Notwendigkeit für das Schiedsgericht, die Kontrolle zu behalten und diese nicht an die Anwälte abzugeben.

649 Vgl. Peter, Arb. Int’l 2002, S. 47 (48).

650 So auch Raeschke-Kessler, in: Newman/Hill (Hrsg.), Leading Arbitrators’ Guide, S. 415 (426). Ein Beispiel für eine derartige Fallgestaltung findet sich in der, wenngleich nicht auf ein Schiedsverfahren bezogenen, Entscheidung des BGH, NJW-RR 1996, S. 185. In diesem Fall konnte ein Zeuge die (abstrakte) Einschätzung eines Sachverständigen durch seine tatsächliche Wahrnehmung gleichsam außer Kraft setzen.

Andererseits kann ein Sachverständiger durch sein technisches Verständnis auch Unstimmigkeiten in der (vermeintlichen) Wahrnehmung eines Zeugen aufklären. Folglich kann diese Vorgehensweise unter Umständen zu einer noch effizienteren Vernehmung und Erfassung der wirklich maßgeblichen Umstände beitragen.

e) „Chess clock Arbitration“

Hinter dem Stichwort „Chess clock Arbitration“ verbirgt sich eine weitere Möglichkeit des Schiedsgerichts zur Ausgestaltung der Beweisaufnahme und der mündlichen Verhandlung.[651] Der Ausgangspunkt besteht darin, dass – bildlich angelehnt an ein Schachspiel, bei dem beide Spieler für jeden Zug so viel Zeit haben, wie sie möchten, insgesamt aber dasselbe Kontingent – beiden Parteien genau dieselbe Zeit eingeräumt wird, um ihren Standpunkt vorzutragen.[652] Den Parteien steht es frei, wie viel Zeit davon sie für welche Art des Vortrags nutzen wollen, so dass die Gewichtung den Parteien selbst überlassen bleibt.[653] Diese Aufgabe ist also dem Schiedsgericht aus der Hand genommen und die Parteien können sich selbst eine an den Anforderungen des konkreten Falles orientierte Vorgehensweise überlegen, solange diese mit der zeitlichen Gesamtvorgabe im Einklang ist. Im Übrigen werden durch eine derartige Konzeption des Verfahrens der Ablauf und das voraussichtliche Ende für die Parteien vorhersehbar.[654] Die Parteien werden durch diese Art des Verfahrens unweigerlich dazu angehalten, ihren Vortrag in Anbetracht der zur Verfügung stehenden Zeit möglichst kurz zu halten und auf unnötige Wiederholungen oder Ausschweifungen zu verzichten.[655] Dem Schiedsgericht kommt aber insofern eine wichtige Funktion zu, als es versuchen muss, sicherzustellen, dass es den Parteien in der vorgegebenen Zeit überhaupt möglich ist, ihren Standpunkt umfassend vorzutragen. Demnach müssen etwa Befragungen eines Zeugen gegebenenfalls vom Schiedsgericht vorangetrieben werden, damit das Zeitlimit nicht überschritten wird.[656]

Aber schon der erste Punkt, also der Veranschlagung der exakt gleichen Zeit für beide Parteien, kann Anlass zur Kritik an dieser Methode bieten. Denn es kann auch Fälle geben, in denen die Ausgangsposition der Parteien so unterschiedlich ist, dass eine genau gleiche Zeitvorgabe für beide Parteien zu einer

651 Als „Erfinder“ dieser Methode gilt Karl-Heinz Böckstiegel, vgl. Paulsson, Arb. Int’l 2006, S. 19, der in diesem Zusammenhang von der „Böckstiegel Method“ spricht.

652 Vgl. Tackaberry/Marriott, Handbook of Arbitration Practice, Vol. 2, Rn. A55-001.

653 Briner, FS Sandrock, S. 137 (144); Ulmer, Arb. Int’l 2010, S. 221 (242).

654 Tackaberry/Marriott, Handbook of Arbitration Practice, Vol. 2, Rn. A55-002.

655 So auch Rivkin, Arb. Int’l 2008, S. 375 (377).

656 Tackaberry/Marriott, Handbook of Arbitration Practice, Vol. 2, Rn. A55-003; Briner, FS Sandrock, S. 137 (144).

Besserstellung einer Seite führt.[657] Dies kann dann der Fall sein, wenn eine Partei ihren Standpunkt zuerst umfassend darlegen muss und vielleicht schlicht für mehr Umstände die Beweislast trägt und der anderen Partei das „Privileg“ zukommt, lediglich auf das von der ersten Partei Vorgebrachte zu reagieren, ohne selbst eine umfangreiche Darstellung zu benötigen.[658] Ähnliches könnte gelten, wenn eine Parteien eine wesentlich größere Zahl an Zeugen benannt hat[659], wobei das Schiedsgericht in diesem Zusammenhang auch im Vorfeld bewerten kann, wie viele Zeugen tatsächlich gehört werden sollen.[660] Insofern steht in diesem Fall der Gleichbehandlungsgrundsatz einer gleichen Bemessung der zur Verfügung stehenden Zeit sogar entgegen, so dass das Schiedsgericht gegebenenfalls eine angemessene Korrektur vornehmen muss. Das setzt voraus, dass das Schiedsgericht abgesehen von der Bemessung des Gesamtzeitkontingents auch eine genauere Einschätzung hinsichtlich des Vortrags beider Parteien vornehmen (können) muss.

Wenn man bereits im Vorfeld die beiden Parteien zur Verfügung stehende Zeit festlegen möchte, so sorgt dies zwar für eine gewisse Vorhersehbarkeit, schränkt aber gleichzeitig auch die Flexibilität ein. Insofern ist es wünschenswert, dass das Schiedsgericht sich stets noch einen Reaktions- und Gestaltungsspielraum vorbehält, falls sich herausstellt, dass die Zeitvorgabe, zum Beispiel wegen unvorhersehbarer Umstände, zu knapp bemessen war. Wenn man sich aber für eine Methode wie die „Chess clock Arbitration“ entschieden hat, sollte man die Zeitvorgaben auch nicht zu sehr aufweichen, da diese Methode sonst faktisch ohne Effekt bleibt. Denn jedenfalls wird durch eine solche Organisation der Beweisaufnahme auch den Parteien ein Gefühl für die Dauer des Verfahrens, gerade im Zusammenhang mit ihrem eigenen Vortrag, gegeben bzw. sie müssen sich notwendigerweise damit auseinandersetzen. Wenn man die Zeitvorgaben lediglich als eine Art Empfehlung an die Parteien begreifen würde, entfiele diese disziplinierende Wirkung. Es würde vielmehr ganz im Gegenteil mehr Raum für Missbrauchsversuche seitens der Parteien entstehen. Mit der Methode der „Chess clock Arbitration“ wird also auch den Parteien zusammen mit dem eigenen Ermessen auch eine gewisse Verantwortung hinsichtlich der Beachtung der Verfahrensdauer übertragen. Gleichwohl muss auch das Schiedsgericht eine überwachende Funktion und die Kontrolle über das Verfahren behalten, zumal dann, wenn es sich eine Anpassung der zeitlichen Vorgaben vorbehalten möchte.

---

657 So auch Born, S. 1837; Herrmann, ICCA Congress Series No. 10 (2000), S. 71 (72).

658 Vgl. Paulsson, Arb. Int’l 2006, S. 19 (23).

659 Vgl. Hanotiau, in: Newman/Hill (Hrsg.), Leading Arbitrators’ Guide, S. 359 (372); Ulmer, Arb. Int’l 2010, S. 221 (242).

660 Siehe oben b).

4. Erkennen und Verhindern von Verfahrensverzögerungen

Im ersten Teil dieser Arbeit wurde an verschiedenen Stellen auf Konstellationen Bezug genommen, die in besonderem Maße geeignet sind, für eine Verlängerung des Verfahrens zu sorgen, insbesondere auch durch mutwillig in diese Richtung ausgerichtetes Verhalten. Demgemäß kann es für das Schiedsgericht auch als eine Aufgabe von herausragender Bedeutung bezeichnet werden, solche Konstellationen zu erkennen und diesen nach Möglichkeit Einhalt zu gebieten. Hierzu gehört es nicht nur, dass das Schiedsgericht mutwillige Verzögerungsversuche in die Schranken weisen, sondern allen Verzögerungen entgegentreten sollte. Hierbei handelt es sich neben einer frühzeitigen Kommunikation und Absprache mit den Parteien um eine der Schlüsselaufgaben eines guten und „nützlichen" Schiedsrichters. Der Schwerpunkt der bereits behandelten Kommunikation zu einem frühen Zeitpunkt hat vorwiegend einen vorbeugenden Charakter, wobei dem Handeln des Schiedsgerichts in diesem Abschnitt eher eine eingreifende Funktion zukommt. Eine exakte Grenze kann hier aber nicht gezogen werden.

Wenn es darum geht, Verfahrensverzögerungen entgegenzuwirken, ist wiederum das bereits angesprochene Spannungsfeld zwischen einem effizienten Verfahren auf der einen Seite und der Beachtung der zwingenden prozessualen Grundsätze sowie nicht zuletzt des Primats der Parteiautonomie auf der anderen Seite[661] von besonderer Bedeutung.[662] Denn zunächst hat das Schiedsgericht darauf zu achten, dass durch seine Intervention nicht einer der Parteien eine legitime Vortragsmöglichkeit genommen wird. Zudem darf sich das Schiedsgericht auch nicht über bestehende Parteivereinbarungen hinwegsetzen.

Diese Funktion und Aufgabe des Schiedsgerichts ist auch nicht auf Fragen der Beweisaufnahme und der mündlichen Verhandlung beschränkt, sondern gilt im Grunde für das gesamte Verfahren. Gleichwohl mag in diesem besonderen Abschnitt ein Schwerpunkt liegen. Insofern ist das Schiedsgericht in diesem Abschnitt auch in besonderem Maße gefordert. Das Schiedsgericht muss also, nachdem es die vorzutragenden Tatsachen bestimmt und möglicherweise begrenzt hat, auch im weiteren Fortgang dafür sorgen, dass das Verfahren nach seinen Vorstellungen abläuft. Dies beinhaltet, dass die Parteien nicht wesentlich mehr vortragen als das, wozu das Schiedsgericht sie aufgefordert hat und dass das Verfahren vom Ablauf und der Dauer her im – möglicherweise auch von den Beteiligten vereinbarten – Rahmen bleibt. Zusätzlich zur Reaktion auf bereits eintretende oder eingetretene Verzögerungen obliegt es dem Schiedsgericht auch

661 Siehe oben II.1. und 2.

662 Vgl. auch Fortier, ICCA Congress Series No. 9 (1998), S. 396 (402); Lane, ebenda, S. 424 (427).

(weiterhin), ein Verzögerungspotential wenn möglich gar nicht erst entstehen zu lassen. Das frühe Aufnehmen und das Aufrechterhalten der Kommunikation mit den Parteien kann – wie bereits angedeutet[663] – dazu beitragen, dass eine feindselige Stimmung, die eine der Parteien zur Behinderung des Verfahrens veranlassen kann, nicht aufkommt.[664] Gelingt es dem Schiedsgericht, verzögernde Taktiken bestmöglich zu verhindern und damit einer Eskalation im Verfahren entgegenzuwirken, so kann dadurch auch einer Kommunikation im Hinblick auf einen Vergleich die Tür geöffnet werden.[665]

Inwiefern das Schiedsgericht aber tatsächlich erfolgreich dafür sorgt, dass eine – soweit nach den Umständen möglich – kooperative Stimmung entsteht, hängt auch sehr davon ab, ob die Parteien, insbesondere der Beklagte, sich darauf einlassen. Wenn eine (beklagte) Partei wirklich darauf bedacht ist, das Verfahren nach Möglichkeit zu behindern, wird das Schiedsgericht auch mit einer transparenten Vorgehensweise und „Preliminary Hearings" nicht entscheidend dagegen ankommen können. In diesem Fall steht also der „repressive" Aspekt der schiedsrichterlichen Tätigkeit im Vordergrund, wobei dem Schiedsgericht auch in dieser Hinsicht in verschiedenen Abschnitten des Verfahrens Handlungsmöglichkeiten zur Verfügung stehen. Voraussetzung hierfür ist wiederum, dass die Parteien das Instrumentarium des Schiedsgerichts nicht durch Vereinbarungen eingeschränkt haben.

a) Sorgfältige Prüfung des Parteiverhaltens

Bereits dann, wenn eine der Parteien von Beginn an die Zuständigkeit des Schiedsgerichts in Frage stellt und demzufolge ein entsprechendes gerichtliches Verfahren nach § 1032 Abs. 2 ZPO anstrengt[666], kann das Schiedsgericht eine Verzögerung dadurch verhindern, dass es nach § 1032 Abs. 3 ZPO das Schiedsverfahren fortsetzt. Ob das Schiedsgericht dies tut, ist in sein Ermessen gestellt. Wenn das Schiedsgericht den Eindruck bekommt, dass es sich um eine böswillige Maßnahme des Beklagten handelt, stellt die Fortführung des Verfahrens einen Weg dar, diesem Obstruktionsversuch entgegenzutreten.[667] Wenn allerdings auch das Schiedsgericht Zweifel an seiner eigenen Zuständigkeit hegt, ist eine Fortführung des Verfahrens nicht anzuraten. Denn diese würde lediglich einen unnötigen Aufwand für die Parteien bedeuten, falls das zuständige Oberlandesgericht

663 Siehe oben 1.b).

664 Bernardini, Arb. Int'l 2004, S. 113 (117).

665 So Dendorfer, SchiedsVZ 2009, S. 276 (280).

666 Siehe oben 1. Teil Kap. 1 D.III.

667 Vgl. BT-Drucks. 13/5274, S. 38; Lörcher/Lörcher, Schiedsverfahren, Rn. 65; MüKo-ZPO/*Münch*, § 1032 Rn. 32; Musielak/*Voit*, ZPO, § 1032 Rn. 15.

die Zuständigkeit des Schiedsgerichts im Ergebnis wirklich ablehnt. Das Schiedsgericht muss also eine möglichst sorgfältige Prüfung dahingehend vornehmen, ob eine Fortsetzung des Verfahrens im Interesse einer Zeitersparnis gerechtfertigt erscheint.

Eine ähnliche Situation besteht auch bei der Frage, wie das Schiedsgericht im Falle der Säumnis einer Partei verfahren soll, da ihm nach § 1038 Abs. 2, Abs. 3 ZPO auch hier die Möglichkeit offensteht, das Verfahren fortzusetzen. Auch hier muss eine Abwägung getroffen werden, welche in diesem Fall auf die Frage bezogen ist, ob die Säumnis im Sinne des § 1038 Abs. 4 ZPO ausreichend entschuldigt ist.[668] Das Schiedsgericht muss also auch hier berücksichtigen, ob nicht möglicherweise nur eine Verschleppungstaktik anzunehmen ist, so dass das Verfahren fortgesetzt werden sollte.[669] Eine Entscheidung darüber, ob eine Verschleppungstaktik vorliegt oder nicht, kann im Einzelfall schwierig sein. Was in einem Fall ein reiner Verzögerungsversuch ist, mag im anderen Fall zur Wahrnehmung berechtigter Interessen sogar unentbehrlich sein, auch wenn damit eine längere Dauer des Verfahrens verbunden ist.[670] Insofern lastet auf dem Schiedsgericht, welches diese Entscheidung zu treffen hat, eine große Verantwortung gegenüber den Parteien.

b) Kontrolle im Rahmen der Beweisaufnahme

Generell ist, wenn eine oder auch beide Parteien sich unkooperativ verhalten, gerade das Schiedsgericht gefordert, die erforderlichen Maßnahmen zu ergreifen, um für eine Fortführung des Verfahrens zu sorgen. Das Schiedsgericht muss in jeder Phase des Verfahrens in der Lage sein, ein (bewusst) verzögerndes Verhalten einer der Parteien zu identifizieren und darauf zu reagieren. Unter Umständen muss das Schiedsgericht auch schlicht seine starke Position demonstrieren und ausnutzen, um gegen das Verhalten einer der Parteien vorzugehen, wenn eine weitgehend einvernehmliche Lösung der Situation mit den Parteien oder Anwälten nicht möglich oder sinnvoll erscheint.[671] Hierzu gehört es auch, dass Beweisanträge einer Partei, die nicht den Vorgaben entsprechen, im Zweifel abzulehnen sind. Entsprechend sollte das Schiedsgericht auch bei Anträgen auf Fristverlängerung verfahren.[672] Die Schiedsrichter müssen sich freilich in gebührendem Maße mit solchen Anträgen auseinandersetzen, diese aber auch ablehnen, wenn

668 Siehe oben 1. Teil Kap. 2 B.IV.4. sowie D.I.

669 Vgl. auch Fortier, ICCA Congress Series No. 9 (1998), S. 396 (399).

670 Vgl. Fortier, ICCA Congress Series No. 9 (1998), S. 396 (406); Klein, ICCA Congress Series No. 9 (1998), S. 428 (430).

671 Fortier, ICCA Congress Series No. 9 (1998), S. 396 (402).

672 Siehe oben 1. Teil Kap. 2 B.IV.3.

sie übertrieben oder im Hinblick auf den Fortgang des Verfahrens nicht gerechtfertigt sind.[673] Allerdings stehen dem Schiedsgericht dann kaum Mittel zur Verfügung, wenn sich beide Parteien auf eine Fristverlängerung einigen.[674]

Auch im Rahmen der Vernehmung von Zeugen tut das Schiedsgericht, auch wenn ein nicht unerheblicher Teil der Befragung von den Anwälten durchgeführt wird, gut daran, nicht ganz außen vor zu bleiben und den Anwälten das Feld zu überlassen. Vielmehr sollte das Schiedsgericht, sofern dies erforderlich erscheint, eingreifen, um zu lange Befragungen zu beschleunigen oder zu beenden.[675] In diesem Zusammenhang können etwa für das Schiedsgericht irrelevante Fragen oder auch „Objections" eines Parteivertreters abgewehrt oder zum nächsten Punkt übergeleitet werden, um die Vernehmung nicht zu sehr zu verzögern und ihren Erfolg zu gewährleisten.[676] In bestimmten Fällen kann es sich auch anbieten, dass das Schiedsgericht selbst die Befragung des Zeugen übernimmt und gezielte Fragen stellt.[677] Dies ist insbesondere dann der Fall, wenn das Schiedsgericht nur noch zu einzelnen Punkten etwas von den Zeugen erfahren möchte. Hier ist es sinnvoll, die Befragung nicht weiterhin den Anwälten zu überlassen.

Dies gilt auch für eine (wiederholte) Befragung eines Zeugen durch einen Parteivertreter. Auch hier sollte das Schiedsgericht nicht ganz untätig bleiben. Beispielsweise sollte eine „Re-Examination", also eine auf eine Cross-Examination folgende erneute Befragung durch den „eigenen" Anwalt auf wesentliche Fragen beschränkt bleiben, die sich in der Cross-Examination ergeben haben.[678] Hier gilt es also aus Sicht des Schiedsgerichts, die Parteivertreter insoweit zu „bremsen", als der Umfang der Zeugenvernehmung nicht durch immer weitere ausschweifende Fragerunden erweitert werden sollte. Vielmehr sollte das Schiedsgericht ein Auge darauf haben, dass möglichst jeder Schritt in der mündlichen Verhandlung auch zielführend ist und bleibt, also zur Würdigung des Falles beiträgt und nicht darüber hinausgeht. Daher muss das Schiedsgericht auch hier eine Grenze ziehen, damit nicht ein fortwährendes Hin und Her entsteht, in dem jede Partei auf die gegnerische Befragung reagieren möchte. Somit empfiehlt es sich, von vorneherein festzulegen, wie viele Vernehmungsrunden den Parteien jeweils zur

673 Vgl. Briner, FS Sandrock, S. 137 (143).

674 Vgl. van den Berg, in: Newman/Hill (Hrsg.), Leading Arbitrators' Guide, S. 149 (151), bezogen auf Vereinbarungen, die darauf beruhen, dass die Parteien davon ausgehen, dass das, was sie jetzt der jeweiligen Gegenpartei zugestehen, später auch ihnen zugestanden wird („this time you, next time me").

675 Siehe oben 1. Teil Kap. 2 C.III.2.b)cc)(2).

676 Vgl. Derains, FS Bülow, S. 31 (44); Hanotiau, in: Newman/Hill (Hrsg.), Leading Arbitrators' Guide, S. 359 (373); van den Berg, in: Newman/Hill (Hrsg.), Leading Arbitrators' Guide, S. 149 (163).

677 Wirth, SchiedsVZ 2003, S. 9 (15).

678 Vgl. van den Berg, in: Newman/Hill (Hrsg.), Leading Arbitrators' Guide, S. 149 (164).

Verfügung stehen. Mangels einer solchen Festlegung sollte das Schiedsgericht nach seinem Empfinden die Befragung an einem bestimmten Punkt beenden und zum nächsten Tagesordnungspunkt überleiten.

Um der bereits angesprochenen Gefahr entgegenzuwirken, dass sich widersprechende Sachverständigengutachten von den Parteien eingereicht werden und so eine Beurteilung der Sachfrage schwierig wird[679], bietet es sich an, dass das Schiedsgericht von Anfang an, idealerweise im Einvernehmen mit den Parteien, selbst einen neutralen Sachverständigen hinzuzieht, um eine Hilfestellung bei der Würdigung der fraglichen Punkte zu erhalten.[680] Eine weitere potentiell zeitsparende Alternative besteht darin, eine Aussprache der sich widersprechenden Sachverständigen im Vorfeld der mündlichen Verhandlung anzuordnen.[681] Dann haben die Sachverständigen die Möglichkeit, sich untereinander auszutauschen, um so herauszufiltern, in welchen Punkten tatsächlich Uneinigkeit besteht und aus welchem Grund. Es bedarf also keines Dritten, der die Beurteilung der unterschiedlichen Auffassungen vornehmen muss. Diese Art von Absprache ist auch in Art. 5 (3) IBA Rules vorgesehen.[682] Sobald es um die Hinzuziehung eines Sachverständigen geht, sollte sich das Schiedsgericht davon überzeugen, dass dieser Sachverständige einen sinnvollen und relevanten Beitrag zur Klärung einer technischen Frage leisten kann.[683]

Im Laufe, aber auch nach Abschluss der Beweisaufnahme, das heißt insbesondere auch im Zusammenhang mit Post-hearing Briefs[684] muss das Schiedsgericht darauf achten, dass nicht versteckt neues Material in den Prozess eingeführt und dieser so weiter in die Länge gezogen wird.[685] Bei der Beurteilung, ob und in welchem Umfang ein neuer Vortrag noch zuzulassen ist, muss sich das Schiedsgericht wieder von einer Abwägung zwischen der Sachdienlichkeit sowie den Rechten der Parteien auf der einen und der Verfahrensökonomie auf der anderen Seite leiten lassen. Denn es kann nicht ausgeschlossen werden, dass ein Beweismittel, welches erst spät aufgefunden und vorgelegt wird, von entscheidender Bedeutung für den Ausgang des Verfahrens ist.[686]

679 Siehe oben 1. Teil Kap. 2 C.III.2.c)bb).

680 Böckstiegel, FS Schlosser, S. 49 (57); Trappe, in: Böckstiegel (Hrsg.), Beweiserhebung in internationalen Schiedsverfahrens, S. 101 (102).

681 Hanotiau, in: Newman/Hill (Hrsg.), Leading Arbitrators' Guide, S. 359 (366); Trappe, a.a.O. Siehe zum „hot-tubbing“ bereits oben 3.d).

682 Siehe unten Kap. 5 B.II.3.d).

683 Derains, FS Bülow, S. 31 (45).

684 Siehe oben 1. Teil Kap. 3 C.I.

685 Vgl. Blackaby/Partasides/Redfern/Hunter, International Arbitration, Rn. 6.247; Derains, FS Bülow, S. 31 (45); Lachmann, Hdb. Schiedsgerichtspraxis, Rn. 2213.

686 van den Berg, in: Newman/Hill (Hrsg.), Leading Arbitrators' Guide, S. 149 (151).

Natürlich können an dieser Stelle weder alle möglichen Konstellationen, noch alle Handlungsmöglichkeiten des Schiedsgerichts dargestellt werden. Anhand der beispielhaft aufgezeigten Gestaltungen wird dennoch das grundlegende Prinzip deutlich. Das Schiedsgericht muss die ihm übertragene Rolle im Verfahren stets aufmerksam wahrnehmen und versuchen, Entwicklungen und Parteihandlungen, die auf eine (mutwillige) Verzögerung hindeuten, als solche zu erkennen. In diesem Fall muss das Schiedsgericht versuchen, die bestmögliche Lösung zu finden, ohne dabei aber den „Erfolg" des Verfahrens oder die Rechte der Parteien durch eine vorschnelle Entscheidung zugunsten einer Beschleunigung des Verfahrens zu beeinträchtigen. Das bedeutet, dass das Schiedsgericht stets auch die Möglichkeit in Betracht ziehen und gebührend prüfen muss, dass das betreffende Verhalten der Partei berechtigt und/oder sachdienlich ist, auch wenn das Verfahren dadurch verlängert wird.

5. Der Schiedsspruch

Es bedarf im Grunde keiner gesonderten Erwähnung, dass ein Schiedsgericht, dem die zügige Durchführung des Verfahrens ein Anliegen ist, sich auch bei der Abfassung des Schiedsspruchs nicht über Gebühr Zeit lassen sollte. Denn hierbei, das heißt beim Erlass des Schiedsspruchs, handelt es sich gewissermaßen um den Kern der Aufgabe, die dem Schiedsgericht von den Parteien übertragen worden ist, nämlich die Entscheidung der Streitigkeit. Das Spannungsfeld zwischen einem gründlichen Vorgehen und dem Streben nach einem möglichst zügigen Verfahren wird, wie auch bereits angedeutet[687], wohl an keiner Stelle im Schiedsverfahren so deutlich wie im Falle der Erarbeitung des Schiedsspruchs. Denn hier kommt es besonders darauf an, dass die Interessen beider Parteien, das heißt vor allem in Gestalt der Gewährung rechtlichen Gehörs und des Gleichbehandlungsgrundsatzes, gewahrt bleiben. Der Schiedsspruch muss also, schon um der Aufhebbarkeit zu entgehen, gewissen Mindestanforderungen genügen, die auch mit Verweis auf die Prozessökonomie nicht vernachlässigt werden dürfen. Dennoch kann das Schiedsgericht Maßnahmen ergreifen, die der Schnelligkeit entgegenkommen können, ohne dass sie sich aber (negativ) auf den Inhalt und die Qualität des Schiedsspruchs niederschlagen müssen.

Zunächst einmal kann ein Schiedsrichter(-kollegium) seine Tätigkeit im Verfahren direkt von Beginn an auf den Erlass und die Anfertigung des Schiedsspruchs ausrichten. Hierzu gehört es, dass nicht erst nach Abschluss der letzten mündlichen Verhandlung damit begonnen wird, sich um den Schiedsspruch zu

687 Siehe oben 1. Teil Kap. 3 C.III.

kümmern. Vielmehr sollte der Schiedsspruch zu jeder Zeit im Bewusstsein der Schiedsrichter sein.[688] Während des gesamten Verfahrens sollte das Ergebnis im Blick behalten werden. Demnach können Teile des Schiedsspruchs, wie etwa die Bezeichnung der Parteien und der Schiedsrichter sowie die maßgeblichen Tatsachen (zumindest ein erster Entwurf hiervon), bereits so früh wie möglich angefertigt werden, so dass all dies nicht mehr am Ende des Verfahrens gemacht werden muss.[689] Die hierdurch zu erzielende Ersparnis mag, wenn man die gesamte Verfahrensdauer betrachtet, vielleicht ein bloßer Tropfen auf den heißen Stein sein. Dennoch vermittelt eine so ziel- und ergebnisorientierte Vorgehensweise dem Schiedsgericht ein Bewusstsein dafür, was im Verfahren noch zu tun ist und vor allem, zu welchen Punkten noch ein Vortrag der Parteien erforderlich ist und zu welchen nicht.[690] Somit kann zumindest in dieser Hinsicht ein Schritt zu einer effizienteren Durchführung des Verfahrens angenommen werden, da stetig auf den Erlass des Schiedsspruchs hingearbeitet wird.

Darüber hinaus kann es dem Schiedsrichter grundsätzlich natürlich zugutekommen, wenn er sich nicht vollkommen alleine um den Schiedsspruch kümmern muss, wobei hiermit nicht lediglich die etwaigen Schiedsrichterkollegen gemeint sind. Vielmehr geht es um Mitarbeiter eines Schiedsrichters, die diesem – soweit dies aufgrund der Verpflichtung des Schiedsrichters überhaupt möglich ist – einige Arbeit abnehmen können. Grundsätzlich ist davon auszugehen, dass der Schiedsrichter seine Verpflichtung höchstpersönlich zu erfüllen hat.[691] Zu den Tätigkeiten, die der Schiedsrichter überhaupt delegieren kann und darf, gehört demnach nicht die Kerntätigkeit des Schiedsrichters, das heißt die eigentliche Würdigung und das Fertigen des Schiedsspruchs. Allerdings spricht nichts dagegen, sich bei Aufgaben unterstützen zu lassen, die eher administrativer bzw. redaktioneller Natur sind, so dass der Schiedsrichter hierbei auch seine Mitarbeiter zu Hilfe nehmen kann.[692] Zu solchen Tätigkeiten mögen etwa das Zusammentragen bestimmter Erkenntnisse zu verschiedenen Punkten, Recherchetätigkeiten oder schlicht das tatsächliche Tippen des Schiedsspruchs gehören. Eine solche Arbeitsverteilung ist beispielweise dann denkbar, wenn ein Anwalt als Schiedsrichter bestellt ist und dieser ein Team von weiteren Anwälten und Mitarbeitern zur Verfügung hat, die ihm zur Seite stehen können. Dies kann gerade dann, wenn es sich um ein Verfahren unter großem Zeitdruck handelt, vorteilhaft sein,

688 Vgl. van den Berg, in: Newman/Hill (Hrsg.), Leading Arbitrators' Guide, S. 149 (152).

689 van den Berg, a.a.O.; Welser/Klausegger, Austrian Arbitration Yearbook 2009, S. 259 (276).

690 van den Berg, in: Newman/Hill (Hrsg.), Leading Arbitrators' Guide, S. 149 (152).

691 Kreindler/Schäfer/Wolff, Schiedsgerichtsbarkeit, Rn. 578; Lachmann, Hdb. Schiedsgerichtspraxis, Rn. 4284; MüKo-ZPO/*Münch*, vor § 1034 Rn. 12; Musielak/*Voit*, ZPO, § 1035 Rn. 23; Schwab/Walter, Schiedsgerichtsbarkeit, Kap. 12 Rn. 6.

692 Vgl. auch Lachmann, Hdb. Schiedsgerichtspraxis, Rn. 4285.

zumal dann, wenn der Schiedsrichter ausdrückliche Zeitvorgaben zu beachten und einzuhalten hat, sei es von den Parteien oder auch durch die anwendbaren Verfahrensregeln.

Bei der Redaktion des Schiedsspruchs ist das Schiedsgericht im Grunde unabhängig von den Parteien, da es hier idealerweise nicht mehr auf eine Mitwirkung der Parteien angewiesen ist. Dies setzt allerdings voraus, dass das Schiedsgericht auch keine Punkte mehr erkennt, zu denen es noch eine Stellungnahme der Parteien benötigt. Um das auszuschließen, ist es wie erwähnt gerade hilfreich, wenn das Schiedsgericht frühzeitig darauf hinarbeitet, die Lücken, die es noch bei der Erfassung des Sachverhalts und beim Vortrag der Parteien sieht, von den Parteien schließen zu lassen. Der Vorteil der weitgehenden Unabhängigkeit von den Parteien in diesem Stadium besteht darin, dass hier auch keine erwähnenswerte Möglichkeit für die Parteien besteht, das Verfahren durch (weitere) Verschleppungstaktiken zu verzögern, da die Einwirkungsmöglichkeiten auf das Schiedsgericht gering sind.[693]

D. Die Rolle des staatlichen Gerichts

Gleich zu Beginn dieses Abschnitts ist darauf hinzuweisen bzw. zuzugestehen, dass das staatliche Gericht nicht ohne Weiteres genannt werden kann, wenn es um die Möglichkeiten der Verfahrensbeteiligten zur Beschleunigung des Schiedsverfahrens geht. Denn einerseits kann das staatliche Gericht freilich nicht als Verfahrensbeteiligter im eigentlichen Sinne angesehen werden. Zudem kann das staatliche Gericht nicht als ein Mittel oder eine Instanz zur Beschleunigung des Schiedsverfahrens oder zur Gewährleistung des zügigen Fortgangs (miss-)verstanden werden. Denn der Hintergrund der Einbeziehung des staatlichen Gerichts an bestimmten Stellen im Schiedsverfahren besteht gerade (lediglich) darin, dass – wenn schon ein staatliches Verfahrens von den Parteien „abgewählt“ wird – ein wenig staatliche Kontrolle über das Schiedsverfahren ausgeübt werden soll, damit die Einhaltung der zwingenden Vorschriften gewährleistet werden kann.[694]

Dass dem staatlichen Gericht keine feste Rolle im Rahmen eines Schiedsverfahrens zugeschrieben werden kann, ergibt sich auch aus § 1026 ZPO, der die Mitwirkung des staatlichen Gerichts auf die gesetzlich vorgesehenen (Ausnahme-)Fälle beschränkt. In allen anderen Fällen ist ein Eingriff eines staatlichen Gerichts und damit auch jede Form von „Aufsicht“ im Hinblick auf das Schieds-

693 Vgl. auch Derains, FS Bülow, S. 31 (46).

694 Vgl. etwa Blackaby/Partasides/Redfern/Hunter, International Arbitration, Rn. 1.210.

verfahren ausgeschlossen.[695] Trotzdem kann das staatliche Gericht, wie bereits an verschiedenen Stellen erwähnt, an mehreren Punkten im Schiedsverfahren mit einbezogen werden. Aus diesem Grund sollen doch einige Formen der gerichtlichen Beteiligung dargestellt und die Frage erörtert werden, in welchem Verhältnis die Einbeziehung des staatlichen Gerichts zu einer angestrebten Beschleunigung des Schiedsverfahrens steht. Dabei versteht es sich von selbst, dass, unabhängig davon, worin man die Aufgabe des staatlichen Gerichts im Schiedsverfahren genau sehen möchte, es der Dauer des Schiedsverfahrens nur zugutekommen kann, wenn das staatliche Gericht seine Aufgabe ebenfalls zügig erledigt.

I. Ersatzbenennung eines Schiedsrichters

Eine sehr frühe Gelegenheit im Schiedsverfahren, zu der das staatliche Gericht, das heißt das nach § 1062 Abs. 1 Nr. 1 ZPO zuständige Oberlandesgericht, angerufen werden kann, ist das Stadium der Schiedsrichterbenennung. In den Fällen des § 1035 Abs. 3, Abs. 4 ZPO[696], kann nach Ablauf der jeweiligen Frist das staatliche Gericht angerufen werden, damit dieses eine Ersatzbenennung vornimmt.[697] Hier kommt also dem staatlichen Gericht eine gewisse „Auffangfunktion" zu, welche gewährleisten soll, dass das Schiedsverfahren fortgesetzt bzw. überhaupt erst begonnen werden kann, wenn es Unstimmigkeiten bei der Schiedsrichterbestellung gibt. Wenn man davon ausgeht, dass das Verfahren ohne ein (beantragtes) Tätigwerden des Oberlandesgerichts nach Fristablauf möglicherweise auf unbestimmte Zeit hinausgeschoben werden würde, kann dem Gericht in dieser Hinsicht schon in gewisser Weise eine Beschleunigungsfunktion zuerkannt werden.[698] Gleichwohl geht es hier nicht konkret darum, für eine möglichst schnelle Beendigung des (einzelnen) Schiedsverfahrens zu sorgen oder hierzu beizutragen. Vielmehr ist der Grund für das vorgesehene Hinzutreten des staatlichen Gerichts in der beabsichtigten Gewährleistung der grundlegenden Verfahrensprinzipien zu sehen. Hierzu zählt eben auch, dass den Parteien, in Übereinstimmung mit Art. 101 Abs. 1 S. 2 GG, ein (Schieds-)Richter zur Verfügung steht.

695 Lörcher/Lörcher, Schiedsverfahren, Rn. 84.

696 Dabei geht es um Fälle, in denen eine Schiedsrichterbenennung durch die oder eine der Parteien mangels entsprechender Vereinbarung, aufgrund fehlgeschlagener Einigung, oder schlicht wegen Untätigbleibens einer Partei nicht erfolgt.

697 Siehe bereits oben 1. Teil Kap. 1 D.I.

698 Ähnlich MüKo-ZPO/*Münch*, § 1062 Rn. 5.

II. Vorabentscheidung nach § 1032 Abs. 2 ZPO

Bis zur Bildung des Schiedsgerichts kann beim zuständigen Oberlandesgericht eine Vorabentscheidung über die (Un-)Zulässigkeit des Schiedsverfahrens beantragt werden.[699] In diesem Fall obliegt dem Gericht also die Überprüfung der Schiedsvereinbarung bezüglich der konkret in Rede stehenden Streitigkeit. Die Bedeutung des Verfahrens vor dem staatlichen Gericht im Hinblick auf eine Beschleunigung des Schiedsverfahrens wird hier insofern eingeschränkt, als das Schiedsgericht wie bereits dargestellt[700] das Schiedsverfahren gemäß § 1032 Abs. 3 ZPO trotz Anhängigkeit des Verfahrens vor dem Oberlandesgericht einleiten oder fortsetzen kann. Darüber hinaus ist die Entscheidung des Oberlandesgerichts für die Dauer des Schiedsverfahrens auch nur dann relevant, wenn im Ergebnis die Zulässigkeit des Schiedsverfahrens festgestellt wird. Denn ansonsten kommt es möglicherweise gar nicht zu einem (weiteren) Schiedsverfahren.[701] Je schneller das Gericht hier zu einer Entscheidung gelangt, desto schneller kann das Schiedsverfahren auch eingeleitet oder fortgeführt werden, wenn das Schiedsgericht nicht ohnehin von seiner Möglichkeit nach § 1032 Abs. 3 ZPO Gebrauch macht.

Auch in diesem Fall besteht der Hintergrund der Einbeziehung des staatlichen Gerichts aber nicht allein darin, dass ein mögliches Hindernis für das Schiedsverfahren aus dem Weg geräumt werden soll, um für eine zügige Durchführung des Verfahrens zu sorgen. Zwar dient der Antrag auf Feststellung der (Un-)Zulässigkeit des Schiedsverfahren bereits zu einem frühen Verfahrenszeitpunkt auch der Prozessökonomie.[702] Dies ist allerdings vorwiegend dahingehend zu verstehen, dass nicht erst ein eigentlich unzulässiges Schiedsverfahren ganz oder teilweise durchgeführt werden soll, um später festzustellen, dass der Zeitaufwand vergeblich war. Um eine tatsächliche Beschleunigung des Schiedsverfahrens selbst geht es allerdings nicht. Wenn man darüber hinaus davon ausgeht, dass das staatliche Gericht einen Rest staatlicher Kontrolle über das Schiedsverfahren ausüben soll, kann man die Funktion dieses Verfahrens auch darin sehen, dass festgestellt werden soll, ob die Streitigkeit im konkreten Fall nicht doch in einem staatlichen Verfahren ausgefochten werden müsste.

---

699 Siehe oben 1. Teil Kap. 1 D.III.

700 Siehe oben C.III.4.

701 Insofern ist das Schiedsgericht an die Entscheidung des staatlichen Gerichts gebunden. Ein entgegen einer solchen Entscheidung erlassener Schiedsspruch ist nach herrschender Auffassung nichtig. Vgl. dazu Huber, SchiedsVZ 2003, S. 73 (74); Kreindler/Schäfer/Wolff, Schiedsgerichtsbarkeit, Rn. 211; Musielak/*Voit*, ZPO, § 1032 Rn. 14; Schwab/Walter, Schiedsgerichtsbarkeit, Kap. 31 Rn. 11.

702 Vgl. BT-Drucks. 13/5274, S. 38; MüKo-ZPO/*Münch*, § 1032 Rn. 22.

III. § 1050 Abs. 1 S. 1 ZPO

Es gibt auch während des Schiedsverfahrens die Möglichkeit, das staatliche Gericht zu Rate zu ziehen, wobei dies wiederum nur einen besonders geregelten Ausnahmefall betrifft. Nach § 1050 Abs. 1 S. 1 ZPO kann das Schiedsgericht oder eine der Parteien mit dessen Zustimmung eine Unterstützung des staatlichen Gerichts[703] bei der Beweisaufnahme oder einer sonstigen richterlichen Handlung beantragen. Die dieser Norm zugrundeliegende Überlegung betrifft wiederum grundsätzlich nicht die Beschleunigung des Schiedsverfahrens. Vielmehr soll die Eingriffsbefugnis des staatlichen Gerichts der Tatsache Rechnung tragen, dass das Schiedsgericht selbst nicht befugt ist, eigene Zwangsgewalt auszuüben.[704] Somit geht es auch im Falle des § 1050 Abs. 1 S. 1 ZPO grundsätzlich lediglich darum, dass das Verfahren überhaupt weitergeführt werden kann, nämlich dann, wenn das Schiedsgericht selbst mit den ihm zur Verfügung stehenden Mitteln nicht weiterkommt. Soweit es allerdings um eine Unterstützung bei der Beweisaufnahme geht, kann sich die Hilfestellung des staatlichen Gerichts auch dahingehend auswirken, dass der Verzögerungstaktik einer Partei entgegengewirkt wird. Dies gilt jedenfalls insofern, als das staatliche Gericht etwa intervenieren kann, wenn ein Zeuge (oder Sachverständiger) sich weigert, zu erscheinen oder auszusagen.[705] So können die Maßnahmen, die wie geschildert eigentlich in den Aufgabenbereich des Schiedsgerichts fallen[706], um solche unterstützenden Zwangsmaßnahmen des staatlichen Gerichts ergänzt werden, auch wenn es sich bei einer Aussageverweigerung nicht immer um eine Taktik einer der Parteien handeln muss. Wenn also der Fluss des Schiedsverfahrens im Stadium der Beweisaufnahme unterbrochen wird, kann die Einbeziehung des staatlichen Gerichts zumindest gewährleisten, dass das Verfahren aus der jeweiligen Situation heraus fortgeführt werden kann.

---

703 Im Unterschied zu den bisher behandelten Formen der Beteiligung des staatlichen Gerichts ist nicht das Oberlandesgericht, sondern gemäß § 1062 Abs. 4 ZPO das Amtsgericht zuständig, in dessen Bezirk die Beweisaufnahme stattfindet.

704 MüKo-ZPO/*Münch*, § 1050 Rn. 1; Musielak/*Voit*, ZPO, § 1050 Rn. 1; Schwab/Walter, Schiedsgerichtsbarkeit, Kap. 17 Rn. 1.

705 Vgl. BT-Drucks. 13/5274, S. 51; Lörcher/Lörcher, Schiedsverfahren, Rn. 81; MüKo-ZPO/*Münch*, § 1050 Rn. 6.

706 Siehe oben C.III.4.

IV. Anerkennungs- und Vollstreckungsverfahren

Im Anerkennungs- und Vollstreckungsverfahren besteht die Aufgabe bzw. die Möglichkeit des staatlichen Gerichts nicht in der aktiven Beschleunigung des Schiedsverfahrens, sondern allenfalls darin, die Zeit nach dem Schiedsverfahren bis zur Vollstreckbarkeit des Schiedsspruchs nicht zu lang werden zu lassen. Hier tritt die bloße „Überwachungsfunktion" der staatlichen Gerichtsbarkeit im Verhältnis zum Schiedsgericht am deutlichsten zu Tage. Gleichwohl gibt es, auch wenn man dem staatlichen Gericht keine tatsächlichen Verhaltensregeln an die Hand geben möchte, auch und gerade in diesem Verfahrensstadium gewisse Vorkehrungen, die es dem staatlichen Gericht zumindest ermöglichen, das Verfahren nicht über Gebühr auszudehnen. Dies gilt insbesondere für die Prüfung derjenigen Aufhebungsgründe des § 1059 Abs. 2 Nr. 1 ZPO, welche nur dann zu berücksichtigen sind, wenn sie vom Antragsteller innerhalb der Drei-Monats-Frist geltend gemacht werden.[707]

Im Übrigen gilt der Grundsatz, dass Aufhebungsgründe im Rahmen des Vollstreckbarerklärungsverfahrens dann nicht mehr geltend gemacht werden können, wenn der Antragsteller diese bereits im Laufe des Schiedsverfahrens hätte geltend machen können. Dieser allgemeine Grundsatz findet insbesondere in der Regelung des § 1027 S. 1 ZPO Ausdruck, wonach ein Mangel unverzüglich gerügt werden muss. Anderenfalls ist eine Geltendmachung zu einem späteren Zeitpunkt ausgeschlossen. Diese Vorschrift führt auch zu einer Präklusion im Verfahren vor dem staatlichen Gericht nach den §§ 1059, 1060 ZPO.[708] So kann sich die unterlegene Partei zum Beispiel nicht mehr gemäß § 1059 Abs. 2 Nr. 1 lit. a ZPO auf die Unwirksamkeit der Schiedsvereinbarung berufen, wenn es sich um einen heilbaren Mangel handelt und die Partei sich rügelos zur Sache eingelassen hat.[709] Der Zweck dieser Präklusionsregelungen im Verfahren zur Vollstreckbarerklärung oder Aufhebung des Schiedsspruchs kann nicht, jedenfalls nicht vordergründig, in einer Straffung des jeweiligen Schiedsverfahrens erblickt werden. Im Falle der Drei-Monats-Frist zur Geltendmachung etwaiger Aufhebungsgründe im Sinne des § 1059 Abs. 2 Nr. 1 ZPO geht es vielmehr darum,

---

707 Siehe oben 1. Teil Kap. 3 E.II.2.

708 Vgl. OLG Stuttgart, SchiedsVZ 2003, S. 84 (86); BT-Drucks. 13/5274, S. 33; Baumbach/Lauterbach/Albers/Hartmann, ZPO, § 1027 Rn. 5; Kreindler/Schäfer/Wolff, Schiedsgerichtsbarkeit, Rn. 1095; MüKo-ZPO/*Münch*, § 1027 Rn. 14; Musielak/*Voit*, ZPO, § 1027 Rn. 1; Raeschke-Kessler/Berger, Recht und Praxis des Schiedsverfahrens, Rn. 144; Zöller/*Geimer*, ZPO, § 1027 Rn. 3.

709 Lachmann, Hdb. Schiedsgerichtspraxis, Rn. 2187.

dass nach einiger Zeit Rechtssicherheit bezüglich des ergangenen Schiedsspruchs hergestellt werden soll.[710]

Was die weiteren Präklusionsregelungen angeht, so kann hierin wohl neben einer Ausformung der Sanktionierung widersprüchlichen Verhaltens auch eine beabsichtigte Entlastung der staatlichen Gerichte, ohne direkten Bezug zum Schiedsverfahren und seiner Parteien gesehen werden. Dies betrifft zumindest eine Präklusion im Verfahren zur Vollstreckbarerklärung. Hinter der Regelung des § 1027 S. 1 ZPO selbst steht nämlich sehr wohl der Gedanke der (unmittelbaren) Beschleunigung des Schiedsverfahrens.[711] Denn der Ausschluss einer Rüge ab einem bestimmten Zeitpunkt fördert den ungehinderten Fortgang des Verfahrens und trägt damit zu dessen Effizienz bei.[712] Darüber hinaus kommt dann, wenn es schließlich vor dem staatlichen Gericht um die Vollstreckbarerklärung des Schiedsspruchs geht, eine Präklusionsregelung auch einer Schiedspartei zugute, die die zeitnahe Vollstreckbarkeit des Schiedsspruchs anstrebt. Denn eine Beschränkung des Umfangs eines Anerkennungs- oder Vollstreckbarerklärungsverfahrens führt faktisch auch zur Verkürzung der Zeit, die die jeweilige Partei auf ihren vollstreckbaren Titel zu warten hat. Wenn also das Oberlandesgericht die Präklusionsvorschriften (nach Prüfung des Vorliegens der Voraussetzungen derselben[713]) beachtet, so entspricht dies zumindest auch dem Interesse der antragstellenden Partei, gerade im Hinblick auf die Dauer des Schiedsverfahrens insgesamt.

E. Abschließende Bemerkung zu Kapitel 4

Zu Beginn des Verfahrens sind es faktisch ausschließlich die Parteien, die das Heft in der Hand haben und die somit das ihnen Mögliche zur Erreichung eines möglichst raschen Schiedsverfahrens tun können. Diese Möglichkeit sollte auch ernst genommen werden, da die Regelungen, die die Parteien getroffen haben, für das Schiedsgericht bindend sind. Wenn das Schiedsgericht sodann die Kontrolle über das Verfahren weitgehend übernimmt, kann es etwaige Fehleinschätzungen und -planungen der Parteien nur schwerlich wieder korrigieren. In der Folge kann das Schiedsgericht seinerseits in dem Rahmen tätig werden, der ihm von den Parteien zur Verfügung gestellt wird, der also von ihnen noch nicht

---

710 Vgl. BT-Drucks. 13/5274, S. 60.

711 Baumbach/Lauterbach/Albers/Hartmann, ZPO, § 1027 Rn. 1; BT-Drucks. 13/5274, S. 32; Musielak/*Voit*, ZPO, § 1027 Rn. 1.

712 So auch Lachmann, Hdb. Schiedsgerichtspraxis, Rn. 1429.

713 Vgl. MüKo-ZPO/*Münch*, § 1027 Rn. 14.

geregelt worden ist. Im Interesse eines möglichst reibungslosen und harmonischen Verfahrensverlaufs sollten die Parteien dabei nicht außen vor gelassen werden. Im weiteren Verfahren tut das Schiedsgericht gut daran, mit einer ordnenden Hand tätig zu werden und das Verfahren im Rahmen seiner Befugnisse zu lenken und idealerweise inhaltlich auf die (von ihm selbst zu bestimmenden) wesentlichen Punkte zu beschränken. Die dargestellten Handlungs- und Gestaltungsmöglichkeiten, die den Parteien und dem Schiedsgericht zur Verfügung stehen, verstehen sich freilich vorbehaltlich einer näheren Ausgestaltung durch das geltende Regelwerk. Dabei ist wiederum zu beachten, dass bereits die wohl durchdachte Auswahl des Regelwerks zu den Möglichkeiten der Parteien zählt, Einfluss auf den ihren Vorstellungen entsprechenden Ablauf des Schiedsverfahrens zu nehmen.

Dem staatlichen Gericht kann keine tatsächliche Rolle bei der Beschleunigung des Schiedsverfahrens, jedenfalls nicht als konkrete Aufgabe, zugedacht werden. Dennoch stellt die Möglichkeit der Einbeziehung des staatlichen Gerichts an einigen Stellen einen Weg dar, der einer Stagnation des Schiedsverfahrens entgegenwirken kann. Nichtsdestoweniger ist es aus Sicht der Parteien kein gangbarer und empfehlenswerter Weg, sich, wenn sie auf ein zügiges Schiedsverfahren bedacht sind, darauf zu verlassen, dass sie sich notfalls immer noch an das staatliche Gericht wenden können. Vielmehr sollten die Parteien sowie die übrigen Verfahrensbeteiligten darum bemüht sein, dass – abgesehen vom unumgänglichen Verfahren zur (Anerkennung und) Vollstreckbarerklärung des Schiedsspruchs – eine Situation, die das Eingreifen des staatlichen Gerichts erforderlich macht, gar nicht erst entsteht.

Kapitel 5: Bestehende Regelwerke zur Verfahrensbeschleunigung

Abgesehen davon, dass, wie dargestellt, den Beteiligten des Schiedsverfahrens vielerlei Verhaltens- und Gestaltungsmöglichkeiten zur Verfügung stehen, um sich um eine Verfahrensführung ohne größere Hindernisse zu bemühen, werden auch von anderen Stellen, also „von außerhalb" Ansätze gesucht, dem Wunsch nach einem schnellen Schiedsverfahren zu entsprechen. Bei diesen Stellen handelt es sich in aller Regel um Schiedsinstitutionen, die spezielle Regelwerke herausgegeben haben, deren Geltung die Parteien vereinbaren können. Diesen Regelwerken ist gemeinsam, dass sie darauf ausgerichtet sind, eine möglichst kurze Dauer des Verfahrens zu gewährleisten. Die Besonderheit besteht darin, dass es – im Unterschied zur bisherigen Betrachtung – um beschleunigte Schiedsverfahren geht, bei denen über die Vermeidung unerwünschter Verzögerungen hinaus die Beendigung des Verfahrens innerhalb einer bestimmten (kurzen) Zeit im Vordergrund steht. Dabei sind unterschiedliche Ansatzpunkte denkbar, um für eine Verkürzung der Verfahrensdauer zu sorgen. In der Folge sollen einige solcher Regelwerke und die damit verfolgten Ziele dargestellt[714] sowie in einer Zusammenschau eine Beurteilung im Hinblick auf die Auswirkungen auf das Verfahren vorgenommen werden. In diesem Zusammenhang wird auch noch einmal auf einige Beispiele Bezug genommen, die zwar keine eigenständige Schiedsordnung verkörpern, aber auch Ausdruck des Bemühens sind, Schiedsverfahren zu beschleunigen oder zu vereinfachen.[715]

A. Fast-Track Arbitration

Wie angedeutet, hat eine Reihe von Schiedsinstitutionen gesonderte Schiedsordnungen herausgegeben, die es den Parteien ermöglichen sollen, auf schnellem Wege zu einem Schiedsspruch zu gelangen. Ein solches Schiedsverfahren wird auch als Fast-Track Arbitration bezeichnet.

---

714 Siehe sogleich A.

715 Siehe unten B.

I. Begriff

Der Begriff Fast-Track Arbitration bezeichnet ein Schiedsverfahren, dessen prägendste und gerade beabsichtigte Eigenschaft darin besteht, dass die Ausgestaltung des Verfahrens auf Schnelligkeit, das heißt auf eine möglichst geringe Gesamtdauer ausgerichtet ist. Dass von Seiten der Schiedsinstitutionen damit begonnen wurde, sich verstärkt mit diesem Thema auseinanderzusetzen bzw. dass Fast-Track Arbitration überhaupt eine bedeutendere Stellung einnimmt, ist eine Reaktion auf die vermehrt geäußerte Kritik an der Dauer von Schiedsverfahren und den damit einhergehenden Wunsch nach Wegen zu einer schnelleren Durchführung des Verfahrens.[716] Auch wenn zum Teil eine begriffliche Unterscheidung zwischen Fast-Track Arbitration und anderen beschleunigten Formen des Schiedsverfahrens getroffen[717] und der Begriff Fast-Track Arbitration selbst auch nicht ganz einheitlich verwendet wird[718], wird der Begriff im Folgenden als allgemeine Bezeichnung für durch entsprechende Regelungen bewusst beschleunigte Schiedsverfahren verwendet. Es handelt sich im Grunde um ein „normales" Schiedsverfahren, das heißt, dass sich an den Charakteristika in der Regel nichts Grundlegendes ändert. Allerdings enthalten die speziellen Regelwerke Modifikationen gegenüber den üblichen Schiedsordnungen, die die zeitlichen Abläufe des Verfahrens verkürzen sollen.[719] Im Unterschied zu gewöhnlichen Schiedsverfahren stellt die Einhaltung eines bestimmten Zeitplans im Falle der Fast-Track Arbitration eines der wichtigsten Anliegen der Parteien dar. Dabei ist es unumgänglich, dass es Einschnitte und Veränderungen im Verlauf eines Schiedsverfahrens geben muss, um auch ohne Kenntnis der Umstände des einzelnen Verfahrens eine kürzere Gesamtdauer zu gewährleisten.

---

716 Vgl. Bagner, Arb. Int'l 1997, S. 193; Broichmann, FS Pöllath + Partners, S. 115 (116); Davis/Lagacé/Volkovitsch, J. Int'l Arb. 1993, S. 69 (77); Freyer, Liber Amicorum Gaudet, S. 104; Holtzmann, Arb. Int'l 1995, S. 39; Morton, Arb. Int'l 2010, S. 103; Lew/Mistelis/Kröll, Rn. 21–84; Müller, J. Int'l Arb. 1998, S. 5. Vgl. zu den zunehmenden Kritikpunkten im Einzelnen Hobeck/Mahnken/Koebke, SchiedsVZ 2007, S. 225 (229); Rivkin, Arb. Int'l 2008, S. 375 (376). Neben den Schiedsinstitutionen haben auch größere Unternehmen der Problematik Rechnung getragen und sich in einer Corporate Counsel International Arbitration Group organisiert, vgl. Hechler, Group Works to Reform International Arbitration Process, abrufbar unter: http://www.cpradr.org/Portals/0/Resources/Articles/Group%20Works%20to%20Reform%20International%20Arbitration%20Process%20%28Law.com%29.pdf.

717 So Davis/Lagacé/Volkovitsch, J. Int'l Arb. 1993, S. 69.

718 Vgl. Broichmann, FS Pöllath + Partners, S. 115 (117); Freyer, Liber Amicorum Gaudet, S. 104.

719 Vgl. Blackaby/Partasides/Redfern/Hunter, International Arbitration, Rn. 6.265; Broichmann, FS Pöllath + Partners, S. 115 (117); Müller, J. Int'l Arb. 1998, S. 5 (6).

Grundsätzlich ist ein Fast-Track-Verfahren nicht nur als institutionelles, sondern auch als Ad-hoc-Verfahren denkbar und möglich.[720] Wenn aber die Parteien nicht gerade eigenständig eine für ein schnelles Verfahren maßgeschneiderte Regelung treffen wollen (und können), so müssen sie, um ein beschleunigtes Verfahren zu bekommen, die Geltung einer der spezialisierten Schiedsordnungen vereinbaren.[721] In jedem Fall findet also die Durchführung eines beschleunigten Schiedsverfahrens ihren Ursprung in der Schiedsvereinbarung der Parteien, sei es in Gestalt einer detaillierten Zeitvorgabe und Verfahrensausgestaltung oder durch Bezugnahme auf eine entsprechende Schiedsordnung. Nachfolgend werden nun einige speziell auf beschleunigte Schiedsverfahren zugeschnittene Regelwerke daraufhin untersucht, auf welche Weise die kürzere Verfahrensdauer erreicht werden soll, ohne dass sich die Aufzählung der Regelwerke als vollständig begreifen würde. In einem zweiten Schritt wird dann auf die Folgen der Modifikationen der Verfahrensweise eingegangen.[722]

II. DIS-Regeln für beschleunigte Verfahren

1. Ausgangspunkt und Hintergrund

Die DIS hat im April 2008 ihre „Ergänzenden Regeln für Beschleunigte Verfahren" (im Folgenden: Ergänzende Regeln) herausgegeben.[723] Diese Ergänzenden Regeln sind aus einer Arbeitsgruppe hervorgegangen, die Ende 2005 gegründet wurde und deren Auftrag darin bestand, allgemeine Regelungen für bestimmte Aspekte des Schiedsverfahrens sowie Musterklauseln für bestimmte Verfahrensarten[724] zu entwerfen.[725]

---

720 Vgl. Cook/Garcia, S. 216; Raeschke-Kessler/Berger, Recht und Praxis des Schiedsverfahrens, Rn. 90; Sachs, Liber Amicorum Cremades, S. 1051 (1053); Welser/Klausegger, Austrian Arbitration Yearbook 2009, S. 259.

721 Blackaby/Partasides/Redfern/Hunter, International Arbitration, Rn. 6.264.

722 Siehe unten B.

723 Abrufbar unter: http://www.dis-arb.de/download/2008_ERBV_ Download.pdf.

724 Aus diesen Bemühungen sind im September 2009 beispielsweise auch die Ergänzenden Regeln für Gesellschaftsrechtliche Streitigkeiten entstanden, abrufbar unter http://www.disarb.de/download/DIS_ERGeS _%202009_ Download.pdf.

725 Berger, SchiedsVZ 2008, S. 105 (106).

2. Gegenstand der Regelung

Wie bereits aus der Bezeichnung der Regeln hervorgeht, handelt es sich nicht um ein umfassendes und selbstständig ausgestaltetes Verfahren. Vielmehr stellen die Regeln lediglich eine Ergänzung der DIS-SchO dar[726], mit Modifikationen, die speziell auf eine beschleunigte Durchführung des Schiedsverfahrens zugeschnitten sind. Der Text der Ergänzenden Regeln enthält aus Gründen der Übersichtlichkeit[727] auch lediglich diejenigen Bestimmungen, die von den Vorgaben der DIS-SchO abweichen. Wenn es den Parteien auf ein besonderes schnelles Verfahren ankommt, können sie also ein Verfahren nach der DIS-SchO vereinbaren, allerdings mit den Besonderheiten, die das Verfahren durch die Ergänzenden Regeln erfährt.

3. Inhalt

Nach § 1.2 der Ergänzenden Regeln soll das Verfahren mit einem Einzelschiedsrichter nicht länger als sechs bzw. mit einem Dreierschiedsgericht nicht länger als neun Monate ab Einreichung der Klage bei der Institution dauern. Dabei stellt das Verfahren mit einem Einzelschiedsrichter gemäß § 3.1 den Regelfall dar, es sei denn, die Parteien haben explizit die Entscheidung durch ein Dreierschiedsgericht vereinbart. Die Besetzung des Schiedsgerichts ist in § 3.2 und § 3.3 gesondert geregelt, um etwaigen Verzögerungen in diesem Verfahrensstadium[728] entgegenzuwirken.[729] Danach soll bei bereits erfolgter Schiedsrichterauswahl der Schiedsrichter schon in der Klageschrift benannt werden. Anderenfalls wird der Schiedsrichter auf Antrag einer Partei unverzüglich von der Institution benannt. Im Falle der Vereinbarung eines Dreierschiedsgerichts wird die in der DIS-SchO vorgesehene Benennungsfrist für den Beklagten von 30 Tagen auf 14 Tage verkürzt. Die Frist für die Parteischiedsrichter zur Benennung des Obmanns wird ebenfalls auf 14 Tage verkürzt. Im Übrigen verlangt § 3.4 der Ergänzenden Regeln, dass ein benannter Kandidat innerhalb von sieben Tagen nach Erhalt des Schreibens, in dem er dazu aufgefordert wird, sich zur Annahme des Amtes zu äußern (§ 16.1 DIS-SchO), bestellt werden kann. Anderenfalls benennt die Institution auf Antrag einer Partei einen Ersatzschiedsrichter.

Um die Einhaltung des vorgegebenen Regelzeitrahmens von sechs Monaten zu gewährleisten, ist das Schiedsgericht gemäß § 5.1 gehalten, in Abstimmung

726 Vgl. Berger, a.a.O.

727 Vgl. Berger, SchiedsVZ 2008, S. 105 (106).

728 Siehe hierzu auch oben 1.Teil Kap. 1 C.III.

729 Berger, SchiedsVZ 2008, S. 105 (107).

mit den Parteien einen Zeitplan für das Verfahren aufzustellen. Zudem soll das Schiedsgericht gemäß § 1.4 das ihm bei der Durchführung des Verfahrens zustehende Ermessen, insbesondere im Hinblick auf Fristverlängerungen, stets so ausüben, dass dem Wunsch der Parteien nach einem beschleunigten Verfahren Rechnung getragen wird. Für den näheren Verfahrensablauf sehen die Ergänzenden Regeln in § 5.2 zunächst eine Beschränkung des schriftlichen Verfahrens auf zwei Schriftsatzrunden vor. Eine Aufrechnung oder Widerklage ist unter Geltung der Ergänzenden Regeln für beschleunigte Verfahren gemäß § 4.4 explizit ausgeschlossen, so dass eine daraus folgende Verlängerung des Verfahrens[730] vermieden wird. Das Schiedsgericht soll den Parteien nach § 5.3 Ergänzende Regeln möglichst früh zu erkennen geben, welche Punkte es für wesentlich hält. Darüber hinaus ist gemäß § 5.2 nur eine mündliche Verhandlung ohne nachfolgende Posthearing Briefs vorgesehen. Die mündliche Verhandlung soll innerhalb von vier Wochen nach Zugang des letzten Schriftsatzes stattfinden, wobei dem Schiedsgericht nach der mündlichen Verhandlung weitere vier Wochen zum Erlass des Schiedsspruchs eingeräumt werden, § 4.3 Ergänzende Regeln. Der Erlass des Schiedsspruchs wird insofern erleichtert, als laut § 7 grundsätzlich auf die Wiedergabe des Tatbestands verzichtet werden kann.

Trotz dieser weitgehenden Bestimmungen hinsichtlich des zeitlichen Ablaufs des Schiedsverfahrens können die Parteien nach § 6.1 auch Modifikationen der Bestimmungen vereinbaren, wobei hierfür nach Konstituierung des Schiedsgerichts dessen Zustimmung erforderlich ist. Das Schiedsgericht benötigt wiederum für eine Fristverlängerung einen wichtigen Grund oder aber die Zustimmung aller Parteien. Darüber hinaus muss hierfür ein begründeter Beschluss an die Institution geschickt werden. Gelingt es dem Schiedsgericht überdies nicht, das Verfahren innerhalb der vorgegebenen (Sechs- oder Neun-Monats-)Frist zu beenden, hat es nach § 6.2 Ergänzende Regeln die Institution und die Parteien hiervon schriftlich und begründet zu unterrichten.

III. WIPO Expedited Arbitration Rules

1. Hintergrund

Auch die WIPO hat neben ihren WIPO Arbitration Rules im Jahr 2002 zusätzlich die WIPO Expedited Arbitration Rules (im Folgenden: WIPO Expedited

730 Siehe oben 1. Teil Kap. 2 D.III.

Rules) herausgegeben[731], welche speziell auf eine schnelle Verfahrensdurchführung zugeschnitten sind. Ausweislich der Einleitung der Regeln[732] geht es insgesamt darum, das Schiedsverfahren in einem verkürzten Zeitrahmen und mit reduzierten Kosten durchzuführen.

2. Gegenstand der Regelung

Im Vergleich zu den Ergänzenden Regeln der DIS sind die WIPO Expedited Rules in die reguläre Schiedsordnung inkorporiert, das heißt an einigen Stellen werden Modifikationen vorgenommen. Diese Art der Ausgestaltung wurde bei der Redaktion der Ergänzenden Regeln der DIS ganz bewusst nicht gewählt.[733] Allerdings sind auch in der Einleitung der Regeln der WIPO die Besonderheiten – in diesem Fall die fünf wichtigsten Änderungen – der WIPO Expedited Rules im Vergleich zum Verfahren nach der allgemeinen Schiedsordnung aufgeführt. Eine erschöpfende Darstellung der Regeln und des Verfahrensablaufs soll an dieser Stelle nicht erfolgen, zumal der Wortlaut der (umfangreichen) Regeln eingesehen werden kann. Vielmehr werden im Wesentlichen die in der Einleitung erwähnten Besonderheiten erörtert, die von der WIPO selbst herausgegriffen worden sind.

3. Inhalt

Unmittelbar für die Verfahrensdauer von Bedeutung ist die Maßgabe, dass gemäß Art. 10 WIPO Expedited Rules die Klageschrift (zwingend) bereits mit dem Antrag auf Einleitung eines Schiedsverfahrens bei der Institution verbunden werden muss. Entsprechend hat laut Art. 12 auch die Erwiderung auf diesen Antrag die Klageerwiderung zu enthalten. Diese Erwiderung hat binnen 20 Tagen nach Erhalt des Klägerschriftsatzes zu erfolgen, Art. 11 WIPO Expedited Rules. Im Übrigen sehen auch die WIPO Expedited Rules in Art. 14 (a) einen Einzelschiedsrichter vor, ohne dass ausnahmsweise die Möglichkeit eines Dreierschiedsgerichts eingeräumt würde.[734] Der Einzelschiedsrichter muss binnen 15 Tagen ab Verfahrensbeginn von den Parteien bestellt werden, anderenfalls wird er gemäß Art. 14 (b) von der Institution bestellt. Wie bereits zuvor bezüglich der

---

731 Enthalten in der WIPO-Regelbroschüre, abrufbar unter: http://www.wipo.int/freepublications/de/arbitration/446/wipo_pub_446. pdf.

732 WIPO-Regelbroschüre, S. 62

733 Berger, SchiedsVZ 2008, S. 105 (106).

734 Vgl. Paulsson, The WIPO Expedited Arbitration Rules: Fast-Track Arbitration, S. 3: „invariable appointment of a sole arbitrator“.

WIPO Arbitration Rules angemerkt[735], hat der Schiedsrichter auch nach Art. 18 (a) WIPO Expedited Rules mit der Annahme des Amtes die Verpflichtung, ausreichend Zeit für eine zügige Verfahrensdurchführung aufzubringen.

Nach den WIPO Expedited Rules soll die mündliche Verhandlung gemäß Art. 53 (b) innerhalb von 30 Tagen nach Erhalt der Klageerwiderung stattfinden. Die mündliche Verhandlung selbst soll möglichst kurz gehalten werden und in der Regel eine Dauer von drei Tagen nicht überschreiten. Ob überhaupt eine mündliche Verhandlung durchgeführt werden soll, ist, vorbehaltlich eines entsprechenden Antrags der Parteien, gemäß Art. 47 (a) WIPO Expedited Rules in das Ermessen des Schiedsrichters gestellt. Im Übrigen werden die Fristen im gesamten Verfahrensverlauf verkürzt. Der Schiedsrichter hat nach Art. 32 (c) WIPO Expedited Rules für die gebührende Schnelligkeit des Verfahrens Sorge zu tragen. Allerdings ist ihm insofern ein gewisser Spielraum gegeben, als er „in außergewöhnlichen Fällen" eine bestehende Frist auch verlängern kann. Auf diese Weise bleibt dem Verfahren trotz allem Streben nach einer zeitnahen Beendigung ein wenig Flexibilität erhalten.[736] Ein weiteres Beispiel für die Absicht, das Verfahren zu beschleunigen, ist Art. 49 (a) WIPO Expedited Rules, wonach ein vom Schiedsrichter benannter Sachverständiger zur Erfüllung seines Auftrags lediglich 30 Tage Zeit hat, beginnend mit dem Erhalt der „Terms of Reference".

Die Dauer des Verfahrens ist auf drei Monate angelegt, wobei für den Erlass des Schiedsspruchs noch einmal ein Monat vorgesehen ist, Art. 56 (a) WIPO Expedited Rules. Insgesamt soll das Verfahren also nicht länger als vier Monate ab Einreichung der Klageerwiderung oder ab Besetzung des Schiedsgerichts, wenn diese später erfolgt, dauern. Hinzuweisen ist in diesem Zusammenhang allerdings darauf, dass diese Vorschrift der Expedited Rules sehr vorsichtig formuliert ist und daher doch, jedenfalls vom Wortlaut her, einen gewissen Spielraum bietet, im Einzelfall von der Zeitvorgabe abzuweichen. Die Vorgabe von drei Monaten für das Schiedsverfahren soll eingehalten werden, „wo immer dies vernünftigerweise möglich ist". Gleiches gilt für den Erlass des Schiedsspruchs innerhalb eines weiteren Monats. Der Schiedsrichter hat demnach, unter Berufung auf den recht weit gefassten Wortlaut des Art. 56 (a) WIPO Expedited Rules, im Einzelfall die Möglichkeit, aufgrund besonderer Umstände die Fristen zu überschreiten.[737] Diese Freiheit des Schiedsrichters wird allerdings dadurch eingeschränkt, dass dieser, wenn es ihm nicht gelingt, das Verfahren innerhalb

---

735 Siehe oben Kap. 4 B.I.2.c).

736 Vgl. van den Berg, The WIPO Expedited Arbitration Rules: Fast-Track Arbitration, S. 2.

737 Vgl. Müller, J. Int'l Arb. 1998, S. 5 (12), allerdings unter Bezugnahme auf eine ältere, in diesem Punkt aber gleichlautende Fassung der WIPO Rules.

der Zeitvorgabe zu beenden, die Parteien sowie die Institution nach Art. 56 (b), (c) hiervon begründet zu unterrichten hat.

4. Weitere Initiativen der WIPO

Zusätzlich zu den WIPO Expedited Rules, die also eine beschleunigte Durchführung eines ansonsten „gewöhnlichen" Schiedsverfahrens ermöglichen sollen, sieht die WIPO auch besondere Verfahrensarten vor, die ebenfalls auf vereinfachtem und beschleunigtem Wege durchgeführt werden können. Hierbei geht es insbesondere um Streitigkeiten in Bezug auf Domainnamen (Domain Name Dispute Resolution). Hierbei handelt es sich zwar um einen sehr speziellen Fall von Streitigkeiten, welcher auch nicht in Einzelheiten behandelt werden soll. Dennoch verdient diese besondere Verfahrensart wegen ihres gerade auf zügige und unkomplizierte Verfahrensführung ausgelegten Konzepts eine zumindest kurze Erwähnung. Bei dieser Verfahrensart haben die Beteiligten seit einiger Zeit die Möglichkeit, das Verfahren vollständig auf elektronischem Wege einzuleiten und durchzuführen, so dass auf diese Weise Zeit und auch Kosten gespart werden können.[738]

IV. Schweizer Regeln für beschleunigte Verfahren

1. Allgemeines

Zunächst ist zu bemerken, dass die Schweizer Schiedsinstitution kein gesondertes Regelwerk hat, welches auf beschleunigte Verfahren angewendet wird. Vielmehr enthält die gewöhnliche Internationale Schiedsordnung der Swiss Chambers' Arbitration Institution in der Fassung vom 01.06.2012[739](im Folgenden: Schweizer Regeln) in Art. 42 eine Bestimmung, der zufolge unter den Regeln auch ein beschleunigtes Verfahren durchgeführt werden kann. Art. 42 Abs. 1 Schweizer Regeln gibt den Parteien die Möglichkeit, ein solches beschleunigtes Verfahren zu vereinbaren.

Charakteristisch für die Konzeption des beschleunigten Verfahrens nach den Schweizer Regeln ist aber, dass sie noch einen Schritt weiter geht. Nach Art. 42 Abs. 2 lit. a ist bei Streitsachen, deren Streitwert einschließlich Klage- und

738 Vgl. die Presseerklärung „WIPO Launches Paperless UDRP Proceedings", Genf, 11.12.2009, abrufbar unter: http://www.wipo.int/pressroom/en/articles/2009/article_0057.html.

739 Abrufbar unter: https://www.swissarbitration.org/sa/download/SRIA_german_2012.pdf.

Widerklagesumme den Betrag von 1 Million Schweizer Franken[740] nicht übersteigt, das beschleunigte Verfahren nach Art. 42 Abs. 1 durchzuführen. Bei einem Streitwert, der diesen Betrag übersteigt, steht es den Parteien aber immer noch frei, sich für ein beschleunigtes Verfahren zu entscheiden.[741] Im Übrigen haben die Parteien auch in Fällen, in denen die Schwelle von 1 Million Schweizer Franken nicht erreicht ist, die Möglichkeit, eine Vereinbarung gegen ein beschleunigtes Verfahren zu treffen.[742] Die Besonderheit besteht aber darin, bei Unterschreitung der Schwelle auch ohne entsprechende Parteivereinbarung ein beschleunigtes Verfahren durchgeführt wird.[743]

2. Inhalt

Das beschleunigte Verfahren nach den Schweizer Regeln richtet sich grundsätzlich nach der üblichen Schiedsordnung, wobei Art. 42 Abs. 1 einige Modifikationen der Verfahrensweise vorsieht. Gemäß Art. 42 Abs. 1 lit. c ist für das beschleunigte Verfahren eine einzige mündliche Verhandlung vorgesehen, wenn nicht die Parteien ein Verfahren ausschließlich anhand des schriftlichen Vortrags und Dokumenten als Beweismitteln vereinbart haben. Der Schiedsspruch soll nach Art. 42 Abs. 1 lit. d Schweizer Regeln innerhalb von sechs Monaten ab Zusendung der Akten an das Schiedsgericht erlassen werden. Wenn „außerordentliche Umstände" vorliegen, kann diese Frist auch verlängert werden, allerdings nicht von Seiten des Schiedsgerichts selbst, sondern vom Gerichtshof. Das Schiedsgericht sowie die Parteien haben aber die Möglichkeit, eine entsprechende Entscheidung des Gerichtshofs zur Verlängerung der Frist zu beantragen.[744] Art. 42 Abs. 1 lit. e Schweizer Regeln schreibt vor, dass der Schiedsspruch summarisch zu begründen ist, es sei denn die Parteien haben durch Vereinbarung auf eine Begründung verzichtet.

Für diejenigen Verfahren, deren Streitwert unterhalb der Schwelle von 1 Million Schweizer Franken liegt, sieht Art. 42 Abs. 2 Schweizer Regeln weitere Sonderbestimmungen vor. Grundsätzlich ist in einem solchen Fall das Verfahren gemäß Art. 42 Abs. 2 lit. b vor einem Einzelschiedsrichter durchzuführen, wenn

740 Zur Zeit der Fertigstellung dieser Arbeit am 19.10.2012 ca. 826.600 Euro.

741 Brunner, SchiedsVZ 2010, S. 243 (248); Scherer, SchiedsVZ 2005, S. 229 (230); Ulmer, Arb. Int'l 2010, S. 221 (231), der allerdings davon ausgeht, dass eine solche Vereinbarung in der Praxis nur selten getroffen wird, da die Parteien nach Entstehen der Streitigkeit unterschiedliche Auffassungen darüber haben, wie schnell ein Verfahren durchgeführt werden soll.

742 Scherer, SchiedsVZ 2005, S. 229 (232).

743 Scherer, SchiedsVZ 2005, S. 229 (236).

744 Vgl. Scherer, SchiedsVZ 2005, S. 229 (233) bezogen auf die insoweit gleich lautende bisherige Fassung der Schweizer Regeln.

nicht die Parteien ein Dreierschiedsgericht vereinbart haben. Für den Fall, dass die Parteien eine solche Vereinbarung zugunsten eines Dreierschiedsgerichts getroffen haben, haben die Kammern die Parteien dazu aufzufordern, die Streitigkeit einem Einzelschiedsrichter zuzuweisen. Stimmen die Parteien dem nicht zu, so setzen die Kammern ein Honorar für die drei Schiedsrichter fest, welches jedenfalls nicht unter den üblichen Stundensätzen liegt. Hierdurch wird auch ein finanzieller Anreiz zur Vereinbarung eines Einzelschiedsrichters geschaffen.[745]

V. Die Regeln der ICC

1. Ausgangspunkt

Ähnlich wie im Falle der Schweizer Regeln hat auch die ICC davon abgesehen, ein gesondertes Regelwerk für beschleunigte Verfahren herauszugeben. Allerdings gibt es auch unter Geltung der „normalen" ICC-Regeln die Möglichkeit, ein Fast-Track-Schiedsverfahren durchzuführen. Nach Art. 38 Abs. 1 S. 1 ICC-SchO[746] haben die Parteien die Möglichkeit, die in den Regeln vorgesehenen Fristen durch Vereinbarung zu verkürzen und demzufolge ein (im Vergleich zu einem üblichen Verfahren nach der ICC-SchO) beschleunigtes Verfahren durchzuführen.

2. Inhalt

Im Zusammenhang mit der Vorschrift des Art. 38 Abs. 1 S. 1 ICC-SchO ist zunächst erwähnenswert, dass schon nach der ICC-SchO in ihrer unveränderten Form die vorgesehene Gesamtdauer des Schiedsverfahrens, genauer gesagt die Frist für den Erlass des Schiedsspruchs gemäß Art. 30 Abs. 1 ICC-SchO sechs Monate ab Unterzeichnung der „Terms of Reference" beträgt.[747] Demzufolge wird schon nach den normalen Regeln der ICC ein ambitionierter Zeitrahmen festgelegt, der den Wunsch nach einem zügigen Verfahren unterstreicht.[748] Das war auch ein Grund dafür, dass ein weitergehender und umfassender Entwurf eines Regelwerks für ein Fast-Track-Verfahren nicht für notwendig gehalten

745 Brunner, SchiedsVZ 2010, S. 243 (248); Scherer, SchiedsVZ 2005, S. 229 (231).

746 Art. 38 Abs. 1 entspricht wörtlich dem vorigen Art. 32 Abs. 1, welcher mit der Anpassung der ICC-Regeln 1998 eingefügt wurde, vgl. dazu Derains/Schwartz, S. 374; Fiebinger/Gregorich, Austrian Arbitration Yearbook 2008, S. 237 (239).

747 Siehe oben 1. Teil Kap. 3 C.II.

748 Vgl. auch Derains/Schwartz, S. 302.

wurde.[749] Allerdings kann der Gerichtshof nach Art. 30 Abs. 2 ICC-SchO diese Frist von sechs Monaten auf begründeten Antrag seitens des Schiedsgerichts verlängern. Im Übrigen kann die Frist auch auf eigene Initiative des Gerichtshofs verlängert werden, falls dieser es für notwendig hält.[750] Gerade aus letzterer Möglichkeit wird geschlossen, dass es sich bei dem vorgegebenen Zeitrahmen weniger um eine bindende Festlegung als vielmehr um eine Empfehlung oder Richtlinie handelt[751], so dass die Einhaltung der Sechsmonatsfrist auch nicht in allen Fällen gewährleistet ist.[752]

Auch Art. 38 Abs. 1 S. 1 ICC-SchO enthält zunächst lediglich eine Möglichkeit für die Parteien, die Fristen, die in den Regeln vorgesehen sind zu verkürzen. Genaue oder starre Vorgaben, welche Fristen zu verkürzen sind und wie lang diese im Einzelfall sein sollen, werden dagegen nicht gemacht. Den Parteien steht es also frei, Fristen zu verkürzen, wo sie es für angebracht halten. Demnach kann auch die angesprochene Sechsmonatsfrist zum Erlass des Schiedsspruchs durch Parteivereinbarung (noch weiter) verkürzt werden. Eine solche Vereinbarung zur Verkürzung der Fristen ist nur bis zur Besetzung des Schiedsgerichts möglich. Danach ist hierfür nach Art. 38 Abs. 1 S. 2 ICC-SchO auch die Zustimmung des Schiedsgerichts erforderlich.

Auch darüber hinaus wird die Möglichkeit der Parteien, die nach der ICC-SchO vorgesehenen Fristen zu verkürzen, nicht vorbehaltlos gewährt. Ähnlich wie nach Art. 30 Abs. 2 kann der Gerichtshof auch gemäß Art. 38 Abs. 2 ICC-SchO die Fristen, die von den Parteien verkürzt worden sind, wiederum auch auf eigene Initiative verlängern, wenn er dies zur Erfüllung seiner eigenen Aufgaben oder derjenigen des Schiedsgerichts für erforderlich hält. In diesem Fall überwacht also die Institution die Durchführung des konkreten Verfahrens, um gegebenenfalls einzuschreiten, wenn die Fristen nicht ausreichen, um den konkreten Anforderungen zu entsprechen. Dieser Vorbehalt ist auch gemeinsam mit der allgemeinen Regel des Art. 41 ICC-SchO zu lesen, wonach neben dem Schiedsgericht auch der Gerichtshof darauf hinzuwirken hat, dass der Schiedsspruch vollstreckbar wird.

---

749 Briner, FS Sandrock, S. 137 (142); Derains/Schwartz, S. 375; Fiebinger/Gregorich, Austrian Arbitration Yearbook 2008, S. 237 (240); Mirèze, PCA Peace Palace Papers 2002, S. 253 (272).

750 In der Praxis wird eine Verlängerung durch den Gerichtshof fast schon routinemäßig für jeweils drei Monate gewährt, vgl. Derains/Schwartz, S. 304.

751 Vgl. Tschanz, J. Int'l Arb. 1993, S. 51 (52).

752 Born, S. 1813:"In practice, this time limit is almost always routinely extended"; Derains/ Schwartz, S. 303, gehen davon aus, die Einhaltung der Frist sei „the exception rather than the rule".

3. Erfahrungen

An dieser Stelle soll keine nähere empirische Betrachtung im Hinblick auf Verfahren und deren Dauer im Einzelnen erfolgen, die unter Geltung der ICC-SchO durchgeführt wurden. Dennoch sei darauf hingewiesen, dass nach den Regeln der ICC einige viel zitierte Schiedsverfahren auf beschleunigtem Wege durchgeführt worden sind. In einem in diesem Zusammenhang des Öfteren herangezogenen Fall ging es beispielsweise um die (eilbedürftige) Frage der Zulässigkeit einer bestimmten Lackierung von Formel-1-Rennwagen.[753] Die Einzelheiten dieser Fallgestaltung aus den früheren 1990er Jahren, also sogar noch vor Inkrafttreten der ICC-SchO in ihrer derzeitigen Form, können unerwähnt bleiben.[754] Der wesentliche Punkt ist lediglich, dass es in diesem Fall unabdingbar war, dass eine schnelle Entscheidung herbeigeführt wird, worüber sich auch alle Beteiligten im Klaren waren. Am Ende war das gesamte Verfahren unter Mithilfe des ICC-Gerichtshofs (aber auch der übrigen Beteiligten) innerhalb von nur etwas mehr als einem Monat beendet.[755] Darüber hinaus wird im Zusammenhang mit Fast-Track Arbitration unter Mitwirkung der ICC verschiedentlich auf einen Fall von Ende 1991 Bezug genommen.[756] Auch in diesem Fall ging es um eine sehr eilbedürftige Streitigkeit, für deren Entscheidung 60 Tage veranschlagt worden waren. Dieser Zeitrahmen wurde auch eingehalten. Einer der Parteivertreter in diesem Verfahren kam schließlich zu dem Ergebnis, dass die ICC tatsächlich bei einem Fast-Track-Verfahren behilflich sein kann und es ohne die tätige Hilfe und Mitwirkung des Gerichtshofs nicht möglich gewesen wäre, den ambitionierten Zeitplan einzuhalten.[757]

Zwar lagen beide beispielhaft aufgenommenen Fälle zeitlich vor der Einführung der derzeitigen Fassung der ICC-SchO und des heutigen Art. 38 Abs. 1 S. 1. Wie die Fälle aber zeigen, ist es schon in der Vergangenheit aussichtsreich gewesen, in eilbedürftigen Fällen ein Fast-Track-Verfahren nach den Regeln der ICC zu vereinbaren und sich bei der Durchführung auch deren Hilfe zu bedienen.

---

753 ICC case No. 10211.

754 Vgl. ausführlicher zu diesem Fall Blackaby/Partasides/Redfern/Hunter, Rn. 6.266 ff.; Broichmann, FS Pöllath + Partners, S. 115 (116).

755 Blackaby/Partasides/Redfern/Hunter, International Arbitration, Rn. 6.269; Broichmann, a.a.O.

756 Vgl. Broichmann, a.a.O.; Silverman, J. Int'l Arb. 1993, S. 113 ff.

757 Silverman, J. Int'l Arb. 1993, S. 113 (116); ebenso Nickles, Am. Rev. Int'l Arb. 1991, S. 143 (145).

VI. AAA Rules

Auch die AAA Rules enthalten in Abschnitt E Sonderregeln unter der Überschrift „Expedited Procedures“[758]. Diese Regeln sind wiederum im Zusammenhang mit den Commercial Arbitration Rules zu lesen, da viele Artikel der speziellen Regeln Modifikationen oder Besonderheiten enthalten und dabei auf Vorschriften der Commercial Arbitration Rules verweisen.

Die erste Besonderheit besteht darin, dass nach Art. E-1 AAA Rules die Frist zur Erwiderung auf die Verfahrenseinleitung oder Erhebung einer Widerklage (15 Tage) nur einmal und auch nur um sieben Tage verlängert werden kann. Laut Art. E-2 AAA Rules soll in dem Fall, dass der Streitwert inklusive einer etwaigen Widerklage die Schwelle von 75.000 USD[759] überschreitet, das Verfahren nach den „normalen“ Commercial Arbitration Rules durchgeführt werden. Die Parteien und der Schiedsrichter[760] können sich allerdings darauf einigen, das Verfahren trotzdem unter den Expedited Rules weiterzuführen. Umgekehrt ist gemäß Art. R-1(b) AAA Rules bis zu einer Schwelle von 75.000 USD grundsätzlich das beschleunigte Verfahren durchzuführen. Dies steht allerdings unter dem Vorbehalt einer abweichenden Bestimmung durch die Parteien. Hervorzuheben ist vor allem, dass auch die AAA bestimmen kann, dass die AAA Expedited Procedures nicht Anwendung finden. In Abwesenheit einer Parteivereinbarung behält sich also die AAA auch bei Unterschreitung der Schwelle eine abschließende Beurteilung vor.

Für den Fall, dass eine Schwelle von 10.000 USD nicht überschritten wird oder die Parteien eine entsprechende Vereinbarung treffen, sieht Art. E-6 AAA Rules ein rein schriftliches Verfahren vor, es sei denn eine Partei beantragt oder der Schiedsrichter bestimmt die Durchführung einer mündlichen Verhandlung. Eine etwaige mündliche Verhandlung hat nach Art. E-7 innerhalb von 30 Tagen ab Ernennung des Schiedsrichters stattzufinden. In der Regel soll es nur eine mündliche Verhandlung geben, welche nur einen Tag dauern soll, Art. E-8(a) AAA Rules. In begründeten Fällen kann der Schiedsrichter aber innerhalb von 7 Tagen nach der mündlichen Verhandlung eine weitere mündliche Verhandlung anordnen. Die AAA Rules legen keinen Zeitrahmen fest, innerhalb dessen das gesamte Schiedsverfahren abgeschlossen sein soll. Der Schiedsspruch soll aber, vorbehaltlich einer abweichenden Parteivereinbarung, nach Art. E-9 AAA Rules

758 Abrufbar unter: http://www.adr.org/sp.asp?id=22440#A8.

759 Zur Zeit der Fertigstellung dieser Arbeit am 19.10.2012 ca. 57.200 Euro.

760 Bereits die Commercial Arbitration Rules der AAA sehen in Art. 15 als Regelfall das Verfahren vor einem Einzelschiedsrichter vor, wobei die Ausnahme eines Dreierschiedsgerichts dem Ermessen der AAA unterstellt ist.

innerhalb von 14 Tagen nach Schluss der mündlichen Verhandlung oder in schriftlichen Verfahren nach Übersendung aller Schriftsätze und Beweismittel an den Schiedsrichter erlassen werden. Eine Möglichkeit zur Verlängerung dieser Frist zum Erlass des Schiedsspruchs ist nicht vorgesehen.

VII. SCC Expedited Rules

Die SCC hat zum 1. Januar 2010 ihre Rules for Expedited Arbitrations[761] (im Folgenden: SCC Expedited Rules) herausgegeben. Hierbei handelt es sich um ein eigenständiges und umfassendes Regelwerk. Aus diesem Grund soll hier auch keine zu ausführliche Darstellung des Verfahrens nach diesen Regeln erfolgen. Vielmehr werden lediglich die Charakteristika eines Verfahrens nach den SCC Expedited Rules herausgestellt.

Auch die SCC Expedited Rules gehen in Art. 12 von einem Verfahren vor einem Einzelschiedsrichter aus. Nach Art. 24 sind nicht mehr als zwei Runden von Schriftsätzen vorgesehen. Eine mündliche Verhandlung soll gemäß Art. 27 (1) SCC Expedited Rules nur dann stattfinden, wenn eine Partei dies beantragt und der Schiedsrichter dies für erforderlich hält. Der Schiedsrichter hat den Schiedsspruch laut Art. 36 SCC Expedited Rules innerhalb von drei Monaten ab seiner Einsetzung erlassen. Die Institution kann diese Frist verlängern, wenn der Schiedsrichter dies begründet beantragt oder wenn sie dies anderweitig für notwendig hält. Nur dann, wenn eine der Parteien es rechtzeitig beantragt, muss der Schiedsspruch begründet werden, Art. 35 (1) SCC Expedited Rules.

Eine Besonderheit der SCC Expedited Rules besteht darin, dass in Appendix II der Regeln die Berufung eines sogenannten „Emergency Arbitrators“[762] vorgesehen ist. Die Einsetzung kann in besonders eiligen Fällen bereits vor Bildung des Schiedsgerichts beantragt werden, wobei dann innerhalb von 24 Stunden ein „Emergency Arbitrator“ bestellt wird, Art. 4(1) Appendix II. Dieser hat die Befugnis, einstweilige Maßnahmen im Sinne des Art. 32(1)–(3) SCC Expedited Rules zu erlassen und hat dies gemäß Art. 8(1) Appendix II innerhalb von 5 Tagen ab seiner Einsetzung zu tun.

761 Abrufbar unter: http://sccinstitute.com/filearchive/3/33895/Skiljedomsregler%20f%C3%B6renklade%20eng%202010%20-%20utan %20modellklausul.pdf.

762 Ein „Emergency Arbitrator“ kann beispielsweise auch nach Art. O-2 AAA Rules bestellt werden, ohne dass hierbei aber eine direkte Verbindung zu den Regeln für beschleunigte Verfahren hergestellt würde. Zum „Pre-Arbitral Referee“-Verfahren und dem Emergency Arbitrator nach den Regeln der ICC siehe unten B.I.

VIII. Weitere Regelwerke

1. JCAA Rules

Die JCAA Commercial Arbitration Rules[763] (im Folgenden: JCAA Rules) enthalten in Abschnitt V spezielle Regeln für beschleunigte Verfahren. Nach Rule 59 JCAA Rules finden die Regeln für beschleunigte Verfahren Anwendung, wenn eine Schwelle von 20 Millionen Yen[764] nicht überschritten wird, es sei denn die Parteien weichen durch Vereinbarung von der Anwendung dieser Regeln ab. Nach Rule 63.1 JCAA Rules ist wiederum ein Einzelschiedsrichter vorgesehen, für dessen Ernennung 4 Wochen Zeit bleiben. Für eine mündliche Verhandlung soll nach Rule 64 JCAA Rules nur ein Tag zur Verfügung stehen, wobei, wenn dies unabwendbar („unavoidable“) ist, ein weiterer Tag gewährt werden kann. Der Schiedsspruch hat innerhalb von drei Monaten nach Schiedsrichterbenennung zu ergehen. Diese Frist kann von der Institution um maximal drei weitere Monate verlängert werden, wenn die Parteien und der Schiedsrichter dies vereinbaren oder die Institution es für notwendig hält, um die gebührende Amtsausübung des Schiedsrichters zu gewährleisten.

2. CIETAC Rules

Die CIETAC Arbitration Rules[765] (Im Folgenden: CIETAC Rules) enthalten in Abschnitt IV Spezialregelungen für eine sogenannte „Summary Procedure“. Vorbehaltlich einer Vereinbarung der Parteien ist auch hier gemäß Art. 50 Abs. 1 CIETAC Rules die Durchführung des verkürzten Verfahrens an eine Schwelle gebunden, welche hier 500.000 Renminbi Yuan[766] beträgt. Die Durchführung einer mündlichen Verhandlung ist gemäß Art. 54 CIETAC Rules in das Ermessen des Einzelschiedsrichters gestellt. Im Regelfall soll nach Art. 55 Abs. 2 nur eine mündliche Verhandlung stattfinden, es sei denn eine weitere ist erforderlich („truly necessary“). Für den Erlass des Schiedsspruchs räumt Art. 56 Abs. 1 CIETAC Rules dem Schiedsrichter drei Monate ab seiner Ernennung ein. Der Schiedsrichter kann nach Art. 56 Abs. 2 bei der Institution eine Verlängerung beantragen, welche diese gewährt, sofern sie sie für notwendig hält.

---

763 Abrufbar unter: http://www.jcaa.or.jp/e/arbitration-e/kisoku-e/shouji-e.html#5.

764 Zur Zeit der Fertigstellung dieser Arbeit am 19.10.2012 ca. 192.500 Euro.

765 Abrufbar unter: http://www.cietac.org/index.cms.

766 Zur Zeit der Fertigstellung dieser Arbeit am 19.10.2012 ca. 61.000 Euro.

3. CAM Rules

Zum 1. Januar 2009, hat auch der Schiedsgerichtshof in Madrid (CAM) seine Schiedsordnung[767] (im Folgenden: CAM Rules) um die Möglichkeit eines Fast-Track-Verfahrens erweitert.[768] Nach Art. 50 Abs. 1 CAM Rules können die Parteien die Durchführung eines solchen Fast-Track-Verfahrens vereinbaren. In diesem Fall erfährt das Verfahren nach den CAM Rules die in Art. 50 genannten Modifikationen. Demnach kann der Gerichtshof die Frist für die Schiedsrichterbestellung verkürzen, wobei für den Regelfall ein Einzelschiedsrichter vorgesehen ist. Im Übrigen kann, wenn die Parteien Beweise abgesehen von Dokumenten erbringen wollen, das Schiedsgericht eine einzige mündliche Verhandlung durchführen. Der Schiedsspruch ist innerhalb von vier Monaten ab Erhalt der Klageerwiderung bzw. der Erwiderung auf eine etwaige Widerklage zu erlassen. Diese Frist kann vom Schiedsgericht lediglich einmal und auch nur um einen Monat verlängert werden. Ohne Parteivereinbarung sehen auch die CAM Rules in Art. 50 Abs. 2 bei Unterschreiten einer bestimmten Schwelle, in diesem Falle 100.000 Euro, die automatische Durchführung eines beschleunigten Verfahrens vor. Allerdings kann der Gerichtshof, wenn er im konkreten Fall Gründe dafür sieht, auch bei einem niedrigeren Streitwert die Durchführung des Verfahrens nach den üblichen Regeln anordnen.

4. LCIA Rules

Der LCIA hat wiederum kein gesondertes Regelwerk für beschleunigte Verfahren herausgegeben. Dennoch gibt es in Art. 9 LCIA Rules die Möglichkeit, spezielle Vorkehrungen für ein beschleunigtes Verfahren zu treffen, wobei ansonsten ein Schiedsverfahren nach den normalen Regeln stattfindet. Nach Art. 9.1 LCIA Rules kann in besonders eilbedürftigen Fällen („exceptional urgency") bei der Institution die beschleunigte Besetzung des Schiedsgerichts beantragt werden. Dieser Antrag muss nach Art. 9.2 auch die Gründe für die besondere Eilbedürftigkeit enthalten. In der Konsequenz stellt es Art. 9.3 LCIA Rules in das Ermessen der Institution, bestehende Fristen für die Besetzung des Schiedsgerichts zu verkürzen. Über das Stadium der Schiedsrichterbenennung hinaus ist die Institution aber nicht berechtigt, Fristen zu verkürzen. Im Falle der LCIA Rules ist demnach die Möglichkeit, ein beschleunigtes Verfahren durchzuführen, sehr eingeschränkt, da es keine weitergehende Ausgestaltung für ein

767 Rules of Arbitration of the Court of Arbitration of Madrid, abrufbar unter: http://www.camaramadrid.es/doc/linkext/rules-of-arbitration.pdf.

768 Vgl. auch Markert/Wilske, SchiedsVZ 2010, S. 62 (63).

solches Verfahren gibt. Allerdings hat das Schiedsgericht wie bereits einmal angedeutet[769] nach Art. 14.1(ii) LCIA Rules wenigstens eine allgemeine Pflicht zur Förderung des Verfahrens.

B. Weitere Ansätze zur Verfahrensbeschleunigung

Abgesehen von diesen gesonderten Regelwerken und Modifikationen der gewöhnlichen Schiedsordnungen gibt es auch weitere Ansätze, die in verschiedener Form das Ziel der Beschleunigung des Schiedsverfahrens verfolgen. Hierbei handelt es sich um Vorgaben für das Verfahren, welche kein vollständig ausgestaltetes Regelwerk für die Durchführung eines ganzen Schiedsverfahrens, das heißt von der Einleitung des Verfahrens bis zum Schiedsspruch, darstellen. Vielmehr beziehen sie sich lediglich auf bestimmte Verfahrensabschnitte. In diesem Zusammenhang ist auch noch einmal auf die UNCITRAL Notes Bezug zu nehmen.[770] Diese sind wie erwähnt nicht lediglich als Leitfaden für die Parteien zu verstehen, sondern als eine umfassende praktische Empfehlung für die Durchführung eines Schiedsverfahrens, ohne aber ein bindendes Regelwerk vorzusehen. Ohne noch einmal ausführlicher auf die UNCITRAL Notes einzugehen, sei beispielhaft darauf hingewiesen, dass diese etwa auch für die Frage hilfreich sein können, welche Punkte zum Gegenstand eines „Preliminary Hearings"[771] gemacht werden sollten, um bereits frühzeitig die Weichen für ein geordnetes Verfahren stellen zu können.[772]

I. Pre-Arbitral Referee

Das Pre-Arbitral Referee-Verfahren ist dem eigentlichen Schiedsverfahren vorgeschaltet. Hierbei handelt es sich um ein Verfahren, das im Grunde mit dem bereits kurz erwähnten Verfahren vor einem „Emergency Arbitrator" vergleichbar ist, welches etwa die AAA Rules und die SCC Expedited Rules enthalten.[773] Folglich kommt dem Pre-Arbitral Referee hauptsächlich die Funktion zu, einstweilige Maßnahmen zu erlassen, welche sonst in den Kompetenzbereich eines

769 Siehe oben Kap. 4 C.II.1.c).
770 Siehe oben Kap. 4 B.I.3.
771 Siehe oben Kap. 4 C.III.1.b)aa).
772 So auch Lionnet/Lionnet, Hdb. Schiedsgerichtsbarkeit, S. 298; van den Berg, in: Newman/Hill (Hrsg.), Leading Arbitrators' Guide, S. 149 (158).
773 Siehe oben A.VII.

Schiedsgerichts fallen würden.[774] Ein Pre-Arbitral Referee-Verfahren ist beispielsweise in den ICC Rules for a Pre-Arbitral Referee Procedure[775] geregelt. Mittlerweile enthält die ICC-SchO vom 01.01.2012 spezielle Regeln für die Bestellung eines „Emergency Arbitrators". Diese finden sich in Art. 29 in Verbindung mit Anhang V der ICC-SchO.[776] Dieses Verfahren soll dann zur Anwendung kommen, wenn eine endgültige Entscheidung durch ein Schiedsgericht nicht rechtzeitig möglich ist, insbesondere also in der Zeit vor der Bestellung der Schiedsrichter.[777] Die möglichen Maßnahmen werden hier nicht eingehender beleuchtet. Danach soll die Entscheidung des Pre-Arbitral Referee zur vorläufigen Lösung der Streitigkeit und der Vorbereitung einer endgültigen Beilegung dienen. Nach Art. 29 Abs. 3 ICC-SchO haben die Anordnungen des Emergency Arbitrators auch keine Bindungswirkung für das Schiedsgericht. Somit handelt es sich weniger um eine Methode zur Beschleunigung des Schiedsverfahrens, sondern eher um eine Bemühung, die Möglichkeit einer aussichtsreichen Durchführung eines (auch beschleunigten) Schiedsverfahrens zu schaffen oder zu erhalten. In besonders eilbedürftigen Fällen kann das Pre-Arbitral Referee-Verfahren bzw. das nunmehr auch in der ICC-SchO vorgesehene Verfahren vor dem Emergency Arbitrator eine passende Lösung bieten.

II. Die IBA Rules on the Taking of Evidence

1. Allgemeines

Bereits an verschiedenen Stellen wurde im Zusammenhang mit der Beweisaufnahme im Laufe eines Schiedsverfahrens[778] kurz auf die IBA Rules on the Taking of Evidence in International Arbitration (im Folgenden: IBA Rules) verwiesen.

Die erste Fassung dieser Regeln[779] wurde am 1. Juni 1999 veröffentlicht.[780] Die aktuelle, überarbeitete Fassung der Regeln wurde am 29. Mai 2010 heraus-

774 Vgl. Berger, SchiedsVZ 2006, S. 176 (178).

775 Abrufbar unter: http://www.iccwbo.org/uploadedFiles/Court/Arbitration/other/rules_pre_arbitral_english.pdf.

776 Vgl. zu diesem Verfahren im Überblick auch Sessler/Voser, SchiedsVZ 2012, S. 120 (125 ff.).

777 Vgl. Kreindler/Schäfer/Wolff, Schiedsgerichtsbarkeit, Rn. 951.

778 Siehe oben 1. Teil Kap. 2 C.III.

779 Bereits zuvor, das heißt 1983, gab es sozusagen einen Vorläufer der IBA Rules, nämlich die Supplementary Rules Governing the Presentation of Evidence in International Commercial Arbitration, wobei diese sich in der Praxis nicht durchgesetzt haben. Aus diesem Grund wird hier auf eine weitere Darstellung verzichtet. Vgl. näher dazu Born, S. 1792; IBA Working

gegeben. In dieser Überarbeitung der Regeln war auch die Zeitersparnis im Schiedsverfahren Gegenstand der Überlegungen.[781] Die Regeln beziehen sich nicht auf das gesamte Schiedsverfahren, sondern allein auf den Abschnitt der Beweisaufnahme. Inhaltlich verstehen sich die IBA Rules, wie ebenfalls schon angeklungen ist[782], als eine Art Kompromiss bzw. eine Harmonisierung[783] der verschiedenen Rechtstraditionen und -auffassungen, namentlich des Common Law und des Civil Law. Ausweislich des ersten Absatzes der Präambel sollen die IBA Rules einer wirtschaftlichen, effizienten und auch fairen Beweisaufnahme dienen und zwar gerade im Hinblick auf Parteien mit unterschiedlichem rechtlichem Hintergrund.

Die IBA Rules sind zwar kein Regelwerk für beschleunigte Verfahren, das heißt nicht so wie die bisher behandelten Regelwerke. Soweit aber das Stadium der Beweisaufnahme harmonisiert wird, wird gleichzeitig eine höhere Effizienz des gesamten Verfahrens erreicht. Demnach tragen die IBA Rules auch ihren Teil zur Beschleunigung eines Schiedsverfahrens bei, ohne dass man hierbei von einem verkürzten Verfahren, also einem beschleunigten Verfahren im eigentlichen Sinne sprechen könnte. Zwar ist nicht auszuschließen, dass es auch auf der Grundlage der IBA Rules zu unterschiedlichen Interpretationen im Hinblick auf die Verfahrensweise kommt. Durch eine Regelung, die einen Kompromiss zwischen unterschiedlichen Vorstellungen verkörpert, wird aber die Gefahr, dass tatsächlich Streitigkeiten über Fragen der Beweiserhebung entstehen, eingedämmt.[784] Die IBA Rules können im Übrigen nicht nur behilflich sein, wenn es sich um Parteien handelt, die verschiedenen Rechtstraditionen entstammen, sondern auch dann, wenn es sich um unerfahrene Parteien handelt, was den Ablauf eines Schiedsverfahrens angeht.[785]

Party, Bus. L. Int'l 2000, S. 16; Raeschke-Kessler, in: Böckstiegel (Hrsg.), Beweiserhebung in internationalen Schiedsverfahren, S. 41; Sachs, SchiedsVZ 2003, S. 193 (196).

780 Vgl. IBA Working Party, Bus. L. Int'l 2000, S. 16 (17); Kreindler/Schäfer/Wolff, Schiedsgerichtsbarkeit, Rn. 832; Raeschke-Kessler, in: Böckstiegel (Hrsg.), Beweiserhebung in internationalen Schiedsverfahren, S. 41 (42); Sachs, a.a.O.

781 Vgl. Karadelis, Have your say – revised IBA rules on the taking of evidence, Global Arbitration Review Newsletter v. 18. 1. 2010; Markert/Wilske, SchiedsVZ 2010, S. 62 (64).

782 Siehe oben 1. Teil Kap. 2 C.III.2.a)bb)(2).

783 So IBA Working Party, Bus. L. Int'l 2000, S. 16 (17); Raeschke-Kessler, in: Böckstiegel (Hrsg.), Beweiserhebung in internationalen Schiedsverfahren, S. 41 (42); Hanotiau, J. Int'l Arb. 2011, S. 89 (96); Elsing, SchiedsVZ 2011, S. 114 (122): „a fair and workable balance"; Sachs, SchiedsVZ 2003, S. 193 (196): „a very sound balance between the two conflicting procedural approaches".

784 Sachs, SchiedsVZ 2003, S. 193 (196).

785 IBA Working Party, Bus. L. Int'l 2000, S. 16 (18).

2. Anwendbarkeit

Die IBA Rules finden dann auf ein Schiedsverfahren Anwendung, wenn die Parteien dies vereinbaren, Art. 1 IBA Rules.[786] Dabei müssen die Parteien sich nicht für die Geltung des gesamten Regelwerks entscheiden. Vielmehr können sie sich auch auf einzelne Bestimmungen beschränken.[787] Oftmals werden die Regeln auch nur als eine Art Maßstab oder Orientierung gebraucht.[788] Das ist auch im Sinne der Konzeption der IBA Rules, da hierdurch die Flexibilität der Parteien keineswegs eingeschränkt, sondern gerade die größtmögliche Flexibilität im Hinblick auf den Umgang mit den Regeln erreicht werden sollte.[789] Gemäß Abs. 1 der Präambel sollen die IBA Rules auch gleichermaßen in Ad-hoc-Verfahren wie zur Ergänzung der Regeln in institutionellen Schiedsverfahren herangezogen werden können. Auch wenn laut einigen Einschätzungen die Geltung der IBA Rules im Ganzen tatsächlich selten vereinbart wird[790], kann es doch hilfreich sein, wovon auch zunehmend Gebrauch gemacht wird, zumindest hinsichtlich bestimmter Aspekte auf die von den IBA Rules gewählte Lösung zurückzugreifen.[791]

3. Inhalt

Die Parteien können im Wesentlichen selbständig eine Vorgehensweise für die Beweisaufnahme in ihrem Schiedsverfahren vereinbaren.[792] Hinsichtlich solcher Punkte, über die es gerade in internationalen Schiedsverfahren Unstimmigkeiten geben kann, enthalten die IBA Rules Ansätze, an denen sich die Parteien in ihrer Vereinbarung orientieren oder auch ganz auf sie verweisen können. An dieser Stelle sollen die Regeln nicht in allen Einzelheiten dargestellt werden. Es werden lediglich einige Bestimmungen herausgegriffen, die sich mit Fragen beschäfti-

---

786 Vgl. auch Böckstiegel, in: Böckstiegel (Hrsg.), Beweiserhebung in internationalen Schiedsverfahren, S. 1 (4). Born, S. 1793, weist darüber hinaus darauf hin, dass in der Regel auch das Schiedsgericht die IBA Rules im Rahmen des ihm zustehenden Ermessens zur Anwendung bringen kann.

787 Vgl. Absatz 2 der Präambel; IBA Working Party, Bus. L. Int'l 2000, S. 16 (17); Raeschke-Kessler, in: Böckstiegel (Hrsg.), Beweiserhebung in internationalen Schiedsverfahren, S. 41 (44). „Dine à la carte“, wie es einmal ein international tätiger Schiedsrichter ausgedrückt hat.

788 Vgl. Sachs, SchiedsVZ 2003, S. 193 (196).

789 Vgl. IBA Working Party, Bus. L. Int'l 2000, S. 16 (17).

790 So Lachmann, Hdb. Schiedsgerichtspraxis, Rn. 1484; van den Berg, in: Newman/Hill (Hrsg.), Leading Arbitrators' Guide, S. 149 (160).

791 Hanotiau, in: Newman/Hill (Hrsg.), Leading Arbitrators' Guide, S. 359 (364).

792 Siehe oben 1. Teil Kap. 2 C.III.1.b).

gen, die bereits an früherer Stelle in dieser Arbeit im Zusammenhang mit der Beweisaufnahme[793] behandelt worden sind und bezüglich derer sich in besonderem Maße unterschiedliche Auffassungen in internationalen Fallgestaltungen ergeben können.

a) Art. 2 IBA Rules

Das Ziel, auf ein effizienteres Verfahren hinzuwirken, wird zunächst durch Art. 2 Abs. 1 IBA Rules hervorgehoben. Danach soll das Schiedsgericht bereits in einem frühen Stadium mit den Parteien das Verfahren zur Beweiserhebung thematisieren und auf eine Einigung auf eine möglichst effiziente Vorgehensweise in dieser Hinsicht hinwirken. Zudem soll das Schiedsgericht nach Art. 2 Abs. 3 IBA Rules die Parteien auch so früh, wie es ihm angemessen erscheint, auf die Punkte hinweisen, die es für die Streitentscheidung für ausschlaggebend hält. Dabei soll auch auf Punkte eingegangen werden, die möglicherweise vorab entschieden oder beigelegt werden können. Hierdurch sollen eine effiziente Bearbeitung der tatsächlich wichtigen Streitpunkte und die Vermeidung unnötigen Aufwands für verhältnismäßig unwichtige Aspekte erreicht werden.[794]

b) Art. 3 IBA Rules

Art. 3 IBA Rules beschäftigt sich mit Dokumenten als Beweismittel und enthält dabei auch eine Regelung hinsichtlich eines Herausgabeverlangens.[795] Ein solches Herausgabeverlangen wird von Art. 3 Abs. 2 IBA Rules für grundsätzlich zulässig erklärt, wobei dem Schiedsgericht die Bestimmung des Zeitraumes vorbehalten ist, innerhalb dessen Dokumente herausverlangt werden können. Art. 3 Abs. 3 IBA Rules macht detaillierte Vorgaben, denen ein Herausgabeverlangen zu entsprechen hat, inklusive einer genaueren Spezifikation der Dokumente und einer Erklärung darüber, inwiefern diese für die Streitentscheidung von Bedeutung sind. Auf diese Weise sollen unerwünschte „fishing expeditions" vermieden werden.[796] Die Partei, an die das Verlangen gerichtet wurde, hat nach Art. 3 Abs. 5 IBA Rules die Möglichkeit, Einwendungen vorzubringen. Hierfür

---

793 Siehe oben 1. Teil Kap. 2 C.III.

794 IBA Working Party, Bus. L. Int'l 2000, S. 16 (18); Raeschke-Kessler, in: Böckstiegel (Hrsg.), Beweiserhebung in internationalen Schiedsverfahren, S. 41 (43), beide jeweils bezogen auf die alte Fassung der IBA Rules, in der der jetzige Art. 2 noch als Abs. 3 in die Präambel inkorporiert war.

795 Siehe hierzu oben 1. Teil Kap. 2 C.III.2.a)bb).

796 IBA Working Party, Bus. L. Int'l 2000, S. 16 (22); Raeschke-Kessler, in: Böckstiegel (Hrsg.), Beweiserhebung in internationalen Schiedsverfahren, S. 41 (50).

wird auf die allgemeinen Gründe für die Unzulässigkeit von Beweismitteln in Art. 9 Abs. 2 IBA Rules[797] verwiesen. Über solche Einwendungen hat gemäß Art. 3 Abs. 6 IBA Rules das Schiedsgericht zu entscheiden. Art. 3 Abs. 10 IBA Rules gibt dem Schiedsgericht die Möglichkeit, von den Parteien die Vorlage von Dokumenten zu verlangen, wobei auch hier die erwähnten Einwendungen geltend gemacht werden können.

Nach Art. 3 IBA Rules wird also eine („pre-trial“) Discovery nach dem amerikanischen Vorbild nur in eingeschränktem Maße erlaubt.[798] Dadurch werden auch Verzögerungen, die durch eine exzessiv betriebene Discovery entstehen, insbesondere also durch einen hohen Aufwand bei der Beschaffung und Sichtung von schwer zu überblickenden Mengen an Dokumenten[799], eingedämmt.

c) Art. 4, 8 IBA Rules

Gegenstand des Art. 4 IBA Rules ist der Beweis durch Zeugen. Die Fragen, die sich hier in internationalen Verfahren stellen, sind insbesondere die Frage nach schriftlichen Zeugenaussagen und der Art und Weise sowie dem Umfang der Vernehmung von Zeugen.[800] Zunächst haben die Parteien gemäß Art. 4 Abs. 1 IBA Rules dem Schiedsgericht zu einer von diesem bestimmten Zeit mitzuteilen, welche Personen sie als Zeugen benennen wollen. Hinsichtlich des Einreichens schriftlicher Zeugenaussagen erlaubt Art. 4 Abs. 4 S. 1 IBA Rules es dem Schiedsgericht, die Parteien dazu aufzufordern, zu einer bestimmten Zeit schriftliche Aussagen derjenigen Personen einzureichen, die sie als Zeugen benennen wollen. Der notwendige Inhalt einer schriftlichen Zeugenaussage ist in Art. 4 Abs. 5 IBA Rules niedergelegt und umfasst neben persönlichen Angaben und der jeweiligen Sachverhaltsschilderung auch eine Bestätigung der Wahrheitsgemäßheit der Aussage. Eine eidesstattliche Versicherung ist nicht erforderlich.[801] Hinzuweisen ist in diesem Zusammenhang auch darauf, dass Art. 4 Abs. 3 IBA Rules eine Kontaktaufnahme der Partei oder ihrer Vertreter mit den eigenen Zeugen zum Zweck der Erörterung der Zeugenaussage ausdrücklich für zulässig

797 Hierbei geht es etwa darum, dass ein Beweismittel unerheblich ist (Art. 9 Abs. 2 lit. a), einem „legal privilege“ unterliegt (lit. b), einen unverhältnismäßigen Aufwand erforderlich macht (lit. c) oder auch einen Verstoß gegen die Waffengleichheit („fairness and equality“) bedeuten würde (lit. g).

798 IBA Working Party, Bus. L. Int'l 2000, S. 16 (20); Raeschke-Kessler, in: Böckstiegel (Hrsg.), Beweiserhebung in internationalen Schiedsverfahren, S. 41 (48).

799 Siehe oben 1. Teil Kap. 2 C.III.2.a)bb)(3).

800 Siehe oben 1. Teil Kap. 2 C.III.2.b)bb) und cc).

801 Raeschke-Kessler, in: Böckstiegel (Hrsg.), Beweiserhebung in internationalen Schiedsverfahren, S. 41 (66).

erklärt. Art. 4 Abs. 6 IBA Rules gibt den Parteien die Möglichkeit, ergänzende Zeugenaussagen als Reaktion auf die von der Gegenpartei eingereichten Aussagen einzureichen.

Mit der Befragung von Zeugen in der mündlichen Verhandlung beschäftigt sich Art. 8 IBA Rules. Hiernach sollen die Parteien dem Schiedsgericht zunächst innerhalb von der von diesem bestimmten Zeit mitteilen, welche ihrer Zeugen in der mündlichen Verhandlung aussagen sollen, Art. 8 Abs. 1 IBA Rules. Eine wichtige Einschränkung enthält hier allerdings Art. 8 Abs. 2 IBA Rules. Danach obliegt dem Schiedsgericht die Verhandlungsführung. Zunächst wird es dazu ermächtigt, bestimmte Fragen, die es für unwesentlich hält, zurückzuweisen. Darüber hinaus kann das Schiedsgericht insbesondere einen Zeugen, den eine Partei benannt hat, nicht zur mündlichen Verhandlung zulassen, Art. 8 Abs. 2 S. 2 IBA Rules. Diese Ermächtigung des Schiedsgerichts soll der Effizienz und Wirtschaftlichkeit des Verfahrens dienen.[802] Die eigentliche Befragung der Zeugen selbst wird aber wiederum hauptsächlich von den Parteien bzw. deren Anwälten durchgeführt, wobei nach Art. 8 Abs. 3 lit. b IBA Rules auch eine Cross-Examination vorgesehen ist. Dem Schiedsgericht steht es aber laut Art. 8 Abs. 3 lit. g IBA Rules frei, jederzeit selbst Fragen an die Zeugen zu stellen.

Im Zusammenhang mit der Vernehmung von Zeugen ist – gerade im Hinblick auf die Beschleunigung des Verfahrens – besonders hervorzuheben, dass das Schiedsgericht nach Art. 8 Abs. 3 lit. f IBA Rules auf Antrag einer Partei oder auch auf eigene Initiative eine gemeinsame Vernehmung mehrerer Zeugen, also ein „Witness Conferencing“[803] anordnen kann. Ferner kann das Schiedsgericht nach Art. 8 Abs. 4 S. 3 IBA Rules die Vernehmung eines Zeugen durch eine vorab eingereichte schriftliche Zeugenaussage ersetzen.

d) Art. 5, 6 IBA Rules

Gemäß Art. 5 Abs. 1 S. 2 IBA Rules müssen die Parteien dem Schiedsgericht zu einer von diesem bestimmten Zeit auch mitteilen, welche Sachverständigen sie hinsichtlich welcher Frage benennen wollen. Die jeweils andere Partei hat die Möglichkeit, auf ein Sachverständigengutachten der anderen Partei, etwa mittels eines weiteren (Gegen-)Gutachtens zu reagieren, Art. 5 Abs. 3 IBA Rules. Hinsichtlich mehrerer parteibenannter Sachverständiger, die Gutachten zu gleichen oder ähnlichen Fragen angefertigt haben, kann das Schiedsgericht gemäß Art. 5

---

802 Raeschke-Kessler, in: Böckstiegel (Hrsg.), Beweiserhebung in internationalen Schiedsverfahren, S. 41 (73).

803 Siehe oben Kap. 4 C.III.3.c).

Abs. 4 IBA Rules nach seinem Ermessen ein „Expert Conferencing"[804] anordnen, um eine Übereinstimmung der Auffassungen der Sachverständigen zu erzielen.

Nach Art. 6 Abs. 1 S. 1 IBA Rules kann das Schiedsgericht auch selbst, nach Abstimmung mit den Parteien, Sachverständige mit der Klärung bestimmter Fragen beauftragen. Ein solcher Auftrag an den Sachverständigen ist, ebenfalls in Abstimmung mit den Parteien in entsprechenden „Terms of Reference" festzuhalten, Art. 6 Abs. 1 S. 2 IBA Rules. Die Parteien können nach Art. 6 Abs. 5 S. 3 IBA Rules auf das Gutachten des vom Schiedsgericht benannten Sachverständigen, etwa durch Beibringung einer Zeugenaussage oder eines eigenen Gutachtens, innerhalb einer vom Schiedsgericht gesetzten Frist erwidern. Ferner können die Parteien oder deren Sachverständige sowie das Schiedsgericht den Sachverständigen nach Art. 6 Abs. 6 S. 2 IBA Rules hinsichtlich der Feststellungen im Gutachten befragen.

Wie bereits eingangs erwähnt, äußert sich die Absicht, für eine effiziente Durchführung des Verfahrens – in diesem Falle speziell der Beweisaufnahme – zu sorgen, nicht stets in der Ausgestaltung jeder einzelnen Bestimmung. Vielmehr geht es in diesem Zusammenhang gerade darum, dass hinsichtlich international unterschiedlich beurteilter Fragen überhaupt versucht worden ist, eine einheitliche Lösung zu finden. Soweit demgegenüber allerdings dem Schiedsgericht die Befugnis eingeräumt wird, zu bestimmen, in welchem Umfang Beweismittel zuzulassen sind, wird diesem die Möglichkeit gegeben, sich um ein möglichst effizientes Verfahren zu bemühen. Demnach tritt in diesen Fällen die Absicht der Beschleunigung des Verfahrens auch in der Vorschrift selbst offen zu Tage.

III. Der ICC Report on Controlling Time and Costs in Arbitration

Auch der ICC Report „Techniques for Controlling Time and Costs in Arbitration" (im Folgenden: (ICC) Report) wurde an anderer Stelle bereits kurz erwähnt.[805] Der Report wurde 2007 veröffentlicht.[806] Auch hierbei handelt es sich nicht tatsächlich um ein Regelwerk. Vielmehr ist der Ansatzpunkt des Reports laut seinem Vorwort der, dass die meisten Regelwerke Lücken enthalten, welche einige Fragen offenlassen. Der ICC Report soll eine Hilfestellung bieten, um diese Lücken auszufüllen und dabei eine für das konkrete Verfahren passende

---

804 Siehe oben Kap. 4 C.III.3.d).

805 Siehe oben Kap. 4 C.III.3.b).

806 Berger, SchiedsVZ 2008, S. 105; Newmark, in: Newman/Hill (Hrsg.), Leading Arbitrators' Guide, S. 81.

Verfahrensweise zu finden. Der grundlegende Gedanke besteht darin, dass die genaue Ausgestaltung des Verfahrens so früh wie möglich durch die Parteien und das Schiedsgericht festgelegt werden soll. Gerade die aktive Beteiligung des Schiedsgerichts bei der Planung und Durchführung des Verfahrens („proactive involvement of the tribunal in the management of the proceedings") ist ein besonderes Anliegen des ICC Reports.[807] Viele der im Report enthaltenen Punkte sind schon an verschiedener Stelle Gegenstand dieser Arbeit gewesen, so dass eine Darstellung des ICC Reports in allen Einzelheiten entbehrlich ist. Zumal es sich überdies um eine recht umfangreiche Zusammenstellung von Empfehlungen für das gesamte Schiedsverfahren handelt, werden nur einige Stellen exemplarisch herausgegriffen.

Ziffer 6 des Reports enthält die Anregung, sich mit der Frage eines Fast-Track-Verfahrens und der Vereinbarung entsprechender Regeln auseinanderzusetzen. Hierbei wird auch auf den heutigen Art. 38 Abs. 1 ICC-SchO Bezug genommen. Gleichzeitig wird aber auch darauf hingewiesen, dass es zu einem frühen Zeitpunkt schwierig sein kann, mit hinreichender Sicherheit die Art einer kommenden Streitigkeit zu bestimmen. Zudem wird auf die Möglichkeit verwiesen, dass es später zu Auslegungsschwierigkeiten hinsichtlich einer solchen Klausel kommt.[808] Um die frühzeitige Beschäftigung mit den prozessualen Fragen zu gewährleisten, sehen die Ziffern 20 ff. sowie 30 ff. des Reports eine „early case management conference" vor. Für die Vorbereitung der mündlichen Verhandlung, empfiehlt Ziffer 38 überdies die Durchführung einer „Pre-hearing Conference". Laut Ziffer 43 ICC Report soll das Schiedsgericht die Parteien darauf hinweisen, dass es ihnen zu jeder Zeit offensteht, einen Vergleich zu schließen oder die Streitigkeit durch ADR-Verfahren beizulegen. Für die mündliche Verhandlung, deren Anzahl und Dauer nach Ziffer 72 des Reports möglichst zu begrenzen ist, ist wiederum nach Ziffer 82 ein „Witness Conferencing" vorgesehen. Insgesamt ist der Report darauf bedacht, die einzelnen Verfahrensschritte auf ein möglichst kurzes Maß zu beschränken. Was Fristen angeht, so sollen diese nach Ziffer 40 ICC Report ebenfalls möglichst kurz veranschlagt werden, wobei aber auch keine unrealistisch kurzen Fristen gesetzt werden sollen, da eine neuerliche Vereinbarung einer weiteren Frist für zusätzliche Verzögerungen sorgen kann.

---

807 Vgl. Newmark, in: Newman/Hill (Hrsg.), Leading Arbitrators' Guide, S. 81 (82).

808 Vgl. zu diesen Fragen ausführlicher unten C.II.1.

IV. Die CEDR Rules

1. Hintergrund und Zielsetzung der Regeln

Im Jahr 2007 wurde die CEDR Commission on Settlement in International Arbitration eingerichtet, deren Aufgabe es war, sich mit der Praxis von Vergleichen in internationalen Schiedsverfahren und Möglichkeiten alternativer Streitbeilegung, aber auch der Rolle der Schiedsrichter bei Vergleichsverhandlungen zu beschäftigen.[809] Aus den Arbeiten dieser Kommission sind schließlich im November 2009 die CEDR Rules for the Facilitation of Settlement in International Arbitration[810] (im Folgenden: CEDR Rules) hervorgegangen. Die Regeln verfolgen, wie der Name bereits nahelegt, der Einleitung zufolge den Zweck, die vergleichsweise Beilegung von Schiedsverfahren zu erleichtern und Wege aufzuzeigen, wie das Schiedsgericht hierbei mitwirken kann. Die Regeln sollen als eine Ergänzung zu den von den Parteien vereinbarten Ad-hoc- oder institutionellen Verfahrensregeln dienen. Davon ausgehend, dass eine vorzeitige vergleichsweise Beendigung des Schiedsverfahrens ebenfalls als eine Art der Beschleunigung begriffen werden kann[811], können auch die CEDR Rules als ein Ansatz zur Beschleunigung von Schiedsverfahren angesehen werden.

2. Inhalt

Mit dem Ziel, eine vergleichsweise Beendigung des Verfahrens herbeizuführen, soll das Schiedsgericht nach Art. 3 Abs. 2 CEDR Rules eine aktive Rolle übernehmen, wobei dies nicht so weit gehen soll, dass seine Entscheidung angegriffen werden kann, Art. 3 Abs. 1 CEDR Rules. Demnach sollen die Schiedsrichter ihre unabhängige und unparteiische Stellung behalten. In diesen Grenzen soll das Schiedsgericht den Parteien beim Erreichen eines Vergleichs helfen. Ein Vergleich soll nach Art. 4 Abs. 1 CEDR Rules auch bereits während eines ersten Zusammentreffens („first procedural conference“) direkt angesprochen werden. Während dieser Konferenz soll das Schiedsgericht den Parteien die Möglichkeit eines Vergleichs vor Augen führen und dabei auch auf andere Streitbeilegungsmethoden hinweisen. Um das Schließen eines Vergleichs zu erleichtern, kann das Schiedsgericht den Parteien gemäß Art. 5 Abs. 1 CEDR Rules seine (vorläu-

---

809 Vgl. Dendorfer, SchiedsVZ 2009, 276 (277) sowie Abs. 1.5 der Einleitung des „Final Report of the Commission“ von November 2009, abrufbar unter:_http://www.cedr.com/about_us/arbitration_commission/Arbitration_Commission_Doc_Final.pdf

810 Abrufbar unter: http://www.cedr.com/about_us/arbitration_commission/Rules.pdf.

811 Siehe oben Kap. 4 C.III.1.c).

fige) Auffassung hinsichtlich derjenigen Punkte mitteilen, die es für wesentlich hält.

Darüber hinaus kann das Schiedsgericht den Parteien einen konkreten Vergleichsvorschlag („suggested terms of settlement") unterbreiten und, sofern eine der Parteien dies schriftlich beantragt, Treffen zu Vergleichsverhandlungen anbieten. Im Übrigen soll das Schiedsgericht nach Art. 5 Abs. 3 CEDR Rules, wenn alle Parteien dies beantragt haben, die Möglichkeit einer Mediation einräumen („insert a mediation window") und für die entsprechende Zeit das Verfahren aussetzen. Das Tätigwerden des Schiedsgerichts steht aber, wie erwähnt und wie auch aus Art. 5 Abs. 2 sowie Art. 7 CEDR Rules hervorgeht, stets unter dem Vorbehalt, dass nicht eine Partei einseitig begünstigt oder benachteiligt wird, sondern jeweils beide Parteien mit einbezogen werden.

C. Wertende Betrachtung der verschiedenen Ansätze

Im Folgenden werden nun die verschiedenen dargestellten Ansätze zur Beschleunigung von Schiedsverfahren gegenübergestellt, wobei zunächst eine vergleichende Betrachtung der jeweils gewählten Art und Weise zur Modifikation des Schiedsverfahrens erfolgt.[812] In diesem Zusammenhang werden die zuletzt behandelten CEDR Rules nicht näher Gegenstand der Betrachtung sein. Diese verfolgen einen Ansatz, welcher schwerlich mit den weiteren behandelten Regelwerken und Initiativen, die durchweg davon ausgehen, dass das Schiedsverfahren, wenn auch innerhalb kürzerer Zeit, „vollständig" durchgeführt wird, in Bezug zu setzen ist. Gleiches gilt für das Pre-Arbitral Referee-Verfahren, welches ebenfalls nicht eigentlich mit einem beschleunigten Schiedsverfahren im Zusammenhang betrachtet werden kann. In einem weiteren Schritt folgt eine wertende Betrachtung unter besonderer Berücksichtigung der Rolle und der Erwartungen der Verfahrensbeteiligten.[813]

I. Vergleich

Als Hauptansatzpunkte für die Beschleunigung des Verfahrens lassen sich in den dargestellten Regelwerken die Entscheidung durch einen Einzelschiedsrichter, die Verkürzung von Fristen sowie die Festsetzung einer Frist für den Erlass des Schiedsspruchs ausmachen. Aber auch bezüglich dieser Fristen ist erkennbar,

812 Siehe sogleich I.

813 Siehe unten II.

dass es keine einheitliche Auffassung von Schnelligkeit oder Beschleunigung gibt, sondern es sich hierbei vielmehr um dehnbare Begriffe handelt.[814] Auf der einen Seite ist, wie etwa in den Ergänzenden Regeln der DIS oder den Schweizer Regeln, für ein beschleunigtes Verfahren eine Gesamtdauer von sechs Monaten, andererseits wiederum, beispielsweise in den SCC oder WIPO Expedited Rules eine maximale Dauer von lediglich drei Monaten vorgeschrieben.

1. Anwendungsvoraussetzungen

Unterschiede bestehen auch in Bezug auf die Anwendbarkeit der Regelwerke für beschleunigte Verfahren. Hier ist nämlich besonders hervorzuheben, dass in einigen Fällen die Anwendbarkeit vom jeweiligen Streitwert, das heißt vom (Nicht-)Überschreiten einer bestimmten Schwelle abhängig gemacht wird, wie im Falle der Schweizer Regeln, der AAA Rules sowie der CAM Rules, der JCAA Rules und der CIETAC Rules. Dabei ist jedoch die Anwendung der Regeln für beschleunigte Verfahren wie gezeigt nicht zwingend. Denn die Anwendung dieser Regeln steht unter dem Vorbehalt einer Vereinbarung der Parteien zugunsten eines „normalen" Schiedsverfahrens. Im Falle der AAA Rules unterliegt die Anwendung der Regeln für ein beschleunigtes Verfahren zudem dem Ermessen der Institution. Eine entsprechende Befugnis wird dem Gerichtshof auch in den CAM Rules eingeräumt. In den übrigen Regelwerken, das heißt mangels Bestehens einer bestimmten Schwelle, ist die Anwendung der Regeln für beschleunigte Verfahren einer entsprechenden Vereinbarung durch die Parteien vorbehalten. Nicht nur die Beispiele der AAA und CAM Rules zur Durchführung eines beschleunigten Verfahrens zeigen, dass in den institutionellen Regelwerken auch die Institutionen vielfach eine maßgebliche Rolle bei der Durchführung des Verfahrens verliehen bekommen.

2. Einbindung der Institution

In vielen Fällen wird die Institution in Situationen, die die beschleunigte Durchführung des Verfahrens gefährden können, unmittelbar eingebunden. Dies gilt insbesondere für die Besetzung des Schiedsgerichts, wobei es sich in fast allen Fällen, das heißt zum Beispiel vorbehaltlich der (den Ausnahmefall darstellenden) Vereinbarung eines Dreierschiedsgerichts nach § 3.1 der Ergänzenden Regeln der DIS oder Art. 42 Abs. 2 lit. b Schweizer Regeln, um einen Einzelschiedsrichter handelt. Hier wird der Schiedsrichter nach Ablauf der (verkürzten)

814 Broichmann, FS Pöllath + Partners, S. 115 (119).

Benennungsfrist zumeist von der Institution benannt. Zudem muss, etwa unter Geltung der Ergänzenden Regeln oder der WIPO Expedited Rules, auch der Institution gegenüber eine Erklärung erfolgen, wenn die Einhaltung des vorgegebenen Zeitplans nicht gelingt. Wie gezeigt, hat nach der ICC-SchO der Gerichtshof auch die Aufsicht über das Verfahren und daher die Möglichkeit, unter Umständen von den Parteien gesetzte Fristen zu verlängern. Zudem ist nach den Regeln der ICC die Mitwirkung des Gerichtshofs auch in einem beschleunigten Verfahren an einigen Stellen unabdingbar. So muss in jedem Fall die Bestellung der Schiedsrichter sowie der Schiedsspruch vom Gerichtshof überprüft und die „Terms of Reference" unterzeichnet und gegebenenfalls vom Gerichtshof geprüft werden.[815]

Eine intensive Einbindung und Mitwirkung der Institution kann, auch wenn die Mitwirkung einer Institution – wie insbesondere am Beispiel der ICC erörtert[816] – für die Durchsetzung eines ambitionierten Zeitplans sehr hilfreich sein kann, zu zusätzlichem Zeitaufwand führen.[817] Insofern haben wiederum die Parteien die Entscheidung zu treffen, ob sie sich dennoch der Mitwirkung einer Institution bedienen, oder doch ein Ad-hoc-Verfahren unter womöglich selbständig zu erarbeitenden Regeln durchführen wollen. Sofern sie sich allerdings dafür entscheiden, selbst Regeln für das Verfahren zu vereinbaren, ist nicht auszuschließen, dass diese Regeln der Erprobung in der Praxis nicht in gleicher Weise gewachsen sind wie die von Seiten der Institutionen herausgegebenen Regelwerke.[818]

3. Flexibilität des Zeitrahmens

Unterschiede bestehen zwischen den Regelwerken in der Frage, ob die bestehenden Fristen im Einzelfall abgeändert werden können. Wenn es sich um eine starre und unveränderliche Frist handelt, gibt es keine Möglichkeit, auf unvorhergesehene Ereignisse und Entwicklungen während des Verfahrens zu reagieren. Auf diese Weise würde dem Schiedsgericht die Flexibilität bei der Verfahrensführung genommen, da es in jedem Fall gehalten wäre, das Verfahren innerhalb der Frist zu Ende zu bringen.[819] Beispielsweise kann die in Art. E-9 AAA Rules vorgesehene Frist zum Erlass des Schiedsspruchs von zwei Wochen ab Schluss

815 Freyer, Liber Amicorum Gaudet, S. 104 (107); Smit, Am. Rev. Int'l Arb. 1991, S. 138 (139).

816 Siehe oben A.V.3.

817 Siehe bereits oben 1. Teil Kap. 1 A.II.2. Ebenso Borris, BB 2008, S. 294 (296); Sachs, Liber Amicorum Cremades, S. 1051 (1054).

818 Siehe oben 1. Teil Kap. 1 A.II.1. Ähnlich Smit, Am. Rev. Int'l Arb. 1991, S. 138 (141).

819 Vgl. Borris, BB 2008, S. 294 (297).

der mündlichen Verhandlung zwar durch eine (vorherige) Parteivereinbarung, nicht aber durch das Schiedsgericht oder die Institution verlängert werden. Die Regelung in den AAA Rules ist in dieser Hinsicht also unflexibel, zumal schon nur in Ausnahmefällen eine zweite mündliche Verhandlung angeordnet werden darf.

Um auch in einem beschleunigten Schiedsverfahren die Flexibilität zu erhalten, spricht nichts dagegen, trotz einer vorgesehenen Gesamtdauer gleichzeitig einen gewissen Spielraum vorzusehen, um in bestimmten Situationen die Frist verlängern zu können. Dies ist etwa in der ICC-SchO der Fall, wo der Gerichtshof eine Verlängerung der Sechsmonatsfrist für das Verfahren sowie für die von den Parteien verkürzten Fristen gewähren kann. Gleichwohl sollte in einem gerade auf Schnelligkeit ausgerichteten Schiedsverfahren nicht zu viel Flexibilität integriert werden, um eben diesen Zweck nicht zu gefährden. Denn solche spezialisierten Regeln sollten auch eine gewisse Verbindlichkeit mit sich bringen, die bestmöglich Gewähr dafür bietet, dass das Verfahren innerhalb kurzer und gerade auch vorhersehbarer Zeit zu bewältigen ist. Diese Gewähr wäre nicht gegeben, wenn man doch wieder den Verfahrensbeteiligten die gesamte Kontrolle über den zeitlichen Rahmen übertragen würde. Demnach sollte eine Einschätzung erfolgen, die die Festsetzungen der Regelung nicht zu sehr aufweicht aber auch keine unrealistischen Zielvorgaben enthält. Eine Art Kompromiss in diesem Punkt könnte so aussehen, dass man eine Gesamtdauer für das Verfahren bestimmt, aber Verlängerungen einer solchen Frist in einem vorbestimmten Höchstumfang zulässt.[820]

Im Übrigen würde es der beabsichtigten Beschleunigung in Gestalt der Einhaltung des Zeitplans zuwiderlaufen, wenn die Fristverlängerung, soweit vorgesehen, so regelmäßig gewährt wird, dass im Grunde auch der Regelzeitrahmen erweitert werden müsste. Vielmehr sollte die Verlängerung auf Ausnahmefälle beschränkt bleiben, was in der Regel durch den Wortlaut der Vorschriften auch beabsichtigt ist. Allerdings finden sich hier vielfach recht weite Formulierungen, die einigen Auslegungsspielraum bieten. Dem kann nur dadurch entgegengetreten werden, dass der Schiedsrichter – oder die Institution, sofern diese über eine Fristverlängerung entscheidet – dem Zweck der Regeln Rechnung trägt und einen hohen Maßstab anlegt, um in Einzelfällen die Überschreitung einer Frist und damit des veranschlagten Zeitrahmens zu erlauben.

820 So auch Borris, BB 2008, S. 294 (297).

4. Folgen der Überschreitung von Fristen

Generell kann, wie zu einem früheren Zeitpunkt bereits einmal angeklungen ist[821], eine Frist für die Dauer des gesamten Verfahrens hilfreich sein, um tatsächlich ein beschleunigtes Verfahren zu erreichen, da hierdurch allen Beteiligen die Eilbedürftigkeit unmittelbar ins Bewusstsein gerufen wird. Damit können und müssen sie ihre Arbeitsabläufe am Zeitplan ausrichten.[822] Fraglich ist hingegen, was passieren soll, wenn die Beteiligten, das heißt vor allem die Parteien sich nicht an die zeitlichen oder insgesamt an die Vorgaben der Regeln halten, die einen schnellen Ablauf gewährleisten sollen. Aus keinem der behandelten Regelwerke geht in diesem Zusammenhang hervor, dass es unmittelbar nachteilige Konsequenzen für eine Partei hat, wenn sie nicht in gebührendem Maße am Verfahren teilnimmt.[823] Dies gilt jedenfalls abgesehen davon, dass unter Umständen die Institution die Benennung eines Schiedsrichters übernimmt. Was aber gilt über das Stadium der Schiedsrichterbestellung hinaus? Zwangsmittel stehen dem Schiedsgericht nicht zur Verfügung.[824] Zwar handelt es sich hierbei nicht um eine Eigenheit der Schiedsordnungen für beschleunigte Verfahren. Mehr noch als in gewöhnlichen Schiedsverfahren kommt es hier aber auf eine konzentrierte Abfolge der einzelnen Verfahrensschritte an, so dass das Verfahren noch sensibler für mögliche Verzögerungstaktiken einer Partei ist.

Soweit es aber darum geht, dass eine Partei dadurch das Verfahren verzögert, dass sie – entgegen den Vorgaben im jeweiligen Regelwerk, welches hierfür regelmäßig auch nicht explizit ein Mittel vorsieht[825] – in größerem Umfang, das heißt durch weitere Schriftsätze oder Beweise in Gestalt von Dokumenten oder Zeugen vortragen möchte, kann der Schiedsrichter hierauf reagieren. Denn in dieser Hinsicht bestehen keine Besonderheiten im Vergleich zu anderen Schiedsverfahren. Demnach hat der Schiedsrichter auch hier grundsätzlich das Verfahren zu führen und kann über die Vorträge der Parteien und deren Umfang befinden.[826] In diesem Zusammenhang findet der Schiedsrichter beispielsweise auch in den IBA Rules Unterstützung, die ihm die Bewertung und Zurück-

---

821 Siehe oben Kap. 4 C.III.1.a).

822 Vgl. Tschanz, J. Int'l Arb. 1993, S. 51 (52).

823 In Art. 37 (5) ICC-SchO sowie Art. 40 (1), (2) Schweizer Regeln findet sich nunmehr die Möglichkeit des Schiedsgerichts, etwaige Verzögerungstaktiken einer Partei im Rahmen der Kostenentscheidung zu berücksichtigen und diese so zu sanktionieren. Um eine unmittelbare Reaktion, die die effiziente Verfahrensführung des laufenden Verfahrens gewährleisten könnte, handelt es sich indes nicht.

824 Siehe oben Kap. 4 D.III.

825 Vgl. auch Müller, J. Int'l Arb. 1998, S. 5 (13).

826 Siehe auch oben Kap. 4 C.III.3.b). Ähnlich Müller, J. Int'l Arb. 1998, S. 5 (13).

weisung eines Parteivorbringens gestatten. Dennoch bleibt es dabei, dass auch die besonderen Regeln für beschleunigte Verfahren einer Partei, die auf Verzögerung bedacht ist, ihre Möglichkeiten nicht tatsächlich verlässlich nehmen können.

Eine weitere Frage ist, welche Konsequenzen sich nach den verschiedenen Regelwerken ergeben können, wenn es nicht die Parteien, sondern der Schiedsrichter ist, welcher es versäumt, die vorgegebenen Fristen, in diesem Fall speziell für den Erlass des Schiedsspruchs einzuhalten. Für diesen Fall sehen die Regelwerke keine unmittelbare „Konsequenz" vor. Vielmehr gibt es, abgesehen von den Fällen, in denen der Schiedsrichter eine Verlängerung der Frist beantragen kann, teilweise, wie in den Ergänzenden Regeln der DIS und den WIPO Expedited Rules, eine Verpflichtung des Schiedsrichters, die Institution und die Parteien hiervon zu unterrichten und Gründe für die Fristüberschreitung anzugeben. Der Schnelligkeit des Verfahrens selbst wird hierdurch aber nicht unmittelbar gedient. Allenfalls wird der Schiedsrichter durch die Aussicht einer solchen Verpflichtung zur zügigen Arbeit angehalten.

Hier wird eine wohl unumgängliche Eigenschaft der Regeln für beschleunigte Verfahren deutlich. Diese sehen zwar verkürzte Fristen für bestimmte Verfahrensschritte sowie mögliche Reaktionen bei Fristversäumnis vor. Sie beschäftigen sich aber nicht detailliert mit der Art und Weise, wie die Einhaltung einer Frist tatsächlich gewährleistet werden kann. Den nach Beschleunigung strebenden Parteien ist durch eine Zeitvorgabe nicht geholfen, wenn der Erlass des Schiedsspruchs über den Zeitrahmen hinaus auf sich warten lässt. Höchstens kann die Überschreitung der in den Regeln vorgesehenen und damit vereinbarten Frist zum Erlass des Schiedsspruchs Auswirkungen im Verfahren zur Anerkennung und Vollstreckbarerklärung des Schiedsspruchs haben, soweit hier der Schiedsspruch an der Vereinbarung der Parteien gemessen wird.[827] Eine hiermit in Zusammenhang stehende Frage ist auch, ob nicht das Mandat der Schiedsrichter endet, wenn das Verfahren nicht innerhalb der vorgegebenen Zeit beendet wird[828], was ebenfalls die Gefahr der Aufhebung des Schiedsspruchs, welcher trotz Fristüberschreitung ergeht, zur Folge haben kann. Eine Aufhebung des Schiedsspruchs ist aber auch nicht im Interesse der Parteien, zumal sich der Weg

827 Vgl. etwa § 1059 Abs. 2 Nr. 1 lit. d ZPO oder Art. V Abs. 1 lit. d UNÜ, wobei es auch hier unterschiedliche Auffassungen darüber gibt, welche Auswirkungen eine Fristüberschreitung im Einzelnen hat und ob bzw. welcher Aufhebungsgrund anzunehmen ist. Auf diese Frage kann hier allerdings nicht näher eingegangen werden. Vgl. zu dieser Frage etwa Lachmann, Hdb. Schiedsgerichtspraxis, Rn. 2625 ff., bezogen auf Art. V Abs. 1 lit. d UNÜ.

828 Vgl. Brunner, SchiedsVZ 2010, S. 243 (248), mit dem Hinweis darauf, dass diese Frage je nach Land unterschiedlich gehandhabt und beispielsweise in Frankreich eine Beendigung des Schiedsrichteramtes angenommen wird.

zur endgültigen Entscheidung und Beilegung der Streitigkeit hierdurch noch einmal in die Länge zieht.[829]

Um eine effizientere Verfahrensführung erreichen zu können, reicht es also nicht, sich schlicht auf die Geltung eines Regelwerks zu einigen, das für das gesamte Verfahren eine kürzere Dauer und die Verkürzung von oder den Verzicht auf einzelne Verfahrensschritte vorsieht. In diesem Zusammenhang mögen etwa die anderen behandelten Ansätze hilfreich sein, das heißt speziell die IBA Rules oder die UNCITRAL Notes sowie der ICC Report bzw. die darin zum Ausdruck kommenden Gedanken zum Zwecke einer zügigen Bewältigung eines Schiedsverfahrens.

II. Anforderungen an und durch eine Regelung zur Beschleunigung von Schiedsverfahren

In diesem Abschnitt ist, auch im Anschluss an das soeben Ausgeführte, zunächst darauf hinzuweisen, dass hier das zu den Möglichkeiten der Verfahrensbeteiligten im Rahmen der Beschleunigung des Schiedsverfahrens Gesagte[830] immer noch Geltung beansprucht. Das bedeutet zunächst, dass die Geltung eines Regelwerks für beschleunigte Verfahren den Parteien und dem Schiedsgericht im Ausgangspunkt die gleichen Möglichkeiten offenlässt, auch selbst für einen reibungslosen Verfahrensablauf zu sorgen. Eine Besonderheit besteht hier allerdings darin, dass es gerade explizit auf die Einhaltung bestimmter Vorgaben ankommt, welche durch das Regelwerk und die darin enthaltenen Fristen statuiert worden sind. Insofern kommt es besonders darauf an, dass die Beteiligten sich am Verfahren beteiligen. Im Grundsatz bleiben also die bereits dargestellten Maßnahmen und Möglichkeiten zur Verfahrensförderung auch für die hier behandelte Verfahrensart bestehen, nur dass die speziell auf eine schnelle Durchführung des Verfahrens zugeschnittenen Regelwerke an einigen Stellen möglicherweise noch höhere Anforderungen an alle Beteiligten stellen.

Aber auch aus der Sicht der Parteien mag es Anforderungen und Erwartungen an eine auf beschleunigte Verfahren spezialisierte Schiedsordnung geben, an denen sich diese messen lassen muss. Daher werden in diesem Abschnitt die gleichsam wechselseitigen Anforderungen der Regelwerke an die Verfahrensbeteiligten und umgekehrt der Beteiligten, vor allem der Parteien, an die Regelwerke betrachtet.

829 Ähnlich auch Tschanz, J. Int'l Arb. 1993, S. 51 (53).

830 Siehe oben Kap. 4 B. und C.

1. Beachtung der Umstände des konkreten Verfahrens

Fraglich ist, inwieweit der Vorteil der Schiedsgerichtsbarkeit, dass die Parteien für ihre konkrete Streitigkeit ein maßgeschneidertes Verfahren wählen können, auch unter Geltung spezialisierter Regelwerke gewährleistet ist und sein kann. Es gibt Fallgestaltungen bzw. Arten von Streitigkeiten, in denen es besonders auf eine zeitnahe Streitentscheidung und damit auf ein entsprechendes Regelwerk ankommt.[831] Als Beispiel werden hier vielfach Bauprozesse genannt[832], wobei damit Fälle gemeint sind, in denen bei einem Bauprojekt Unstimmigkeiten auftreten und bis zur Beendigung eine Fortsetzung der Bauarbeiten unter Umständen gar nicht erfolgen kann. Eine weitere Art von Streitigkeiten, hinsichtlich derer besonders auf das Erfordernis einer schnellen Entscheidung hingewiesen wird, sind Streitigkeiten im Zusammenhang mit der Abwicklung von Unternehmenskaufverträgen, insbesondere zwischen der Vertragsunterzeichnung („signing") und der Vollendung der Transaktion („closing").[833] Zudem mögen hier Streitigkeiten aus dem Bereich des Sports als Beispiel dienen[834], in denen eine besonders rasche Erledigung benötigt wird, wobei hier der zuvor bereits erwähnte Fall bezüglich der Formel 1[835] herangezogen werden kann.[836]

In solchen Fällen liegt es also aus Sicht der Parteien nahe, sich für eines der spezialisierten Regelwerke zu entscheiden. Allerdings weichen die zeitlichen Vorgaben, wie bereits im vorigen Abschnitt erörtert, innerhalb der verschiedenen Institutionen zum Teil erheblich voneinander ab, so dass hier eine „schnelle" Entscheidung nicht immer die gleiche Bedeutung hat.

Im Übrigen kann es auch sein, dass die Zeitrahmen, die durch spezielle institutionelle Regelwerke vorgesehen sind, für eine bestimmte Verfahrensart immer noch zu lang sind.[837] So ist zwar ein Zeitrahmen von sechs oder auch nur drei Monaten unter Umständen eine deutliche Verkürzung im Verhältnis zu einem gewöhnlichen Schiedsverfahren. Wenn es aber buchstäblich auf jeden Tag ankommt, können sogar drei Monate eine lange Zeit sein. In diesem Fall müssen

---

831 Vgl. Marriott, Arb. Int'l 2000, S. 353.

832 Vgl. Berger, SchiedsVZ 2008, S. 105 (110); Hobeck/Mahnken/Koebke, SchiedsVZ 2007, S. 225 (227); Lögering, ZfBR 2010, S. 14 (15).

833 Vgl. Berger, a.a.O.; Borris, BB 2008, 294 (295); Broichmann, FS Pöllath + Partners, S. 115 (119); Fiebinger/Gregorich, Austrian Arbitration Yearbook 2008, S. 237 (246); Sachs, Liber Amicorum Cremades, S. 1051.

834 Vgl. etwa Kaufmann-Kohler/Peter, Arb. Int'l 2001, S. 173; Lew/Mistelis/Kröll, Rn. 21–87.

835 Siehe oben A.V.3.

836 Cook/Garcia, S. 216, betonen zudem die Bedeutung eines möglichst schnellen Verfahrens in Streitigkeiten betreffend geistiges Eigentum („Intellectual Property Arbitration").

837 So für den Fall einer Streitigkeit bezüglich MAC-Klauseln in Unternehmenskaufverträgen Sachs, Liber Amicorum Cremades, S. 1051 (1054).

die Parteien sich tatsächlich selbst um die Ausgestaltung des Verfahrens kümmern und die erforderlichen Regelungen vereinbaren.[838] Dann können die Parteien im Grunde beliebig kurze Fristen vorsehen. Jedenfalls haben die Parteien die Möglichkeit, den Zeitplan unter Beachtung der konkret bestehenden Eilbedürftigkeit maßzuschneidern.

Allerdings ist, abgesehen von möglichen Bedenken hinsichtlich der Praxistauglichkeit einer von den Parteien allein entworfenen Regelung[839], in einem beschleunigten Verfahren ohne Mitwirkung einer Institution auch keine Unterstützung derselben bei der Durchführung des Verfahrens innerhalb des Zeitplans verfügbar. Abgesehen von solchen besonders eilbedürftigen Fällen können Streitigkeiten auch so überschaubar und unkompliziert sein, dass ein „vollständiges" Schiedsverfahren nicht der effektivste Weg zu einer Streitentscheidung wäre.[840] Diesem Gedanken tragen die erwähnten Bestimmungen in einigen Regelwerken Rechnung, welche für geringere Streitwerte die Durchführung eines beschleunigten Verfahrens vorsehen.

Andererseits macht ein beschleunigtes Verfahren nicht in jedem Fall Sinn.[841] Wenn es sich um ein besonders komplexes Verfahren handelt, benötigt man in der Regel auch mehr Zeit und ein beschleunigtes Verfahren würde den Anforderungen an eine ausreichende Würdigung und eine entsprechende Entscheidung der Streitigkeit nicht gerecht werden.[842] Es mag also Verfahren geben, die aufgrund ihrer Komplexität eine „unbeschränkte" Verkürzung des Verfahrens gar nicht zulassen. Hieraus ergibt sich wiederum ein Kritikpunkt an der Festsetzung einer Schwelle, unterhalb derer ein beschleunigtes Verfahren durchzuführen ist. Alleine der Streitwert sagt, auch wenn er verhältnismäßig gering ist, noch nichts darüber aus, wie schwierig sich die Erfassung des Sachverhalts und möglicher technischer oder rechtlicher Probleme gestaltet.[843]

---

838 Ähnlich Freyer, Liber Amicorum Gaudet, S. 104 (105); Mirèze, PCA Peace Palace Papers 2002, S. 253 (258).

839 Siehe oben I.2.

840 Scherer, SchiedsVZ 2005, S. 229 (230).

841 Vgl. Davis/Lagacé/Volkovitsch, J. Int'l Arb. 1993, S. 69 (76); Fiebinger/Gregorich, Austrian Arbitration Yearbook 2008, S. 237 (254); Gaillard, Liber Amicorum Gaudet, S. 28 (31), der dies nicht nur auf die Umstände und den Inhalt der Streitigkeit, sondern auch auf die Parteien selbst und deren Verhalten bezieht; Kreindler/Schäfer/Wolff, Schiedsgerichtsbarkeit, Rn. 319; Mirèze, PCA Peace Palace Papers 2002, S. 253 (256); Morton, Arb. Int'l 2010, S. 103 (111); Silverman, J. Int'l Arb. 1993, S. 113 (116); Stippl/Pickl, Austrian Arbitration Yearbook 2009, S. 213 (226)

842 Vgl. auch Lew/Mistelis/Kröll, Rn. 21–87; Stippl/Pickl, a.a.O.; Welser/Klausegger, Austrian Arbitration Yearbook 2009, S. 259 (267).

843 So auch Müller, J. Int'l Arb. 1998, S. 5 (10).

Zu erwähnen ist in diesem Zusammenhang auch, dass die Beurteilung, wie hoch bzw. gering ein Streitwert sein muss, um ein beschleunigtes Verfahren zu rechtfertigen, in den Regelwerken mit Schwellen zwischen ca. 57.000 Euro in den AAA Rules und ca. 827.000 Euro in den Schweizer Regeln durchaus unterschiedlich beurteilt wird. Auch ein tatsächlich verhältnismäßig geringer Streitwert von unter 57.000 Euro enthält noch keine Aussage über die in Rede stehende Fragestellung. Hierbei kann es sich ungeachtet der (geringen) Summe, um die es geht, um komplexe rechtliche oder auch technische Probleme handeln, die vielleicht ohne Hinzuziehung von Sachverständigen gar nicht hinreichend gelöst werden können. Zwar spricht eine verhältnismäßig hohe Schwelle von 827.000 Euro dafür, dass eine Streitigkeit oberhalb der Schwelle komplexer wird und daher ein gewöhnliches Schiedsverfahren angemessen ist. Umgekehrt ist aber besonders bei einem so hohen Grenzwert nicht gewährleistet, dass es im Einzelfall stets gerechtfertigt ist, bis zu einem Betrag von beinahe einer Million Euro ein beschleunigtes Verfahren durchzuführen. Im Übrigen ist nicht auszuschließen, dass auch Verfahren, deren Streitwert weit oberhalb dieser Schwelle liegt, keine komplexen Fragen beinhalten.

Vor diesem Hintergrund ist also der Streitwert kein allgemeingültiges Abgrenzungskriterium für die tatsächliche Qualität der Streitigkeit.[844] Somit bleibt die Frage, inwiefern allein die Betrachtung des Streitwerts auch gleichsam das „letzte Wort" für die (Nicht-)Durchführung eines beschleunigten Verfahrens darstellen sollte. Wie bereits zuvor erwähnt[845], haben die Parteien in den entsprechenden Regelwerken auch bei Unterschreitung der Schwelle die Möglichkeit, die beschleunigenden Regeln durch Vereinbarung abzuwählen, wenn sie das Gefühl haben, dass dies in concreto angemessener ist. Umgekehrt besteht auch die Möglichkeit, sich bei Streitwerten oberhalb der Schwelle für ein beschleunigtes Verfahren zu entscheiden. Im Falle der AAA und CAM Rules sorgt das zudem bestehende Ermessen der Institution in diesem Punkt für eine flexible Handhabung im einzelnen Fall.[846]

Der Umfang des Verfahrens kann auch in solchen Konstellationen für ein gewöhnliches und gerade nicht beschleunigtes Schiedsverfahren sprechen, welche eigentlich eine zügige Entscheidung erfordern. Als Beispiel sei hier wiederum auf Bauprozesse verwiesen. Wenn es nämlich in einem solchen Verfahren (naheliegender Weise) um sehr komplexe technische Zusammenhänge und Detailfragen geht, welche vielleicht eine Reihe von Sachverständigengutachten erforder-

---

844 Ebenso Fiebinger/Gregorich, Austrian Arbitration Yearbook 2008, S. 237 (254); Magnusson, Fast Track Arbitration – The SCC Experience, S. 2, abrufbar unter: http://www.scc institute.com/filearchive/2/21273/fast_ track _ arbitration.pdf.

845 Siehe oben I.1.

846 Vgl. auch Müller, J. Int'l Arb. 1998, S. 5 (10).

lich werden lassen, so ist trotz des möglicherweise bestehenden Zeitdrucks die Eignung für ein Fast-Track-Schiedsverfahren unter Umständen zu verneinen.[847] Demnach wäre es vielfach von Vorteil, nicht pauschal alle Streitigkeiten im Zusammenhang mit einem Bauprojekt einem beschleunigten Schiedsverfahren zu verschreiben. Welche Möglichkeiten haben also die Parteien, wenn sie zwar grundsätzlich ihrem Interesse an einem beschleunigten Schiedsverfahren Ausdruck verleihen, aber zugleich auch nicht Gefahr laufen wollen, im Streitfall eine Verfahrensart vorzufinden, die dem Umfang und den Anforderungen der Streitigkeit nicht gerecht wird? Eine derartige Entwicklung kann sich dann ergeben, wenn die Parteien schon in der Schiedsvereinbarung ein Verfahren unter Geltung besonderer Regeln für ein schnelles Verfahren vereinbaren.

Dies unterliegt dann keinen größeren Bedenken, wenn bereits klar ist, dass in jedem Falle eine schnelle Streitentscheidung benötigt wird. In vielen Fällen wird aber gerade dies nur schwer vorwegzunehmen sein. Vielmehr lässt sich in der Regel die Situation, die bestehen wird, wenn die Streitigkeit zu einem ungewissen Zeitpunkt einmal entsteht, noch nicht vorhersehen. Demzufolge ist auch noch nicht klar, wer Kläger und wer Beklagter sein wird, um welche Art von Streitigkeit es genau gehen und wie kompliziert und umfangreich diese sich gestalten wird.[848] Deshalb ist eine frühzeitige Entscheidung für ein beschleunigtes Verfahren, die keinen Raum für eine abweichende Beurteilung zu einem späteren Zeitpunkt lässt, nicht immer im Interesse der Parteien und einer den Gegebenheiten angepassten Erledigung der sich ergebenden Streitigkeit.

Es kann also aus Sicht der Parteien vorzugswürdig sein, zwar frühzeitig die Durchführung eines beschleunigten Verfahrens zu vereinbaren, hierbei allerdings zu versuchen, eine Differenzierung vorzunehmen. Dabei können die Parteien zwischen Streitpunkten, die sich für ein solches Verfahren eignen, und solchen Punkten unterscheiden, in denen ein beschleunigtes Verfahren nicht zweckmäßig ist.[849] Allerdings kann es im Einzelfall schwierig sein, abstrakt und vorgreifend eine allgemeine Unterscheidung zu treffen. Zu dieser Frage wird beispielsweise vorgeschlagen, eine Abgrenzung nach der Höhe des Streitwertes oder auch nach der Art des verfolgten Anspruchs vorzunehmen.[850] Allerdings ist, wie bereits zuvor bemerkt, eine Differenzierung allein nach dem Streitwert nicht in jedem Fall aussagekräftig im Hinblick auf Art und Komplexität der Streitigkeit. Auch bei einer Differenzierung nach der Art des verfolgten Anspruchs ist fraglich,

847 Vgl. auch Fouchard/Gaillard/Goldman, Rn. 1248.

848 Vgl. Broichmann, FS Pöllath + Partners, S. 115 (121); Freyer, Liber Amicorum Gaudet, S. 104 (105).

849 Vgl. hierzu Davis/Lagacé/Volkovitsch, J. Int'l Arb. 1993, S. 69 (82); Silverman, J. Int'l Arb. 1993, S. 113 (116).

850 Davis/Lagacé/Volkovitsch, J. Int'l Arb. 1993, S. 69 (82).

inwieweit sich allein hieran eine zutreffende Aussage über das Verfahren treffen lässt. Eine Differenzierung ist im Vorfeld also stets schwierig, da sich allgemeingültige Abgrenzungskriterien schwerlich finden lassen. Insofern kommt es auf die konkrete Beziehung zwischen den Parteien und darauf an, ob sich anhand dieser eine Unterscheidung nach Gegenständen für ein beschleunigtes und solchen für ein gewöhnliches Schiedsverfahren anbietet.

In jedem Fall sollte eine Differenzierung so klar sein, dass sich auch im Streitfall möglichst zweifelsfrei – und damit schnell – entscheiden lässt, welche Art von Verfahren in Angriff zu nehmen ist und somit zeitintensive Unklarheiten oder sogar Streitigkeiten in diesem Punkt vermieden werden können.[851] Hier bietet eine Differenzierung nach dem Streitwert auch ein gewisses Missbrauchspotential. Denn eine Partei, die nicht an einem beschleunigten Verfahren interessiert ist, kann, beispielsweise mittels einer Widerklage, den Streitwert erhöhen und somit für eine Überschreitung der jeweiligen Schwelle sorgen.[852] Somit kommt es gerade in diesem Fall, in dem es also in besonderem Maße um ein schnelles Verfahren geht, auch ganz besonders darauf an, sich um eine unmissverständliche Vereinbarung zu bemühen, die keinen großen Auslegungs- oder Missbrauchsspielraum lässt.[853]

Im Interesse der Klarheit der Vereinbarung und der Vorhersehbarkeit der Verfahrensentwicklung könnte man auch die Vereinbarung eines beschleunigten Verfahrens erst dann treffen, wenn die Streitigkeit bereits entstanden ist. Denn zu diesem Zeitpunkt ist bereits geklärt, wie die Rollen im Verfahren verteilt sind, worum es geht und ob eine schnelle Entscheidung vonnöten ist und angesichts der Umstände auch möglich erscheint. Allerdings kann es zu diesem Zeitpunkt auch schwierig sein, sich auf ein beschleunigtes Verfahren zu einigen, da dann in vielen Fällen eine der Parteien gerade kein schnelles Verfahren mehr möchte.[854] Um sich also aussichtsreich auf ein beschleunigtes Verfahren einigen zu können, ist es jedenfalls ratsam, eine solche Vereinbarung nicht vollständig auf die Zeit nach Entstehen der Streitigkeit zu verschieben. Andererseits spricht im Interesse der Beachtung der Umstände des konkreten Verfahrens nichts dagegen, in einer früheren Vereinbarung eine abschließende Beurteilung auf einen späteren Zeitpunkt zu verschieben, also hier einen gewissen Spielraum zu lassen.

---

851 Broichmann, FS Pöllath + Partners, S. 115 (122); Davis/Lagacé/Volkovitsch, J. Int'l Arb. 1993, S. 69 (83); Silverman, J. Int'l Arb. 1993, S. 113 (116); ähnlich Freyer, Liber Amicorum Gaudet, S. 104 (108).

852 So auch Broichmann, FS Pöllath + Partners, S. 115 (123); Davis/Lagacé/Volkovitsch, a.a.O.; Freyer, a.a.O. Siehe bereits oben 1. Teil Kap. 2 D.III.

853 Davis/Lagacé/Volkovitsch, J. Int'l Arb. 1993, S. 69 (84).

854 So auch Freyer, Liber Amicorum Gaudet, S. 104 (105); ähnlich Brunner, SchiedsVZ 2010, S. 243 (248).

2. Erhöhte Anforderungen an die Schiedsrichter

Auch an die Schiedsrichter stellen die Regeln für beschleunigte Verfahren besondere Anforderungen. Kurz gesagt muss ein Schiedsrichter gerade für ein beschleunigtes Schiedsverfahren selbst genügend Zeit haben.[855] Es muss ihm dabei von vorneherein bewusst sein, dass es um ein besonders auf Schnelligkeit ausgerichtetes Verfahren geht. Hilfreich ist es demnach, wenn der Schiedsrichter, um seine Verfügbarkeit beurteilen zu können, eine grobe Vorstellung von der Streitigkeit und dem „Ausmaß" der Eilbedürftigkeit hat.[856] Denn mit seiner Ernennung übernimmt der Schiedsrichter eine wichtige und verantwortungsvolle Rolle bei der Bewältigung eines Schiedsverfahrens innerhalb eines ehrgeizigen Zeitrahmens. Dabei muss er auch persönlich in beruflicher wie privater Hinsicht Einschränkungen hinnehmen.[857]

An dieser Stelle könnte man, gerade vor dem Hintergrund der hohen Arbeitsbelastung für den Schiedsrichter, die Frage stellen, ob trotz der Vorteile eines Einzelschiedsrichters[858] in einem solchen Fall eine Arbeitsteilung in einem Schiedsrichterkollegium nicht auch ihre Vorteile hätte.[859]

Hierbei sind aber wiederum die Benennungsmodalitäten zu berücksichtigen, welche sich bei einem Dreierschiedsgericht langwieriger gestalten können. Die Regelwerke für beschleunigte Verfahren sehen durchweg als Regelfall einen Einzelschiedsrichter und für dessen Benennung eine relativ kurze Frist vor. In diesem Punkt könnte ein Dreierschiedsgericht einen etwas großzügigeren Zeitplan erfordern. Zudem bietet der Prozess der Besetzung eines Dreierschiedsgerichts auch mehr Potential für Verzögerungen, da eben insgesamt drei Auswahlverfahren durchgeführt werden müssen. Darüber hinaus ist nicht gewährleistet,

---

855 Welser/Klausegger, Austrian Arbitration Yearbook 2009, S. 259 (274).

856 Siehe bereits oben Kap. 4 B.I.2.c). Vgl. auch Berger, SchiedsVZ 2008, S. 105 (110); Morton, Arb. Int'l 2010, S. 103 (110); Scherer, SchiedsVZ 2005, S. 229 (237).

857 Vgl. Broichmann, FS Pöllath + Partners, S. 115 (121); Nickles, Am. Rev. Int'l Arb. 1991, S. 143 (145); Tschanz, J. Int'l Arb. 1993, S. 51 (52); Silverman, J. Int'l Arb. 1993, S. 113; Welser/Klausegger, Austrian Arbitration Yearbook 2009, S. 259 (276). van den Berg, The WIPO Expedited Arbitration Rules: Fast-Track Arbitration, S. 1, beschreibt, dass ihn ein beschleunigtes Schiedsverfahren für einige Wochen vollkommen in Beschlag genommen hat, so dass er sich weder um seine Mandanten noch um seine Familie kümmern konnte. Das Schiedsverfahren fiel zudem in die Weihnachtszeit, worauf ebenfalls keine Rücksicht genommen werden konnte.

858 Siehe oben 1. Teil Kap. 1 C.II.

859 Vgl. Fiebinger/Gregorich, Austrian Arbitration Yearbook 2008, S. 237 (249); Welser/Klausegger, Austrian Arbitration Yearbook 2009, S. 259 (276); ähnlich Cook/Garcia, S. 218, die hier besonders auf die Möglichkeit abstellen, bei komplexeren Sachverhalten sachverständige Schiedsrichter zu benennen.

dass ein Dreierschiedsgericht tatsächlich derart gut zusammenarbeitet, dass es letztlich einfacher wird, das Verfahren in der vorgegebenen Zeit zu beenden. Aus diesen Gründen, das heißt wegen des geringeren Komplikationspotentials, erscheint ein Einzelschiedsrichter für ein beschleunigtes Schiedsverfahren als die vorzugswürdige Alternative.[860]

In einem beschleunigten Schiedsverfahren ist es im Zweifel der Schiedsrichter, der durch entsprechende Anleitung der Parteien für die Einhaltung des Zeitplans sorgen muss.[861] Diese Verantwortung des Schiedsrichters wird etwa durch die behandelten Vorschriften deutlich, denen zufolge der Schiedsrichter für die Überschreitung des Zeitrahmens eine Erklärung bieten muss. Hinsichtlich der auf ein zügiges Verfahren ausgerichteten Verfahrensführung durch den (oder die) Schiedsrichter kann im Wesentlichen auf die früheren Ausführungen verwiesen werden[862], wobei hier der Eilbedürftigkeit noch eine größere Bedeutung zukommt. Es obliegt dem Schiedsrichter, zu beurteilen, inwieweit Beweismittel erforderlich oder einzelne Vorträge der Parteien nützlich sind, oder aber lediglich eine Verzögerung des Verfahrens bedeuten.[863] Generell ist gerade eine wohl überlegte und aktive Verfahrensleitung des Schiedsrichters erforderlich, um ein beschleunigtes Verfahren erfolgreich, das heißt den Anforderungen entsprechend innerhalb der zur Verfügung stehenden Zeit durchführen zu können.[864]

Zudem muss der Schiedsrichter auch seine eigenen Angelegenheiten so schnell wie notwendig erledigen können, was freilich hauptsächlich auf den Erlass des Schiedsspruchs zutrifft. Aber auch abgesehen vom Schiedsspruch, das heißt also auch während des Verfahrens bis dahin, ist es die Aufgabe des Schiedsrichters, die „Zeitintensität", die das einzelne Verfahren mit sich bringt, zu erkennen und dieser Rechnung zu tragen. Das bedeutet, dass es nicht ausreichend ist, dieselbe Arbeit zu machen, wie man das auch in anderen Schiedsverfahren zu tun pflegt, und versucht, diese Arbeit einfach schneller zu erledigen. Das würde sich höchst wahrscheinlich auf die Qualität des Verfahrens und der Entscheidung auswirken. Vielmehr gilt es für den Schiedsrichter zu erkennen, dass weniger Zeit für das gesamte Verfahren auch bedeutet, dass die eigene Arbeitsweise entsprechend anzupassen ist, um eine gleich gute Entscheidung zu erzielen wie sonst. Demnach handelt es sich in einem beschleunigten Verfahren gerade nicht um dieselbe Arbeit. Vielmehr muss der Schiedsrichter einschätzen, welche Maßnahmen im Einzelfall tatsächlich erforderlich sind und wie sie am

860 So im Ergebnis auch Fiebinger/Gregorich, Austrian Arbitration Yearbook 2008, S. 237 (250).
861 Fiebinger/Gregorich, Austrian Arbitration Yearbook 2008, S. 237 (251).
862 Siehe oben Kap. 4 C.III.
863 Vgl. Welser/Klausegger, Austrian Arbitration Yearbook 2009, S. 259 (277).
864 So auch Lew/Mistelis/Kröll, Rn. 21–89; Welser/Klausegger, Austrian Arbitration Yearbook 2009, S. 259 (276).

effizientesten durchgeführt werden können.[865] Gerade in Bezug auf den Schiedsspruch ist hingegen zwischen einer zügigen und einer hastigen Vorgehensweise zu unterscheiden. Vom Schiedsrichter wird nicht erwartet, dass er den Schiedsspruch übereilt erlässt, sondern lediglich innerhalb einer angemessen kurzen Zeit.[866] Dass man in Eile keine gebührend gute Arbeit leisten kann, steht in der Regel außer Frage. Deshalb gilt es, seinen Arbeitsablauf so zu organisieren, dass man nicht in die Verlegenheit kommt, den Schiedsspruch übereilt verfassen zu müssen. Allerdings wird sich ein je nach konkretem Zeitplan mehr oder weniger großer Zeitdruck nie gänzlich vermeiden lassen.

In diesem Zusammenhang können dem Schiedsgericht auch Regelungen entgegenkommen, die darauf verzichten, dass der Schiedsspruch den Tatbestand, so zum Beispiel § 7 der Ergänzenden Regeln der DIS, oder Gründe enthält, wie etwa Art. 35 (1) SCC Expedited Rules. In anderen Fällen ist jedenfalls eine summarische Begründung des Schiedsspruchs ausreichend, wie beispielsweise nach Art. 42 Abs. 1 lit. e Schweizer Regeln. Auf diese Weise wird eine schnellere Erarbeitung des Schiedsspruchs ermöglicht, ohne dabei aber die Qualität der Entscheidung oder der Entscheidungsfindung zu beeinflussen. Auch ohne eine solche Erleichterung der Abfassung des Schiedsspruchs sollten Schiedsrichter den Schiedsspruch, wiederum mehr als in gewöhnlichen Schiedsverfahren ohnehin schon, auf die tatsächlich wesentlichen und erforderlichen Punkte beschränken.[867]

3. Abwägung zwischen den Anliegen der Parteien

Auch wenn Parteien ein speziell auf Schnelligkeit ausgerichtetes Verfahren wählen, kann nicht davon ausgegangen werden, dass dies ihre einzige Erwartung an das Verfahren ist. Fraglich ist somit generell, welche Auswirkungen ein beschleunigtes Verfahren bzw. die Wahl entsprechender Regeln auf die Erwar-

865 Eine ähnliche Herangehensweise beschreibt auch Rivkin, Arb. Int'l 2008, S. 375, der in diesem Zusammenhang vom „Town Elder Model" spricht. Dieses basiert darauf, dass die Parteien auf den Schiedsrichter wie eben auf einen Dorfältesten zukommen und dieser sich – vor allem ganz unvoreingenommen und nicht geleitet von früheren Gepflogenheiten – überlegt, wie der konkrete Fall am schnellsten gelöst werden kann und was hierfür erforderlich und sinnvoll ist.

866 Gleichwohl wird sich nicht in allen Fällen vermeiden lassen, dass sich die Kürze der zur Verfügung stehenden Zeit auch auf die Qualität des Schiedsspruchs auswirken kann [siehe unten 3.c)]

867 Welser/Klausegger, Austrian Arbitration Yearbook 2009, S. 259 (277).

tungen der Parteien an ein Schiedsverfahren haben kann. Insgesamt müssen die Parteien hinsichtlich ihrer Erwartungen eine Abwägung treffen.[868]

a) Schnelligkeit des Verfahrens

Auch wenn man aber davon ausgeht, dass es den Parteien nicht nur auf ein möglichst schnelles Verfahren ankommt und vernünftigerweise ankommen kann, ist diesem Anliegen – gerade im Zusammenhang mit Fast-Track-Schiedsverfahren – dennoch einiges Gewicht beizumessen. Denn je nach Fallgestaltung kann es besonders darauf ankommen, dass die Rechtslage möglichst zeitnah geklärt wird.[869] Insofern stellt ein Regelwerk, welches speziell die Straffung der zeitlichen Abläufe im Schiedsverfahren zum Gegenstand hat, eine naheliegende Möglichkeit für die Parteien dar, ihren Vorstellungen in besonderem Maße Aus- und Nachdruck zu verleihen. Dabei ist zwar, wie zuvor ebenfalls bereits ausgeführt, nicht jedes Regelwerk auch für jedes beschleunigte oder vielmehr für jedes „zu beschleunigende“ Verfahren geeignet. Parteien, denen an einer zügigen Beendigung des Verfahrens gelegen ist, werden aber jedenfalls eine gewisse Hilfestellung durch solche Regelwerke sowie auch die weiteren behandelten Initiativen bekommen können.

Um die angestrebte Schnelligkeit erreichen zu können, müssen beide Parteien ein Interesse an einem schnellen Verfahren haben. Anderenfalls ist ein beschleunigtes Verfahren nicht erfolgversprechend.[870] Dies gilt umso mehr vor dem Hintergrund, dass wie erwähnt[871] in einem beschleunigten Schiedsverfahren kaum Gegenmaßnahmen zur Verfügung stehen, um im Falle einer Verfahrensverschleppung unmittelbar auf eine Einhaltung des vorgesehenen Zeitplans hinzuwirken.

Allerdings muss es, damit eine Partei nicht vorrangig an einem schnellen Verfahren interessiert ist, nicht schon so weit gehen, dass diese Partei das Verfahren bewusst behindern will. Denn je nach Konstellation kann es einer Partei auch schlicht nicht auf Schnelligkeit, sondern darauf ankommen, die Streitigkeit in

868 Vgl. auch Borris, BB 2008, S. 294 (297).

869 Siehe oben 1.

870 Broichmann, FS Pöllath + Partners, S. 115 (124); Fiebinger/Gregorich, Austrian Arbitration Yearbook 2008, S. 237 (251); Kreindler/Schäfer/Wolff, Schiedsgerichtsbarkeit, Rn. 319; Lionnet/Lionnet, Hdb. Schiedsgerichtsbarkeit, S. 502; Morton, Arb. Int'l 2010, S. 103 (108); Raeschke-Kessler/Berger, Recht und Praxis des Schiedsverfahrens, Rn. 90; Silverman, J. Int'l Arb. 1993, S. 113 (116); Welser/Klausegger, Austrian Arbitration Yearbook 2009, S. 259 (261); McIlwrath/Savage, Rn. 5–147.

871 Siehe oben I.4.

jedem Fall zu gewinnen.[872] Demgegenüber wird auf die Möglichkeit von Fällen hingewiesen, in denen es einer Partei nicht so wichtig ist, wie genau das Verfahren abläuft und wie das Ergebnis am Ende aussieht, solange es nur innerhalb kurzer Zeit beendet wird.[873] Eine solche Partei könnte auch darüber hinwegsehen, dass das Verfahren – sowohl inhaltlich als auch im Ergebnis – nicht hundertprozentig ihren Erwartungen entsprochen hat, da es ihnen hauptsächlich auf die zeitnahe Erlangung von Gewissheit angekommen ist.[874] Hierbei dürfte es sich allerdings um absolute Ausnahmefälle handeln. Denn im Zweifel wird es einer Partei lieber sein, wenn sie bzw. ihre Anwälte nicht auf eine Maßnahme verzichten und am Ende ein wenig mehr Zeit und Geld gespart wurde, das Verfahren aber verloren ist. Dass es einer Partei tatsächlich ausschließlich auf Schnelligkeit ankommt, dürfte selten vorkommen.

Sofern sich Parteien mit im Hinblick auf die Schnelligkeit entgegengesetzten Interessen gegenüberstehen, ist ein beschleunigtes Verfahren schwerlich durchzuführen oder überhaupt erst zu vereinbaren. Darüber hinaus ist in dieser Situation auch eine Schwelle im jeweils vereinbarten Regelwerk, bis zu der automatisch ein beschleunigtes Verfahren durchgeführt wird, nicht unbedingt im Interesse der Partei, für die das Verfahren vielleicht von grundsätzlicher Bedeutung ist. Eine Vereinbarung, trotz Unterschreitung der Schwelle kein beschleunigtes Verfahren durchzuführen, wäre allerdings angesichts der Interessen der gegnerischen Partei ebenfalls kaum zu erreichen. Wenn die Parteien also nicht dieselben Interessen haben, was die Schnelligkeit des Verfahrens angeht, stehen einem beschleunigten Verfahren, auch unabhängig von der Konzeption des jeweiligen Regelwerks, einige Hindernisse entgegen.

Andererseits sind freilich durchaus Fälle denkbar, in denen tatsächlich beide Parteien ein schnelles Schiedsverfahren wollen, wenn also in jedem Fall eine schnelle Entscheidung erforderlich ist.[875] Unter solchen Voraussetzungen bestehen gute Aussichten, unter Geltung eines entsprechenden Regelwerks ein beschleunigtes Verfahren durchführen zu können.

b) Gewährung rechtlichen Gehörs

Den Parteien ist nicht mit einem schnellen Verfahren gedient, wenn ihnen als Konsequenz nicht genug Zeit zur Verfügung steht, ihren Standpunkt in gebührendem Maße darzulegen. Denn aus dem Wunsch nach Schnelligkeit kann nicht

872 Vgl. Newmark, in: Newman/Hill (Hrsg.), Leading Arbitrators' Guide, S. 81.
873 Vgl. Morton, Arb. Int'l 2010, S. 103 (104).
874 Morton, a.a.O.
875 Vgl. zu praktischen Beispielen für eine solche Konstellation Morton, Arb. Int'l 2010, S. 103 (108).

auf einen Verzicht auf die grundlegenden prozessualen Rechte geschlossen werden.[876] Demnach darf auch ein Fast-Track-Schiedsverfahren nicht dazu führen, dass den Parteien das rechtliche Gehör entzogen wird.[877] Dennoch bleibt, je kürzer die Zeit ist, in der das Verfahren über die Bühne gehen soll, den Parteien auch umso weniger Zeit für ihren Vortrag.[878] Die Beschleunigung des Schiedsverfahrens steht, wie bereits zuvor erörtert[879], in einer Art natürlichen Spannungsverhältnis zur Gewährung rechtlichen Gehörs. Neben den Interessen der Parteien würde es auch dem Sinn eines Schiedsverfahrens zuwiderlaufen, wollte man alles andere der Schnelligkeit des Verfahrens unterordnen, indem der Kern des Verfahrens, also die Darstellung und Würdigung der beiden Standpunkte, gleichsam geopfert wird.[880] Folglich gilt es, diesem Spannungsverhältnis Rechnung zu tragen, gerade dann, wenn man sich um die Konzeption eines Fast-Track-Schiedsverfahrens bemühen möchte.

Somit müssen gerade die Parteivertreter die Fähigkeit besitzen, ihren Vortrag auf das Wesentliche zu beschränken. Ihnen obliegt es, in der Kürze der Zeit (nur) die maßgeblichen Tatsachen und Beweismittel vorzubringen.[881] Gerade hierfür müssen die Anwälte ausreichend Zeit mitbringen, um sich in gebührendem Maße mit dem Fall auseinander zu setzen.[882] Denn die Zeit, die während eines verkürzten Verfahrens mit einem straffen Zeitplan nicht zur Verfügung steht, muss unter Umständen im Vorfeld investiert werden, um überhaupt die Voraussetzungen dafür schaffen zu können, dass den Anforderungen des beschleunigten Verfahrens entsprochen werden kann.[883] Dabei ist gerade für eine an die Erfordernisse eines beschleunigten Verfahrens angepasst kurze Darstellung der wesentlichen Punkte eine sehr zeitaufwendige Angelegenheit, weil sie eine intensive Auseinandersetzung mit allen relevanten Aspekten erfordert.[884] Dass in einigen Regelwerken nicht für alle Fälle eine mündliche Verhandlung vorgesehen ist,

---

876 So auch Welser/Klausegger, Austrian Arbitration Yearbook 2009, S. 259 (266).

877 Vgl. auch Kaufmann-Kohler/Peter, Arb. Int'l 2001, S. 173 (188); Müller, J. Int'l Arb. 1998, S. 5 (6).

878 Borris, BB 2008, S. 294 (297).

879 Siehe oben Kap. 4 C.II.1.a).

880 Vgl. auch Saville, Arb. Int'l 1997, S. 237 (239).

881 Vgl. Welser/Klausegger, Austrian Arbitration Yearbook 2009, S. 259 (272).

882 Vgl. Berger, SchiedsVZ 2008, S. 105 (110); Morton, SchiedsVZ 2010, S. 103 (106).

883 So auch Nickles, Am. Rev. Int'l Arb. 1991, S. 143 (144); Welser/Klausegger, Austrian Arbitration Yearbook 2009, S. 259 (273).

884 Vgl. Welser/Klausegger, Austrian Arbitration Yearbook 2009, S. 259 (276). Sehr treffend ist gerade in diesem Zusammenhang daher auch die Wendung „Hätte ich mehr Zeit gehabt, hätte ich mich kürzer gefasst“, wenngleich keine Einigkeit besteht, von wem sie genau stammt; vielfach wird sie Johann Wolfgang von Goethe (unter Bezugnahme auf einen von diesem verfassten Brief) zugeschrieben.

bedeutet nicht ohne Weiteres eine Verletzung des rechtlichen Gehörs.[885] Gerade in einem beschleunigten Verfahren ohne Durchführung einer mündlichen Verhandlung ist allerdings darauf zu achten, dass den Parteien ausreichend Gelegenheit zum schriftlichen Vortrag bleibt.[886]

Als Konsequenz der Einschränkung des rechtlichen Gehörs, kann auch die Gefahr erhöht werden, dass ein Schiedsspruch aufgehoben wird.[887] Denn die Möglichkeit, den eigenen Standpunkt vorzutragen, ist nicht nur ein Wunsch der Parteien, sondern vielmehr ein diesen zustehendes fundamentales Recht. Folglich sollte bei allem Streben nach einer Verkürzung des Verfahrens dafür Sorge getragen werden, dass innerhalb der Zeit, die zur Verfügung gestellt wird, ausreichend Zeit für diejenigen Prozesshandlungen zur Verfügung steht, die dieses elementare Recht besonders betreffen.[888] Insofern sind der Verkürzung von (Einlassungs-)Fristen auch Grenzen gesetzt.[889] Das Ziel der Verkürzung eines Schiedsverfahrens durch entsprechende Regeln sollte es also sein, das Verfahren an den Stellen zu verschlanken, die unnötig zeitintensiv sind und nicht in der Wahrnehmung der elementaren Rechte der Parteien bestehen. Als Ansatzpunkt kann hier beispielsweise der gesamte organisatorische Ablauf des Verfahrens dienen, welcher die Rechte der Parteien nicht unmittelbar betrifft.

Andererseits ist natürlich die Erarbeitung der Regeln für ein beschleunigtes Schiedsverfahren nicht möglich, ohne auch die Einlassungsfristen der Parteien zu verkürzen und insgesamt den Vortrag der Parteien zu begrenzen. Vor dem Hintergrund einer drohenden Aufhebbarkeit des Schiedsspruchs ist es aber zweckmäßig, solche Beschränkungen nicht unabänderlich festzuschreiben, sondern dem Schiedsgericht für kritische Fälle die Möglichkeit einzuräumen, die vorgesehenen (zu) kurzen Fristen im Einzelfall zu verlängern, ohne dabei aber den Charakter eines beschleunigten Verfahrens zu gefährden.[890] Demnach sollte weder eine zu großzügige Fristverlängerung erfolgen, noch sollte eine Verlängerung den Regelfall darstellen, da sonst die Festlegung eines Zeitrahmens für das Verfahren unrealistisch würde.[891]

---

885 Siehe oben 1. Teil Kap. 2 C.I., Kap. 4 C.II.1.a).

886 Ähnlich auch Borris, BB 2008, S. 294 (297).

887 Vgl. auch Davis/Lagacé/Volkovitsch, J. Int'l Arb. 1993, S. 69 (81); Freyer, Liber Amicorum Gaudet, S. 104 (106); Magnusson, Fast Track Arbitration – The SCC Experience, S. 5; McIlwrath/Savage, Rn. 5–147; Tschanz, J. Int'l Arb. 1993, S. 51 (55); Welser/Klausegger, Austrian Arbitration Yearbook 2009, S. 259 (268).

888 Vgl. Davis/Lagacé/Volkovitsch, J. Int'l Arb. 1993, S. 69 (81), die hierbei insbesondere auf die Klageerwiderung abstellen.

889 Vgl. auch Lögering, ZfBR 2010, S. 14 (16); Magnusson, Fast Track Arbitration – The SCC Experience, S. 5.

890 So auch Sachs, Liber Amicorum Cremades, S. 1051 (1057).

891 Siehe oben I.3.

In diesem Zusammenhang sind auch solche Fälle von Bedeutung, in denen eine Partei eine in den Regeln vorgesehene (entsprechend kurze) Einlassungsfrist überschreitet oder Schriftsätze einreicht, die nach den Regeln nicht mehr zulässig sind. Hier befindet sich das Schiedsgericht – sofern eine Ausnahmeregelung oder eine Fristverlängerung nach den Regeln überhaupt in Frage kommt – in der schwierigen Situation, eine Abwägung zwischen den gegenläufigen Interessen, also dem rechtlichen Gehör auf der einen und dem (durch die Wahl der Regeln ausgedrückten) Beschleunigungsinteresse auf der anderen Seite vornehmen zu müssen.[892] Im Falle des Art. 38 Abs. 2 ICC-SchO hat wie erwähnt auch die Institution die Möglichkeit, Fristen zu verlängern, wenn ihr dies aus Gründen der Fairness des Verfahrens angezeigt erscheint. Um aber solche Situationen, in denen die Frage einer Fristverlängerung auftritt, nicht zur Regel werden zu lassen und so die reibungslose Durchführung des Verfahrens zu gefährden, sollte zwar eine Ausweichmöglichkeit nicht ausgeschlossen werden, diese aber dennoch ganz deutlich auf Ausnahmefälle beschränkt werden. Denn wenn an mehreren Stellen im Verfahren wegen der erwarteten Erfolgsaussicht eine Fristverlängerung beantragt wird, wird auch die ohnehin schon wenige Zeit eingeschränkt, um sich mit dem Fortkommen des Verfahrens zu beschäftigen.

Neben dem Anspruch auf rechtliches Gehör könnte in einem beschleunigten Verfahren auch der Gleichbehandlungsgrundsatz als weiteres fundamentales Recht der Parteien in Frage stehen. Wo nämlich auf der einen Seite der Kläger im Vorfeld ausreichend Zeit hat, seinen Vortrag ausführlich vorzubereiten, ist demgegenüber der Beklagte gehalten, seine Erwiderung innerhalb einer verkürzten Einlassungsfrist fertigzustellen, um dem beschleunigten Zeitplan gerecht zu werden.[893] Wenn man also davon ausgeht, dass ein erheblicher Teil des Aufwands im Fast-Track-Verfahren in einer sorgfältigen Vorarbeit besteht, können der beklagten Partei in diesem Punkt Nachteile entstehen. Diesem Problem könnte nur dadurch begegnet werden, dass jede der Parteien, wissend, dass es im Falle einer möglichen Streitigkeit auf ein beschleunigtes Verfahren hinauslaufen wird, stets gewährleistet, dass alle Vorgänge möglichst sorgfältig dokumentiert sind. Ansonsten ist dieses mögliche Ungleichgewicht unter Umständen bei der Bemessung und vielleicht auch der Verlängerung der Erwiderungsfrist zu berücksichtigen. Insbesondere im beschleunigten Verfahren ist es also am Schiedsgericht und gegebenenfalls auch an der Institution, für die Durchsetzung der grundlegenden Rechte der Parteien in Gestalt der Gewährung rechtlichen Gehörs

---

892 Vgl. Müller, J. Int'l Arb. 1998, S. 5 (13).

893 Vgl. Fouchard/Gaillard/Goldman, Rn. 1248; Lew/Mistelis/Kröll, Rn. 21–88; Scherer, SchiedsVZ 2005, S. 229 (235); Tschanz, J. Int'l Arb. 1993, S. 51 (55); Stippl/Pickl, Austrian Arbitration Yearbook 2009, S. 213 (226); ähnlich McIlwrath/Savage, Rn. 5–147

und des Gleichbehandlungsgrundsatzes zu sorgen, gerade auch um der Anerkennung und Vollstreckbarerklärung des Schiedsspruchs den Weg zu ebnen.[894]

In der Praxis dürfte allerdings eine Aufhebung des Schiedsspruchs nach einem beschleunigten Verfahren nicht sehr wahrscheinlich sein. Denn in diesem Fall steht die Einschränkung des rechtlichen Gehörs durch die Beschleunigung des Verfahrens gerade nicht in Widerspruch mit der Vereinbarung der Parteien.[895] Demnach sollte es sich um Ausnahmefälle handeln, in denen eine Verletzung des rechtlichen Gehörs angenommen wird, obwohl sich diese aus einem von den Parteien vereinbarten beschleunigten Verfahren ergibt.[896]

Auch im Zusammenhang mit dem rechtlichen Gehör in beschleunigten Schiedsverfahren kann noch einmal auf die IBA Rules Bezug genommen werden. Diese tragen zur Beschleunigung des Verfahrens bei, ohne die Rechte der Parteien grundlegend einzuschränken, wenngleich auch darin dem Schiedsgericht die Möglichkeit eingeräumt wird, den Vortrag der Parteien auf das erforderliche Maß zu reduzieren. Ansonsten besteht der Ansatz der IBA Rules aber darin, Streitigkeiten und Unklarheiten im Hinblick auf das Beweisverfahren zu vermeiden, ohne dabei die Substanz des Verfahrens in Gestalt der grundlegenden Rechte der Parteien anzugreifen.

c) Erreichen eines „richtigen" Schiedsspruchs

Insbesondere im Zusammenhang mit einem beschleunigten Schiedsverfahren ist das Verhältnis der Schnelligkeit auf der einen und der inhaltlichen Richtigkeit des Schiedsspruchs auf der anderen Seite von Bedeutung.[897] Denn gerade dann stellt sich die Frage, ob sich die Schnelligkeit des Verfahrens nicht auch auf die Qualität des Schiedsspruchs, gemessen an den Anforderungen der Streitigkeit, auswirkt. Wenn es den Parteien nicht gerade nur auf Schnelligkeit ungeachtet des Ausgangs des Verfahrens ankommt, ist die Beschleunigung allein nicht zufriedenstellend. Üblicherweise wollen die Parteien nicht nur, dass sie selbst ausreichend angehört werden, sondern auch, dass das Schiedsgericht sich die nötige Zeit nimmt und auch nehmen kann, um zu einer gut begründeten Entscheidung zu gelangen. Grundsätzlich müssen sich die Parteien aber im Klaren darüber sein, dass es für den Schiedsrichter schon aufgrund des gesamten verkürzten

894 So auch Welser/Klausegger, Austrian Arbitration Yearbook 2009, S. 259 (268).

895 Dies ist möglicherweise anders zu beurteilen, wenn sich die Durchführung des beschleunigten Verfahrens allein aus der Unterschreitung einer Schwelle ergibt, vgl. Magnusson, Fast Track Arbitration – The SCC Experience, S. 2; Müller, J. Int'l Arb. 1998, S. 5 (7).

896 Ähnlich Kaufmann-Kohler/Peter, Arb. Int'l 2001, S. 173 (188).

897 Siehe hierzu bereits oben Einl. A.I.3 und 1. Teil Kap. 3 C.III.

Verfahrensablaufs schwieriger ist, einen gleichermaßen guten Schiedsspruch zu erlassen, wie er das in einem länger dauernden ausführlichen Verfahren könnte.[898] Wenn der Schiedsrichter aufgrund des Zeitplans im Einzelfall objektiv schlicht nicht ausreichend Zeit hat, um sich zunächst intensiv genug mit dem Fall auseinanderzusetzen und sich danach – freilich ohne dabei auszuschweifen – ausführlich genug um den Schiedsspruch zu kümmern, entspricht dies weder dem Interesse den Parteien, noch den Anforderungen an ein „gerechtes" Schiedsverfahren.[899]

Andererseits wäre es auch voreilig, wenn man sagen wollte, dass in Fast-Track-Schiedsverfahren ohnehin nur „rough justice" zu erwarten ist, also eine (der kurzen Zeit geschuldete) unzureichende und ungenaue Behandlung des Falles. Auch wenn es sich nicht um eine notwendige Folge handelt, kann aber wie gesagt nicht ausgeschlossen werden, dass es, auch aus Sicht der Schiedsrichter, in einigen Fällen nicht möglich ist, einen gänzlich zufriedenstellenden Schiedsspruch zu erhalten.[900] Diese Gefahr wird aber reduziert, wenn es einem gelingt, seine Arbeitsweise und das gesamte Schiedsverfahren so auf das Ergebnis auszurichten, dass man sich auf die Erarbeitung des Schiedsspruchs konzentrieren kann. Dass man aber so viel Zeit hat, sich mit dem Schiedsspruch zu beschäftigen, bis man sich sicher sein kann, dem Fall gerecht zu werden, kann nicht erwartet werden. Wenn die Parteien also die Durchführung eines beschleunigten Schiedsverfahren vereinbaren, müssen sie mit der Möglichkeit rechnen, dass das Ergebnis nicht in jedem Fall die den Umständen entsprechend optimale Entscheidung der Streitigkeit sein muss.

Diese aus der Durchführung eines beschleunigten Verfahren folgenden Einschränkungen in inhaltlicher Hinsicht, das heißt betreffend das rechtliche Gehör und den Erlass des Schiedsspruchs müssen den Parteien bei der zu treffenden Abwägung bewusst sein. Wenn es aus ihrer Sicht unerlässlich ist, eine schnelle Entscheidung zu erlangen, sind auch diese Einschränkungen im Zweifel hinzunehmen. Besteht dagegen keine tatsächliche Eilbedürftigkeit, so sollte die Durchführung eines beschleunigten Verfahrens sorgfältig überdacht und geprüft werden, ob die damit einhergehenden Einschränkungen den Anforderungen der

---

898 Ähnlich Mirèze, PCA Peace Palace Papers 2002, S. 253 (256).

899 Saville, Arb. Int'l 1997, S. 237, „[…] if there is insufficient time […], justice accelerated will be justice denied or diminished".

900 So auch van den Berg, The WIPO Expedited Arbitration Rules: Fast-Track Arbitration, S. 2, mit dem Hinweis, dass man sich auch als Schiedsrichter die Frage stellen muss, ob man bereit dazu ist, das Risiko einzugehen, unter Umständen einen nur zu 90 % zufriedenstellenden Schiedsspruch zu erlassen. Paulsson, The WIPO Expedited Arbitration Rules: Fast-Track Arbitration, S. 3, spricht dabei von einer „10 % zone of error" im Vergleich zu einem Verfahren vor einem Dreierschiedsgericht und einer ausreichend langen Bearbeitungszeit.

Streitigkeit gerecht werden können. Insofern sollten die Parteien mit einer vorschnellen Vereinbarung eines beschleunigten Verfahrens zurückhaltend umgehen.

Fazit und Ausblick

Die Frage, ob und auf welchem Wege man die Dauer von Schiedsverfahren verringern kann, ist ein viel diskutiertes Thema, zu dem auch vielerlei Antworten angeboten werden. Dass es hier verschiedene Ansätze in unterschiedliche Richtungen gibt, macht deutlich, dass die Gestaltungsmöglichkeiten grundsätzlich nicht begrenzt oder zu verallgemeinern sind. Trotz dieser Vielfalt kann der Versuch unternommen werden, zu bestimmen, wem nach den gemachten Ausführungen die Verantwortung, oder positiv gewendet die Einflussmöglichkeit zuzuschreiben ist, um die effiziente Durchführung eines Schiedsverfahrens zu gewährleisten. Im Übrigen ist auch auf die Rolle einer Schiedsordnung, in erster Linie einer auf beschleunigte Verfahren spezialisierten, einzugehen.

A. Die Verantwortung für die Beschleunigung von Schiedsverfahren

Wie bereits ganz zu Beginn angedeutet, sind es am Anfang die Parteien, denen es obliegt, die ersten Schritte zu unternehmen, um ein Schiedsverfahren auf den Weg zu bringen. Hierbei gibt ihnen der Grundsatz der Parteiautonomie einen beinahe unbegrenzten Gestaltungsspielraum, welcher auch während des Verfahrens in einigen Punkten fortbesteht. Demnach könnte man zu der Schlussfolgerung gelangen, dass es auch an den Parteien liegt, für die Beschleunigung ihres Schiedsverfahrens zu sorgen. Anders gewendet könnte man sagen, dass ein Schiedsverfahren nur so gut (oder schlecht) ist und sein kann, wie die Parteien und nicht zuletzt auch deren Vertreter es zulassen.[901] Andere vertreten wiederum die Auffassung, dass die Qualität und daher auch die Dauer des Schiedsverfahrens maßgeblich von den Schiedsrichtern und deren Verfahrensführung abhängen.[902] Die hauptsächliche Verantwortung tatsächlich nur einem der beiden „Lager", das heißt also den Parteien oder den Schiedsrichtern zuzuschreiben,

901 So Briner, FS Sandrock, S. 137 (141); Ebbing, Private Zivilgerichte, S. 83; Lalive, ICSID Review 1986, S. 26 (29): „arbitration is worth what the fairness and the professionalism of its actors are worth".

902 Gélinas, ICCA Congress Series No. 9 (1998), S. 47; Lew/Mistelis/Kröll, Rn. 10–30; Schütze/Tschernig/Wais, Hdb. des Schiedsverfahrens, Rn. 358

fällt schwer. Denn auf der einen Seite ist zu berücksichtigen, dass die Schiedsrichter, auch wenn sie noch so erfahren und versiert sind, zu einem großen Teil von einerseits der Vorarbeit der Parteien, anderseits aber vor allem auch von deren Mitwirkung am Verfahren abhängig sind. Ohne diese Voraussetzungen kann auch das beste Schiedsgericht ein zügiges Verfahren nicht gewährleisten. Im Übrigen kann auch nicht unbeschränkt von den Schiedsrichtern verlangt werden, für eine Beschleunigung des Verfahrens zu sorgen. Zum einen sind diesen schon durch die Umstände des konkreten Falles Grenzen gesetzt.[903] Zudem haben die Schiedsrichter auch andere Aspekte, wie insbesondere die Gewährung rechtlichen Gehörs und den Grundsatz der Gleichbehandlung der Parteien zu beachten.

Im Übrigen ist der Mitwirkung der möglichst am besten geeigneten Schiedsrichter noch eine Bedingung vorgeschaltet. Diese besteht darin, dass es zunächst den Parteien obliegt, überhaupt eine Schiedsvereinbarung zu treffen, welche noch dazu eine wohl überlegte und möglichst am Einzelfall orientierte Auswahl der Schiedsrichter enthält.[904] Also geht auch in dieser Hinsicht die Initiative für jedes Schiedsverfahren in erster Linie von den Parteien aus. Diese können wiederum auch nicht alleine für ein effizientes Verfahren sorgen, da ein großer Teil der Kontrolle über das Verfahren ab einem bestimmten Punkt auf das Schiedsgericht übergeht, welchem es nicht zuletzt auch zukommt, den Schiedsspruch (innerhalb einer vernünftigen Zeit) zu erlassen.

Eine einseitige Zuweisung der Verantwortung für die schnelle Durchführung des Verfahrens ist also nicht möglich, da kein Teil ohne die entsprechende Teilnahme des jeweils anderen Teils das Verfahren entscheidend vorantreiben kann. Da es aber die Parteien sind, die angesichts der herausragenden Bedeutung der Parteiautonomie von Beginn an umfassende und anfangs sogar die alleinigen Einflussmöglichkeiten haben, sind sie es auch, die den entscheidenden Anstoß für ein schnelles Verfahren geben oder auch verhindern können. Wenn sich beide Parteien dahingehend einig sind, dass sie eine schnelle Entscheidung in einem zügigen Verfahren haben wollen, wobei es nicht zwingend explizit ein Fast-Track-Verfahren sein muss, haben sie hierfür auch die entsprechenden Mittel und Möglichkeiten. Wenn sie von der Möglichkeit, das Schiedsgericht zu besetzen, in gebührender Weise Gebrauch machen, steht einem zügigen Verfahren nichts mehr im Wege. Umgekehrt haben die Parteien freilich auch die Möglichkeit, das Verfahren zu behindern und somit in die Länge zu ziehen, da sie diese weitgehende Gestaltungsfreiheit genießen und dem Schiedsgericht nur in beschränktem Maße Mittel zustehen, die rasche Fortführung des Verfahrens zu

903 Vgl. auch Fortier, ICCA Congress Series No. 9 (1998), S. 396 (406).

904 So auch Gélinas, ICCA Congress Series No. 9 (1998), S. 47.

gewährleisten, wenn eine Partei auf Verzögerungen bedacht ist. Zwar tut das Schiedsgericht gut daran, sich nicht im Hintergrund zu halten, sondern den Parteien zu verstehen zu geben, welchen Vortrag es hören möchte und was es für weniger wesentlich hält. Alle Versuche, die Parteien zu disziplinieren, sind am Ende aber nicht zielführend, wenn nicht zumindest eine gewisse Bereitschaft der Parteien gegeben ist.

Demzufolge liegt zwar wegen der immer noch notwendigen Mitwirkung des Schiedsgerichts an einer effizienten Verfahrensführung nicht die alleinige Verantwortung bei den Parteien des Schiedsverfahrens. Eine Schlüsselposition nehmen die Parteien aber trotzdem ein. Die Parteien können selbständig einen großen Beitrag leisten, so dass sich das Schiedsgericht „nur" noch einfügen und entsprechend um das Verfahren kümmern muss. Umgekehrt kann das Schiedsgericht, wenn es den Parteien nicht gelingt, sich auf ein Verfahren zu einigen und eine Partei das Verfahren blockieren möchte, nur einen verhältnismäßig geringen Beitrag leisten, um doch noch zu einem zügigen Verfahren zu gelangen.

B. Notwendigkeit eines gesonderten Regelwerks für beschleunigte Verfahren

Im Grunde sind auf den ersten Blick die beschriebenen Regelwerke, die speziell auf beschleunigte Verfahren ausgerichtet sind, zur Durchführung eines solchen nicht erforderlich. Denn die Parteien können neben der Vereinbarung der Geltung solcher Regeln, auch selbständig ähnliche oder auch ganz eigene Regeln für ihr Verfahren vereinbaren. Demnach enthalten solche Regelwerke im Prinzip keine Besonderheiten, die nicht auch auf anderem Wege erreicht werden können. Dennoch helfen solche Regelwerke den Parteien bei der Durchführung eines beschleunigten Verfahrens, da sie ihnen eine eigene Erarbeitung, welche auch in der Praxis umsetzbar und geeignet sein müsste, ersparen und ihnen so das Verfahren erleichtern. Dies hängt allerdings von den Anforderungen der Parteien im konkreten Fall und von der Frage ab, ob es dafür eine geeignete Regelung gibt. Insofern stellen die Regelwerke lediglich eine Art Vorschlag an die Parteien dar, wie ein beschleunigtes Verfahren aussehen könnte. Im Vordergrund steht also auch angesichts der Existenz solcher beschleunigenden Regelwerke immer noch die Parteiautonomie als erste Voraussetzung auf dem Weg zu einem schnelleren Verfahren. Auch unter Geltung eines der Regelwerke kommt es weiterhin auf die Beteiligten des Schiedsverfahrens an, das heißt auf die Schiedsrichter, aber besonders auch auf die Parteien selbst. Eine Garantie, dass ein Verfahren auch so funktioniert, wie das nach den Regeln gewollt ist, gibt es nicht. Also ist auch die

Vereinbarung der Regeln keine hinreichende Bedingung für eine zeitsparende Durchführung.

Wenn man also davon ausgeht, dass die Parteien sich immer noch den Anforderungen entsprechend am Verfahren beteiligen und Schiedsrichter benennen müssen, die ihre Aufgabe ebenfalls erfüllen können, könnte man auf die Regeln selbst auch verzichten, wenn eine entsprechende Regelung von den Parteien selbst getroffen wird.[905] Andererseits wählen die Parteien, die sich für eines der Regelwerke entscheiden auch die dahinterstehende Institution mit, die in vielen Fällen bei der Einhaltung des Zeitplans mitwirken und die Tätigkeit des Schiedsrichters ein wenig überwachen kann. Die Beteiligung der Institution kann möglicherweise auch Druck auf eine Partei ausüben, die sich weder am Verfahren selbst noch an dessen Beschleunigung beteiligen will. Allerdings sind im Ergebnis die Mittel, die gegen solche Verzögerungen zur Verfügung stehen, sehr begrenzt. Demnach ist man in einem Verfahren nach einem spezialisierten Regelwerk auch an diesem Punkt wieder auf den guten Willen und die Mitwirkung beider Parteien angewiesen.[906] Was aber die Administration und den in der Kürze der Zeit nicht leicht zu bewältigenden organisatorischen Teil des Schiedsverfahrens angeht, ist, wie insbesondere die Erfahrung mit den Regeln der ICC zeigt, die Mithilfe einer Institution möglicherweise sehr hilfreich.

Zudem kann, wenn die Einhaltung des Zeitplans im Einzelfall problematisch ist, durch den Einfluss der Institution auch die Beachtung der Anforderungen an ein faires Verfahren gewährleistet werden, sofern die Möglichkeit der Verlängerung von Fristen besteht, wie beispielsweise wiederum in den Regeln der ICC. Insgesamt kann eine Institution den Parteien bei der Durchführung eines beschleunigten Verfahrens also einige Arbeit abnehmen. Jedenfalls für ein Fast-Track-Verfahren, in dem es also auf die Einhaltung eines bestimmten Zeitrahmens und nicht lediglich um die Vermeidung unnötiger Komplikationen und Verzögerungen im Rahmen eines „gewöhnlichen" Schiedsverfahrens geht, ist die Vereinbarung der Geltung eines gesonderten Regelwerks und der Mitwirkung einer Institution zwar nicht im eigentlichen Sinne erforderlich, aber dennoch hilfreich und daher empfehlenswert.

Im Anschluss stellt sich die Frage, wie die Bedeutung der Regelwerke für Schiedsverfahren auch abseits der eigentlichen Fast-Track Arbitration einzuschätzen ist. Angesichts des im positiven aber auch im negativen Sinne großen Einflusses der Parteien auf den Ablauf des Verfahrens könnte man den Schluss ziehen, dass es gerade die aus der Parteiautonomie folgende Flexibilität ist, welche eine Gefährdung für eine zügigere Durchführung von Schiedsverfahren dar-

905 So im Ausgangspunkt auch Müller, J. Int'l Arb. 1998, S. 5 (6).

906 Vgl. auch Magnusson, Fast Track Arbitration – The SCC Experience, S. 5.

stellt. Weiterhin könnte man als Reaktion hierauf daran denken, die Verfahrensregeln anzupassen und dem Schiedsgericht oder auch der Institution mehr Kontrolle über das Verfahren zu geben und das Verfahren in den Regeln detaillierter auszugestalten. Insofern würde man die „Macht" der Parteien, das Verfahren entgegen allen Bemühungen des Schiedsgerichts zu obstruieren, verringern. Dies wäre indes ein voreiliger Schluss. Erstens ist es unter anderem gerade die dem Verfahren innewohnende Flexibilität, die die Schiedsgerichtsbarkeit attraktiv erscheinen lässt.[907]

Zudem ist die Flexibilität bei der Ausgestaltung des Verfahrens ein Garant, wenn nicht bereits für die Beschleunigung des Verfahrens, dann doch zumindest dafür, dass ein großes Beschleunigungspotential besteht.[908] Wollte man sagen, dass eine umfassende Kodifikation des Schiedsverfahrensrechts erforderlich ist, um für ein reibungsloses Verfahren zu sorgen, sollte man als Vergleichsgröße den staatlichen Zivilprozess heranziehen. Dieser zeichnet sich durch eine sehr detaillierte Ausgestaltung der gesetzlichen Regelung aus. Hier fehlt es an der notwendigen Flexibilität, ganz abgesehen davon, dass gerade hier die festgefahrenen Strukturen und die lange Verfahrensdauer oftmals Gegenstand der Kritik sind. Demnach erscheint eine umfassende Kodifikation, welche das Schiedsverfahren dem staatlichen Verfahren annähert, zur Beschleunigung des Schiedsverfahrens nicht erfolgversprechend. Um zu gewährleisten, dass die Parteien mit dieser Flexibilität auch umzugehen wissen und dieser Vorteil nicht gewissermaßen ins Leere geht, sollten sich die Parteien bereits zu einem frühen Zeitpunkt – am besten schon beim Verfassen der Schiedsvereinbarung und der Konzeption des Verfahrens – anwaltlicher Hilfe von möglichst erfahrenen Schiedsrechtlern bedienen. Denn auch unter Rechtsanwälten ist nicht gewährleistet, dass derjenige auch mit der Praxis und den Anforderungen der (internationalen) Schiedsgerichtsbarkeit hinreichend vertraut ist.

Soweit aus diesen Gründen der Grundsatz der Parteiautonomie hochgehalten werden sollte, braucht ein zügiges Verfahren in der Regel dennoch ein Gegengewicht zur Freiheit der Parteien, da diese den Verfahrensablauf eben auch gefährden kann. Hinzukommt, dass die Parteien in vielen Fällen aufgrund fehlender Kenntnisse und Erfahrungen auf dem Gebiet des Schiedsverfahrensrechts gar nicht in der Lage sind, gute Voraussetzungen für ihr Verfahren zu schaffen, wenn sie nicht tatsächlich geeignete Vertreter an ihrer Seite haben. Demnach kommt auch dem Schiedsgericht eine maßgebliche Rolle zu, gerade wenn die (unerfahrenen) Parteien eine Anleitung und Unterstützung bei der Durchführung des Schiedsverfahrens benötigen. Das Schiedsgericht sollte – eben im Sinne

907 So auch Born, S. 1783.

908 Vgl. auch Lane, ICCA Congress Series No. 9 (1998), S. 424 (427).

eines Gegengewichts – eine einigermaßen starke Position behalten, um die parteiautonome Verfahrensgestaltung und -durchführung auf ein sinnvolles Maß zu begrenzen.

Auch an dieser Stelle sei noch einmal auf die IBA Rules und den dahinter stehenden Gedanken hingewiesen. Diese Regeln haben keinen zwingenden Charakter und geben den Parteien und dem Schiedsgericht lediglich Möglichkeiten an die Hand, wie sie eine harmonische Vorgehensweise etablieren und Konflikte möglichst vermeiden können. Wollte man aber tatsächlich ein bindendes Regelwerk für das Beweisverfahren schaffen, so würde das wiederum die Freiheit der Parteien sowie das Ermessen und die Möglichkeit des Schiedsgerichts einschränken, das Verfahren möglichst exakt auf den konkreten Fall abzustimmen.[909]

Um auf die vielfach gerade von den Parteien geäußerte Kritik an der Dauer von Schiedsverfahren zurückzukommen, besteht nach dem Gesagten in dieser Hinsicht kein akuter Handlungsbedarf. Eine Lösung kann hier weder in der Umgestaltung der bestehenden Regeln noch in der Schaffung neuer, einheitlicher Regelwerke gefunden werden. Vielmehr öffnet die Ausgestaltung der Schiedsgerichtsbarkeit, wie sie schon jetzt vorhanden oder jedenfalls möglich ist, bereits alle Türen. Im Übrigen sollte auch nicht der Fehler begangen werden, im Zuge einer Anpassung bestehender und der Erarbeitung neuer Regelwerke für Schiedsverfahren das Verfahren an verschiedenen Stellen zu verkürzen und feste Strukturen festzulegen. Das würde bedeuten, am falschen Ende zu sparen, wenn auf der anderen Seite die Parteien und auch die Schiedsrichter ihre Herangehensweise nicht ändern und ihre Gewohnheiten beibehalten. Insofern müsste eine etwaige Veränderung eher im Bewusstsein der Verfahrensbeteiligten als in Gestalt einer Neuschaffung oder Veränderung von Verfahrensregeln, welche stets nur eine Hilfestellung für die Beteiligten sein können, stattfinden.

Zudem ist gerade von Seiten der Parteien die Einsicht erforderlich, dass sich umfangreiche Prozesse nicht in einer beliebig kurzen Zeit bewältigen lassen, zumal einer Beschleunigung auch Interessen entgegenstehen, die unmittelbar die Parteien selbst betreffen. Hierzu zählt neben der Fairness des Verfahrens auch die an den Umständen des Einzelfalls orientierte Gestaltung des Verfahrens einschließlich eines Schiedsspruchs, welcher der Streitigkeit auch gerecht wird. Darüber hinaus stehen den Parteien umfassende Möglichkeiten zur Verfügung, sich selbst um optimale Bedingungen für ihr Schiedsverfahren zu kümmern. Diese Möglichkeiten reichen von der Schiedsvereinbarung und der Bestimmung der Regeln über die Besetzung des Schiedsgerichts und die Organisation des

---

909 So auch Craig, in: Böckstiegel (Hrsg.), Beweiserhebung in internationalen Schiedsverfahren, S. 9 (28).

Verfahrens bis hin zum Verhalten der Parteien im Laufe des Verfahrens. Zudem stehen den Parteien in Gestalt institutioneller Regelwerke oder auch sonstiger Initiativen, wie etwa der UNCITRAL Notes, verschiedene Hilfestellungen zur Verfügung. Wenn die Parteien also wirklich ein zügig durchgeführtes Verfahren wollen – sei es ein Fast-Track-Verfahren oder auch lediglich ein gewöhnliches Verfahren ohne unnötige Verzögerungen –, so können sie es, vorbehaltlich der Beachtung der Umstände des Einzelfalls und der zwingenden Grundsätze eines Schiedsverfahrens, auch bekommen. Wenn man also Initiativen ergreifen möchte, um zur Verringerung der Dauer von Schiedsverfahren beizutragen, ist es von Vorteil, wenn dabei eben dieser Ansatzpunkt aufgegriffen und an eine parteiautonome Gestaltung des Verfahrens angeknüpft wird.

Schriftenreihe der August Maria Berges Stiftung für Arbitrales Recht

Herausgegeben von Dr. Hubertus W. Labes

Band 1 August Maria Berges – Ausgewählte Schriften zum Schiedsrecht. Herausgegeben von der August Maria Berges Stiftung für Arbitrales Recht. 1998.

Band 2 Iris Koch: Außergerichtliche Streitbeilegung im japanischen Wirtschaftsverkehr unter besonderer Berücksichtigung der Schiedsgerichtsbarkeit. 2000.

Band 3 Hans-Claudius Scheef: Der einstweilige Rechtsschutz und die Stellung der Schiedsrichter bei dem Abschluß von Schiedsvergleichen nach dem deutschen und englischen Schiedsverfahrensrecht. Eine rechtsvergleichende Untersuchung. 2000.

Band 4 Dominik Lentz: Die internationale Wirtschaftsschiedsgerichtsbarkeit in der Russischen Föderation. Darstellung und Analyse anhand der Praxis des internationalen Handelsschiedsgerichts bei der Handels- und Industriekammer der Russischen Föderation. 2000.

Band 5 Torsten Lörcher: Neue Verfahren der internationalen Streiterledigung in Wirtschaftssachen. Verfahren vor dem Internationalen Seegerichtshof, WTO-Panelverfahren, ICSID- und WIPO-Schiedsverfahren. 2001.

Band 6 Julia Tief: Discovery und Informationspflichten der Parteien in der Internationalen Schiedsgerichtsbarkeit. Ein deutsch-amerikanischer Vergleich. 2000.

Band 7 Richard Happ: Schiedsverfahren zwischen Staaten und Investoren nach Artikel 26 Energiechartavertrag. Eine Studie zum Wandel der Streitbeilegung im Investitionsschutzrecht unter den Bedingungen einer globalen Weltwirtschaft. 2000.

Band 8 Jörn Schämann: Schiedsgerichte unter staatlicher Kontrolle. Das englische Recht und das UNCITRAL-Modellgesetz. 2001.

Band 9 Jana Dominique Jaeger: Die Umsetzung des UNCITRAL-Modellgesetzes über die internationale Handelsschiedsgerichtsbarkeit im Zuge der nationalen Reformen. 2001.

Band 10 Michael Kronenburg: Vollstreckung ausländischer Schiedssprüche in den USA. Die Rechtsprechung US-amerikanischer Gerichte. 2001.

Band 11 Jan-Michael Ahrens: Die subjektive Reichweite internationaler Schiedsvereinbarungen und ihre Erstreckung in der Unternehmensgruppe. 2001.

Band 12 Klaus Peter Berger: Arbitration Interactive. A Case Study for Students and Practitioners. 2002.

Band 13 Daniel Paul Simms: Das Recht der Schiedsgerichtsbarkeit in Irland. 2002.

Band 14 Johann von Pachelbel-Gehag: Das reformierte deutsche und schwedische Schiedsverfahrensrecht. Eine vergleichende Betrachtung unter Berücksichtigung des UNCITRAL-Modellgesetzes über die internationale Handelsschiedsgerichtsbarkeit. 2002.

Band 15 Volker Nienaber: Die Anerkennung und Vollstreckung im Sitzstaat aufgehobener Schiedssprüche. 2002.

Band 16 German Institution of Arbitration (ed.): Financial Capacity of the Parties. A Condition for the Validity of Arbitration Agreements? Based on a Conference organized by the German Institution of Arbitration (DIS) on November 29th 2002 in Berlin. 2004.

Band 17 Frank Martens. Wirkungen der Schiedsvereinbarung und des Schiedsverfahrens auf Dritte. 2005.

Band 18 Claudia Krapfl: Die Dokumentenvorlage im internationalen Schiedsverfahren. Ein deutsch-US-amerikanischer Vergleich. 2007.

Band 19 Michael Christ: Berichtigung, Auslegung und Ergänzung des Schiedsspruchs. Das schiedsgerichtliche Korrekturverfahren nach § 1058 ZPO. 2008.

Band 20 Carsten Schmidt: Prozessuale Meistbegünstigung im völkerrechtlichen Investitionsschutz. 2008.

Band 21 Philipp K. Wagner: Abstimmungsfragen zwischen Internationalem Insolvenzrecht und Internationaler Schiedsgerichtsbarkeit. Unter besonderer Berücksichtigung der Anerkennung grenzüberschreitender Insolvenzen durch Schiedsgerichte. 2008.

Band 22 Deutsche Institution für Schiedsgerichtsbarkeit e.V. (Hrsg.): Die neue ICC-Schiedsgerichtsordnung. 2012.

Band 23 Nils Christian Wighardt: Rückverweisung des Schiedsspruchs an das Schiedsgericht. Vorschläge zur Reform nach Art. 34 Abs. 4 UNCITRAL-Modellgesetz. 2013.

Band 24 Christoph Grenz: Der Faktor Zeit im Schiedsverfahren. 2013.

www.peterlang.de